अयोध्या नहीं, मुंगेर है
राम जन्मभूमि

notionpress.com

अयोध्या नहीं, मुंगेर है राम जन्मभूमि

लव कुश सिंह "विश्वमानव"

सर्वे ब्रह्म

सत्यकाशी पीठ

सभी ब्रह्म हैं

सत्यकाशी पीठ
पांचवां और अन्तिम शंकराचार्य पीठ

Notion Press

Old No. 38, New No. 6
McNichols Road, Chetpet
Chennai - 600 031

First Published by Notion Press 2020

ISBN 978-16-49193-24-7

समर्पण

यह पुस्तक समर्पित है -

उन सभी खोजी आत्माओं को,

जो सत्य की ज्योति को अपने भीतर

और संसार के हर कोने में जलाना चाहते हैं।

भारतीय संविधान के धारा-51 (ए)

नागरिक का मौलिक कर्तव्य के अनुसार

01. संविधान के प्रति प्रतिबद्धता, इसके आदर्शों, धाराओं, राष्ट्रीय ध्वज व राष्ट्रीय गान का आदर करना।
02. स्वतंत्रता के लिए संघर्ष हेतु प्रेरित करने वाले सुआदर्शों का अनुकरण करना व उन्हें चिरस्थायी बनाना।
03. भारत की सर्वोच्चता, एकता और अखण्डता की रक्षा करना तथा समर्थन करना।
04. जब भी आवश्यकता पड़े देश की रक्षा करना व राष्ट्रीय सेवाओं हेतु समर्पित होना।
05. समाज में भाई-चारें की भावना का विस्तार करना, मातृत्व भाव, धार्मिक, भाषायिक, क्षेत्रीय विभिन्नताओं में एकता कायम करना तथा नारी सम्मान आदि का ध्यान देना।
06. अपने मिश्रित संस्कृति का मूल्यांकन करना उसको स्थायित्व देना और इसकी परम्परा को कायम रखना।
07. प्राकृतिक सम्पदा की रक्षा करना जिसमें जलवायु, जंगल, झील, नदियां, जंगली जीवों व समस्त जीवों के प्रति दया का भाव सम्मिलित है।
08. वैज्ञानिक भावना को प्रोत्साहित करना, मानवीय भावनाओं के स्वरूप की परख करते रहना।
09. जन सम्पत्ति की सुरक्षा करना और हिंसा आदि का परित्याग करना।
10. व्यक्तिगत, सामूहिक गतिविधियों के प्रत्येक क्षेत्र में सर्वोच्चता हासिल करना, जिससे राष्ट्र शतत उत्थान, प्रयत्न व प्राप्ति की ओर अग्रसर होता रहे।
11. जो कि माता-पिता या अभिभावक हो, वे अपने 6 साल से 14 साल के बच्चों को शिक्षा या अन्य ऐसे सुअवसरों का लाभ उन्हें मुहैया करावें।

मूल जीवन मंत्र

"हे प्रभु, तेरे प्यार में बस दो ही बातें है। एक तो अपना कल्याण करूँ, दूसरा तुझ जैसा बन सबका कल्याण करूँ"

विषय- सूची

विश्व-राज्य धर्म का धर्मनिरपेक्ष धर्मशास्त्र - विश्वमानक शून्य-मन की गुणवत्ता का विश्वमानक (WS-0) श्रृंखला
प्राकृतिक सत्य मिशन (Natural Truth Mission)
विश्वधर्म मन्दिर
सत्यकाशी ब्रह्माण्डीय एकात्म विज्ञान विश्वविद्यालय
(Satyakashi Universal Integration Science University-SUISU)
"सत्यकाशी महायोजना" (वाराणसी-विन्ध्याचल-शिवद्वार-सोनभद्र के बीच का क्षेत्र)

भाग-5: सत्यमित्रानन्द गिरि (19 सितम्बर 1932- 25 जून 2019)

भारत माता मन्दिर (ऋृषिकेश)

भाग-6: समष्टि धर्म दृष्टि

अनिर्वचनीय कल्कि महाअवतार भोगेश्वर श्री लव कुश सिंह "विश्वमानव" का मानवों के नाम खुला चुनौती पत्र
अनिर्वचनीय कल्कि महाअवतार का काशी-सत्यकाशी क्षेत्र से विश्व शान्ति का अन्तिम सत्य-सन्देश

भाग-7: परिवर्तन

सीधी समझ
नये भारत में, नये मनुष्य के उदय के लिए
व्यवस्था के परिवर्तन या सत्यीकरण का पहला प्रारूप और उसकी कार्य विधि
वे शब्द जिसके बिना युग परिवर्तन सम्भव नहीं

भाग-8: केन्द्र या मध्य (भारत) में पांचवां और अन्तिम सत्यकाशी पीठ

सत्यकाशी पीठ: स्थान
सत्यकाशी पीठ: इतिहास और उद्देश्य
पाँचवाँ और अंतिम शंकराचार्य पीठ: इसकी विशेषता

भाग-9: सत्यकाशी पीठ के कार्य

धारा-उद्धार: धर्म की पुनर्स्थापना
मनुष्य चेतना का रूपांतरण
साधना, दीक्षा और आध्यात्मिक अनुष्ठान
वैश्विक कार्य: मानवता के लिए संदेश
शिव-तत्व और कल्कि-तत्व का मिलन
"सार्वभौम सत्य-सिद्धान्त" पर आधारित "युग परिवर्तन श्रृंखला" के नवयुग के शास्त्र-साहित्य

मुख पृष्ठ की व्याख्या

यह पुस्तक–मुख पृष्ठ अत्यंत प्रभावशाली, शांत और गंभीर सौंदर्य का संयोजन प्रस्तुत करता है, जिसमें इतिहास, आध्यात्मिकता और भूगोल-तीनों का समन्वय एक ही दृश्य में साकार होता है। पृष्ठभूमि में उभरता स्वर्णाभ आकाश, सूर्यास्त की कोमल किरणों से नहाया हुआ, एक गहन ऐतिहासिक भाव जगाता है; मानो प्रकृति स्वयं किसी प्राचीन सत्य का साक्ष्य दे रही हो। सामने स्थित पुरातन पत्थरों से निर्मित मंदिर-अपनी स्थापत्य–भव्यता, क्षरण की रेखाओं और दृढ़ खड़े रूप के साथ-एक ऐसी सभ्यता की ओर संकेत करता है जो समय के प्रहारों के बावजूद अपनी आस्था और पहचान को संजोए रही है। यह दृश्य पाठक को तुरंत इस संभावना की ओर आकर्षित करता है कि यहाँ कोई भूला हुआ अध्याय, कोई छिपी हुई इतिहास–रेखा अथवा कोई गहरे स्तर पर दबा हुआ सांस्कृतिक तथ्य पुनः प्रकट हो रहा है।

मुख्य शीर्षक *"अयोध्या नहीं, मुंगेर है राम जन्मभूमि"* गहरे नीले रंग में, बेहद स्पष्ट और दृढ़ शैली में प्रस्तुत है-जो पाठक के मन में स्वाभाविक रूप से प्रश्न, जिज्ञासा और शोध की भावना जगाता है। शीर्षक का यह प्रत्यक्ष और असामान्य कथन इस पुस्तक की प्रकृति को उजागर करता है: यह केवल धार्मिक विश्वास का विवरण नहीं, बल्कि इतिहास, पुरातत्व, भू–संरचना, सांस्कृतिक–साक्ष्यों और परंपरागत धारणाओं पर नए सिरे से विचार करने का एक गंभीर आमंत्रण है। इसके ठीक नीचे उभरती पहाड़ों की लंबी श्रृंखला और शांत नदी-प्राकृतिक रूप से मुंगेर के भूगोल का संकेत देती हुई-यह महसूस कराती है कि यह भूमि न केवल सुंदर है, बल्कि किसी प्राचीन अध्यात्मिक ऊर्जा का केंद्र भी रही है।

मुख पृष्ठ के निचले भाग में *"सत्यकाशी पीठ – पाँचवां और अंतिम शंकराचार्य पीठ"* लाल और पीले रंगों के संयोजन में लिखा हुआ है, जो इस कृति को एक आध्यात्मिक वैधता और गंभीरता प्रदान करता है। यह सूत्र पाठक को संकेत देता है कि पुस्तक केवल अनुमान या कल्पना पर आधारित नहीं, बल्कि एक विशिष्ट आध्यात्मिक परंपरा और शोध–आधारित दृष्टिकोण से निर्मित है। संपूर्ण कवर का रंग–संतुलन-स्वर्ण, नीला, मिट्टी–भूरा और सूर्यास्त के लाल–पीले मिश्रण-इतिहास, रहस्य, धैर्य और अवगाहन (contemplation) का सौन्दर्य रचता है।

कुल मिलाकर, यह मुख पृष्ठ एक ऐसा वातावरण बनाता है जहाँ पाठक को यह अनुभव होता है कि वह किसी भूली हुई कथा, किसी अनकहे सत्य और किसी पुरातन प्रमाणिकता के पुनरुद्धार की दहलीज पर खड़ा है। यह मुख पृष्ठ उद्‌घोष करता है कि पुस्तक विचारों को केवल सेट करने नहीं, बल्कि प्रश्नों को पुनः जीवित करने आई है।

भूमिका

भारत का सांस्कृतिक इतिहास केवल धार्मिक आस्था का इतिहास नहीं, बल्कि भूगोल, ज्योतिष, खगोल, पुरातत्त्व, लोककथाओं, प्राचीन मार्गों और आध्यात्मिक परम्पराओं को जोड़ने वाली एक अखण्ड धारा है। यही कारण है कि जब भी किसी तीर्थ, नगर या जन्मभूमि का प्रश्न उठता है, तो वह केवल एक स्थान का प्रश्न नहीं रह जाता-वह भारतीय सभ्यता के आत्मबोध का प्रश्न बन जाता है। प्रस्तुत ग्रंथ *"अयोध्या नहीं, मुंगेर है राम जन्मभूमि"* इसी आत्मबोध और ऐतिहासिक-आध्यात्मिक खोज का एक विस्तृत दस्तावेज़ है।

ग्रंथ की मूल दृष्टि यह है कि रामकथा को केवल परम्परा, धर्म और लोकश्रद्धा की दृष्टि से नहीं, बल्कि **खगोल-ज्योतिष, युगचक्र, प्राचीन मार्गों, सप्तमोक्षदायिनी नगरों** और उत्तर भारत की भू-संरचना के तुलनात्मक अध्ययन के माध्यम से देखा जाये। लेखक ने यह संकेत दिया है कि रामावतार से जुड़ीं अनेक घटनाएँ खगोल और ज्योतिषीय संकेतों से मेल खाती हैं, जो किसी युग के परिवर्तन और दिव्य अवतरण की सूचना देते हैं- *"वर्तमान कलियुग की आयु 4,32,000 वर्ष मानी गयी है... इसका प्रारम्भ 18 फरवरी 3102 ई.पू. माना जाता है।"*

इसी आधार पर ग्रंथ यह विचार प्रस्तुत करता है कि यदि खगोलिक गणनाएँ, नदी-परिवर्तन, पुरातात्त्विक संकेत, प्राचीन मार्गों की दिशा और मोक्षदायिनी पुरियों का स्थान-क्रम, इन सभी को एक साथ रखकर देखा जाए, तो मुंगेर क्षेत्र कई ऐसे संकेत दिखाता है जिनकी चर्चा सामान्यतः नहीं होती। सात मोक्षदायिनी पुरियों-अयोध्या, मथुरा, हरिद्वार, काशी, काँची, उज्जैन और द्वारिका-का उल्लेख करते हुए ग्रंथ यह दर्शाता है कि भारत का आध्यात्मिक भूगोल कितनी गहराई से आपस में जुड़ा है।

इसी प्रकार **सप्त बदरी** और **पंच केदार** जैसी परम्पराएँ भी यह बताती हैं कि किसी भी विशिष्ट स्थान की पहचान केवल धार्मिक कथा नहीं तय करती, बल्कि वह पूरे भू-आध्यात्मिक तंत्र का भाग होती है। मुंगेर के संदर्भ में लेखक ने इन आध्यात्मिक-भौगोलिक तंत्रों को जोड़ने का प्रयास किया है-नदी के प्रवाह, पर्वतीय संरचना, प्राचीन तीर्थ मार्गों, और ऊपर से खगोलिक संदर्भों को एकीकृत करते हुए।

यह ग्रंथ किसी स्थापित आस्था को खंडित करने के लिए नहीं लिखा गया है। बल्कि इसका उद्देश्य यह है कि भारतीय परम्परा में "सत्य" अनेक स्तरों पर उभरता है-कथा-परम्परा, भू-इतिहास, खगोल विज्ञान, और आध्यात्मिक संकेत, सब मिलकर किसी बड़े सत्य का द्वार खोलते हैं। इसलिए यह पुस्तक पाठक से आग्रह करती है कि वह रामकथा को केवल एक धार्मिक आख्यान

की तरह न देखे, बल्कि उसके पीछे छिपे **भारत के भौगोलिक-आध्यात्मिक ताने-बाने** को समझने का प्रयास करे।

लेखक का दृष्टिकोण यह भी स्पष्ट करता है कि भारत में जन्मभूमि या तीर्थ केवल "स्थान" नहीं होते; वे भारतीय मन की **धार्मिक-ऐतिहासिक स्मृति** हैं। अतः यदि किसी स्थान का पुनर्पाठ होता है, तो वह परम्परा से संघर्ष नहीं करता, बल्कि परंपरा को और विस्तृत करता है। इसी विचार के अन्तर्गत मुंगेर को एक सम्भावित राम-जन्मभूमि के रूप में देखने के लिए ग्रंथ पाठक को कई दिशाएँ खोलकर देता है-प्राचीन मानचित्र, नदियों के मार्ग, पर्वतीय धाराएँ, लोकश्रुतियाँ, ऋषि-परम्परा, और युग-गणना।

इस प्रकार यह पुस्तक केवल एक "स्थान-निर्धारण" नहीं करती; यह पाठक को भारतीय सभ्यता की उस वैज्ञानिक-आध्यात्मिक खोज में प्रवेश कराती है जहाँ **भूगोल, ज्योतिष, इतिहास, दर्शन और आस्था एक ही वृत्त में एकत्र होते हैं।** प्रस्तुत भूमिका इसी व्यापक खोज का द्वार है-जिससे आगे बढ़कर पाठक यह समझ सके कि रामकथा केवल अतीत की कथा नहीं, बल्कि आज भी जीवित और खोजी जा रही एक सजीव सांस्कृतिक चेतना है।

✍ ***लव कुश सिंह "विश्वमानव"***

एक शोधक, चिंतक और मार्गदर्शक, जिन्होंने अपना जीवन *मानवता, आत्मा और नव-सृष्टि* के अध्ययन एवं लेखन को समर्पित किया है।

- प्रमुख ग्रंथ: *विश्वशास्त्र*
- दृष्टि: *नव-मनुष्य और नव-संसार का निर्माण*

विश्व या जगत्

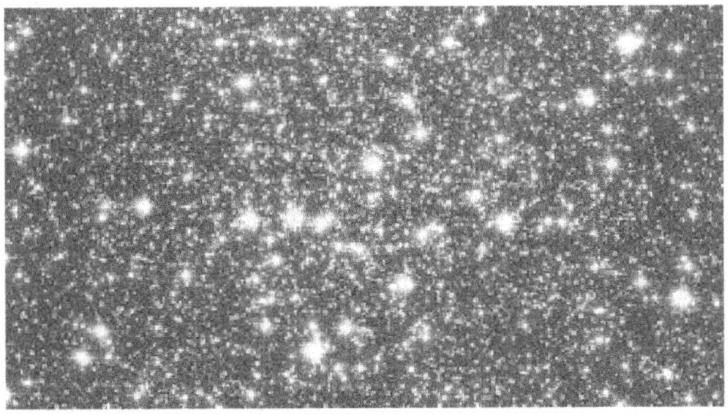

विश्व को अन्य अर्थों में संसार, जगत, सृष्टि, दुनिया के रूप में भी लेते हैं। कुँए के चारो ओर बने चबूतरे, जिस पर खड़े होकर पानी खींचते है, उसे भी जगत् कहते हैं। जगत संस्कृत मूल का शब्द है। वाक्यों द्वारा इन शब्दों का अर्थ निम्न प्रकार स्पष्ट है-

01. कुँए के जगत् पर रखा घड़ा नीचे गिर गया।
02. दुर्गम काज जगत् के जेते। सुगम अनुग्रह तुम्हरे तेते।
03. ब्रह्मा जी को भगवान नारायण ने सम्पूर्ण जगत् की रचना करने की आज्ञा दी।
04. इस चराचर जगत् में समस्त वस्तुएँ नश्वर हैं।
05. हिन्दी का चिट्ठा जगत् दिनोदिन प्रगति कर रहा है।

वर्तमान में विश्व (WORLD) पृथ्वी की सीमा तक के अर्थों में अधिकतम प्रयोग होता है। परन्तु मानवीय व्यक्तिगत दृष्टि में प्रत्येक मनुष्य का विश्व, जगत्, संसार, सृष्टि व दुनिया उतना ही बड़ा होता है जितने क्षेत्र तक का उसका ज्ञान होता है।

इस प्रकार व्यक्ति का अपने व्यक्तिगत दृष्टि से विश्व को देखना उसका प्राथमिक विश्व तथा व्यक्ति का अपने सार्वभौम दृष्टि से विश्व को देखना उसकी अन्तिम व पूर्ण दृष्टि होती है।

संवेदना के अनुभव की सीमा ही व्यक्ति का शरीर होता है। जिस व्यक्ति की संवेदना उसके अपने शरीर तक होता है उसके शरीर की सीमा उसके अपने शरीर तक ही होती है। इसी प्रकार जो व्यक्ति अपने परिवार, मुहल्ला, गाँव, जिला, प्रदेश, देश, पृथ्वी और ब्रह्माण्ड तक की संवेदना का अनुभव करता है उस व्यक्ति का शरीर उस स्तर का होता है। अनन्त ब्रह्माण्ड तक के शरीर का अनुभव ही "अंह ब्रह्मास्मि" कहलाता है और अपने शरीर के सुख-दुःख का अनुभव करते हुये अपने उस शारीरिक सीमा के लिए कर्म करता है।

इस प्रकार मैं लव कुश सिंह "विश्वमानव" अनन्त ब्रह्माण्ड तक की संवेदना का अनुभव कर उसे सत्य, शिव और सुन्दर की ओर दिशा देने के लिए यह "विश्वशास्त्र" व्यक्त किया हूँ।

कुछ वर्षों पहले वैज्ञानिक डा0 फ्रेड हायल भारतवर्ष आये थे। विज्ञान भवन में उन्होंने कहा था- "अंतरिक्ष की गहराइयाँ जितनी अनन्त की ओर बढ़ेंगी, उसमें झाँककर देखने से मानवीय अस्तित्व का अर्थ और प्रयोजन उतना ही स्पष्ट होता चला जायेगा। शर्त यह रहेगी कि हमारी अपनी अन्वेषण बुद्धि का भी विकास और विस्तार हो। यदि हमारी बुद्धि, विचार और ज्ञान मात्र पेट, प्रजनन, तृष्णा, अहंता तक ही सीमित रहता है, तब तो हम पड़ोस को भी नहीं जान सकेंगे, पर यदि इन सबसे पूर्वाग्रह मुक्त हों तो ब्रह्माण्ड इतनी खुली और अच्छे अक्षरों में

लिखी चमकदार पुस्तक है कि उससे हर शब्द का अर्थ, प्रत्येक अस्तित्व का अभिप्राय समझा जा सकता एवं अनुभव किया जा सकता है।"

वस्तुतः चेतना का मुख्य गुण है-विकास। जहाँ भी चेतना या जीवन का अस्तित्व विद्यमान दिखाई देता है, वहाँ अनिवार्य रूप से विकास, वर्तमान स्थिति से आगे बढ़ने की हलचल दिखाई देती है। इस दृष्टि से मनुष्यों, जीव-जन्तु और पेड़-पौधों को ही जीवित माना जाता है। परन्तु भारतीय आध्यात्म की मान्यता है कि जड़ कुछ है ही नहीं, सब कुछ चैतन्य ही है। सुविधा के लिए स्थिर, निष्क्रिय और यथास्थिति में बने रहने वाली वस्तुओं को जड़ कहा जाता है, परन्तु वस्तुतः वे प्रचलित अर्थों में जड़ है ही नहीं। सृष्टि के इस विराट रूप, क्रमिक विस्तार एवं सतत गतिशीलता के मूल में झाँकने पर वैज्ञानिक पाते हैं कि यह सब एक सुनियोजित चेतना की विधि व्यवस्था के अन्तर्गत सम्पन्न हुआ क्रियाकलाप है।

इस सम्पूर्ण विवेचन से यह निष्कर्ष निकलता है कि मनुष्य को यह नहीं समझना चाहिए कि वह इस सृष्टि का सर्वतः स्वतन्त्र सदस्य है और उसे कर्म करने की जो स्वतन्त्रता मिली है, उसके अनुसार वह इस सृष्टि के महानियंता की नियामक व्यवस्था द्वारा निर्धारित दण्ड से भी बच पायेगा। इस विराट ब्रह्माण्ड में पृथ्वी का ही अस्तित्व एक धूलिकण के बराबर नहीं है तो मनुष्य का स्थान कितना बड़ा होगा? फिर भी मनुष्य नाम का यह प्राणी इस पृथ्वी पर कैसे-कैसे प्रपंच फैलाये हुये है यह जानने और उसे उस अन्तिम मार्ग से परिचय कराने हेतु ही इस "विश्वशास्त्र" को प्रस्तुत किया गया है। वस्तुतः यथार्थ में ऐसा होना चाहिए कि जीवकोपार्जन हेतु ज्ञान व कर्म मनुष्य-मनुष्य के अनुसार अलग-अलग हो सकते हैं परन्तु जीवन का ज्ञान एक ही होना चाहिए और यदि मानव जाति के नियंतागण ऐसा कर सके तो भविष्य की सुरक्षा हेतु बहुत बड़ी बात होगी। साथ ही ब्रह्माण्ड के अनेक रहस्यों को जानने के लिए मनुष्य के शक्ति का एकीकरण भी कर सकने में हम सफल होंगे।

"प्रत्येक व्यक्ति केवल अपने ही विश्व को देखता है, इसलिए उस विश्व की उत्पत्ति उसके बन्धन के साथ होती है और उसकी मुक्ति से वह विश्व मय हो जाता है। तथापि वह औरों के लिए, जो बन्धन में हैं, अवशेष रहता है। नाम और रुप से ही विश्व बना है। समुद्र की तरंग, उस हद तक ही तरंग कहला सकती है, जब तक कि नाम और रुप से वह सीमित है। यदि तरंग लुप्त हो जाये तो वह समुद्र ही है। यह नाम और रुप माया कहलाता है और पानी ब्रह्म।"

-स्वामी विवेकानन्द

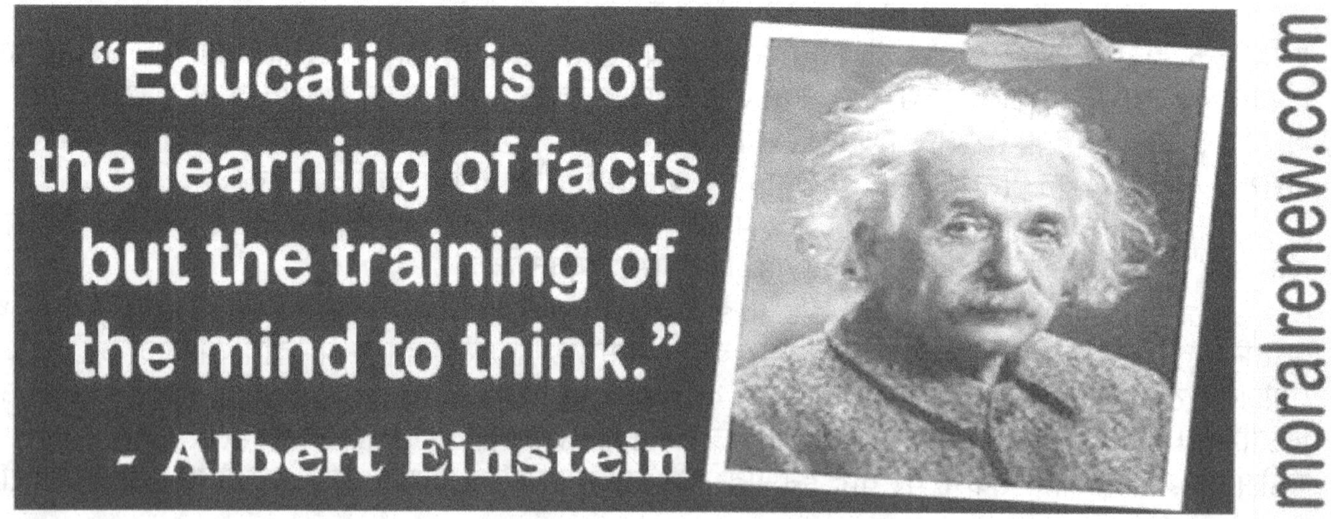

ब्रह्माण्ड या व्यापार केन्द्रः एक अनन्त व्यापार क्षेत्र

आकाश पर नजर डालने से एक काली चादर या कुछ जुगनू से बैठे चमकते दिखते हैं। दिन और रात में चमकते हुये दो गोले घूमते नजर आते हैं। मोटी दृष्टि यहीं समाप्त हो जाती है, पर जब गहराई में उतरकर वास्तविकता खोजने की बात चलती है तो प्रतीत होता है कि इस नगण्य के पीछे न जाने कितना बड़ा विशाल विस्तार छिपा पड़ा है। उसकी परतें उठाते चलने पर विशालता का अनंत विस्तार आँखों के सामने आकर खड़ा हो जाता है। ब्रह्माण्ड का स्वरूप कभी मानवी मान्यता के अनुसार बहुत छोटा था, पर अब पर्यवेक्षण से उसकी विशालता इतनी बढ़ चली है कि उसकी कल्पना करने तक में मस्तिष्क चकराने लगता है।

ब्रह्माण्ड के बारे में जैसे-जैसे जानकारीयाँ बढ़ती जा रही हैं वैसे-वैसे उसके विस्तार का दायरा बढ़ता जा रहा है। अभी वह बचपन की ही अवधि में है इसलिए उसे बहुत समय बढ़ने, फलने और परिपुष्ट होने में लगेगा। प्रौढ़ता आने के उपरान्त ही वृद्धावस्था की झुर्रियाँ पड़ना आरम्भ होगी। कमर झुकेगी। खाँसी-श्वास का सिलसिला चलेगा और घटते-घटते हारा थका जराजीर्ण होने पर वह मरण की तैयारी करेगा। मरने के उपरान्त उसे फिर जन्म लेने में कितने समय भूतकाल जैसा गर्भावस्था में रहना होगा, यह तो नहीं कहा जा सकता किन्तु यह निश्चित है कि जन्म-मरण के चक्र में पदार्थों एवं प्राणियों की तरह ब्रह्माण्ड को भी गुजरना पड़ेगा। और यह क्रम सदैव चलता रहता है। वर्तमान समय का ब्रह्माण्ड अभी बचपन की अवधि में है।

हमारा सौर मण्डल ब्रह्माण्ड में उपस्थित कई अरब निहारिकाओं में से एक में उपस्थित अरबों-खरबों सौरमण्डल में से एक सौर मण्डल है। कई अरब निहारिकाओं का समुच्चय आकाशगंगा (मिल्की वे या ग्लैक्सी) कहलाता है। ब्रह्माण्ड में असंख्यों आकाशगंगाएँ हैं। हमारा ब्रह्माण्ड दिनों-दिन फैलता जा रहा है और निहारिकाएँ एक-दूसरे से दूर हटती जा रहीं हैं। एक आकाशगंगा को ही लें तो पाते हैं कि अपने सूर्य जैसे लगभग 500 करोड़ ताराओं, सौरमण्डल तथा अकल्पनीय विस्तार वाले धूल तथा गैस वर्तुलों के मेघ मिलकर मात्र एक गंगा बनती है। ऐसी 10 करोड़ से अधिक आकाशगंगाओं या उनके मध्य के अकल्पनीय आकाश को एक ब्रह्माण्ड कहा जाता है। यह ब्रह्माण्ड कितने है? इस स्थान पर मनुष्य की बुद्धि व कल्पना थक जाती है। इसलिए दर्शन ने उसे "नेति-नेति" एवं विज्ञान ने उसे "अनन्त" कहा है। आध्यात्मवाद ने इस समस्त रचना को ही नहीं उसके स्वामी, नियंता, रक्षक को भी अनन्त नाम से ही सम्बोधित किया है।

क्या अनन्त अंतरिक्ष का अन्त है? इस प्रश्न के उत्तर में विश्व प्रसिद्ध वैज्ञानिक आईन्सटीन एवं मिन्कोवस्की ने "है" के रूप में दिया है। वे कहते हैं-"सीधे चलते हुये कोई भी वस्तु अन्ततः घूमकर अपने मूल उद्गम पर ही आ जाती है। इस गणित के सिद्धान्त के आधार पर अंतरिक्ष का अंत भी वहीं होना चाहिए, जहाँ से उसका आरम्भ हुआ है।" अर्थात अनादि और अनन्त कहे जाने वाले अंतरिक्ष का किसी एक बिन्दु पर मिलन अवश्य होगा ही, भले ही वह कितना दूरवर्ती क्यों न हो? ब्रह्माण्ड निरन्तर फैल व बढ़ रहा है। विराट की पोल में प्रत्यक्ष ग्रह-नक्षत्र किसी असीम-अनन्त की दिशा में तेज गति से भागते चले जा रहे हैं। यों ये पिण्ड अपनी धुरी व कक्षा में भी घूमते हैं, पर हो यह रहा है कि वह कक्षा, धुरी और मण्डली तीनों ही असीम की ओर दौड़ रहे हैं। ब्रह्माण्ड 150 मील प्रति

सेकण्ड की गति से विकसित हो रहा है और यह गति बिना किसी बाधा के सभी स्थान पर है। जो तारे कुछ समय पूर्व दिखते थे, वे अब अधिक दूरी पर चले जाने के कारण अदृश्य हो गये। इस क्रिया को विस्तार, विघटन या अन्त में एकता की प्राप्ति के लिए दौड़ भी कह सकते हैं। गोलाई का सिद्धान्त अकाट्य है। प्रत्येक गतिशील वस्तु गोल हो जाती है। स्वयं ग्रह-नक्षत्र इसी सिद्धान्त के अनुसार चौकोर, तिकोने, आयताकार न होकर गोल हुये। यह ब्रह्माण्ड भी गोल है। नक्षत्रों की कक्षाएँ भी गोल हैं।

ब्रह्माण्ड का 99 प्रतिशत भाग शून्य है। एक प्रतिशत भाग को ही यह ग्रह-नक्षत्र घेरे हुये है। आकाश में सूर्य जैसे खरबों तारकों का अस्तित्व है। वह तारे आकाशगंगाओं से जुड़े हैं। वे उसी से निकले हैं। मुर्गी अण्डे देती है, उन्हें सेती है, और जब तक बच्चे समर्थ नहीं हो जाते, उन्हें अपने साथ लिए फिरती है। आकाशगंगाएँ ऐसी ही मुर्गीयाँ हैं जिनके अण्डे-बच्चों की गणना करना पूरा सिरदर्द है। हमारी आकाशगंगा 1 लाख प्रकाश वर्ष लम्बी और 20 हजार प्रकाश वर्ष मोटी है। सूर्य इसी मुर्गी का एक छोटा चूजा है जो अपनी माता से 33000 प्रकाश वर्ष दूर रहकर उसकी परिक्रमा 170 मील प्रति सेकण्ड की गति से करता है। आकाशगंगाएँ भी आकाश में करोड़ों हैं। वे आपस में टकरा न जाएँ या उनके अण्डे-बच्चे एक-दूसरे से उलझ न पड़े इसलिए अपने सैर-सपाटे के लिए काफी बड़ा क्षेत्र हथिया लिया है। ये आकाशगंगाएँ एक-दूसरे से लगभग 20 लाख प्रकाश वर्ष दूर रहती है। अनन्त आकाश में गतिशील आकाशगंगाओं में एक अपने सौरमण्डल की भी है, जिसकी चाल 24,300 मील प्रति सेकण्ड नापी गई है। इस तरह ब्रह्माण्ड चैतन्य तो है ही, निरन्तर फैल रहा है, इसकी हर इकाई गतिशील है। निष्क्रियता कहीं भी दृष्टिगोचर नहीं होती।

प्रकाश की गति 1 सेकण्ड में 1 लाख 86 हजार मील है। इस गति से चलते रहने पर 1 वर्ष में प्रकाश जितनी दूरी तय करता है उसे 1 प्रकाश वर्ष कहते हैं। आकाश को अत्यधिक प्रभावित करने वाले क्वासर तारे अभी तक चार खोजे जा सके हैं। इसमें जो निकटतम है उनकी दूरी 800 करोड़ प्रकाश वर्ष मानी गई है। यदि वहाँ तक पहुँचने का कोई मनुष्य दावा करे और अब तक उपलब्ध राकेटों के सहारे 2500 मील प्रति घंटा की चाल से चले तो उस मनुष्य के 100 वर्ष वाले जीवन के 8 करोड़ जन्म लेने पड़ेंगे। यदि वापस भी लौटना हो तो फिर इतना ही वर्ष और चाहिए। यह लगातार गति में रहने की गणना है। यदि बीच में तेल-पानी या सुस्ताने की आवश्यकता पड़ी तो समय और भी अधिक लग जायेगा। यह आलंकारिक विवरण इस विराट परब्रह्म का मात्र एक अंश की झलक भर का दर्शन है।

निष्कर्ष रूप में सारांश यह है कि यह ब्रह्माण्ड एक अनन्त व्यापार केन्द्र या क्षेत्र (TRADE CENTRE or TRADE AREA) के रूप में है जहाँ प्रत्येक क्षण व्यापार या आदान-प्रदान (TRADE or TRANSACTION) चल रहा है और यह स्थिर नहीं है।

"ब्रह्माण्ड" शब्द के सम्बन्ध में वर्तमान विचार

ब्रह्माण्ड शब्द विश्व के प्राचीनतम भाषाओं में से सर्वश्रेष्ठ प्राचीन भारतीय भाषा संस्कृत का शब्द है। जिसका प्रयोग दिनोदिन कम होता जा रहा है। क्योंकि इसके स्थान पर जगत, विश्व, संसार, सृष्टि इत्यादि शब्दों का प्रयोग बढ़ रहा है। और यह भी प्रश्न उठता है कि-"ब्रह्माण्ड शब्द के स्थान पर प्रयोग किये जा रहे जगत, विश्व, संसार, सृष्टि इत्यादि शब्द ब्रह्माण्ड शब्द के ही अर्थ को व्यक्त करते हैं या किसी अन्य अर्थ को।" वर्तमान समय (सन् 2012 ई0) तक के विचार के अनुसार यह माना जाता है कि जगत, विश्व, संसार, सृष्टि इत्यादि शब्द ब्रह्माण्ड शब्द के अर्थ को व्यक्त नहीं करते बल्कि यह अंग्रेजी के यूनिवर्स (UNIVERSE) शब्द के अर्थ को व्यक्त करते हैं। क्योंकि हिन्दी व्याकरण शब्द विन्यास के अनुसार ब्रह्माण्ड शब्द ब्रह्म + अण्ड से मिलकर बना है। और ब्रह्म का अर्थ होता है-जीव और अण्ड का अर्थ होता है-अण्डा। अर्थात ब्रह्माण्ड का अर्थ हुआ-जीव का अण्डा। अर्थात यह ब्रह्माण्ड, जीव के अण्डे जैसा है।

ब्रह्माण्ड शब्द के उपरोक्त हिन्दी अर्थ के आधार पर अंग्रेजी के यूनिवर्स शब्द से तुलना करने पर यह स्पष्ट होता है कि-

01. ब्रह्माण्ड शब्द जहाँ पूर्ण विश्वास के साथ ब्रह्माण्ड के प्रत्येक इकाई में जीवन को सिद्ध करता है, वहाँ यूनिवर्स शब्द सम्पूर्ण यूनिवर्स में जीवन व्याप्त है, इस विषय पर अति तुक्ष सोच रखता है।
02. ब्रह्माण्ड शब्द जहाँ ब्रह्माण्ड को अण्डे के खोल जैसे एक खोल में सीमाबद्ध होने और एक निश्चित आकृति वाला सिद्ध करता है वहीं यूनिवर्स शब्द यूनिवर्स को अनन्त और निराकार मानता है।
03. ब्रह्माण्ड शब्द जहाँ पूर्णता लिए है वहीं यूनिवर्स शब्द मात्र ब्रह्माण्ड के आन्तरिक भाग का ही मात्र प्रतिनिधित्व करता दिखाई देता है।
04. ब्रह्माण्ड शब्द के अनुसार जहाँ ब्रह्माण्ड के बाहर और भी कुछ है को सिद्ध करता है वहीं यूनिवर्स शब्द के अनुसार यूनिवर्स में ही खोज करना अभी शेष ही शेष है।
05. ब्रह्माण्ड शब्द जहाँ अपने अर्थ को एक निष्कर्ष के रूप में प्रस्तुत करता है, वहीं यूनिवर्स शब्द उलझे हुये खोजों का एक समूह दिखाई पड़ता है।
06. ब्रह्माण्ड शब्द जहाँ ब्रह्माण्ड को किसी तन्त्र की कार्यकारी इकाई के रूप में प्रस्तुत करता है, वहीं यूनिवर्स शब्द यूनिवर्स की ही कार्य प्रणाली समझने में असमर्थ है।
07. ब्रह्माण्ड शब्द जहाँ ब्रह्माण्ड में निहित जीवों को मात्र एक उद्देश्य, जीवन में वृद्धि के लिए प्रेरित करता है, वहीं यूनिवर्स शब्द यूनिवर्स में निहित जीवों को अपना ही जीवन किसी भी प्रकार बचाने के लिए, किसी भी प्रकार के उद्देश्य को अपनाने के लिए बाध्य करता है।

जबकि आधुनिक विज्ञान की दृष्टिकोण से देखा जाय तो, उपरोक्त अर्थ और व्याख्या के आधार पर कदापि यह सिद्ध नहीं होता कि हमारा ब्रह्माण्ड वास्तव में जीव के अण्डे जैसा ही है। क्योंकि ये तभी सिद्ध हो सकता है जब कोई बुद्धिजीवी आधुनिक विज्ञान के माध्यम से इस यूनिवर्स से (सशरीर या मानसिक आधार पर) बाहर जाये और तथाकथित ब्रह्माण्ड के बाहरी स्वरूप को देखें और पुनः इस यूनिवर्स में वापस लौटकर हमें ब्रह्माण्ड के स्वरूप के विषय में बताए कि हमारा यूनिवर्स अण्डे के रूप वाला ही है। किन्तु हम सभी धर्म और आधुनिक विज्ञान के तकनीकों तथा उनके समस्त प्रमाणों और उपलब्धियों के आधार पर विवादमुक्त रूप से जानते हैं कि न कि ऐसा पहले ही कभी सम्भव था, ना ही यह भविष्य में सम्भव होने जा रहा है। जबकि आधुनिक विज्ञान वर्तमान में भी मात्र यूनिवर्स शब्द पर ही अपना सम्पूर्ण ध्यान केन्द्रित करते हुये इसके गूढ़ रहस्य को ही सुलझाने में प्रयत्नशील है। आधुनिक विज्ञान के खोजों के आधार पर यह कह सकते हैं कि ये खोजें भी यूनिवर्स शब्द के समान ही अनन्त और निराकार सिद्ध हो रही है, जिसका ना तो कोइ सीमा है ना ही कोई आकार।

तो क्या हमारे पूर्वजों ने मात्र पृथ्वी के जीवों के अण्डों को देखकर निर्णय लिया कि हमारा ब्रह्माण्ड जीव के अण्डे जैसा ही है, या किसी अत्यधिक विकसित वैज्ञानिक प्रयोग तथा गणना द्वारा खोजे गये सिद्धान्त के आधार पर यह निर्णय लिया? जिस सिद्धान्त के अभाव में यूनिवर्स आज भी आधुनिक विज्ञान के लिए रहस्य का विषय बना हुआ है। विज्ञान को दिशाहीन अनन्त मार्ग पर चलने के लिए अगर कोई एक मात्र नैतिक रूप से उत्तरदायी है, तो वो हैं-भारतीय। इनके उत्तरदायी होने के दो मुख्य कारण हैं-

01. भारतीयों का, अपने पूर्वजों द्वारा अत्यधिक विकसित विज्ञान के द्वारा की गयी अति दुर्लभ खोजों की टूटी कड़ीयों को फिर से जोड़ने के स्थान पर, सदैव उनकी उपेक्षा करते रहने का अस्वाभाविक स्वभाव।

02. भारतीयों का आधुनिक विज्ञान के आधार पर स्वयं को तुक्ष मानना, और साथ ही साथ सदैव ही दूसरों के बताए मार्गों को श्रेष्ठ मानते हुये उनके ही मार्गों पर कटिबद्ध होकर निरन्तर चलते रहना।

उपरोक्त व्याख्याओं के आधार पर ब्रह्माण्ड की परिभाषा इस प्रकार होती है-"ब्रह्माण्ड वो है जिसका स्वरूप जीव के अण्डे जैसा है। जिसकी परिधि एक ठोस तत्व से निर्मित है और आन्तरिक क्षेत्र में सम्पूर्ण ग्रह,

उपग्रह और तारे इत्यादि स्थित है और इसके आन्तरिक क्षेत्र को हम जगत्, संसार, विश्व, सृष्टि, यूनिवर्स इत्यादि के नाम से सम्बोधित करते हैं। इसके आन्तरिक क्षेत्र और इसमें स्थित सम्पूर्ण ग्रह, उपग्रह और तारों आदि के मध्य मात्र इतना सा अन्तर है कि इसका आन्तरिक क्षेत्र "मूलतत्व" के मूल रूप से निर्मित है, जबकि सम्पूर्ण ग्रह, उपग्रह और तारे आदि मूलतत्व के, ब्रह्माण्ड के मूल तापमान में अस्थिरता आने के कारण, आपस में जुड़ने और जुड़कर टुटने से निर्मित है।"

भारतीय वैज्ञानिक पूर्वजों ने ब्रह्माण्ड को समझने के लिए कौन-कौन से वैज्ञानिक प्रयोग और गणनाएँ की, इसका कोई ठोस प्रमाण, सम्पूर्ण विश्व में प्रत्यक्ष रूप से वर्तमान समय में कहीं भी उपलब्ध नहीं है किन्तु यह तो निश्चित है कि उन्होंने अपने वैज्ञानिक प्रयोगों और गणनाओं के आधार पर अवश्य ही किसी ऐसे सिद्धान्त को और उसके प्रयोग की उचित दिशा को उसी समय खोज लिया था जिसके बिना उनके द्वारा यह सिद्ध करना सम्भव नहीं था कि हमारा ब्रह्माण्ड जीव के अण्डे जैसा ही है। अतः उनके द्वारा खोजे गये उस सिद्धान्त को और उसके प्रयोग की दिशा को समझने के लिए सबसे पहले ये समझना अतिआवश्यक है कि भारतीय वैज्ञानिक पूर्वजों ने ब्रह्माण्डीय खोज को आरम्भ करने के लिए आखिर ब्रह्माण्ड के किस बिन्दु को अपना "प्रथम लक्ष्य" बनाया। चूँकि प्रमाणों के अभाव में ये कहना कठिन है कि उन्होंने ब्रह्माण्ड के किस बिन्दु को अपना प्रथम लक्ष्य बनाया, किन्तु मानव स्वभाव के आधार पर अगर देखा जाय तो निश्चित रूप से उनके खोज का भी वही केन्द्र बिन्दु रहा होगा, जो वर्तमान में वर्तमान विज्ञान का रहा होगा। अतः उस अतिमहत्वपूर्ण केन्द्र बिन्दु को पूर्णतया स्पष्ट करने के लिए नितान्त आवश्यक है कि वर्तमान के आरम्भिक, सभी ब्रह्माण्डिय खोजों के लक्ष्यों पर ध्यान पूर्वक दृष्टि डालते हुये, उनका ध्यानपूर्वक पुर्नावलोकन किया जाए। पुर्नावलोकन करने के उपरान्त सम्पूर्ण विश्व के समक्ष स्वयं ही निर्विवाद रूप से स्पष्ट हो जायेगा कि, वर्तमान के आरम्भिक लक्ष्यों में से केन्द्र बिन्दु के रूप में मात्र एक ही लक्ष्य था, जिसपर वर्तमान में भी निरन्तर खोज जारी है, और वह लक्ष्य था-"हमारे ब्रह्माण्ड के सम्पूर्ण ग्रह, उपग्रह और सूर्य तथा तारे आदि अन्तरिक्ष में आखिर किस सिद्धान्त के कारण, अपनी कक्षा से बाहर नहीं निकल पाते तथा केवल अपनी ही गोलाकार कक्षा में ही स्थित रहते हुये, अपने-अपने केन्द्र की निरंतर परिक्रमा करते रहते हैं?"

वर्तमान विज्ञान के दृष्टिकोण से अगर उपरोक्त केन्द्र बिन्दु को देखा जाए तो, निष्कर्ष रूप में अभी तक एक ही मूल कारण स्पष्ट हो पाया है कि "हमारे ब्रह्माण्ड के सम्पूर्ण ग्रह, उपग्रह और सूर्य तथा तारे आदि इसलिए अपनी कक्षा से बाहर नहीं निकल पाते तथा अपनी ही गोलाकार कक्षा में स्थित रहते हुये, अपने-अपने केन्द्र की निरंतर परिक्रमा करते रहते हैं क्योंकि ये अपने-अपने गोलाकार केन्द्र के गोलाकार चुम्बकीय क्षेत्र में फँसे हुये हैं।" जैसे कि हमारे सौरमण्डल के सम्पूर्ण ग्रह हमारे सौर मण्डल के केन्द्र सूर्य के चुम्बकीय क्षेत्र में फँसे होने के कारण, अपनी कक्षा से बाहर नहीं निकल पाते और अपनी-अपनी गोलाकार कक्षा में ही स्थित रहते हुये, सूर्य की निरंतर परिक्रमा करते रहते हैं।

उपरोक्त स्पष्टिकरण के उपरान्त ऐसे तो बहुत सारे प्रश्न एकाएक उत्पन्न हो जाते हैं, किन्तु सारांश में एक प्रश्न द्वारा ऐसे व्यक्त किया जा सकता है कि-"हमारे ब्रह्माण्ड में स्थित केन्द्रीय कक्षा हो या अन्य, किसी भी गोलाकार कक्षा के निर्माण का मूल आधार क्या है, अर्थात गोलाकार कक्षा के निर्माण हेतु किन-किन दशाओं का होना अनिवार्य है?" इस प्रश्न के समाधान हेतु अगर ध्यानपूर्वक, वर्तमान विज्ञान के दृष्टिकोण से विचार किया जाए तो, समाधान के रूप में एक ही निष्कर्ष स्पष्ट होगा कि, इस प्रश्न का स्पष्ट उत्तर वर्तमान विज्ञान के पास उपलब्ध है ही नहीं और जो अस्पष्ट उत्तर है भी, वो भी उत्तरों की जाल में ऐसे उलझे हुये हैं कि, उनको व्यक्तिगत आधार पर समझना या किसी को भी व्यक्तिगत आघार पर समझाना, किसी भी प्रतिभाशाली से प्रतिभाशाली वैज्ञानिक के वश का नहीं। वर्तमान विज्ञान द्वारा इस प्रश्न के अनुत्तरित रहने का कारण यह है कि वर्तमान विज्ञान द्वारा दिया गया "प्रथम लक्ष्य" के सम्बन्ध में त्रुटिपूर्ण स्पष्टिकरण। क्योंकि अगर "प्रथम लक्ष्य" के सम्बन्ध में दिया गया स्पष्टिकरण परिशुद्ध होता तो, स्पष्टिकरण के उपरान्त कोई भी अनुत्तरित प्रश्न शेष रहने की सम्भवतः न्यूनतम सम्भावना ही शेष रहती। जबकि भारतीय वैज्ञानिक पूर्वजों के ब्रह्माण्डिय खोजों को "प्रथम लक्ष्य" से जोड़कर देखा जाय तो, ऐसा प्रतीत होता है कि भारतीय वैज्ञानिक पूर्वजों ने "प्रथम लक्ष्य" का परिशुद्ध हल सम्भवतः खोज निकाला था। क्योंकि

अगर उनके द्वारा निकला "प्रथम लक्ष्य" का हल परिशुद्ध नहीं होता तो वो "ब्रह्माण्ड" जैसे महानतम शब्द का आविष्कार ही नहीं करते। और साथ ही साथ ये भी ध्यान देने योग्य बिन्दु है कि संस्कृत भाषा के इस महानतम् शब्द का, किसी भी भाषाविद् द्वारा किसी भी प्रकार अभी तक आलोचना नहीं की गयी है, जिससे इस शब्द के अर्थ की सत्यता और भी सशक्त हो जाती है। "प्रथम लक्ष्य" रूपी प्रथम कड़ी को सम्भवतः खोजने के उपरान्त सबसे बड़ी चुनौति अभी शेष है कि आखिर उन्होंने "प्रथम लक्ष्य" के समाधान हेतु कौन-कौन से प्रयोग और कौन-कौन सी गणनाएँ की होंगी?

ब्रह्माण्ड के सम्बन्ध में सार्वभौम सत्य-सैद्धान्तिक विचार

हिन्दी व्याकरण शब्द विन्यास के अनुसार ब्रह्माण्ड शब्द ब्रह्म + अण्ड से मिलकर बना है। ब्रह्म, ब्रह्मा से सम्बन्धित है। और एकात्म ज्ञान से सम्बन्धित हैं। इसी प्रकार विष्णु, एकात्म कर्म से और शंकर, एकात्म ध्यान से सम्बन्धित हैं। इसी क्रम में उनका अस्त्र क्रमश: ब्रह्मास्त्र, सु-दर्शन और पशुपास्त्र है अर्थात क्रमशः ज्ञान का अस्त्र, अच्छे विचार का अस्त्र और सार्वभौम सत्य-सिद्धान्त का अस्त्र है। इस प्रकार ब्रह्माण्ड का अर्थ ज्ञान के अण्डे से है। ब्रह्म के साथ अण्ड जोड़ने के पीछे ये रहस्य था कि ज्ञान का प्रारम्भ और अन्त एक चक्र है जैसे क्रिया-कारण, जन्म-मृत्यु-जन्म। अर्थात एक चक्र या गोला। ब्रह्माण्ड के सभी ग्रह-तारे सब गोल रूप में हैं। यह ब्रह्माण्ड, ईश्वर की दृश्य कृति हैं जो उससे निकला है और इसमें वह स्वयं है। जिस प्रकार यह "विश्वशास्त्र" श्री लव कुश सिंह "विश्वमानव" से निकला है और इसमें वे स्वयं है। यह ब्रह्माण्ड, ज्ञान का अण्डा है, अनन्त है, इसका कोई निश्चित आकार और सीमा नहीं हैं, यह एक बड़े वट वृक्ष के समान है। बस, कुछ नहीं।

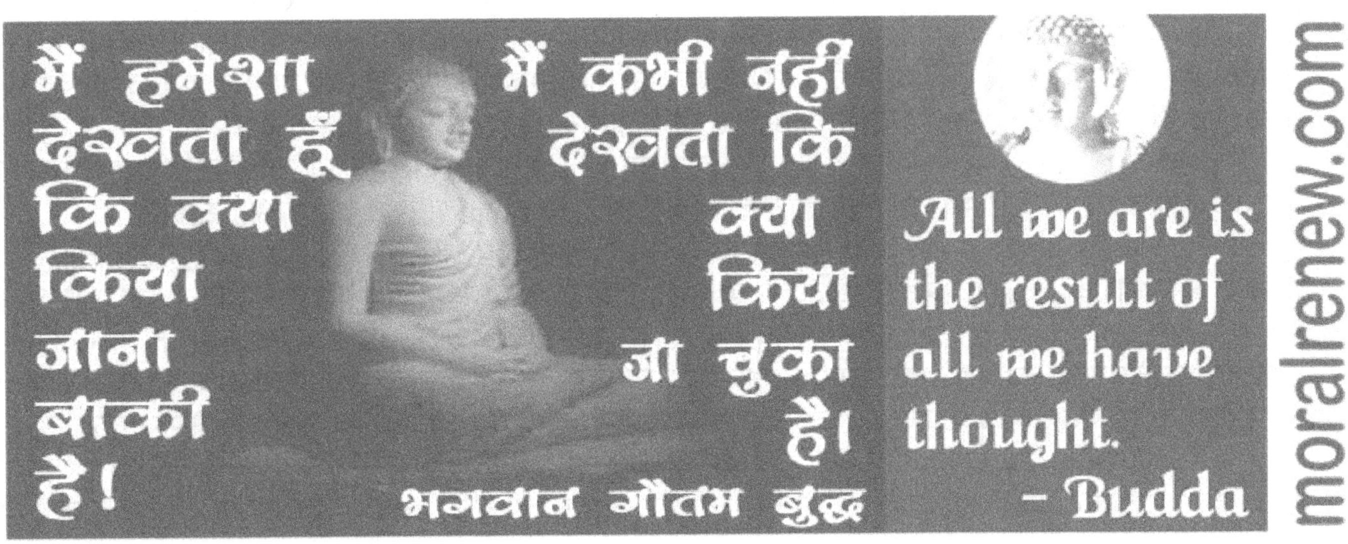

ब्रह्माण्ड की उत्पत्ति

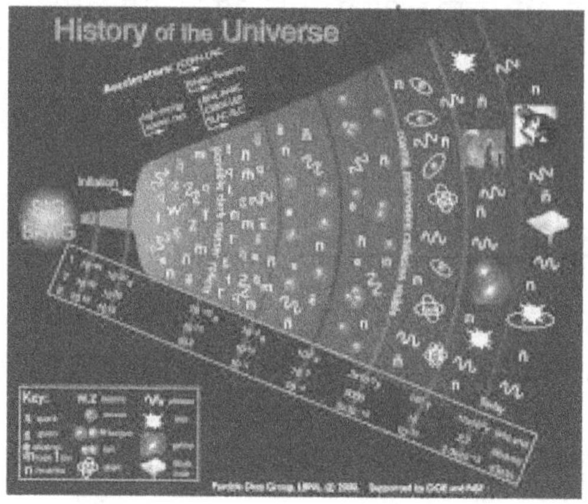

ब्रह्माण्ड का आरम्भ कब और किस क्रम से हुआ इसके सम्बन्ध में अनेक मत हैं, पर जिस प्रतिपादन पर आम सहमति हो चुकी है वह यह है कि-"आरम्भ में थोड़ा सा सघन द्रव्यमान था। उसके अन्तराल में किसी अज्ञात कारण से विस्फोट हुआ और उसकी धज्जियाँ उड़ गई। अंसख्य टुकड़े हुये, वे जिधर-तिधर छितर गये। इस छितराव ने एक नई दिशा अपनाई। टुकड़ों में से अधिकांश अपनी धुरी पर लट्टू की तरह घूमने लगे और साथ ही घुड़दौड़ की तरह आगे की ओर भी भागने लगे।" चूँकि यह समस्त सृष्टि रचना में गोलाकार है फलतः गति भी गोलाकार ही अग्रगामी रह सकती है। अनवरत घुड़दौड़ को अन्ततः गोलाकार बनाना पड़ा और किसी लक्ष्य तक पहुँचकर प्रयास को इतिश्री कर देने की अपेक्षा अनन्तकाल तक अनवरत घुड़दौड़ जारी रखने का एक सुनिश्चित मार्ग मिल गया। द्रव्यमान के छितरे हुये टुकडों ने न केवल वाह्य जगत में, ब्रह्माण्ड के क्षेत्र में अपनी घुड़दौड़ को जारी रखा वरन् आत्मसत्ता की नीजी परिधि में भी इसी नीति को अपनाया। वे अपनी-अपनी धुरियों पर भी घूमने लगे। इस प्रकार वैयक्तिक और सामूहिक दोनों ही क्षेत्रों में उसने अपने प्रयास-पुरूषार्थ को अग्रगमन के लक्ष्य में नियोजित किये रहने का मार्ग चुना और अनुशासन अपनाया।

विज्ञानवेत्ताओं के अनुसार सृष्टि का आरम्भिक द्रव्यमान एक सघन बादल के रूप में था। उस स्थिति में उसका घनत्व 10-12 किलोग्राम प्रति घन मीटर आँका गया है। जिसे प्रोटोगैलेक्सी के नाम से पुकारते हैं। आरम्भ में वह बादल ऐसे ही अनगढ़ था। विस्फोट होने के बाद उस केन्द्र में तथा टुकड़ों में एक नई क्षमता उद्भूत हुई। उसे गुरूत्वाकर्षण के नाम से जाना जाता है। विस्फोट के बाद टुकड़े निहारिका बन गये और छोटे ग्रहतारकों के रूप में अपने छोटे-छोटे कलेवरों को सुगठित बना सकने में सफल हो गये। निहारिकाएँ अभी भी उतनी सुव्यवस्थित नहीं हो सकी हैं। ब्रह्माण्ड फूल रहा है। उसके अन्तराल में अवस्थित निहारिकाएँ तथा तारामण्डल क्रमशः एक-दूसरे से दूर जा रहे हैं। इस हटने का तात्पर्य पीछे की ओर से नहीं आगे की ओर बढ़ना है। पदार्थ चल रहा है, यह स्पष्ट है पर क्यों चल रहा है, किस दशा में चल रहा है कि उसके सामने भी प्रगति का, विस्तार का, पराक्रम के प्रकटीकरण का और अपूर्णता को पार करते हुये चरम पूर्णता तक पहुँचने का लक्ष्य ही प्रेरणा स्रोत बनकर रह रहा है।

हर 50 वर्ष में हमारी आकाशगंगा के किसी विशालकाय तारा में सुपरनोवा विस्फोट होता है। इस विस्फोट से अंतरिक्ष में बड़े पैमाने पर विकिरण एवं पदार्थ किसी भावी खगोलीय पिण्ड से बीज के रूप में आते हैं और पूरी आकाशगंगा में एक तीव्र कम्पन उत्पन्न करते हैं। यह कम्पन्न तरंग अतंर तारक गैसों को गर्म करती है, बादलों के छोटे टुकड़ों को वाष्पीभूत करती है और बड़ों पर गहरा दबाव डालती है, जिससे वे बादल उसी स्थान पर अपने स्वयं के गुरूत्व बल के कारण दबकर ठोस रूप में परिणत हो जाते हैं और नए तारे का निर्माण करते हैं।

सुपरनोवा ऐसे विस्फोट हैं जो आकाशगंगा के इंजन को विकास की दिशा में आगे की ओर बढ़ाते हैं। अरबों वर्ष पहले पृथ्वी पर भी प्राकृतिक विस्फोटों की श्रृंखला द्वारा ही जीवन का उद्भव सम्भव हुआ। तारक पिण्डों

का अपना एक जीवन चक्र होता है, जिसमें वे घूमते रहते हैं। तारे के निर्माण के कुछ काल पश्चात् उनमें विस्फोट होता है। इस विस्फोट से वे नए-नए भारी तत्वों को अंतर तारक गैसों में समविष्ट करते हैं फिर इनसे दूसरे खगोलिय पिण्ड का निर्माण होता है जो कुछ काल पश्चात् पुनः सुपरनोवा विस्फोट में फटते हैं। इसी प्रकार खगोल में यह सृजन और विध्वंश का यह क्रम सदा चलता रहता है।

भारतीय दर्शन की मान्यता चेतन को मूल मानकर ज्यों की त्यों है। प्रारम्भ में एक ही तत्व परमात्मा पिण्ड रूप में था। उसके नाभि देश से "एकोहं बहुस्यामि (मैं एक हूँ, बहुत हो जाऊँ)", इस तरह की स्फुरण, भावना या विचार उठा। इससे वह फट पड़ा और महाप्रकृति की रचना हुई। उसमें सत, रज, तम तीन गुणों का सम्मिलन था। इन्हीं से सृष्टि में जीवन का निर्माण हुआ और सृष्टि के विस्तार की तरह ही 84 लाख योनियों का निरन्तर विकास होता चला गया। जिस तरह ब्रह्माण्ड विकसित हो रहा है उसी प्रकार नाना प्रकार के जीवन सृष्टि का भी विकास होता जा रहा है। यह सब अत्यधिक करूणामूलक, स्नेहजनक, मातृसंज्ञक रूप से चल रहा है। भौतिक व आध्यात्मिक दोनों दृष्टियों से आकाशगंगाएँ इस विशाल माता का हृदय कही जा सकती हैं।

दर्शन शास्त्र के व्यक्तिगत प्रमाणित मार्गदर्शक दर्शन के अनुसार-दर्शन शास्त्र से व्यक्त भारत के सर्वप्राचीन दर्शनों (बल्कि विश्व के) में से एक और वर्तमान तक अभेद्य सांख्य दर्शन में ब्रह्माण्ड विज्ञान की विस्तृत व्याख्या उपलब्ध है। स्वामी विवेकानन्द जी के व्याख्या के अनुसार-"प्रथमतः अव्यक्त प्रकृति (अर्थात तीन आयाम-सत, रज, और तम), यह सर्वव्यापी बुद्धितत्व (1. महत्) में परिणत होती है, यह फिर सर्वव्यापी अंहतत्व (2. अहंकार) में और यह परिणाम प्राप्त करके फिर सर्वव्यापी इंद्रियग्राह्य भूत (3. तन्मात्रा-सूक्ष्मभूतः गंध, स्वाद, स्पर्श, दृष्टि, ध्वनि 4. इन्द्रिय ज्ञानः श्रोत, त्वचा, नेत्र, जिह्वा, घ्राण) में परिणत होता है। यही भूत समष्टि इन्द्रिय अथवा केन्द्र समूह (5. मन) और समष्टि सूक्ष्म परमाणु समूह (6. इन्द्रिय-कर्मः वाक, हस्त, पाद, उपस्थ, गुदा) में परिणत होता है। फिर इन सबके मिलने से इस स्थूल जगत प्रपंच (7. स्थूल भूतः आकाश, वायु, अग्नि, जल, पृथ्वी) की उत्पत्ति होती है। सांख्य मत के अनुसार यही सृष्टि का क्रम है और बृहत् ब्रह्माण्ड में जो है-वह व्यष्टि अथवा क्षूद्र ब्रह्माण्ड में भी अवश्य रहेगा। जब साम्यावस्था भंग होती है, तब ये विभिन्न शक्ति समूह विभिन्न रूपों में सम्मिलित होने लगते हैं और तभी यह ब्रह्माण्ड बहिर्गत होता है। और समय आता है जब वस्तुओं का उसी आदिम साम्यावस्था में फिर से लौटने का उपक्रम चलता है। (अर्थात एक तन्त्र का अन्त) और ऐसा भी समय आता है कि सब जो कुछ भावापन्न है, उस सब का सम्पूर्ण अभाव हो जाता है। (अर्थात सम्पूर्ण ब्रह्माण्ड का अन्त)। फिर कुछ समय पश्चात् यह अवस्था नष्ट हो जाती है तथा शक्तियों के बाहर की ओर प्रसारित होने का उपक्रम आरम्भ होता है। तथा ब्रह्माण्ड धीरे-धीरे तंरगाकार में बहिर्गत होता है। जगत् की सब गति तरंग के आकार में ही होता है-एक बार उत्थान, फिर पतन। प्रलय और सृष्टि अथवा क्रम संकोच और क्रम विकास (अर्थात एक तन्त्र या सम्पूर्ण ब्रह्माण्ड का अन्त और आरम्भ) अनन्त काल से चल रहे हैं। अतएव हम जब आदि अथवा आरम्भ की बात करते है तब हम एक कल्प (अर्थात चक्र) आरम्भ की ओर ही लक्ष्य रखते है।"

बिग-बैंग सिद्धान्त

एक समय ऐसा था जब बहुत से लोग विश्वास करते थे कि ब्रह्माण्ड का न आदि है न अंत और यह शाश्वत है। बिग-बैंग सिद्धान्त के आने से ब्रह्माण्ड को शाश्वत नहीं माना गया। इसकी भी एक शुरूआत मानी गई, जिसका एक इतिहास है, अंत है। इस सिद्धान्त के अनुसार 15 अरब वर्ष पहले एक अद्‌भुत अकल्पनीय महाविस्फोट से ब्रह्माण्ड का विस्तार शुरू हुआ। इस महाविस्फोट को "बिग-बैंग" कहा जाता है। इस घटना के प्रारम्भिक बिन्दु पर समस्त ऊर्जा, पदार्थ और देश (स्पेस) एक अत्यन्त सघन बिन्दु में सम्पीडित थें। इस घटना से पहले क्या था, पूरी तरह अज्ञात है और चिंतन का विषय है। यह घटना वैसा विस्फोट नहीं था जैसा कि हम आम विस्फोट को जानते हैं बल्कि यह एक दूसरे से दूर भागते भ्रूणात्मक ब्रह्माण्ड के कणों को समस्त स्पेस में भरने की घटना थी। दरअसल बिग-बैंग, स्पेस के भीतर स्पेस को भरने का विस्फोट था। उस बम के विस्फोट तरह नहीं जिसमें उसके पदार्थ को बाहर फेंका जाता है। इस बिग-बैंग सिद्धान्त का मूल श्रेय इडविन हब्बल को दिया जा

सकता है। 1929 में हब्बल ने अपने निरीक्षणों से पता लगाया कि ब्रह्माण्ड का निरन्तर विस्तार हो रहा है और मंदाकिनियों (ग्लेक्सीज) के पुंज एक दूसरे से दूर भाग रही हैं।

निष्कर्ष

निष्कर्ष के रूप में यह ब्रह्माण्ड एक वृक्ष के समान है जिससे उत्पन्न होने वाला प्रत्येक बीज एक ब्रह्माण्ड को जन्म देने में सक्षम है। जबकि वृक्ष और बीज दोनों ब्रह्माण्ड के ही अंग है। बीज प्रारम्भिक बिन्दु है तो वृक्ष उसका विस्तार ब्रह्माण्ड रूप है। प्रश्न आता है कि पहले कौन था, बीज या वृक्ष? इस पर इस उत्तर को ही अन्त मानकर सन्तोष करना पड़ेगा कि-"एक परमतत्व है जिसे परमात्मा कहते है और वह बीज व वृक्ष दोनों में विद्यमान है, दोनों ही उसी का प्रकाश व विस्तार है, उसी के उपस्थिति में बीज और वृक्ष का क्रम चलता रहता है।"

कोई भी विकास दर्शन अपने अन्दर पुराने सभी दर्शनों को समाहित कर लेता है अर्थात उसका विनाश कर देता है और स्वयं मार्गदर्शक दर्शन का स्थान ले लेता है। अर्थात सृष्टि-स्थिति-प्रलय फिर सृष्टि। चक्रीय रूप में ऐसा सोचने वाला ही नये परिभाषा में आस्तिक और सिर्फ सीधी रेखा में सृष्टि-स्थिति-प्रलय सोचने वाला नास्तिक कहलाता है।

ब्लैक होल और आत्मा

सार्वभौम एकत्व की खोज मनुष्य को सदैव रही है। यह आध्यात्म और विज्ञान दोनों का मुख्य और सर्वोच्च विषय रहा है।

स्वामी विवेकानन्द जी "राजयोग" में लिखते हैं कि-"मन की शक्तियाँ इधर-उधर बिखरी हुई प्रकाश की किरणों के समान है। जब उन्हें केन्द्रीभूत किया जाता है, तब वे सब कुछ आलोकित कर देती है। यही ज्ञान का हमारा एक मात्र उपाय है। बाह्य जगत् में हो अथवा अन्तर्जगत् में लोग इसी को काम में ला रहे है। पर वैज्ञानिक जिस सूक्ष्म पर्यवेक्षण शक्ति का प्रयोग बहिर्जगत् में करता है, मनस्तत्त्वान्वेषी उसी का मन पर करते है। (राजयोग-पृ0-11)", "बहिर्वादी और अन्तर्वादी जब अपने अपने ज्ञान की चरमसीमा प्राप्त कर लेंगे, तब दोनों अवश्य एक ही स्थान पर पहुँच जायेंगे। (राजयोग-पृ0-16)"

आध्यात्म विज्ञान में जितने भी आचार्य हुये वे सृष्टि के उत्पत्ति सम्बन्धित दार्शनिक विचार प्रस्तुत कर ही स्थापित हैं और "सार्वभौम एकत्व" के रूप में उनका आविष्कार "आत्मा" है जो प्रत्येक वस्तु (जीव-नीर्जीव) के रूप में प्रकाशित है और जब वह उसी में प्रकाशित है तो वह अलग से नहीं दिख सकता।

इसी प्रकार विज्ञान भी "सार्वभौम एकत्व" की खोज में लगा हुआ है। "गाड पार्टीकील" अर्थात एक ऐसा कण जो ईश्वर की तरह हर जगह है और उसे देख पाना मुश्किल है जिसके कारण कणों में भार होता है, के खोज के लिए ही जेनेवा (स्विट्जरलैण्ड- फ्रांस सीमा पर) में यूरोपियन आर्गनाइजेशन फार न्यूक्लियर रिसर्च (सर्न) द्वारा रूपये 480 अरब के खर्च से महामशीन लगाई गई है। जिसमें 15000 वैज्ञानिक और 8000 टन की चुम्बक लगी हुई है।

"आत्मा" और "गाड पार्टीकील" दोनों अदृश्य वस्तु हैं, जिस प्रकार विचार अदृश्य वस्तु है ये अपने गुणों से केवल अनुभव में आती है। यह ब्रह्माण्ड सनातन, असीम, अनन्त हैं और सदैव इसके किसी न किसी भाग में सृजन और विनाश (क्रम विकास और क्रम संकुचन) का मानवी शक्ति के सीमा से परे अनियंत्रित खेल चलता रहता है।

ब्लैक होल

तारों में नाभिकीय (परमाणु) ईंधन के जलने से जो ऊर्जा पैदा होती है वह प्रकाश तथा अन्य किस्म के किरणों के रूप में बाहर निकलती है। ऊर्जा से पैदा होने वाला भीषण दाब उस तप्त तारे को उसके गुरूत्वीय बल के अन्तर्गत सिकुड़ने नहीं देता। तारा लगभग संतुलित अवस्था में टिका रहता है। मगर जैसे ही तारे का नाभिकीय ईंधन जलकर राख हो जाता है, वैसे ही वह तारा तेजी से सिकुड़ते हुये मरणावस्था में पहुँच जाता है। उस तारे का द्रव्यमान यदि 1.4 सूर्यों से कम है, तो वह पहले "श्वेत बामन" और अंततः "कृष्ण बामन" बन जाता है। यदि उस तारे का द्रव्यमान 2-3 सूर्यों के बराबर है तो वह अंततः "न्यूट्रान तारा (पल्सर)" बन जाता है, परन्तु ऐसे भी अनेक तारे हैं जिनमें 3 सूर्यों से अधिक द्रव्यराशि है। ऐसे तारों का नाभिकीय ईंधन जब खत्म होता है, तब वे एक ही झटके में तेजी से सिकुड़कर न्यूट्रान तारे से भी अधिक सघन पिण्ड बन जाते हैं। खगोलविदों ने ऐसे पिण्डों को "ब्लैक होल" का नाम दिया है।

ब्लैक होल्स के बारे में सभी बातें बड़ी विलक्षण हैं। ऐसे पिण्डों में इतना अधिक गुरूत्वाकर्षण पैदा होता है कि वह प्रकाश की किरणों को भी बाहर जाने नहीं देता। ब्लैक होल्स के समीप से भी गुजरने वाली प्रकाश-किरणें मुड़कर उसी में गायब हो जाती हैं। यहाँ तक कि ब्लैक होल्स के नजदीक काल के प्रवाह और दिक (स्पेस) की ज्यामिति में भी बेहद परिवर्तन हो जाता है। ब्लैक होल एक ऐसे अथाह गर्त का निर्माण करता है जिसमें प्रकाश व द्रव्य गिरकर गायब हो जाते हैं। चूँकि ब्लैक होल्स से किरणें बाहर नहीं निकल पाती, इसलिए वह हमारे लिए अदृश्य बना रहता है।

हम जानते हैं कि सूर्य के समीप से गुजरने वाली प्रकाश-किरणें थोड़ी भीतर की ओर मुड़ जाती है। सापेक्षिकता के सिद्धान्त के अनुसार यदि हमारा सूर्य सिकुड़कर केवल तीन किलोमीटर अर्धव्यास का पिण्ड हो जाता है तो वह एक ब्लैक होल बन जायेगा। तब इसके पास से गुजरने वाली किरणें पूर्णतः मुड़कर उसके भीतर गिर जायेंगी। और सूर्य हमारे लिए हमेशा के लिए गायब हो जायेगा। द्रव्यराशि गुरूत्वीय पतन के अन्तर्गत सिकुड़कर करीब एक सेंटीमीटर व्यास का पिण्ड बन जाये, तो वह भी एक ब्लैक होल बन जायेगा। खगोलविदों का अनुमान है कि हमारी आकाशगंगा में ही लाखों-करोड़ों ब्लैक होल हो सकते हैं। कई वैज्ञानिकों का मत है कि "क्वासर" नामक अनोखे पिण्ड और मंदाकिनियों के केन्द्र भाग में भी विशाल ब्लैक होल हो सकते हैं। एक मान्यता यह भी है कि समूचा ब्रह्माण्ड अंततः एक अतिविशाल अदृश्य ब्लैक होल में संघनित हो जायेगा। वर्तमान में अधिकांश वैज्ञानिक ब्लैक होल के अस्तित्व को स्वीकार करते हैं। ब्रह्माण्ड वैज्ञानिक स्टीफेन हार्किंग के अनुसार, विश्व का कोई आरम्भ और अन्त नहीं। आज से डेढ़ हजार साल पहले के भारतीय गणितज्ञ-ज्योतिषि आर्यभट्ट (499 ई.) की भी यही मान्यता थी कि यह विश्व अनादि-अनन्त है।

यही ब्लैक होल इस अनादि-अनन्त विराट ब्रह्माण्ड वृक्ष के बीज हैं जिनसे समय-समय पर छोटे-छोटे ब्रह्माण्ड का सृजन होता रहता है और पुनः बीज रूप में ब्लैक होल उत्पन्न होते रहते हैं।

आत्मा

आत्मा के सम्बन्ध में स्वामी विवेकानन्द के विचार (उनके "ज्ञान योग" पुस्तक से)-कपिल का प्रधान मत है-परिणाम। वे कहते हैं, एक वस्तु दूसरी वस्तु का परिणाम अथवा विकार स्वरूप है, क्योंकि उनके मत के अनुसार कार्य-कारण भाव का लक्षण यह है कि-कार्य अन्य रूप में परिणत कारण मात्र है। (पृ0-52), कपिल का मत है कि समग्र ब्रह्माण्ड ही एक शरीर स्वरूप है जो कुछ हम देखते हैं, वे सब स्थूल शरीर है, उन सबके पश्चात् सूक्ष्म शरीर समूह और उनके पश्चात् समष्टि अहंतत्व, उसके भी पश्चात् समष्टि बुद्धि है। किन्तु यह सब ही प्रकृति के अन्तर्गत हैं। उसमें से जो हमारे प्रयोजन का है, हम ग्रहण कर रहे हैं, इसी प्रकार जगत के भीतर समष्टि मनस्तत्व विद्यमान है, उससे भी हम चिरकाल से प्रयोजन के अनुसार ले रहे हैं। किन्तु देह का बीज माता-पिता से प्राप्त होना चाहिए। इससे वंश की अनुक्रमणिकता और पुनर्जन्मवाद दोनों ही तत्व स्वीकृत हो जाते हैं। (पृ0-25), समग्र प्रकृति के पश्चात् निश्चित रूप में कोई सत्ता है, जिसका आलोक उन पर पड़कर महत्, अहंज्ञान और यह सब नाना वस्तुओं के रूप में प्रतीत हो रहा है। और इस सत्ता को ही कपिल पुरुष अथवा आत्मा कहते हैं। वेदान्ती भी उसे आत्मा कहते हैं। कपिल के मत के अनुसार पुरुष अमिश्र पदार्थ है। वह यौगिक पदार्थ नहीं है। वही एकमात्र व जड़ पदार्थ है और सब प्रपंच-विकार ही जड़ है। पुरुष ही एकमात्र ज्ञाता है। (पृ0-52), वेदान्त के मतानुसार सब जीवात्माएं ब्रह्मनामधेय एक विश्वात्मा में अमिश्र हैं।, पहले यह स्थूल शरीर, उसके पश्चात् सूक्ष्म शरीर, उसके पश्चात् जीव अथवा आत्मा-यही मानव का यथार्थ स्वरूप है। मनुष्य का एक सूक्ष्म शरीर और एक स्थूल शरीर है, ऐसा नहीं है। शरीर एक ही है तथापि सूक्ष्म आकार में वह स्थूल की अपेक्षा दीर्घ काल तक रहता है, तथा स्थूल शीघ्र नष्ट हो जाता है।, यह समग्र जगत् एक अखण्ड स्वरूप है, और उसे ही अद्वैत वेदान्त-दर्शन में ब्रह्म कहते हैं। ब्रह्म जब ब्रह्माण्ड के पश्चात् प्रदेश में है ऐसा लगता है, तब उसे ईश्वर कहते हैं। अतएव यह आत्मा ही मानव का अभ्यन्तरस्थ ईश्वर है। केवल एक पुरुष-उन्हें ईश्वर कहते हैं, तथा जब ईश्वर और मानव दोनों के स्वरूप का विश्लेषण किया जाता है तब दोनों को एक के रूप में जाना जाता है। (पृ0-67), धर्मज्ञान को उच्चतम चूड़ा में आरोहण करने के लिए मानव जाति को जिन सब सोपानों का अवलम्बन करना पड़ा है, प्रत्येक व्यक्ति को भी उसका ही अवलम्बन करना होगा। केवल प्रभेद यह है

कि समग्र मानव जाति को एक सोपान से दूसरे सोपान में आरोहण करने के लिए लाख-लाख वर्ष लगे हों, किन्तु व्यक्तिगण कुछ वर्षों में ही मानव जाति का समग्र जीवन यापन कर ले सकते हैं, अथवा वे और भी शीघ्र, सम्भवतः छः मास के भीतर ही उसे सम्पूर्ण कर ले सकते हैं। (पृ0-135), जो व्यक्ति कहता है, इस जगत् का अस्तित्व है, किन्तु ईश्वर नहीं है, वह निर्बोध है, क्योंकि यदि जगत् हो, तो जगत् का एक कारण रहेगा और उसक कारण का नाम ही ईश्वर है। कार्य रहने पर ही उसका कारण है, यह जानना होगा। जब यह जगत् अन्तर्हित होगा, तब ईश्वर भी अन्तर्हित होंगे। जब आप ईश्वर के सहित अपना एकत्व अनुभव करेंगे, तब आपके पक्ष में यह जगत् फिर नहीं रहेगा। जिसे हम इस क्षण जगत् के रूप में देख रहें हैं, वही हमारे सम्मुख ईश्वर के रूप में प्रतिभासित होगा, एवं जिनको एक दिन हम बहिर्देश में अवस्थित समझते थे, वे ही हमारी आत्मा के अन्तरात्मा रूप में प्रतीत होंगे।-"तत्वमसि"-वही तुम हो। (पृ0-135)।

परमाणु संरचना की भाँति आत्मा केन्द्र में स्थित है और मन इलेक्ट्रान की भाँति क्रियाशील है। यह मन जब बाहरी विषयों के साथ क्रिया करता है तब उसे भौतिकवाद कहते हैं और जब यह केन्द्र में स्थित आत्मा से क्रिया करने लगता है तब उसे आध्यात्मवाद कहते हैं। मन के विचरण का यह विस्तृत दायरा उसके सशक्तता का मार्ग होता है। संकुचित मन में विभिन्न प्रकार की बीमारी सक्रिय हो जाती है। भूत-प्रेत जैसी समस्या केवल संकुचित मन के लिए ही हैं इसलिए इसका प्रसार ज्यादातर महिलाओं और अति पिछड़े मानव वर्ग में है। मन का केन्द्र में गिरना योजनाबद्ध तरीके से भी हो सकता है या दुर्घटनावश भी। जिस प्रकार कुँए में योजनाबद्ध तरीके से प्रवेश करना या अनजाने में उसमें गिर जाना। यदि योजनाबद्ध तरीका है तब तो आप इच्छानुसार जायेंगे और बाहर निकलेंगे। लेकिन दुर्घटनावश है तब उस केन्द्र की उर्जा-प्रकाश को बर्दास्त कर पाना प्रत्येक के लिए सम्भव नहीं होता। फिर भी जो परिणाम आता है वह होता है-मानसिक विक्षिप्तता या मानसिक सशक्तता। मानसिक विक्षिप्तता की स्थिति में कुछ भी सृष्टि अर्थात नव-निर्माण की सम्भावना नहीं रह जाती। मानसिक सशक्तता की स्थिति में संसार के सारे विचार उसमें समाहित होने जैसा व्यक्त होने लगता है। और वह पिछले सभी विचारों के ज्ञान से युक्त हो जाता है। यह भी सम्भव है कि वह शान्त-मौन हो जाये, उनमें से किसी विचार में बद्ध हो जाये और वह बाह्य जगत में गुण-कर्म को व्यक्त किये बिना उस अनुसार स्वयं को समझने व व्यवहार करने लगे। ऐसे उदाहरण मिलते रहते हैं जैसे-कोई स्वयं को राधा समझने लगता है, कोई विष्णु के अवतार के रूप में, कोई कृष्ण के रूप में, कोई कल्कि अवतार के रूप में।

मानसिक सशक्तता की स्थिति में सिर्फ वही सृष्टि अर्थात नव-निर्माण कर पाता है जो सासांरिकता के साथ अपने उस केन्द्र के प्रकाश का योग कर उसे गुण-कर्म के रूप में व्यक्त कर देता है। इसी को योग माया का प्रयोग कहते हैं। इसी को ध्यान कहते हैं, ज्ञान का कालानुसार योग ही ध्यान होता है। इसी से वह स्वयं को सिद्ध करता है। ब्लैक होल की भाँति मानसिक सशक्तता के साथ बाहरी सूचना समाहित हो जाती है और वह सृष्टि करने के लिए नये रूप में बाहर आती है। महर्षि व्यास ने अपने शास्त्र महाभारत में सृष्टिकर्ता को "कृष्ण" ही कहा है।

स्वामी विवेकानन्द जी अपने पुस्तक "योग क्या है" में लिखते हैं-जब एक साधक शरीर बोध का अतिक्रमण कर जाता है, तो स्वभावतः उसके शरीर का अन्त हो जाता है और यह देखा गया है कि सामान्यतः एक ज्ञानी परमसत्ता के अनुभव के बाद अपने उस विराट अनुभव के बाद अपने उस विराट अनुभव को झेल नहीं पाता। फिर भी शंकर की तरह कुछ अपवाद हैं जिन्होंने विराट के अनुभव के बाद भी मानवता को ऐसी स्थिति की उपलब्धि के साधनों की शिक्षा देने के लिए अपने उच्च विचारों को कायम रखा। ये आत्माएं बन्धन से प्राप्त अनन्त मुक्ति को स्वयमेव तज देती हैं जिसे उन्होंने दूसरों की मुक्ति दिलाने के लिए प्राप्त किया है। उनके लिए उच्चतम अनुभव का द्वार हमेशा खुला रहता है, लेकिन वे उस द्वार में प्रवेश करने से इनकार कर देते हैं, जब तक वे उन लोगों को जो दुःख से पीड़ित हैं और प्रकाश की तलाश में हैं, अपने साथ न ले जा सकें। वे लोग बहुत बड़े सिद्ध, भविष्यद्दष्टा और संत हैं जो गहन अंधकार से मानवता को बचाने के लिए अपनी आत्मा की मशाल को जलाए रखते हैं। वे वही लोग हैं जो साधारण जीवन जीते हुये कम से कम थोड़ी देर के लिए थके हारे संसार को खाई में गिरने से रोकते हैं। वे धरती पर भगवान के सच्चे प्रतिनिधि होते हैं। (योग क्या है, पृष्ठ-62)

सौर मण्डल

अपना सूर्य जिस नीहारिका का परिभ्रमण कर रहा है उसका नाम मंदाकिनी और व्यास प्रायः 4 लाख प्रकाश वर्ष है। सूर्य इन दिनों 2 लाख किलोमीटर प्रति घंटे की चाल से चल रहा है। अपनी नीहारिका का एक पूरा चक्कर लगाने में उसे 25 करोड़ प्रकाश वर्ष लगते हैं। अनुमान है कि अपने सूर्य को अपनी नीहारिका की 10 परिक्रमा लगाते-लगाते बुढ़ापा आ जायेगा और एक-दो परिक्रमा और कर लेने के उपरान्त उसका मरण हो जायेगा। अपनी नीहारिका अब तक 10 हजार तारा गुच्छकों को जन्म दे चुकी है। प्रत्येक तारा गुच्छक में कम से कम 100 सूर्य हैं। इस प्रकार इसके पुत्र सूर्यों की संख्या 10 लाख को पार कर गई है। जिस प्रकार अपने सूर्य के 9 ग्रह और 32 उपग्रह हैं उसी प्रकार इन 10 लाख सूर्यों के भी बाल-बच्चे होंगे। यह सारा परिवार बेटे-तारा गुच्छक, पोते-सूर्य, परपोते-ग्रहपिण्ड और उनके भी पुत्रगण-उपग्रहों समेंत अरबों की संख्या में सदस्यों का बन चुका है। इतने पर भी अपनी नीहारिका की न तो जवानी समाप्त हुई है और न उसके प्रजनन कृत्य में कोई कमी आई है। उसके अपने निजी पुत्र तारा गुच्छक अभी और जन्मेंगे। वे उसके पेट में कुलबुला रहे हैं और भ्रूण की तरह पक रहे हैं। समयानुसार प्रसव होते रहेंगे और यह परिवार अभी अकल्पनीय काल तक इसी प्रकार बढ़ता रहेगा। यह तो मात्र अपनी एक नीहारिका की बात है। फिर ऐसी-ऐसी अन्य सहस्त्रों नीहारिकाएँ और भी हैं। उन सबके अपने-अपने परिवार और विस्तार मिला लेने पर ब्रह्माण्ड विस्तार की परिकल्पना और भी अधिक कठिन हो जाती है।

सौर परिवार अति विशाल है। सूर्य की गरिमा अद्भुत है। उसका वजन सौर परिवार के समस्त ग्रहों-उपग्रहों के सम्मिलित वजन से लगभग 750 गुना अधिक है। सौरमण्डल केवल विशाल ग्रह और उपग्रहों का ही सुसम्पन्न परिवार नहीं है, उसमें छोटे और नगण्य समझे जाने वाले क्षुद्र ग्रहों का अस्तित्व भी अक्षुण्ण है और उन्हें भी समान, सम्मान एवं सुविधाएँ उपलब्ध हैं। यह विश्व सहयोग पर टिका हुआ है, संघर्ष पर नहीं। संघर्ष की उद्धत नीति अपनाकर बड़े समझे जाने वाले भी क्षुद्रता से पतित होता है। यह क्षुद्र ग्रह यह बताते रहते हैं कि हम कभी महान थे पर संघर्ष के उद्धत आचरण ने हमें इस दुर्गति के गर्त में पटक दिया।

अपने सौरमण्डल के सदस्यों में कुछ ग्रह हैं, कुछ उपग्रह। ग्रहों में सूर्य को छोड़कर 9 ग्रह हैं। इनमें से कुछ तो खुली आँखों से देखे जा सकते हैं और कुछ ऐसे हैं जो अधिक दूरी तथा रोशनी की कमी के कारण विशेष उपकरणों से ही देखे जा सकते हैं। इन ग्रहों की दूरी, परिधि, भ्रमण कक्षा तथा प्रति सेकण्ड चाल का लेखा-जोखा निम्न प्रकार है-

01. बुध- सूर्य से अधिकतम दूरी 579 लाख किलोमीटर, सूर्य की परिक्रमा 88 दिन में, अपनी धुरी पर परिभ्रमण 58.6 दिन, अपने कक्ष पर गति प्रति सेकण्ड 48 किलोमीटर।

02. शुक्र- सूर्य से अधिकतम दूरी 1082 लाख किलोमीटर, सूर्य की परिक्रमा 225 दिन में, अपनी धुरी पर परिभ्रमण 250 दिन, अपने कक्ष पर गति प्रति सेकण्ड 35 किलोमीटर।

03. पृथ्वी- सूर्य से अधिकतम दूरी 1495 लाख किलोमीटर, सूर्य की परिक्रमा 365.26 दिन में, अपनी धुरी पर परिभ्रमण 23.9 घंटे, अपने कक्ष पर गति प्रति सेकण्ड 29.8 किलोमीटर।

04. मंगल- सूर्य से अधिकतम दूरी 2279 लाख किलोमीटर, सूर्य की परिक्रमा 687 दिन में, अपनी धुरी पर परिभ्रमण 25 घंटे, अपने कक्ष पर गति प्रति सेकण्ड 24.1 किलोमीटर।

05. बृहस्पति- सूर्य से अधिकतम दूरी 7783 लाख किलोमीटर, सूर्य की परिक्रमा 11.86 वर्ष में, अपनी धुरी पर परिभ्रमण 9.55 घंटे, अपने कक्ष पर गति प्रति सेकण्ड 13.1 किलोमीटर।

06. शनि- सूर्य से अधिकतम दूरी 14269 लाख किलोमीटर, सूर्य की परिक्रमा 29.3 वर्ष में, अपनी धुरी पर परिभ्रमण 10.4 घंटे, अपने कक्ष पर गति प्रति सेकण्ड 9.6 किलोमीटर।

07. अरूण (यूरेनस)- सूर्य से अधिकतम दूरी 28709 लाख किलोमीटर, सूर्य की परिक्रमा 84 वर्ष में, अपनी धुरी पर परिभ्रमण 16.2 घंटे, अपने कक्ष पर गति प्रति सेकण्ड 6.8 किलोमीटर।

08. वरूण (नेप्च्यून)- सूर्य से अधिकतम दूरी 214970 लाख किलोमीटर, सूर्य की परिक्रमा 166 वर्ष में, अपनी धुरी परिभ्रमण 18 घंटे, अपने कक्ष पर गति प्रति सेकण्ड 5.4 किलोमीटर।

09. यम (प्लूटो)- सूर्य से अधिकतम दूरी 59135 लाख किलोमीटर, सूर्य की परिक्रमा 248.6 वर्ष में, अपनी धुरी पर परिभ्रमण 6 दिन 9.3 घंटे, अपने कक्ष पर गति प्रति सेकण्ड 4.7 किलोमीटर।

गुरूत्वाकर्षण बल के कारण सभी 9 ग्रह घड़ी की सुई की विपरीत दिशा में सूर्य की परिक्रमा करते हैं। इन ग्रहों के भ्रमण का कक्ष दीर्घवृत्तीय होता है। बुध सूर्य के सर्वाधिक निकट ग्रह है। इसके बाद क्रमशः शुक्र, पृथ्वी, मंगल, बृहस्पति, शनि, अरूण, वरूण एवं प्लूटो का स्थान आता है। प्लूटो को छोड़कर अन्य ग्रहों को दो वर्गों में विभाजित किया जाता है।

01. आन्तरिक ग्रह- चट्टानों से निर्मित बुध, शुक्र, पृथ्वी एवं मंगल। इस वर्ग में पृथ्वी सबसे बड़ी।

02. बाह्य ग्रह- गैसों से निर्मित बृहस्पति, शनि, अरूण एवं वरूण।

उपरोक्त ग्रहों के उपग्रह भी होते हैं जो निम्न प्रकार हैं-

1. बुध-कोई उपग्रह नहीं, 2. शुक्र-कोई उपग्रह नहीं, 3. पृथ्वी-1 (चन्द्रमा), 4. मंगल-2, 5. बृहस्पति-16, 6. शनि-22, 7. अरूण (यूरेनस)-15, 8. वरूण (नेप्च्यून)-8, 9. यम (प्लूटो)-3

अंतरिक्ष नामकरण की एकमात्र अधिकृत संस्था अन्तर्राष्ट्रीय खगोलशास्त्रीय संघ (International Astronomical Union-IAU) द्वारा 24 अगस्त, 2006 से यम (प्लूटो) की ग्रहीय मान्यता समाप्त की जा चुकी है। जिसका कारण यह है कि प्लूटो की कक्षा पड़ोसी ग्रह वरूण की कक्षा को काटती है तथा अपने गुरूत्वाकर्षण के लिए उसका न्यूनतम द्रव्यमान इतना नहीं है कि वह लगभग गोलाकार हो।

इस सौर मण्डल के पृथ्वी ग्रह पर मानव सहित अनेक जन्तु व वनस्पतियों का निवास है। मनुष्य इस पृथ्वी पर अपने ज्ञान-विज्ञान व बुद्धि से अनेक प्रकार के प्रपंच को फैला रखा है परन्तु वह पदार्थ यहीं से प्राप्त करता है जो उसके द्वारा निर्मित नहीं है।

पृथ्वी

मानव सहित लाखों प्रजातियों का घर पृथ्वी है। पृथ्वी ही ब्रह्माण्ड में एकमात्र वह स्थान है जहाँ जीवन अस्तित्व के लिए वर्तमान समय तक जाना जाता है। वैज्ञानिक सबूत देते हैं कि पृथ्वी ग्रह का जीवन 4.54 अरब वर्ष पहले और उसकी सतह पर जीवन 1 अरब वर्ष पहले प्रकट हुआ। तब से पृथ्वी के जीव मंडल ने इस ग्रह पर पर्यावरण और अन्य अजैवकीय परिस्थितियों को बदल दिया है ताकि वायुजीवी जीवों के प्रसारण, साथ ही साथ ओजोन परत के निर्माण को रोका जा सके। यह ओजोन परत पृथ्वी के चुम्बकीय क्षेत्र के साथ हानिकारक विकिरण को रोक कर जमीन पर जीवन की अनुमति देता है। पृथ्वी का बाहरी सतह कई कठोर खण्डों या विवर्तनिक प्लेट में विभाजित है जो क्रमशः कई लाख वर्षों में पूरे सतह से विस्थापित होती है। सतह का लगभग 71 प्रतिशत नमक जल के सागर से आच्छादित है। शेष में महाद्वीप और द्वीप और तरल पानी है जो सभी ज्ञात जीवन के लिए आवश्यक है। पृथ्वी का आतंरिक सतह एक अपेक्षाकृत ठोस भूपटल की मोटी परत के साथ सक्रिय रहता है। एक तरल बाहरी कोर जो एक चुम्बकीय क्षेत्र और एक ठोस लोहा का आन्तरिक कोर को पैदा करता है। पृथ्वी मोटे तौर पर अपनी धुरी का करीब 366.26 बार चक्कर काटती है। यह समय एक नक्षत्र वर्ष है जो 365.26 सौर दिवस के बराबर है। पृथ्वी की घूर्णन की धूरी इसके कक्षीय समतल से लम्बवत् 23.4 की दूरी पर झुका है जो एक उष्णकटिबंधीय वर्ष 365.24 सौर दिनों में ग्रह की सतह पर मौसम की विविधता को पैदा करता है। पृथ्वी के प्रारम्भिक इतिहास के दौरान एक धूमकेतू की बमबारी ने महासागरों के गठन में भूमिका निभाया। बाद में छुद्र ग्रह के प्रभाव ने सतह के पर्यावरण पर महत्वपूर्ण बदलाव किया।

खगोलशास्त्रीयों के अनुसार अपनी पृथ्वी को एक गैस बादल से समुद्र का, पिण्ड गोलक का रूप धारण किये लगभग 11 अरब वर्ष हुये हैं। सौरमण्डल के अन्य सदस्यों का जन्म भी लगभग एक साथ ही हुआ है। सौरमण्डल के ग्रहों के उपग्रह बाद में बनते रहे हैं। पृथ्वी के चन्द्रमा के सम्बन्ध में कहा जाता है कि समुद्र वाले गड्ढे से टूटकर अंतरिक्ष में विचरण करने वाला पदार्थ भर है, जो टूट तो पड़ा परन्तु पृथ्वी के गुरूत्वाकर्षण को पार न कर पाने के कारण पृथ्वी का परिभ्रमण करने लगा। यही बात अन्य ग्रहों के उपग्रह पर भी लागू होती है।

पृथ्वी आकार में सौरमण्डल का पाँचवाँ सबसे बड़ा तथा सूर्य से दूरी में तीसरा ग्रह है। यह शुक्र व मंगल के बीच स्थित है। इसके चारो ओर तापमान, आक्सीजन और प्रचुर मात्रा में जल की उपस्थिति के कारण यह सौरमण्डल का एक मात्र ग्रह है जहाँ जीवन सम्भव है। पृथ्वी पर जल की अधिकता के कारण यह अंतरिक्ष से नीली दिखाई देती है। इसी कारण इसे नीला ग्रह भी कहते हैं। पृथ्वी का एक मात्र उपग्रह चन्द्रमा है। पृथ्वी सदैव गतिमान है। वह अपने अक्ष पर निरंतर गोलाई में घूमती है। साथ ही सौरमण्डल का सदस्य होने के कारण पृथ्वी अपने दीर्घवृत्ताकार कक्षा में सूर्य के चारो ओर परिक्रमा करती है। इस प्रकार पृथ्वी की दो गतियाँ-घूर्णन गति अथवा दैनिक गति (23 घंटा 56 मिनट 0.099 सेकण्ड) और परिक्रमण गति अथवा वार्षिक गति (365 दिन 6 घंटा) है।

यों पृथ्वी का व्यास और परिधि का जो माप किया जाता है वह स्थिर नहीं है। पृथ्वी क्रमशः फूल रही है। उसका फुलाव यों मंद गति से है, पर यह चलता रहा तो वर्तमान माप से सैकड़ों मील की वृद्धि करनी पड़ेगी। समुद्र क्रमशः सूख रहा है। फलस्वरूप थल भाग बढ़ता जा रहा है। अनुमान है कि 5 लाख वर्ष बाद पृथ्वी का थल क्षेत्र अब की अपेक्षा दूना हो जायेगा। जन्म के बाद वृद्धि का जो क्रम प्राणधारी वनस्पतियों तथा प्राणियों पर लागू होता है, वही पृथ्वी के लिए भी है।

इतनी विशाल हमारी पृथ्वी सौरमण्डल के मध्य में नहीं है वरन् एक कोने में पड़ी है। ठीक इसी प्रकार अपना सौरमण्डल भी मंदाकिनी आकाशगंगा के ठीक मध्य में अवस्थित न होकर एक कोने में पड़ा है। सूर्य प्रति सेकण्ड 220 किलो मीटर की गति से अपने सौरमण्डल सहित आकाशगंगा केन्द्र की परिक्रमा करता है। इस प्रकार जब से पृथ्वी पर मनुष्य का जन्म हुआ है, तब से लेकर अब तक उस केन्द्र की एक परिक्रमा भी पूरी नहीं हो पाई है। अपनी आकाशगंगा के केन्द्र से यह सौरमण्डल 30 हजार प्रकाशवर्ष हटकर है। अपनी आकाशगंगा ध्रुव द्वीप की 19 आकाशगंगाओं में से एक है, पर ऐसे ध्रुव द्वीप भी इस विराट ब्रह्माण्ड में असंख्य बिखरे पड़े हैं। माउण्ट पैलोमर पर लगी हुई 200 इंच व्यास के लेंस वाली संसार की सबसे बड़ी हाले दूरबीन से पता चला लगाया गया है कि ब्रह्माण्ड में कम से कम 1 अरब आकाशगंगाएँ हैं।

विशालता का पैमाना क्या लिया जाए यह मानवी बुद्धि की समझ में सहज ही नहीं आता। 13000 किलोमीटर व्यास वाली हमारी पृथ्वी के मुखिया सूर्य का स्वयं का व्यास 13,90,000 किलोमीटर है। अनुमानित भार 19 करोड़ 98 लाख महाशंख टन है। वह अपनी धुरी पर 25 दिन 7 घंटे 48 मिनट में एक चक्कर लगाता है। उसकी सतह पर 600 डिग्री तथा मध्य गर्भ में 15 लाख डिग्री सेण्टीग्रेट तापमान है। वह 200 मील प्रति सेकण्ड की उड़ान उड़ता हुआ महाध्रुव की परिक्रमा में व्यस्त है जो 25 करोड़ वर्ष में पूरी होती है। इस परिक्रमा में उसके साथी और भी कई सूर्य हैं जिनके अपने-अपने सौरमण्डल भी हैं। पृथ्वी से सूर्य 109 गुना बड़ा है। दोनों के बीच की दूरी 9,30,00,000 मील है। यदि हम 6000 मील प्रति घंटे की गति से उड़ने वाले अपने तीव्रतम वायुयानों में बैठकर लगातार उड़े तो उस दूरी को पार करने में 18 वर्ष लगेंगे।

यह पृथ्वी सौरमण्डल का एक नन्हा सा ग्रह, सूर्य एक तारा, ऐसे तारों की लाखों की संख्या वाली अपनी आकाशगंगा और फिर एक अरब आकाशगंगाओं से भरा-पूरा विराट ब्रह्माण्ड। परमाणु के खण्डकों को सबसे छोटा माने तो उसकी तुलना में यह विराट कितना बड़ा है? यह गणित की अथवा कल्पना की परिधि में कैसे समा सकेगा?

विज्ञानी नीत्सवोहर कहते थे कि-"अस्तित्व के विशाल नाटक में हम ही अभिनेता हैं और हम ही दर्शक। मनुष्य अपने आप में एक रहस्य है। मानवी कलेवर शरीर और मस्तिष्क उन्हीं तत्वों से बना है जिससे कि यह ब्रह्माण्ड। अपने आप की खोज और ब्रह्माण्ड की खोज में असाधारण साम्य है। अणु और विभु का गहन अनुसंधान जब मानवी मस्तिष्क के बलबूते संभव होगा तो वह महत्वपूर्ण संभावनाएँ अपने साथ लेकर आयेगा।"

दृश्य संसार का संचालन सूत्र अदृश्य, अज्ञात और अपरिचित हाथों में है। जानना चाहिए कि जो सत्ता इस सृष्टि संसार का नियमन, नियंत्रण और व्यवस्थापन करती है, वह मनुष्य के प्रति कितनी उदार है? अतएव यह निश्चित मानना चाहिए कि प्रकृति की नियम मर्यादाओं को, ईश्वर की विधि-व्यवस्था को तोड़कर मनुष्य कोई लाभ में नहीं रह सकता। इस प्रकार तो वह अपने आप को नष्ट कर लेगा। प्रकृति की व्यवस्था को बदल सकना और मर्यादा को बदलना उस क्षुद्र के लिए किसी भी प्रकार सम्भव नहीं है। नीति और सदाचार की कर्तव्य और धर्म की मर्यादाओं का उलंघन करके वह अपने आतंक और अनाचार का परिचय दे सकता है, पर इसमें वह विश्व व्यवस्था को अपने अनुरूप बदलने में सफल नहीं हो सकता। इस उद्धत आचरण से वह अपनी मानसिक, सामाजिक और आन्तरिक समस्वरता ही नष्ट करेगा। उसे समझना चाहिए कि जो नियामक शक्ति इतने बड़े ब्रह्माण्ड को, सूर्य को, शक्ति स्रोतों को मर्यादा में रहने और कर्तव्य पर चलने के लिए विवश करती है वह इस क्षुद्र प्राणी के नगण्य से अस्तित्व को अपने ओछेपन पर इतराने और व्यवस्थाएँ बिगाड़ने की छूट कैसे दे सकती है?

कुछ वर्षों पहले वैज्ञानिक डा0 फ्रेड हायल भारतवर्ष आये थे। विज्ञान भवन में उन्होंने कहा था- "अंतरिक्ष की गहराइयाँ जितनी अनन्त की ओर बढ़ेंगी, उसमें झाँककर देखने से मानवीय अस्तित्व का अर्थ और

प्रयोजन उतना ही स्पष्ट होता चला जायेगा। शर्त यह रहेगी कि हमारी अपनी अन्वेषण बुद्धि का भी विकास और विस्तार हो। यदि हमारी बुद्धि, विचार और ज्ञान मात्र पेट, प्रजनन, तृष्णा, अहंता तक ही सीमित रहता है, तब तो हम पड़ोस को भी नहीं जान सकेंगे, पर यदि इन सबसे पूर्वाग्रह मुक्त हों तो ब्रह्माण्ड इतनी खुली और अच्छे अक्षरों में लिखी चमकदार पुस्तक है कि उससे हर शब्द का अर्थ, प्रत्येक अस्तित्व का अभिप्राय समझा जा सकता एवं अनुभव किया जा सकता है।"

वस्तुतः चेतना का मुख्य गुण है-विकास। जहाँ भी चेतना या जीवन का अस्तित्व विद्यमान दिखाई देता है, वहाँ अनिवार्य रूप से विकास, वर्तमान स्थिति से आगे बढ़ने की हलचल दिखाई देती है। इस दृष्टि से मनुष्यों, जीव-जन्तु और पेड़-पौधों को ही जीवित माना जाता है। परन्तु भारतीय आध्यात्म की मान्यता है कि जड़ कुछ है ही नहीं, सब कुछ चैतन्य ही है। सुविधा के लिए स्थिर, निष्क्रिय और यथास्थिति में बने रहने वाली वस्तुओं को जड़ कहा जाता है, परन्तु वस्तुतः वे प्रचलित अर्थों में जड़ है ही नहीं। सृष्टि के इस विराट रूप, क्रमिक विस्तार एवं सतत गतिशीलता के मूल में झाँकने पर वैज्ञानिक पाते हैं कि यह सब एक सुनियोजित चेतना की विधि व्यवस्था के अन्तर्गत सम्पन्न हुआ क्रियाकलाप है।

इस सम्पूर्ण विवेचन से यह निष्कर्ष निकलता है कि मनुष्य को यह नहीं समझना चाहिए कि वह इस सृष्टि का सर्वतः स्वतन्त्र सदस्य है और उसे कर्म करने की जो स्वतन्त्रता मिली है, उसके अनुसार वह इस सृष्टि के महानियंता की नियामक व्यवस्था द्वारा निर्धारित दण्ड से भी बच पायेगा। इस विराट ब्रह्माण्ड में पृथ्वी का ही अस्तित्व एक धूलिकण के बराबर नहीं है तो मनुष्य का स्थान कितना बड़ा होगा? फिर भी मनुष्य नाम का यह प्राणी इस पृथ्वी पर कैसे-कैसे प्रपंच फैलाये हुये है यह जानने और उसे उस अन्तिम मार्ग से परिचय कराने हेतु ही इस "विश्वशास्त्र" को प्रस्तुत किया गया है। वस्तुतः यथार्थ में ऐसा होना चाहिए कि जीवकोपार्जन हेतु ज्ञान व कर्म मनुष्य-मनुष्य के अनुसार अलग-अलग हो सकते हैं परन्तु जीवन का ज्ञान एक ही होना चाहिए और यदि मानव जाति के नियंतागण ऐसा कर सके तो भविष्य की सुरक्षा हेतु बहुत बड़ी बात होगी। साथ ही ब्रह्माण्ड के अनेक रहस्यों को जानने के लिए मनुष्य के शक्ति का एकीकरण भी कर सकने में हम सफल होंगे।

भाग-1

पृष्ठभूमि

भारत देश

बिहार राज्य

    मुंगेर और बेगूसराय

उत्तर प्रदेश

    अयोध्या

    मीरजापुर

भारत देश

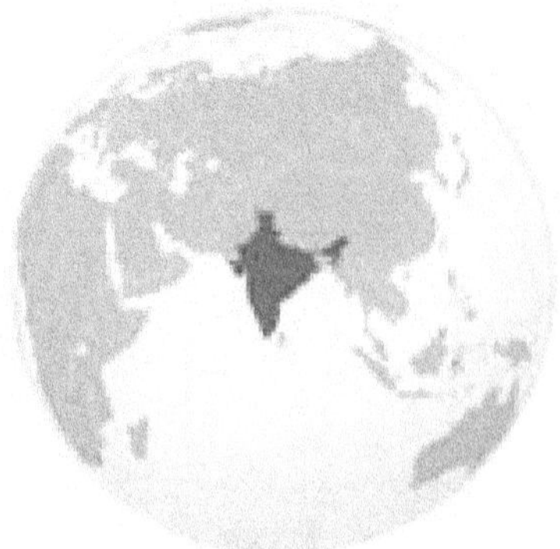

परिचय

भारत के संविधान के अनुच्छेद-एक में भारत के दो आधिकारिक नाम हैं-(इण्डिया दैट इज भारत) हिन्दी में "भारत" और अंगेजी में "इण्डिया (INDIA)"। इण्डिया नाम की उत्पत्ति सिन्धु नदी के अंग्रेजी नाम "इण्डस" से हुई है। भारत नाम, एक प्राचीन हिन्दू सम्राट भरत जो कि मनु के वंशज ऋषभदेव के ज्येष्ठ पुत्र थे तथा जिनकी कथा भागवत पुराण में है, के नाम से लिया गया है। भारत (भा + रत) शब्द का मतलब है- "आन्तरिक प्रकाश में लीन"। एक तीसरा नाम "हिन्दुस्तान" भी है जिसका अर्थ है-हिन्द या हिन्दू की भूमि, जो कि प्राचीन काल के ऋषियों द्वारा दिया गया था। प्राचीन काल में यह कम प्रयुक्त होता था तथा कालान्तर में अधिक प्रचलित हुआ। विशेषकर अरब/ईरान में। भारत में यह नाम मुगल काल से अधिक प्रचलित हुआ यद्यपि इसका समकालीन उपयोग कम और प्राय-उत्तरी भारत के लिए होता है। इसके अतिरिक्त भारतवर्ष को वैदिक काल से "आर्यावर्त", "जम्बूद्वीप" और "अजनाभदेश" के नाम से भी जाना जाता रहा है। बहुत पहले यह देश सोने की चिड़िया जाना जाता था।

भारत को एक सनातन राष्ट्र माना जाता है क्योंकि यह मानव सभ्यता का पहला राष्ट्र था। भारतीय दर्शन के अनुसार सृष्टि उत्पत्ति के पश्चात् ब्रह्मा के मानसपुत्र स्वायंभुव मनु ने व्यवस्था सम्भाली। इनके दो पुत्र, प्रियव्रत और उत्तानपाद थे। उत्तानपाद भक्त ध्रुव के पिता थे। इन्हीं प्रियव्रत के 10 पुत्र थे। 3 पुत्र बाल्यकाल से ही विरक्त थे। इस

कारण प्रियव्रत ने पृथ्वी को सात भागों में विभक्त कर एक-एक भाग प्रत्येक पुत्र को सौंप दिया। इन्हीं में से एक थे-आग्नीध, जिन्हें जम्बूद्वीप का शासन कार्य सौंपा गया। वृद्धावस्था में आग्नीध ने अपने 9 पुत्रों को जम्बूद्वीप के विभिन्न 9 स्थानों का शासन दायित्व सौंपा। इन 9 पुत्रों में सबसे बड़े थे-नाभि, जिन्हें हिमवर्ष का भू-भाग मिला। इन्होंने हिमवर्ष को स्वयं के नाम से जोड़कर, अजनाभवर्ष प्रचारित किया। यह हिमवर्ष या अजनाभवर्ष ही प्राचीन भारत देश था। राजा नाभि के पुत्र थे-ऋषभ। ऋषभदेव के 100 पुत्रों में भरत ज्येष्ठ एवं सबसे गुणवान थे। ऋषभदेव ने वानप्रस्थ लेने पर उन्हें राजपाट सौंप दिया। पहले भारतवर्ष का नाम ऋषभदेव के पिता नाभिराज के नाम पर अजनाभवर्ष प्रसिद्ध था। भरत के नाम से ही लोग अजनाभखण्ड को भारतवर्ष कहने लगे। विष्णु पुराण, वायु पुराण, लिंग पुराण, श्रीमद्भागवत, महाभारत इत्यादि में भारत का उल्लेख आता है। इससे पता चलता है कि महाभारत काल से पहले ही भारत नाम प्रचलित था। एक अन्य मत के अनुसार दुष्यन्त और शकुन्तला के पुत्र भरत के नाम पर भारत नाम पड़ा परन्तु विभिन्न स्रोतों में वर्णित तथ्यों के आधार पर यह मान्यता गलत साबित होती है। पूरी वैष्णव परम्परा और जैन परम्परा में बार-बार दर्ज है कि समुद्र से लेकर हिमालय तक फैले इस देश का नाम प्रथम तीर्थंकर दार्शनिक राजा भगवान ऋषभदेव के पुत्र भरत के नाम पर भारतवर्ष पड़ा। इसके अतिरिक्त जिस पुराण में भारतवर्ष का विवरण है वहाँ इसे ऋषभ पुत्र भरत के नाम पर ही पड़ा बताया गया है। इस सम्बन्ध में यह ध्यान देना होगा कि 7वें मनु के आगे 2 वंश हो गये थे-पहला इक्ष्वाकु या सूर्यवंश और दूसरा चन्द्रवंश। इसी चन्द्रवंश में दुष्यन्त-शकुन्तला के पुत्र भरत का जन्म हुआ। जिसका स्पष्ट उल्लेख ब्रह्मवैवर्त पुराण में है। इस सन्दर्भ में गीता के विभिन्न श्लोक में भगवान श्रीकृष्ण, अर्जुन को भारत कह कर सम्बोधित करते हैं। इसके अतिरिक्त ऋषभ पुत्र भरत तथा दुष्यन्त पुत्र भरत में 6 मन्वन्तर का अन्तराल है। अत: यह देश अत्यन्त प्राचीन काल से ही भारत है।

भारत गणराज्य, पौराणिक जम्बूद्वीप, दक्षिण एशिया में स्थित भारतीय उपमहाद्वीप का सबसे बड़ा देश है। भारत भौगोलिक दृष्टि से विश्व का सातवाँ सबसे बड़ा और जनसंख्या की दृष्टि से दूसरा बड़ा देश है। भारत के पश्चिम में पाकिस्तान, उत्तर-पूर्व में चीन-नेपाल-भूटान और पूर्व में बांग्लादेश-म्यांमार देश स्थित है। हिन्द महासागर में इसके दक्षिण-पश्चिम में मालदीव, दक्षिण में श्रीलंका और दक्षिण-पूर्व में इण्डोनेशिया है। इसके उत्तर में हिमालय पर्वत है और दक्षिण में हिन्द महासागर है। पूर्व में बंगाल की खाड़ी है तथा पश्चिम में अरब सागर है। भारत में कई बड़ी नदिया हैं। गंगा नदी भारतीय सभ्यता में अत्यन्त पवित्र मानी जाती हैं। अन्य बड़ी नदियाँ नर्मदा, ब्रह्मपुत्र, यमुना, गोदावरी, कावेरी, कृष्णा, चम्बल, सतलज, व्यास हैं। यह विश्व का सबसे बड़ा लोकतन्त्र है। यहाँ 300 से अधिक भाषाएँ बोली जाती हैं। यह विश्व की कुछ प्राचीनतम सभ्यताओं का पालना रहा है जैसे-सिन्धु घाटी सभ्यता और महत्वपूर्ण ऐतिहासिक व्यापार पथो का अभिन्न अंग रहा है। विश्व के चार प्रमुख धर्म-सनातन-हिन्दू, बौद्ध, जैन तथा सिख भारत में जन्में और विकसित हुए। भगवान के सभी अवतार इसी प्राचीन भारत में अवतरित हुए। विश्वधर्म अर्थात् सार्वभौम धर्म के प्रति विश्व का ध्यानाकर्षण करने वाले योद्धा सन्यासी राष्ट्रपुत्र स्वामी विवेकानन्द इसी भारत में जन्म लिये थे।

पषाण युग भीमबेटका मध्य प्रदेश की गुफाएँ भारत में मानव जीवन का प्राचीनतम प्रमाण है। प्रथम स्थाई बस्तियों ने 9000 वर्ष पूर्व स्वरूप लिया। यही आगे चल कर सिन्धु घाटी सभ्यता में विकसित हुई, जो 2600 ईसापूर्व और 1900 ईसापूर्व के मध्य अपने चरम पर थी। लगभग 1600 ईसापूर्व आर्य भारत आए और उत्तर भारतीय क्षेत्रों में वैदिक सभ्यता का सूत्रपात किया। इस सभ्यता के स्रोत वेद और पुराण हैं। किन्तु आर्य आक्रमण सिद्धान्त अभी विवादित है। कुछ विद्वानों की मान्यता यह है कि आर्य भारतवर्ष के स्थायी निवासी रहे हैं तथा वैदिक इतिहास करीब 75000 वर्ष प्राचीन है। इसी समय दक्षिण भारत में द्रविड़ सभ्यता का विकास होता रहा। दोनों जातियों ने एक दूसरे की खूबियों को अपनाते हुए भारत में एक मिश्रित संस्कृति का निर्माण किया।

500 ईसापूर्व के बाद कई स्वतंत्र राज्य बन गये। भारत के प्रारम्भिक राजवंशों में उत्तर भारत का मौर्य राजवंश उल्लेखनीय है जिसके प्रतापी राजा सम्राट अशोक का विश्व इतिहास में विशेष स्थान है। 180 ईसवी के आरम्भ से मध्य एशिया से कई आक्रमण हुए, जिनके परिणामस्वरूप उत्तर भारतीय महाद्वीप में यूनानी, शक, पार्थी और अंतत-कुषाण राजवंश स्थापित हुए। तीसरी शताब्दी के आगे का समय जब भारत पर गुप्त वंश का शासन था,

भारत का "स्वर्णिम काल" कहलाया। दक्षिण भारत में भिन्न-भिन्न समयकाल में कई राजवंश चालुक्य, चेर, चोल, पल्लव तथा पांड्य चले। ईसा के आसपास संगम साहित्य अपने चरम पर था जिसमें तमिल भाषा का परिवर्धन हुआ। सातवाहनों और चालुक्यों ने मध्य भारत में अपना वर्चस्व स्थापित किया। विज्ञान, कला, साहित्य, गणित, खगोल शास्त्र, प्राचीन प्रौद्योगिकी, धर्म तथा दर्शन इन्हीं राजाओं के शासनकाल में फले-फूले।

12वीं शताब्दी के प्रारम्भ में, भारत पर इस्लामी आक्रमणों के पश्चात, उत्तरी व केन्द्रीय भारत का अधिकांश भाग दिल्ली सल्तनत के शासनाधीन हो गया और बाद में, अधिकांश उपमहाद्वीप मुगलवंश के अधीन। दक्षिण भारत में विजयनगर साम्राज्य शक्तिशाली निकला। मुगलों के संक्षिप्त अधिकार के बाद सत्रहवीं सदी में दक्षिण और मध्य भारत में मराठों का उत्कर्ष हुआ। उत्तर पश्चिम में सिक्खों की शक्ति में वृद्धि हुई। 17वीं शताब्दी के मध्यकाल में पुर्तगाल, डच, फ्रांस, ब्रिटेन सहित अनेकों यूरोपीय देशों, जो भारत से व्यापार करने के इच्छुक थे, उन्होंने देश की शासकीय अराजकता का लाभ प्राप्त किया। अंग्रेज दूसरे देशों से व्यापार के इच्छुक लोगों को रोकने में सफल रहे और 1840 तक लगभग सम्पूर्ण देश पर शासन करने में सफल हुए। 1857 में ब्रिटीश इस्ट इण्डिया कम्पनी के विरूद्ध असफल विद्रोह, जो कि भारतीय स्वतन्त्रता के प्रथम संग्राम से जाना जाता है, के बाद भारत का अधिकांश भाग सीधे अंग्रेजी शासन के प्रशासनिक नियंत्रण में आ गया।

20वीं सदी के प्रारम्भ में आधुनिक शिक्षा के प्रसार ओर विश्वपटल पर बदलती राजनीतिक परिस्थितियों के चलते भारत में एक बौद्धिक आन्दोलन का सूत्रपात हुआ जिसने सामाजिक और राजनीतिक स्तरों पर अनेक परिवर्तन एवं आन्दोलनों की नींव रखी। 1885 में कांग्रेस पार्टी की स्थापना ने स्वतन्त्रता आन्दोलन को एक औपचारिक स्वरूप दिया। 20वीं शताब्दी के प्रारम्भ में एक लम्बे समय तक स्वतन्त्रता प्राप्ति के लिए विशाल अंहिसावादी संघर्ष चला, जिसका नेतृत्व महात्मा गाँधी, जो कि आधिकारिक रूप से आधुनिक भारत के राष्ट्रपिता से सम्बोधित किये जाते हैं, ने किया। इसके साथ-साथ चन्द्रशेखर आजाद, सरदार भगत सिंह, सुखदेव, राजगुरू, नेताजी सुभाष चन्द्र बोस आदि के नेतृत्व में चले क्रान्तिकारी संघर्ष के फलस्वरूप 15 अगस्त, 1947 को भारत ने अंग्रेजी शासन से पूर्णत-स्वतन्त्रता प्राप्त की। तदुपरान्त 26 जनवरी, 1950 को भारत एक गणराज्य बना।

भारत का संविधान, भारत को एक सार्वभौमिक, समाजवादी, धर्मनिरपेक्ष, लोकतान्त्रिक गणराज्य की उपाधि देता है। भारत एक लोकतान्त्रिक गणराज्य है जिसका द्विसदनात्मक संसद वेस्ट मिनिस्टर शैली के संसदीय प्रणाली द्वारा संचालित है। इसके शासन में तीन मुख्य अंग है-न्यायपालिका, कार्यपालिका और व्यवस्थापिका।

भारत, चीन के बाद विश्व का दूसरा सबसे अधिक जनसंख्या वाला देश है। भारत की विभिन्नताओं से भरी जनता में भाषा, जाति और धर्म, सामाजिक और राजनीतिक संगठन के मुख्य शत्रु हैं। भारत में सबसे अधिक हिन्दू हैं। अन्य धर्मों में मुस्लिम, ईसाई, सिख, बौद्ध, जैन, अयावलि, यहूदी, पारसी, अहमदी, बहाई आदि हैं। भारत दो मुख्य भाषा सूत्रों, आर्य और द्रविण का भी स्रोत है। भारत का संविधान कुल 23 भाषाओं को मान्यता देता है। हिन्दी और अंग्रेजी केन्द्रीय सरकार द्वारा सरकारी कामकाज के लिए उपयोग की जाती है। संस्कृत और तमिल जैसी अति प्राचीन भाषाएं भारत में ही जन्मी हैं। कुल मिलाकर भारत में 1652 से भी अधिक भाषाएं एवं बोलियाँ बोली जाती हैं। भाषाई मामले में भारतवर्ष विश्व के समृद्धतम देशों में से एक है। यहाँ मुख्यत: बोली जाने वाली भाषा मराठी, हिन्दी, उर्दू, संस्कृत, राजस्थानी, नेपाली, भोजपुरी, पंजाबी, तमिल, तेलुगु, मलयालम, कन्नड़, गुजराती, बांग्ला, असमिया, ओड़िया, कश्मीरी, लद्दाखी, मणिपुरी, कोंकणी, डोगरी इत्यादि हैं।

वैश्विकरण के इस युग में शेष विश्व की तरह भारतीय समाज पर भी अंग्रेजी तथा यूरोपीय प्रभाव पड़ रहा है। बाहरी लोगों की खूबियों को अपनाने की भारतीय परम्परा का नया दौर कई भारतीयों की दृष्टि में अनुचित है। एक खुले समाज के जीवन का यत्न कर रहे लोगों को मध्यमवर्गीय तथा वरिष्ठ नागरिकों की उपेक्षा का शिकार होना पड़ता है। कुछ लोग इसे भारतीय पारम्परिक मूल्यों का हनन मानते हैं। विज्ञान तथा साहित्य में अधिक प्रगति ना कर पाने की वजह से भारतीय समाज यूरोपीय लोगों पर निर्भर होता जा रहा है। ऐसे समय में लोग विदेशी आविष्कारों का भारत में प्रयोग अनुचित भी समझते हैं।

भारत सन् 1000-1400 ई0 के सांस्कृतिक अस्मिता के विलोप काल, सन् 1401-1757ई0 तक की गुलामी के दौर की शुरूआत के काल, अंग्रेजों के काल सन् 1757 से 1947 तक में 10 मई सन् 1857 से पहला स्वतन्त्रता संग्राम के फलस्वरूप 15 अगस्त सन् 1947 को वह स्वतन्त्र हुआ। देश की शासन व्यवस्था को चलाने के लिए जो व्यवस्था अपनायी गई वह है-प्रजातन्त्र या लोकतन्त्र प्रणाली। इस प्रणाली के संचालन के लिए संचालक का निराकार नियम का निर्माण ही संविधान के रूप में सन् 1927, सन् 1930, सन् 1945 के असफल प्रयत्नों के बाद, सत्य मुक्त संयुक्त मनों द्वारा स्वतन्त्रता प्राप्ति के उपरान्त, प्रस्तुत करते हुये उसे 26 जनवरी सन् 1950 से लागू कर भारत को एक गणराज्य के रूप में स्थापित कर संविधान के अनुसार वर्तमान में भी संचालित किया जा रहा है।

केन्द्र सरकार का स्वरूप

01. व्यवस्थापिका (राज्यसभा और लोकसभा)
02.कार्यपालिका (राज्यपाल, मुख्यमंत्री, मंत्री परिषद)
03. न्यायपालिका (उच्चन्यायलय)

गणराज्य का क्षेत्र -36 राज्यों/केन्द्र शासित क्षेत्र में 624 जनपद में 5436 विकास खण्ड में 638365 ग्राम लगभग।

विधायिका में भागीदारी -राज्यों के विधानसभा में कुल 4120 सदस्य

संसद में भागीदारी -संसद के लोकसभा में 545 तथा राज्य सभा में 245 सदस्य

मंत्रालय -लगभग 40 और उनके विभाग।

राजधानी -भारत के लिए नई दिल्ली तथा राज्यों के लिए उनके राज्यों में।

गणराज्यों के स्तर

01.गणराज्यों का संघ-भारत
02.गणराज्य-राज्य
03.गणराज्य-जिला पंचायत
04.गणराज्य-नगर पंचायत, नगर परिषद, नगर निगम
05.गणराज्य-क्षेत्र पंचायत
06.गणराज्य-ग्राम पंचायत

भारत का एक

भारत का राष्ट्रीय ध्वज-तिरंगा
भारत का राष्ट्रीय गीत-वन्दे मातरम्
भारत का राष्ट्रीय पंचांग-शक संवत
भारत की राष्ट्रीयता-भारतीयता
भारत की राष्ट्रीय लिपि-देव नागरी
भारत का राष्ट्रीय नारा-श्रमेव जयते
भारत का राष्ट्रीय पुरस्कार-भारत रत्न
भारत का राष्ट्रीय वृक्ष-बरगद
भारत की राष्ट्रीय नदी-गंगा
भारत का राष्ट्रीय पशु-बाघ
भारत का राष्ट्रीय फल-आम
भारत की राष्ट्रीय मिठाई-जलेबी
भारत का राष्ट्रीय गान-जन-गण-मन
भारत का राष्ट्रीय चिन्ह-अशोक स्तम्भ
भारत का राष्ट्रीय वाक्य-सत्यमेव जयते
भारत की राष्ट्र भाषा-हिंदी
भारत का राष्ट्रीय ध्वज गीत-हिंद देश का प्यारा झंडा
भारत की राष्ट्रीय विदेशनीति-गुट निरपेक्ष
भारत का राष्ट्रीय सूचना पत्र-श्वेत पत्र
भारत की राष्ट्रीय मुद्रा-रूपया
भारत का राष्ट्रीय पक्षी-मोर
भारत का राष्ट्रीय फूल-कमल
भारत का राष्ट्रीय खेल-हॉकी
भारत के राष्ट्रीय मुद्रा चिन्ह (₹)

भारत के राष्ट्रीय पर्व - 26 जनवरी (गणतंत्र दिवस) और 15 अगस्त (स्वतंत्रता दिवस)
भारत की राष्ट्रीय योजना-पंच वर्षीय योजना (पहले योजना आयोग अब नीति आयोग)
भारत का राष्ट्रीय शास्त्र-अभी निर्धारित नहीं।

भारत का संविधान

द्वितीय विश्वयुद्ध की समाप्ति के बाद जुलाई 1945 में ब्रिटेन ने भारत सम्बन्धी अपनी नई नीति की घोषणा की तथा भारत की संविधान सभा के निर्माण के लिए एक कैबिनेट मिशन भारत भेजा जिसमें 3 मंत्री थे। 15 अगस्त, 1947 को भारत आजाद हो जाने के बाद संविधान सभा की घोषणा हुई और इसने अपना कार्य 9 दिसम्बर, 1947 से आरम्भ कर दिया। संविधान सभा के सदस्य भारत के राज्यों की सभाओं से निर्वाचित सदस्यों के द्वारा चुने गये थे। जवाहरलाल नेहरू, डा0 राजेन्द्र प्रसाद, सरदार वल्लभ भाई पटेल, श्यामा प्रसाद मुखर्जी, मौलाना अबुल कलाम आजाद आदि इस सभा के प्रमुख सदस्य थे। इस संविधान सभा ने 2 वर्ष 11 माह 18 दिन में कुल 166 दिन बैठक की। इसकी बैठकों में प्रेस और जनता को भाग लेने की स्वतन्त्रता थी। भारत के संविधान के निर्माण में डा0 भीमराव अम्बेडकर ने महत्वपूर्ण भूमिका निभाई इसलिए उन्हें संविधान का निर्माता कहा जाता है।

भारत का संविधान दुनिया का सबसे बड़ा लिखित संविधान है। इसमें 444 अनुच्छेद तथा 12 अनुसूचियाँ है। संविधान में सरकार के संसदीय स्वरूप की व्यवस्था की गई है जिसकी संरचना कुछ अपवादों के अतिरिक्त संघीय है। केन्द्रीय कार्यपालिका का सांविधानिक प्रमुख राष्ट्रपति है। भारत के संविधान की धारा 79 के अनुसार केन्द्रीय संसद की परिषद में राष्ट्रपति तथा दो सदन-राज्यों की परिषद राज्यसभा तथा लोगों का सदन लोकसभा है। संविधान की धारा 74(1) में यह व्यवस्था की गई है कि राष्ट्रपति की सहायता करने तथा उसे सलाह देने के लिए एक मंत्री परिषद होगी जिसका प्रमुख प्रधानमंत्री होगा। राष्ट्रपति इस मंत्री परिषद की सलाह के अनुसार अपने कार्यों का निष्पादन करेगा। इस प्रकार वास्तविक कार्यकारी शक्ति मंत्री परिषद में निहित है जिसका प्रमुख प्रधानमंत्री है। मंत्री परिषद सामूहिक रूप से लोगों के सदन लोकसभा के प्रति उत्तरदायी है।

प्रत्येक राज्य में एक विधान सभा है। जम्मू कश्मीर, उत्तरप्रदेश, बिहार, महाराष्ट्र, कर्नाटक और आन्ध्रप्रदेश में एक ऊपरी सदन है जिसे विधान परिषद कहा जाता है। राज्यपाल राज्य का प्रमुख है। प्रत्येक राज्य का एक राज्यपाल होगा तथा राज्य की कार्यकारी शक्ति उसमें विहित होगी। मंत्री परिषद जिसका प्रमुख मुख्यमंत्री है, राज्यपाल को उसके कार्यों के निष्पादन में सलाह देती है। राज्य की मंत्री परिषद सामूहिक रूप से राज्य की विधान सभा के प्रति उत्तरदायी है।

संविधान प्रारूप समिति तथा सर्वोच्च न्यायलय ने इसको संघात्मक संविधान माना है। शक्ति पृथक्करण का सिद्धान्त फ्रेंच दार्शनिक मान्टेस्कयू ने दिया था, उसके अनुसार राज्य की शक्ति उसके तीन भागों-कार्य, विधान तथा न्यायपालिकाओं में बाँट देना चाहिए। ये सिद्धान्त राज्य को सर्वाधिकारवादी होने से बचा सकता है तथा व्यक्ति की स्वतंत्रता की रक्षा करता है। अमेरिकी संविधान पहला ऐसा संविधान था जिसमें ये सिद्धान्त अपनाया गया था। भारतीय संविधान में इसका साफ वर्णन न होकर संकेत मात्र है। इस हेतु संविधान में तीनों अंगों का पृथक वर्णन है। संसदीय लोकतन्त्र होने के कारण भारत में कार्यपालिका तथा विधायिका में पूरा अलगाव नहीं हो सका है। कार्यपालिका (मंत्री परिषद), विधायिका में से ही चुनी जाती है तथा उसके निचले सदन के प्रति उत्तरदायी होती है। अनु-51 के अनुसार कार्यपालिका तथा न्यायपालिका को पृथक होना चाहिए इसलिए ही 1973 में दण्ड प्रक्रिया संहिता पारित की गई जिस के द्वारा जिला मजिस्ट्रेट की न्यायायिक शक्ति लेकर न्यायायिक मजिस्ट्रेट को दे दी गयी थी।

राष्ट्रपति, संघ का कार्यपालक अध्यक्ष है। संघ के सभी कार्यपालक कार्य उस के नाम से किये जाते हैं। अनु-53 के अनुसार संघ की कार्यपालक शक्ति उसमें निहित है। इन शक्तियों का प्रयोग क्रियान्वयन राष्ट्रपति संविधान के अनुरूप ही सीधे अथवा अधीनस्थ अधिकारियों के माध्यम से करेगा। वह शस्त्र सेनाओं का सर्वोच्च सेनानायक भी होता है। सभी प्रकार के आपातकाल लगाने व हटाने वाला, युद्ध-शान्ति की घोषणा करने वाला होता

है। देश का प्रथम नागरिक हैं तथा राज्य द्वारा जारी वरीयता क्रम में उसका सदैव प्रथम स्थान होता है। भारतीय राष्ट्रपति का भारतीय नागरिक होना आवश्यक होता है तथा उसकी आयु कम से कम 35 वर्ष होनी चाहिए।

प्रधानमंत्री की दशा, प्रधान की तरह है। वह कैबिनेट का मुख्य स्तम्भ है। मंत्री परिषद का मुख्य सदस्य भी वही है। अनु-74 स्पष्ट रूप से मंत्री परिषद की अध्यक्षता तथा संचालन हेतु प्रधानमंत्री की उपस्थिति आवश्यक मानता है। उसकी मृत्यु या त्यागपत्र की दशा में समस्त परिषद को पद छोड़ना पड़ता है। वह अकेले ही मंत्री परिषद का गठन करता है। राष्ट्रपति मंत्रीगण की नियुक्ति उसके ही सलाह से करता है। राष्ट्रपति तथा मंत्री परिषद के मध्य सम्पर्क सूत्र भी वही है। परिषद का प्रधान प्रवक्ता भी वही है। वह किसी भी मंत्रालय से कोई भी सूचना मंगवा सकता है। इन सब कारणों के चलते प्रधानमंत्री को देश का सबसे महत्वपूर्ण राजनैतिक व्यक्तित्व माना जाता है।

संविधान का स्वरूप

संविधान में निम्नलिखित चार खण्ड है।

1.खण्ड-एक

संविधान के उद्देश्यों को प्रकट करने हेतु प्राय: उनसे पहले एक प्रस्तावना प्रस्तुत की जाती है। भारतीय संविधान की प्रस्तावना अमेरिकी संविधान से प्रभावित तथा विश्व में सर्वश्रेष्ठ मानी जाती है। प्रस्तावना के माध्यम से भारतीय संविधान का सार, अपेक्षाएँ, उद्देश्य उसका लक्ष्य तथा दर्शन प्रकट होता है। प्रस्तावना यह घोषणा करती है कि संविधान अपनी शक्ति सीधे जनता से प्राप्त करता है। प्रस्तावना में निम्नलिखित संकल्प हैं-

"हम भारत के लोग, भारत को एक सम्पूर्ण प्रभुत्व सम्पन्न धर्मनिरपेक्ष समाजवादी लोकतन्त्रात्मक गणराज्य बनाने के लिए और इसके सब नागरिकों के लिए सामाजिक, आर्थिक और राजनीतिक न्याय, विचार, अभिव्यक्त, धर्म, विश्वास व पूजा की स्वतन्त्रता, हैसियत तथा अवसर की समानता प्राप्त करने के लिए और राष्ट्र की एकता तथा एक बद्धता बनाये रखते हुये सभी में बन्धुत्व की भावना बढ़ाने के लिए संकल्प होकर अपनी इस संविधान में आज तारीख 26 नवम्बर 1949 ई0 मिती मार्ग शीर्ष, शुक्ला सप्तमी, सम्वत् दो हजार छ: विक्रमी को एतद्वारा इस संविधान को अंगीकृत अधिनियमित तथा आत्मापिर्त करते है।"

2.खण्ड-दो

संविधान के प्रावधान-इस खण्ड में अनेकों खण्डों में अनुच्छेद/ धारा के अन्तर्गत संघ और राज्य क्षेत्र, नागरिकता, मौलिक अधिकार, नीति निर्देशक तत्व, मौलिक कर्तव्य, संघीय कार्यपालिका, विधायिका और न्यायपालिका, राज्य की कार्यपालिका विधायिका और न्यायपालिका, केन्द्र शासित प्रदेशों को शासन, केन्द्र राज्य प्रबन्ध, व्यापार, वाणिज्य और समागम, संघ और राज्यों के अधीन लोक सेवायें, चुनाव आयोग, कतिपय वर्ग विशेष से सम्बन्धित उपबन्ध, राष्ट्रभाषा और प्रादेशिक भाषा, आपातकाली उपबंध, संविधान की प्रक्रिया इत्यादि है।

रूस से प्रेरित होकर 42वें संशोधन द्वारा भारतीय संविधान के धारा-51(ए) के अन्तर्गत नागरिक का मौलिक कर्तव्य जोड़ा गया है जो निम्नलिखित है-

01. संविधान के प्रति प्रतिबद्धता, इसके आदर्शो, धाराओं, राष्ट्रीय ध्वज व राष्ट्रीय गान का आदर करना।
02. स्वतंत्रता के लिए संघर्ष हेतु प्रेरित करने वाले सुआदर्शो का अनुकरण करना व उन्हें चिरस्थायी बनाना।
03. भारत की सर्वोच्चता, एकता और अखण्डता की रक्षा करना तथा समर्थन करना।
04. जब भी आवश्यकता पड़े देश की रक्षा करना व राष्ट्रीय सेवाओं हेतु समर्पित होना।
05. समाज में भाई-चारें की भावना का विस्तार करना, मातृत्व भाव, धार्मिक, भाषायिक, क्षेत्रीय विभिन्नताओं में एकता कायम करना तथा नारी सम्मान आदि का ध्यान देना।
06. अपने मिश्रित संस्कृति का मूल्यांकन करना उसको स्थायित्व देना और इसकी परम्परा को कायम रखना।
07. प्राकृतिक सम्पदा की रक्षा करना जिसमें जलवायु, जंगल, झील, नदियां, जंगली जीवों व समस्त जीवों के प्रति दया का भाव सम्मिलित है।

08. वैज्ञानिक भावना को प्रोत्साहित करना, मानवीय भावनाओं के स्वरूप की परख करते रहना।
09. जन सम्पत्ति की सुरक्षा करना और हिंसा आदि का परित्याग करना।
10. व्यक्तिगत, सामूहिक गतिविधियों के प्रत्येक क्षेत्र में सर्वोच्चता हासिल करना, जिससे राष्ट्र सतत उत्थान, प्रयत्न व प्राप्ति की ओर अग्रसर होता रहे।
11. जो कि माता-पिता या अभिभावक हो, वे अपने 6 साल से 14 साल के बच्चों को शिक्षा या अन्य ऐसे सुअवसरों का लाभ उन्हें मुहैया करावें।

3.खण्ड-तीन

अनुसूची-इसमें खण्ड-दो के अनुच्छेद/धारा के अधीन विस्तृत विवरण है। जैसे-25 राज्य तथा 6 केन्द्र शासित प्रदेशों का विवरण, राष्ट्रपति, उपराष्ट्रपति, लोकसभा अध्यक्ष, नियत्रंक व महालेखापरीक्षक के वेतन तथा भत्ते का विवरण। शपथ सम्बन्धी प्रारूप, राज्यों और केन्द्र शासित प्रदेशों से राज्यसभा के सीटों का आवंटन, अनुसूचित क्षेत्रों व जातियों के प्रशासन विषयक प्रावधान, असम, मेघालय, मिजोरम की जनजातियों के प्रशासन के सम्बन्ध में प्रावधान। संघ तथा राज्यों के मध्य शक्तियों का विभाजन (संघ सूची 97 विषय, राज्य सूची 66 विषय, समवर्ती 4 विषय), संविधान द्वारा मान्यता प्राप्त भाषाओं का विवरण भू-सूधार सम्बन्धी प्रावधान, दल-बदल अधिनियम, पंचायती राज सम्बन्धी प्रावधान इत्यादि है।

खण्ड 2 तथा 3 मिलकर संविधान की आत्मा तथा चेतना कहलाते हैं क्योंकि किसी भी स्वतन्त्र राष्ट्र के लिए मौलिक अधिकार तथा निति निर्देश देश के निर्माण में महत्वपूर्ण भूमिका निभाते हैं। नीति निर्देशक तत्व जनतान्त्रिक संवैधानिक विकास के नवीनतम तत्व हैं। सर्वप्रथम ये आयरलैंड के संविधान में लागू किये गये थे। ये वे तत्व हैं जो संविधान के विकास के साथ ही विकसित हुए हैं। इन तत्वों का कार्य एक जनकल्याणकारी राज्य की स्थापना करना है। भारतीय संविधान के इस भाग में नीति निर्देशक तत्वों का रूपाकार निश्चित किया गया है। मौलिक अधिकार तथा नीति निर्देशक तत्व में भेद बताया गया है और नीति निर्देशक तत्वों के महत्व को समझाया गया है।

4.खण्ड-चार

परिशिष्ट-इसमें खण्ड दो के अनुच्छेद/धारा के अधीन जम्मू और कश्मीर से सम्बन्धी विवरण है। ये संविधान का मूल स्वरूप है परन्तु संविधान लागू होने से अब तक 64 वर्ष हो गये इस बीच शासन से प्राप्त अनुभव से आवश्यकतानुसार अनुच्छेद/धारा के अन्तर्गत अनेकों बार संशोधन किये गये है और किये जाते रहेंगे।

भारत के विश्वरूप का शास्त्र ही "विश्वशास्त्र"

भारत के विश्वरूप का शास्त्र ही "विश्वशास्त्र" है। जिसकी उपयोगिता एक राष्ट्र-एक शास्त्र के रूप है। वर्तमान समय में भारतीय संविधान को ही राष्ट्रीय शास्त्र के रूप में माना जाता है जबकि श्री लव कुश सिंह "विश्वमानव" का कहना है-"किसी देश का संविधान, उस देश के स्वाभिमान का शास्त्र तब तक नहीं हो सकता जब तक उस देश की मूल भावना का शिक्षा पाठ्यक्रम उसका अंग न हो। इस प्रकार भारत देश का संविधान भारत देश का शास्त्र नहीं है। संविधान को भारत का शास्त्र बनाने के लिए भारत की मूल भावना के अनुरूप नागरिक निर्माण के शिक्षा पाठ्यक्रम को संविधान के अंग के रूप में शामिल करना होगा। जबकि राष्ट्रीय संविधान और राष्ट्रीय शास्त्र के लिए हमें विश्व के स्तर पर देखना होगा क्योंकि देश तो अनेक हैं राष्ट्र केवल एक विश्व है, यह धरती है, यह पृथ्वी है। भारत को विश्व गुरू बनने का अन्तिम रास्ता यह है कि वह अपने संविधान को वैश्विक स्तर पर विचार कर उसमें विश्व शिक्षा पाठ्यक्रम को शामिल करे। यह कार्य उसी दिशा की ओर एक पहल है, एक मार्ग है और उस उम्मीद का एक हल है। राष्ट्रीयता की परिभाषा व नागरिक कर्तव्य के निर्धारण का मार्ग है। जिस पर विचार करने का मार्ग खुला हुआ है।"

बिहार राज्य

बिहार, भारत के उत्तर भाग में स्थित एक प्रसिद्ध ऐतिहासिक राज्य है और इसकी राजधानी पटना है। बिहार के उत्तर में नेपाल, दक्षिण में झारखण्ड, पूर्व में पश्चिम बंगाल, और पश्चिम में उत्तर प्रदेश स्थित है। बिहार नाम का प्रादुर्भाव बौद्ध सन्यासियों के ठहरने के स्थान विहार शब्द से हुआ, जिसे विहार के स्थान पर इसके अपभ्रंश रूप बिहार से संबोधित किया जाता है। यह क्षेत्र गंगा नदी तथा उसकी सहायक नदियों के उपजाऊ मैदानों में बसा है। प्राचीन काल में विशाल साम्राज्यों का गढ़ रहा यह प्रदेश, वर्तमान में देश की अर्थव्यवस्था के सामान्य योगदाताओं में से एक बनकर रह गया है।

सन् 1936 ई0 में ओडिशा और सन् 2000 ई0 में झारखण्ड के अलग हो जाने से बिहार ने कृषि के दम पर और अपने मेधा को लेकर उन्नति की है। आई. आई. टी. और संघ लोक सेवा आयोग जैसे कठिन परीक्षा में लगभग हर बार बिहार के प्रतिभागी शिखर पर होते हैं। भारत में क्षेत्रफल की दृष्टि से बिहार वर्तमान में 13 वाँ राज्य है।

सारण जिले में गंगा नदी के उत्तरी किनारे पर चिरांद, नवपाषाण युग (लगभग 4500-2345 ईसा पूर्व) और ताम्र युग (2345-1726 ईसा पूर्व) से एक पुरातात्विक रिकॉर्ड है। बिहार के क्षेत्र जैसे-मगध, मिथिला और अंग-धार्मिक ग्रंथों और प्राचीन भारत के महाकाव्यों में वर्णित हैं।

मिथिला को पहली बार इंडो-आर्यन लोगों ने विदेह साम्राज्य की स्थापना के बाद प्रतिष्ठा प्राप्त की। देर वैदिक काल (1600-1100 ईसा पूर्व) के दौरान, विदेह दक्षिण एशिया के प्रमुख राजनीतिक और सांस्कृतिक केंद्रों में से एक बन गया, कुरु और पंचाल के साथ। विदेह साम्राज्य के राजा यहां जनक कहलाते थे। मिथिला के जनक की पुत्री एक थी सीता जिसका वाल्मीकि द्वारा लिखी जाने वाली हिंदू महाकाव्य, रामायण में भगवान राम की पत्नी के रूप में वर्णित है। बाद में विदेह राज्य के वाजिशि शहर में अपनी राजधानी था जो वज्जि समझौता में शामिल हो गया, मिथिला में भी है। वज्जि के पास एक रिपब्लिकन शासन था जहां राजा राजाओं की संख्या से चुने गए थे। जैन धर्म और बौद्ध धर्म से संबंधित ग्रंथों में मिली जानकारी के आधार पर, वज्जि को 6ठीं शताब्दी ईसा पूर्व से गणराज्य के रूप में स्थापित किया गया था, गौतम बुद्ध के जन्म से पहले 563 ईसा पूर्व में, यह दुनिया का पहला गणतंत्र था। जैन धर्म के अंतिम तीर्थंकर भगवान महावीर का जन्म वैशाली में हुआ था।

आधुनिक-पश्चिमी पश्चिमी बिहार के क्षेत्र में मगध 1000 वर्षों के लिए भारत में शक्ति, शिक्षा और संस्कृति का केंद्र बने। ऋग्वेदिक काल में यह बृहदरथ वंश का शासन था। सन् 684 ईसा पूर्व में स्थापित हरयंक वंश, राजगृह (आधुनिक राजगीर) के शहर से मगध पर शासन किया। इस वंश के दो प्रसिद्ध राजा बिंबिसार और उनके बेटे अजातशत्रु थे, जिन्होंने अपने पिता को सिंहासन पर चढ़ने के लिए कैद कर दिया था। अजातशत्रु ने पाटलिपुत्र शहर की स्थापना की जो बाद में मगध की राजधानी बन गई। उन्होंने युद्ध की घोषणा की और बाजी को जीत लिया। हिरुआँ वंश के बाद शिशुनाग वंश का पीछा किया गया था। बाद में नंद वंश ने बंगाल से पंजाब तक फैले विशाल साम्राज्य पर शासन किया।

भारत की पहली साम्राज्य, मौर्य साम्राज्य द्वारा नंद वंश को बदल दिया गया था। मौर्य साम्राज्य और बौद्ध धर्म का इस क्षेत्र में उभार रहा है जो अब आधुनिक बिहार को बनाता है। 325 ईसा पूर्व में मगध से उत्पन्न मौर्य साम्राज्य, चंद्रगुप्त मौर्य ने स्थापित किया था, जो मगध में पैदा हुआ था। इसकी पाटलिपुत्र (आधुनिक पटना) में इसकी राजधानी थी। मौर्य सम्राट, अशोक, जो पाटलीपुत्र (पटना) में पैदा हुए थे, को दुनिया के इतिहास में सबसे बड़ा शासक माना जाता है। मौर्य साम्राज्य भारत की आज तक की सबसे बड़ी साम्राज्य थी। ये पश्चिम में ईरान से लेकर पूर्व में बर्मा तक और उत्तर में मध्य-एशिया से लेकर दक्षिण में श्रीलंका तक पूरा भारतवर्ष में फैला था। इनकी सबसे बड़ी विजय ग्रीस से पश्चिम-एशिया के यूनानी राजा सेलेक्यूज निकेटर को हराकर पर्शिया का बड़ा हिस्सा जीत लिया था और संधि में यूनानी राजकुमारी हेलेन से विवाह किये जो कि सेलेक्यूज निकटोर कि पुत्री थी और हमेशा के लिए यूनानियों को भारत से बाहर रखा। इनके प्रधानमंत्री चाणक्य ने "अर्थशास्त्र" की रचना की जो इनके गुरु और मार्गदर्शक थे। इनके पुत्र बिन्दुसार ने इस साम्राज्य को और दूर तक फैलाया व दक्षिण तक स्थापित किया। सम्राट अशोक इस साम्राज्य के सबसे बड़े राजा थे। इस सम्राजय के अंतिम शासक बृहदरथ को उनके ब्राह्मण सेनापति पुष्यमित्र शूंग ने मारकर मगध पे अपना शासन स्थापित किया।

मगध में उत्पन्न गुप्त साम्राज्य को विज्ञान, गणित, खगोल विज्ञान, वाणिज्य, धर्म और भारतीय दर्शन में भारत का स्वर्ण युग कहा गया। इस वंश के महान राजा समुद्रगुप्त ने इस साम्राज्य को पूरे दक्षिण एशिया में स्थापित किया। इनके पुत्र चँद्रगुप्त विक्रमादित्य ने भारत के सारे विदेशी घुसपैठीया को हरा कर देश से बाहर किया। इनका राज पश्चिम में पर्शिया या बगदाद से पूर्व में बर्मा तक और उत्तर में मध्य एशिया से लेकर दक्षिण में कांचीपुरम तक फैला था। इसकी राजधानी पटलीपुत्र था। इस साम्राज्य का प्रभाव पूरी विश्व में था रोम, ग्रीस, अरब से लेकर दक्षिण-पूर्व एशिया तक था।

मगध में बौद्ध धर्म, मुहम्मद बिन बख्तियार खिलजी के आक्रमण की वजह से गिरावट में पड़ गया, जिसके दौरान कई विहार और नालंदा और विक्रमशिला के प्रसिद्ध विश्वविद्यालयों को नष्ट कर दिया गया। यह दावा किया गया कि 12 वीं शताब्दी के दौरान हजारों बौद्ध भिक्षुओं की हत्या हुई थी। डी.एन. झा सुझाव देते हैं, इसके बजाय, ये घटनाएं सर्वोच्चता के लिए लड़ाई में बौद्ध, ब्राह्मण की झड़पों का परिणाम थीं। 1540 में, सासाराम के शेर शाह सूरी, सम्राट हुमायूं की मुगल सेना को हराकर मुगलों से उत्तरी भारत ले गए थे। शेर शाह ने अपनी राजधानी दिल्ली की घोषणा की और 11 वीं शताब्दी से लेकर 20 वीं शताब्दी तक, मिथिला पर विभिन्न स्वदेशीय राजवंशों ने शासन किया था। इनमें से पहला, जहां कर्नाट, अनवर राजवंश, रघुवंशी और अंततः राज दरभंगा के बाद। इस अवधि के दौरान मिथिला की राजधानी दरभंगा में स्थानांतरित की गई थी।

1857 के प्रथम सिपाही विद्रोह में बिहार के बाबू कुंवर सिंह ने महत्वपूर्ण भूमिका निभाई। 1905 में बंगाल का विभाजन के फलस्वरूप बिहार नाम का राज्य अस्तित्व में आया। 1936 में उड़ीसा इससे अलग कर दिया गया। स्वतंत्रता संग्राम के दौरान बिहार में चंपारण के विद्रोह को, अंग्रेजों के खिलाफ बगावत फैलाने में अग्रगण्य घटनाओं में से एक गिना जाता है। स्वतंत्रता के बाद बिहार का एक और विभाजन हुआ और 15 नवंबर 2000 में झारखंड राज्य को इससे अलग कर दिया गया। भारत छोड़ो आंदोलन में भी बिहार की गहन भूमिका रही।

राजगृह, मगध साम्राज्य की पहली राजधानी तथा हिंदू, जैन एवं बौध धर्म का एक प्रमुख दार्शनिक स्थल है। भगवान बुद्ध तथा वर्धमान महावीर से जुडा कई स्थान अति पवित्र हैं। नालंदा विश्वविद्यालय के भग्नावशेष, पावापुरी में भगवान महावीर का परिनिर्वाण स्थल एवं जलमंदिर, बिहारशरीफ में मध्यकालीन किले का अवशेष एवं 14वीं सदी के सूफी संत की दरगाह (बड़ी दरगाह एवं छोटी दरगाह), नवादा के पास ककोलत जलप्रपात। गया एवं बोधगया, हिंदू धर्म के अलावे बौद्ध धर्म मानने वालों का यह सबसे प्रमुख दार्शनिक स्थल है। पितृपक्ष के अवसर पर यहाँ दुनिया भर से हिंदू आकर फल्गू नदी किनारे पितरों को तर्पण करते हैं। विष्णुपद मंदिर, बोधगया में भगवान बुद्ध से जुड़ा पीपल का वृक्ष तथा महाबोधि मंदिर के अलावे तिब्बती मंदिर, थाई मंदिर, जापानी मंदिर, बर्मा का मंदिर, बौधनी पहाड़ी।

बिहार राज्य गीत

मेरे भारत के कंठहार
तुझको शत-शत वंदन बिहार
तू वाल्मीकि की रामायण
तू वैशाली का लोकतंत्र
तू बोधिसत्व की करूणा है
तू महावीर का शांतिमंत्र
तू नालंदा का ज्ञानदीप
तू हीं अक्षत चंदन बिहार
तू है अशोक की धर्मध्वजा
तू गुरूगोविंद की वाणी है
तू आर्यभट्ट तू शेरशाह
तू कुंवर सिंह बलिदानी है
तू बापू की है कर्मभूमि
धरती का नंदन वन बिहार
तेरी गौरव गाथा अपूर्व

तू विश्व शांति का अग्रदूत
लौटेगा खोया स्वाभिमान
अब जाग चुके तेरे सपूत
अब तू माथे का विजय तिलक
तू आँखों का अंजन बिहार
तुझको शत-शत वंदन बिहार
मेरे भारत के कंठहार

बिहार राज्य प्रार्थना

मेरी रफ्तार पे सूरज की किरण नाज करे
ऐसी परवाज दे मालिक कि गगन नाज करे
वो नजर दे कि करूँ कद्र हरेक मजहब की
वो खुशबू से महक जाये ये दुनिया मालिक
मुक्षको वो फूल बना सारा चमन नाज करे
इल्म कुछ ऐसा दे मैं काम सबों के आऊँ
हौसला ऐसा ही दे गंग – जमन नाज करे
आधे रास्ते पे न रुक जाये मुसाफिर के कदम
शौक मंजिल का हो इतना कि थकन नाज करे
दीप से दीप जलायें कि चमक उठे बिहार
ऐसी खूबी दे ऐ मालिक कि वतन नाज करे
जय बिहार जय बिहार जय जय जय जय बिहार

बिहार राज्य गीत (द्वारा eTV बिहार)

वाल्मीकि ने रची रामायण
लव कुश को जाने सारा संसार
ये है मेरा बिहार...........

Lyrics: Vinay Bihari
Music: Sudhir Kumar Sinha (Annudhwani)
Singers: Late. Pt. Shyam Das Mishra, Indrajeet Ganguly & Chorus.
Concept & Produced By: Etv Bihar

मुंगेर और बेगूसराय

Block map
State : BIHAR
District : MUNGER
Block Name : MUNGER

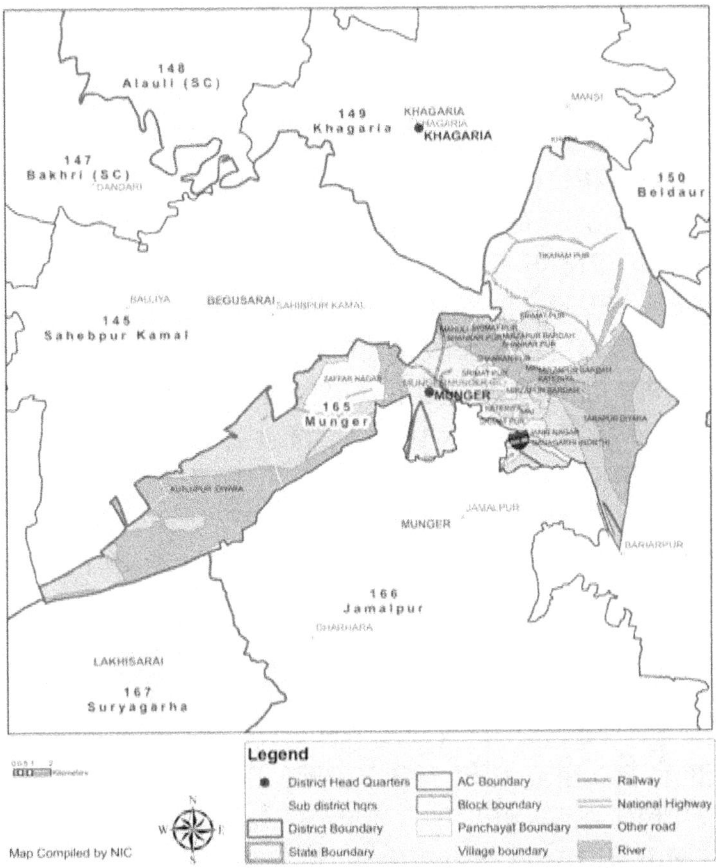

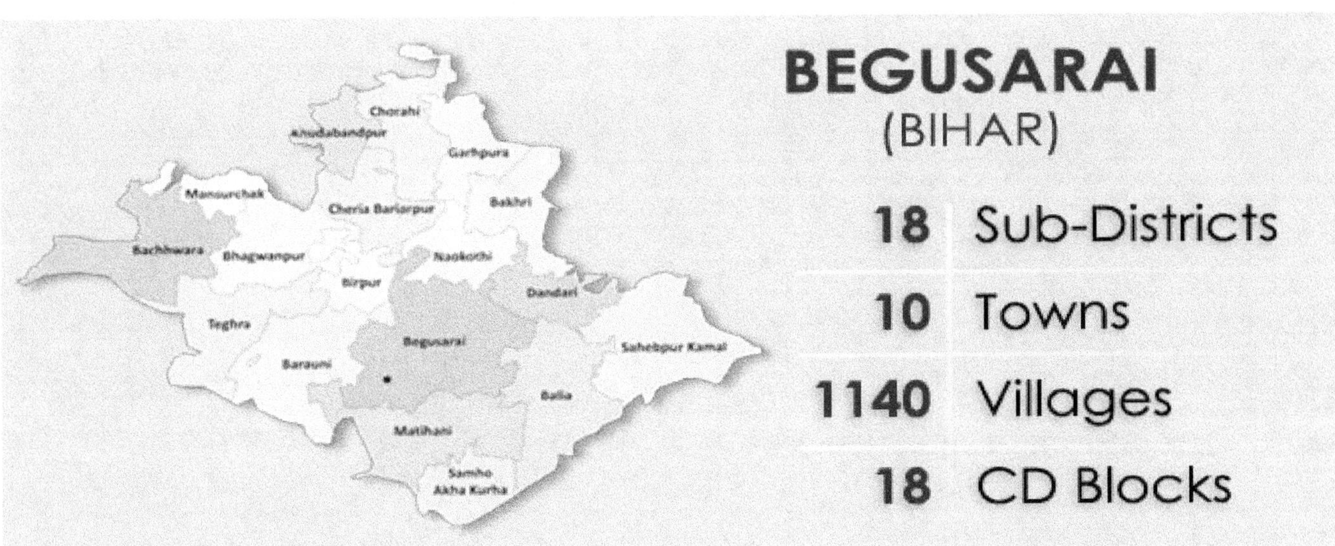

मुंगेर, भारत गणराज्य के बिहार राज्य में स्थित एक शहर और जिला है। महाभारत काल का मोदगिरी आज मुंगेर के नाम से जाना जाता है। मुंगेर, बंगाल के अन्तिम नबाब मीरकासिम की राजधानी भी था। यहीं पर मीरकासिम ने गंगा नदी के किनारे एक भव्य किले का निर्माण कराया था। यह किला 1934 में आए भीषण भूकम्प से क्षतिग्रस्त हो गया था लेकिन इसका अवशेष अभी भी शेष है। इस किले के सम्बन्ध में कहा जाता है कि यह महाभारत काल का ही है। यहीं पर कष्टहरिणी घाट हिन्दू धर्मावलम्बियों के लिए पवित्र माना जाता है। प्रचलित किंवदंतियों के अनुसार गंगा नदी के घाट पर स्नान करने से एक व्यक्ति का सभी कष्ट दूर हो गया था, उसी वक्त से इस घाट को कष्टहरिणी घाट के नाम से जाना जाता है। इस पवित्र घाट के समीप ही नदी के बीच में माता सीता चरण का मन्दिर स्थित है। यहाँ जाने के लिए नाव का सहारा लिया जाता है।

1870 ईस्वी में बेगूसराय, मुंगेर जिले के सब-डिवीजन के रूप में स्थापित हुआ। 1972 (लवकुश सिंह "विश्वमानव" के जन्म के 5 वर्ष बाद) में बेगूसराय, बिहार राज्य का स्वतन्त्र जिला बना जो मध्य बिहार में स्थित है। बेगूसराय, बिहार के औद्यौगिक नगर के रूप में जाना जाता है। यहाँ मुख्य रूप से तीन बड़े उद्योग हैं-इण्डियन आयल कारपोरेशन लिमिटेड का बरौनी तेलशोधक कारखाना, बरौनी थर्मल पावर स्टेशन और हिन्दुस्तान फर्टिलाइजर। इसके अलावा कई छोटे-छोटे और सहायक उद्योग भी हैं। यहाँ कृषि उद्योगों की सम्भावना अधिक है। इण्डियन आयल कारपोरेशन लिमिटेड के बरौनी तेलशोधक कारखाना के कर्मचारीयों के निवास स्थान के लिए निर्मित टाउनशिप के अस्पताल में ही सोमवार, 16 अक्टुबर, 1967 को सनातन धर्म के दसवें और अन्तिम महा-अवतार श्री लव कुश सिंह "विश्वमानव" का जन्म हुआ था। बेगूसराय शहर पूरब से पश्चिम लम्बवत् रूप से राष्ट्रीय राजमार्ग से जुड़ा है। इसके उत्तर में समस्तीपुर, दक्षिण में गंगा नदी और लक्खीसराय, पूरब में खगड़िया और मुंगेर तथा पश्चिम में समस्तीपुर और पटना जिले हैं। बेगूसराय, बिहार और देश के दूसरे भागों से सड़क और रेलमार्ग से अच्छी तरह जुड़ा हुआ है। नई दिल्ली-गुवाहाटी रेलवे लाईन, बेगूसराय होकर गुजरती है। बेगूसराय से 5 किलोमीटर की दूरी पर ऊलाव में एक छोटा हवाई अड्डा भी है, जहाँ नगर आने वाले महत्वपूर्ण व्यक्तियों का आगमन होता है। बरौनी जंक्शन से दिल्ली, गुवाहाटी, अमृतसर, वाराणसी, लखनऊ, मुम्बई, चेन्नई, कोलकाता आदि महत्वपूर्ण शहरों के लिए रेलगाड़िया चलती हैं। गंगा नदी पर राजेन्द्र पुल उत्तर और दक्षिण बिहार को जोड़ता है। यहीं प्रसिद्ध सिमरिया घाट है, मान्यता है कि सीता माता यहाँ मिथिला से गंगा स्नान करने आती थीं। श्री लव कुश सिंह "विश्वमानव" भी अपने बाल्यकाल में इस घाट पर अनेकों बार स्नान और कार्तिक मास में लगने वाले मेले तथा छठ पर्व के पुण्य को प्राप्त कर चुके हैं। प्रसिद्ध कवि रामधारी सिंह "दिनकर" का जन्म स्थान भी यही सिमरिया गांव ही है। राष्ट्रीय राजमार्ग संख्या 28 और 31 बेगूसराय से होकर गुजरती है।

उत्तर प्रदेश

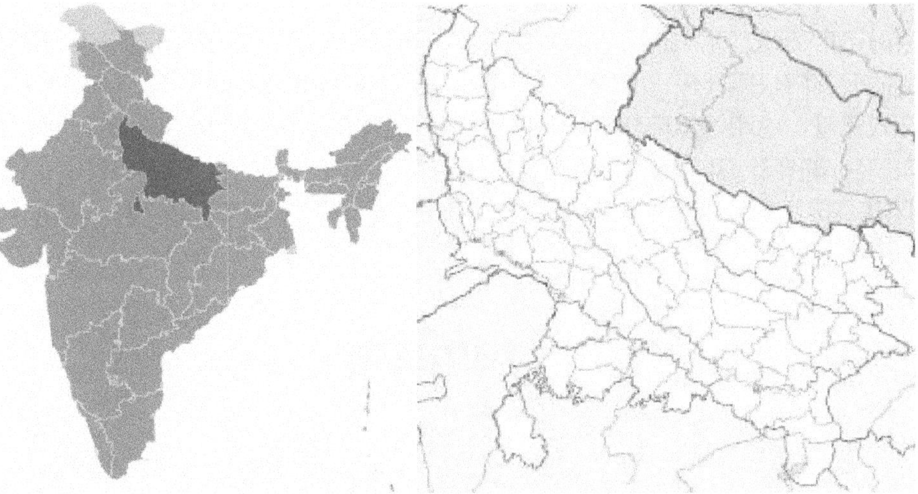

उत्तर प्रदेश, जनसंख्या के आधार पर भारत का सबसे बड़ा राज्य है। जिसकी विधायिक राजधानी लखनऊ तथा न्यायिक राजधानी इलाहाबाद है। उत्तर प्रदेश 9 राज्यों-दिल्ली, उत्तराखण्ड, हिमाचल प्रदेश, हरियाणा, राजस्थान, मध्य प्रदेश, छत्तीसगढ़, झारखण्ड और बिहार से घिरा राज्य है। उत्तर प्रदेश की पूर्वोततर दिशा में नेपाल देश है। सन् 2000 में भारतीय संसद ने उत्तर प्रदेश के उत्तर-पश्चिमी मुख्यतः पहाड़ी भाग से उत्तराखण्ड राज्य का निर्माण किया और अभी भी इस राज्य के और विभाजन की मांग उठ रही है। उत्तर प्रदेश का अधिकतर हिस्सा सघन आबादी वाले गंगा और यमुना के मैदान हैं। करीब 16 करोड़ जनसंख्या के साथ उत्तर प्रदेश केवल भारत का अधिकतम जनसंख्या वाला प्रदेश ही नहीं बल्कि सर्वाधिक आबादी वाली विश्व की उपराष्ट्रीय इकाई भी है। विश्व के केवल 5 देश-चीन, भारत, संयुक्त राज्य अमेरिका, इण्डोनेशिया और ब्राजील, उत्तर प्रदेश के जनसंख्या से अधिक हैं। उत्तर प्रदेश, भारत के उत्तर में स्थित है। प्रदेश के उत्तरी एवं पूर्वी भाग की तरफ पहाड़ तथा पश्चिमी एवं मध्य भाग में मैदान है। उत्तर प्रदेश को मुख्यतः तीन क्षेत्रों में विभाजित किया जा सकता है। उत्तर में हिमालय, मध्य में गंगा का मैदानी भाग और दक्षिण का विन्ध्याचल क्षेत्र। यहाँ की जलवायु मुख्यतः उष्णदेशीय मानसून की है परन्तु समुद्र तल से ऊँचाई बदलने के साथ इसमें परिवर्तन होता है। यह राज्य 2,38,566 वर्ग किलोमीटर में फैला हुआ है।

साहित्य के क्षेत्र में उत्तर प्रदेश का स्थान सर्वोपरि है। साहित्य और भारतीय सेना, दो ऐसे क्षेत्र हैं जिस पर यहाँ के निवासी गर्व करते हैं। आदिकवि वाल्मीकि, गोस्वामी तुलासीदास, कबीरदास, सूरदास से लेकर भारतेन्दु हरिश्चन्द्र, आचार्य महावीर प्रसाद द्विवेदी, आचार्य रामचन्द्र शुक्ल, मुंशी प्रेमचन्द्र, जयशंकर प्रसाद, सूर्यकान्त त्रिपाठी निराला, सुमित्रानन्दन पन्त, हरिवंश राय बच्चन, महादेवी वर्मा, राही मासूम रजा, अज्ञेय जैसे अनेकों महान कवि और लेखक उत्तर प्रदेश के हैं। उर्दू साहित्य में भी इस राज्य का बहुत महत्वपूर्ण योगदान रहा है। फिराक गोरखपुरी, जोश मलीहाबादी, चकबस्त जैसे अनगिनत शायर यहीं से प्रदेश व देश का नाम रोशन किये। मानवीय संवेदना और राष्ट्रप्रेम की भावना से ओतप्रोत हिन्दी साहित्य का क्षेत्र बहुत ही व्यापक रहा है। यद्यपि पक्षपातपूर्ण व्यवहार के चलते हिन्दी के साहित्यकारों को नोबेल पुरस्कार नहीं मिला फिर भी उनकी सराहना करने वालों की कोई कमी नहीं है।

संगीत उत्तर प्रदेश के व्यक्ति के जीवन में बहुत महत्वपूर्ण स्थान रखता है। यह तीन प्रकार से बाँटा जा सकता है।

1. पारम्परिक संगीत एवं लोक संगीत, यह पारम्परिक मौकों शादी-विवाह, होली, त्योहारों आदि के समय पर गाया जाता है।
2. शास्त्रीय संगीत, यहाँ उत्कृष्ठ शास्त्रीय गायन और वादन की परम्परा रही है।

3. हिन्दी फिल्मी संगीत एवं भोजपुरी संगीत। कत्थक उत्तर प्रदेश का एक परिष्कृत शास्त्रीय नृत्य है जो हिन्दुस्तानी शास्त्रीय संगीत के साथ किया जाता है। कत्थक नाम कथा शब्द से बना है। इस नृत्य में नर्तक किसी कहानी या संवाद को नृत्य के माध्यम से प्रस्तुत करता है जिसका प्रारम्भ 6-7वीं शताब्दी में उत्तर भारत में हुआ था। प्राचीन समय में यह एक धार्मिक नृत्य हुआ करता था जिसमें नर्तक महाकाव्य गाते थे और अभिनय करते थे। 13वीं शताब्दी तक आते-आते कत्थक सौन्दर्यपरक हो गया तथा नृत्य में सूक्ष्म अभिनय एवं मुद्राओं पर अधिक ध्यान दिया जाने लगा। कत्थक नृत्य के प्रमुख कलाकार पं0 बिरजू महाराज हैं। फरी नृत्य, जांघिया नृत्य, पंवरिया नृत्य, कहरवा, जोगिरा, निर्गुन, कजरी, सोहर, चइता गायन उत्तर प्रदेश की लोकसंस्कृतियाँ हैं।

अयोध्या

अयोध्या भारत के उत्तर प्रदेश राज्य का एक अति प्राचीन धार्मिक नगर है। यह पवित्र सरयू नदी के तट पर बसा है। इसे "कौशल देश" भी कहा जाता था। अयोध्या बौद्ध धर्म, हिन्दू धर्म का पवित्र और जैन धर्म का शाश्वत तीर्थक्षेत्र है। यह सप्त पुरियों में से एक है-

अयोध्या मथुरा माया काशी काञ्ची अवन्तिका।
पुरी द्वारावती चैव सप्तैता मोक्षदायिकारू।।

अर्थ - अयोध्या, मथुरा, हरिद्वार, काशी, कांचीपुरम, उज्जैन और द्वारिका - ये सात पुरियाँ नगर मोक्षदायी हैं।

वेद में अयोध्या को ईश्वर का नगर बताया गया है, "अष्टचक्रा नवद्वारा देवानां पूरयोध्या", और इसकी संपन्नता की तुलना स्वर्ग से की गई है। रामायण के अनुसार अयोध्या की स्थापना मनु ने की थी। यह पुरी सरयू के

तट पर बारह योजन (लगभग 144 कि.मी) लम्बाई और तीन योजन (लगभग 36 कि.मी.) चौड़ाई में बसी थी। कई शताब्दी तक यह नगर सूर्यवंशी राजाओं की राजधानी रहा। अयोध्या मूल रूप से मंदिरों का शहर है। यहां आज भी हिन्दू, बौद्ध, इस्लाम एवं विशेषकर जैन धर्म से जुड़े अवशेष देखे जा सकते हैं। जैन मत के अनुसार यहां चौबीस तीर्थंकरों में से पांच तीर्थंकरों का जन्म हुआ था। क्रम से पहले तीर्थंकर ऋषभनाथ जी, दूसरे तीर्थंकर अजितनाथ जी, चौथे तीर्थंकर अभिनंदननाथ जी, पांचवे तीर्थंकर सुमतिनाथ जी और चौदहवें तीर्थंकर अनंतनाथ जी। इसके अलावा जैन और वैदिक दोनों मतों के अनुसार भगवान रामचन्द्र जी का जन्म भी इसी भूमि पर हुआ। उक्त सभी तीर्थंकर और भगवान रामचंद्र जी सभी इक्ष्वाकु वंश से थे। इसका महत्व इसके प्राचीन इतिहास में निहित है क्योंकि भारत के प्रसिद्ध एवं प्रतापी क्षत्रियों (सूर्यवंशी) की राजधानी यही नगर रहा है। उक्त क्षत्रियों में दाशरथी रामचन्द्र अवतार के रूप में पूजे जाते हैं। पहले यह कोसल जनपद की राजधानी था। प्राचीन उल्लेखों के अनुसार तब इसका क्षेत्रफल 96 वर्ग मील था। यहाँ पर सातवीं शाताब्दी में चीनी यात्री हेनत्सांग आया था। उसके अनुसार यहाँ 20 बौद्ध मंदिर थे तथा 3000 भिक्षु रहते थे।

अयोध्या और फैजाबाद

कभी कभी बहुत से लोगों को इन दोनों शहरों में भ्रम होने लगता है। प्रायः लोग इन दोनों को एक ही शहर समझने लगते हैं। अयोध्या भारत के प्राचीनतम शहरों में शुमार है और करोड़ों भारतीयों के आराध्य भगवान श्रीराम की जन्मस्थली के रूप में विख्यात है। फैजाबाद भी एक शहर है जो अयोध्या से दस किलोमीटर की दूरी पर स्थित है। फैजाबाद को अवध के सुबेदार नियुक्त किए गए एक ईरानी सादात अली खान ने 1722 ईसवी में बसाकर अवध की पहली राजधानी बनाया था जिसे बाद में नवाब आसफुद्दौला द्वारा 1775 ईसवी में लखनऊ ले जाया गया जिसके बाद फैजाबाद का पतन हो गया। इस पचास वर्ष की अवधि तक के नवाबों ने उस राजधानी में बहुत सी खूबसरत इमारतों का निर्माण करवाया। लखनऊ की ही तरह ये शहर भी हमें नवाबकालीन दौर की याद ताजा करवाता है। अवध के नवाबों के बारे में अगर हम इतिहास में पढ़ते हैं तो पाते हैं कि उन्होंने अयोध्या के हनुमानगढ़ी मंदिर का जीर्णोद्धार और लखनऊ शहर के अलीगंज में स्थित एक हनुमान मंदिर का निर्माण करवाया था। फैजाबाद शहर के बसने के बाद भी अयोध्या अपने धार्मिक स्वरूप और धार्मिक पराकाष्टा के कारण आम हिंदू जनमानस के बीच आस्था के केंद्र के रूप में विख्यात रहा। इसे हम इस नजरिए से भी देख सकते हैं कि सादात अली खान ने भगवान श्रीराम के बाद अयोध्या को ही अवध की राजधानी बनाया पर एक ईरानी होने के नाते वर्तमान अयोध्या नगर से तकरीबन दस किलोमीटर दूर जाकर अपनी फारसी जुबान में उसे फैजाबाद के नाम से स्थापित किया जिसका अर्थ कुछ विद्वान ऐसे शहर के रूप में निकालते हैं जहां पर सब बराबर हैं, कोई भेदभाव नहीं है। यह एक तरह से महाकवि गोस्वामी तुलसीदास द्वारा रचित श्रीरामचरितमानस में वर्णित रामराज्य की अवधारणा से मेल खाता है। फिर हमारा देश जब अंग्रेजों के अधीन आया तब उन्होंने फैजाबाद शहर को एक जिले का दर्जा दिया और रामनगरी अयोध्या को भी उस जिले के अंतर्गत कर दिया। वही व्यवस्था तब से लेकर नवंबर 2018 तक रही। योगी आदित्यनाथ की भाजपा सरकार ने अयोध्या शहर को जिला घोषित कर दिया और फैजाबाद शहर को उसका प्रशासनिक मुख्यालय बना दिया। मई 2017 तक फैजाबाद शहर की अलग नगरपालिका थी और अयोध्या शहर की अलग नगरपालिका थी जिसका बाद में सूबे की भाजपा सरकार ने विलय कर अयोध्या नगर निगम नाम से एक नए नगर निकाय को गठित कर दिया।

फैजाबाद एक बहुत ही खूबसूरत और ऐतिहासिक शहर है। लखनऊ के बाद यह दूसरा शहर है जिसकी इमारतें नवाबकालीन दौर को फिर से जीवन्त कर देती हैं। इस शहर को बहुत से साहित्यकारों, कवियों और स्वतंत्रता सेनानियों की जन्मभूमि और कर्मभूमि होने का गौरव प्राप्त है। रामायण का पहली दफे उर्दु में तर्जुमा करने वाले महान उर्दु कवि और पेशे से वकील पंडित ब्रजनारायण चकबस्त का जन्मस्थल और कर्मस्थल भी फैजाबाद ही था।

मुख्य आकर्षण

प्राचीन नगर अयोध्या के अवशेष अब खंडहर के रूप में रह गए थे जिसमें कहीं-कहीं कुछ अच्छे मंदिर भी थे। लेकिन 9 नवंबर 2019 को सुप्रीम कोर्ट अर्थात उच्चतम न्यायालय के आदेश देने के पश्चात अब यहां एक नया भव्य राम मंदिर बनने वाला है।यह नया मंदिर बनने तक रामलला मूर्ति को जन्मस्थान से स्थानांतरित कर एक अस्थाई मंदिर में प्रतिष्ठापित किया है। वर्तमान अयोध्या के प्राचीन मंदिरों में सीतारसोई तथा हनुमानगढ़ी मुख्य हैं। कुछ मंदिर 18वीं तथा 19वीं शताब्दी में बने जिनमें कनकभवन, नागेश्वरनाथ तथा दर्शनसिंह मंदिर दर्शनीय हैं। कुछ जैन मंदिर भी हैं। यहाँ पर वर्ष में तीन मेले लगते हैं - मार्च-अप्रैल, जुलाई-अगस्त तथा अक्टूबर-नंवबर के महीनों में। इन अवसरों पर यहाँ लाखों यात्री आते हैं।

विशेष

भगवान श्रीराम की लीला के अतिरिक्त अयोध्या में श्रीहरि के अन्य सात प्राकट्य हुये हैं जिन्हें सप्तहरि के नाम से जाना जाता है। अलग-अलग समय देवताओं और मुनियों की तपस्या से प्राकट्य हुये। इनके नाम भगवान गुप्तहरि , विष्णुहरि, चक्रहरि, पुण्यहरि, चन्द्रहरि, धर्महरि और बिल्वहरि हैं।

रामकोट

शहर के पश्चिमी हिस्से में स्थित रामकोट अयोध्या में पूजा का प्रमुख स्थान है। यहां भारत और विदेश से आने वाले श्रद्धालुओं का साल भर आना जाना लगा रहता है। मार्च-अप्रैल में मनाया जाने वाला रामनवमी पर्व यहां बड़े जोश और धूमधाम से मनाया जाता है।

हनुमान गढ़ी

नगर के केन्द्र में स्थित इस मंदिर में 76 कदमों की चाल से पहुँचा जा सकता है। अयोध्या को भगवान राम की नगरी कहा जाता है। मान्यता है कि यहां हनुमान जी सदैव वास करते हैं। इसलिए अयोध्या आकर भगवान राम के दर्शन से पहले भक्त हनुमान जी के दर्शन करते हैं। यहां का सबसे प्रमुख हनुमान मंदिर "हनुमानगढ़ी" के नाम से प्रसिद्ध है। यह मंदिर राजद्वार के सामने ऊंचे टीले पर स्थित है। कहा जाता है कि हनुमान जी यहाँ एक गुफा में रहते थे और रामजन्मभूमि और रामकोट की रक्षा करते थे। हनुमान जी को रहने के लिए यही स्थान दिया गया था।

प्रभु श्रीराम ने हनुमान जी को ये अधिकार दिया था कि जो भी भक्त मेरे दर्शनों के लिए अयोध्या आएगा उसे पहले तुम्हारा दर्शन पूजन करना होगा। यहां आज भी छोटी दीपावली के दिन आधी रात को संकटमोचन का जन्म दिवस मनाया जाता है। पवित्र नगरी अयोध्या में सरयू नदी में पाप धोने से पहले लोगों को भगवान हनुमान से आज्ञा लेनी होती है। यह मंदिर अयोध्या में एक टीले पर स्थित होने के कारण मंदिर तक पहुंचने के लिए लगभग 76 सीढ़ियां चढ़नी पड़ती हैं। इसके बाद पवनपुत्र हनुमान की 6 इंच की प्रतिमा के दर्शन होते हैं,जो हमेशा फूल-मालाओं से सुशोभित रहती है। मुख्य मंदिर में बाल हनुमान के साथ अंजनी माता की प्रतिमा है। श्रद्धालुओं का मानना है कि इस मंदिर में आने से उनकी सारी मनोकामनाएं पूर्ण होती हैं। मंदिर परिसर में मां अंजनी व बाल हनुमान की मूर्ति है जिसमें हनुमान जी, अपनी मां अंजनी की गोद में बालक के रूप में विराजमान हैं।

इस मन्दिर के निर्माण के पीछे की एक कथा प्रचलित है। सुल्तान मंसूर अली अवध का नवाब था। एक बार उसका एकमात्र पुत्र गंभीर रूप से बीमार पड़ गया। प्राण बचने के आसार नहीं रहे, रात्रि की कालिमा गहराने के साथ ही उसकी नाड़ी उखड़ने लगी तो सुल्तान ने थक हार कर संकटमोचक हनुमान जी के चरणों में माथा रख दिया। हनुमान ने अपने आराध्य प्रभु श्रीराम का ध्यान किया और सुल्तान के पुत्र की धड़कनें पुनः प्रारम्भ हो गई।

अपने इकलौते पुत्र के प्राणों की रक्षा होने पर अवध के नवाब मंसूर अली ने बजरंगबली के चरणों में माथा टेक दिया। जिसके बाद नवाब ने न केवल हनुमान गढ़ी मंदिर का जीर्णोंद्धार कराया बल्कि ताम्रपत्र पर लिखकर ये घोषणा की कि कभी भी इस मंदिर पर किसी राजा या शासक का कोई अधिकार नहीं रहेगा और न ही यहां के चढ़ावे से कोई कर वसूल किया जाएगा। उसने 52 बीघा भूमि हनुमान गढ़ी व इमली वन के लिए उपलब्ध करवाई।

इस हनुमान मंदिर के निर्माण के कोई स्पष्ट साक्ष्य तो नहीं मिलते हैं लेकिन कहते हैं कि अयोध्या न जाने कितनी बार बसी और उजड़ी, लेकिन फिर भी एक स्थान जो हमेशा अपने मूल रूप में रहा वो हनुमान टीला है जो आज हनुमान गढ़ी के नाम से प्रसिद्ध है। लंका से विजय के प्रतीक रूप में लाए गए निशान भी इसी मंदिर में रखे गए जो आज भी खास मौके पर बाहर निकाले जाते हैं और जगह-जगह पर उनकी पूजा-अर्चना की जाती है। मन्दिर में विराजमान हनुमान जी को वर्तमान अयोध्या का राजा माना जाता है। कहते हैं कि हनुमान यहाँ एक गुफा में रहते थे और रामजन्मभूमि और रामकोट की रक्षा करते थे। मुख्य मंदिर में बाल हनुमान के साथ अंजनि की प्रतिमा है। श्रद्धालुओं का मानना है कि इस मंदिर में आने से उनकी सारी मनोकामनाएं पूर्ण होती हैं।

राघवजी का मन्दिर

ये मन्दिर अयोध्या नगर के केन्द्र में स्थित बहुत ही प्राचीन भगवान श्री रामजी का स्थान है जिसको हम (राघवजी का मंदिर) नाम से भी जानते हैं मन्दिर में स्थित भगवान राघवजी अकेले ही विराजमान हैं ये मात्र एक ऐसा मंदिर है जिसमें भगवान जी के साथ माता सीताजी की मूर्ति बिराजमान नहीं है। सरयू जी में स्नान करने के बाद राघव जी के दर्शन किये जाते हैं।

नागेश्वर नाथ मंदिर

कहा जाता है कि नागेश्वर नाथ मंदिर को भगवान राम के पुत्र कुश ने बनवाया था। माना जाता है जब कुश सरयू नदी में नहा रहे थे तो उनका बाजूबंद खो गया था। बाजूबंद एक नाग कन्या को मिला जिसे कुश से प्रेम हो गया। वह शिवभक्त थी। कुश ने उसके लिए यह मंदिर बनवाया। कहा जाता है कि यही एकमात्र मंदिर है जो विक्रमादित्य के काल के पहले से है। शिवरात्रि पर्व यहां बड़ी धूमधाम से मनाया जाता है।

कनक भवन

हनुमान गढ़ी के निकट स्थित कनक भवन अयोध्या का एक महत्वपूर्ण मंदिर है। यह मंदिर सीता और राम के सोने मुकुट पहने प्रतिमाओं के लिए लोकप्रिय है। इसी कारण बहुत बार इस मंदिर को सोने का घर भी कहा जाता है। यह मंदिर टीकमगढ़ की रानी ने 1891 में बनवाया था। इस मन्दिर के श्री विग्रह (श्री सीताराम जी) भारत के सुन्दरतम स्वरूप कहे जा सकते हैं। यहाँ नित्य दर्शन के अलावा सभी समय, उत्सव भव्यता के साथ मनाये जाते हैं।

आचार्यपीठ श्री लक्ष्मण किला

महान संत स्वामी श्री युगलानन्यशरण जी महाराज की तपस्थली यह स्थान देश भर में रसिकोपासना के आचार्यपीठ के रूप में प्रसिद्ध है। श्री स्वामी जी चिरान्द (छपरा) निवासी स्वामी श्री युगलप्रिया शरण "जीवाराम" जी महाराज के शिष्य थे। ईस्वी सन् 1818 में ईशराम पुर (नालन्दा) में जन्मे स्वामी युगलानन्यशरण जी का रामानन्दीय वैष्णव-समाज में विशिष्ट स्थान है।

आपने उच्चतर साधनात्मक जीवन जीने के साथ ही आपने "रघुवर गुण दर्पण", "पारस-भाग", "श्री सीतारामनामप्रताप-प्रकाश" तथा "इश्क-कान्ति" आदि लगभग सौ ग्रन्थों की रचना की है। श्री लक्ष्मण किला आपकी तपस्या से अभिभूत रीवां राज्य (म.प्र.) द्वारा निर्मित कराया गया। 52 बीघे में विस्तृत आश्रम की भूमि आपको ब्रिटिश

काल में शासन से दान-स्वरूप मिली थी। श्री सरयू के तट पर स्थित यह आश्रम श्री सीताराम जी आराधना के साथ संत-गो-ब्राह्मण सेवा संचालित करता है। श्री राम नवमी, सावन झूला, तथा श्रीराम विवाह महोत्सव यहाँ बड़ी भव्यता के साथ मनाये जाते हैं। यह स्थान तीर्थ-यात्रियों के ठहरने का उत्तम विकल्प है। सरयू की धार से सटा होने के कारण यहाँ सूर्यास्त दर्शन आकर्षण का केंद्र होता है।

जैन मंदिर

हिन्दुओं के मंदिरों के अलावा अयोध्या जैन मंदिरों के लिए भी खासा लोकप्रिय है। जैन धर्म के अनेक अनुयायी नियमित रूप से अयोध्या आते रहते हैं। अयोध्या को पांच जैन तीर्थंकरों की जन्मभूमि भी कहा जाता है। जहां जिस तीर्थंकर का जन्म हुआ था, वहीं उस तीर्थंकर का मंदिर बना हुआ है। इन मंदिरों को फैजाबाद के नवाब के खजांची केसरी सिंह ने बनवाया था।

स्मरणीय सन्त

प्रभु श्रीराम की नगरी होने से अयोध्या उच्चकोटि के सन्तों की भी साधना-भूमि रही। यहाँ के अनेक प्रतिष्टित आश्रम ऐसे ही सन्तों ने बनाये। इन सन्तों में स्वामी श्रीरामचरण दास जी महाराज "करुणासिन्धु जी" स्वामी श्रीरामप्रसादाचार्य जी, स्वामी श्री युगलानन्य शरण जी, स्वामी श्रीमणिराम दास जी, स्वामी श्रीरघुनाथ दास जी, पं.श्री जानकीवर शरण जी, पं. श्री उमापति त्रिपाठी जी आदि अनेक नाम उल्लेखनीय हैं।

मीरजापुर

स्थानीय मान्यताओं के अनुसार मीरजापुर, राजा नान्नेर द्वारा स्थापित किया गया था और पूर्व में यह शहर पर्वत पुत्री गिरिजा के नाम पर गिरिजापुर के नाम से जाना जाता था लेकिन ब्रिटीश विजय के उपरान्त इसे मीरजापुर के नाम से जाना जाने लगा। मीरजापुर, बनारस राज्य का अंग था। प्रशासनिक दृष्टि से मीरजापुर जनपद को चार तहसील चुनार, लालगंज, सदर और मड़िहान में बाँटा गया।

www.satyakashi.com

वाराणसी–सोनभद्र–शिवद्वार–विन्ध्याचल के बीच का क्षेत्र

घण्टा घर

पक्का घाट

ओझला पुल

कंतित शरीफ

विण्ढ़म फाल

तारकेश्वर महादेव

चुनार (चरणाद्रिगढ़)–02
सत्यकाशी व भारत माता का हृदय क्षेत्र
www.satyakashi.com
वाराणसी–सोनभद्र–शिवद्वार–विन्ध्याचल के बीच का क्षेत्र

सिद्धपीठ दुर्गा खोह

परमहंस स्वामी अड़गड़ानन्द आश्रम

सिद्धनाथ की दरी

माँ शिवशंकरी धाम

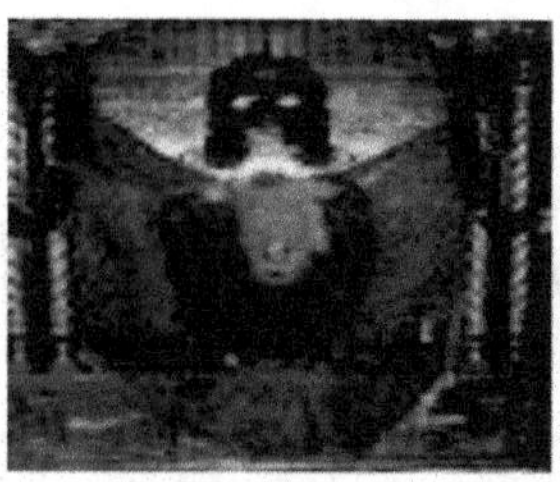

माँ शीतला धाम

ऊँश्री अहिरावीर डीह

श्री नये वीर

श्री विष्णु मन्दिर, वैकुण्ठपुर

विश्वशास्त्र–द नॉलेज ऑफ फाइनल नॉलेज

मीरजापुर और चुनार
(विस्तृत विवरण के लिए "विश्वशास्त्र अध्याय – 2" देखें)

मीरजापुर, भारत के उत्तर प्रदेश राज्य का एक शहर और जिला मुख्यालय है, जो जिला सोनभद्र, चन्दौली, वाराणसी, संत रविदास नगर भदोही और इलाहाबाद जिले से घिरा हुआ है। इस जिले का नाम शासक मिर्जा के नाम पर रखा गया है। ब्रिटीश सरकार द्वारा कब्जा कर लेने के बाद इस नगर का नाम इसके पूर्व शासक के नाम पर रख दिया गया। स्थानीय मान्यताओं के अनुसार मीरजापुर, राजा नान्नेर द्वारा स्थापित किया गया था और पूर्व में यह शहर पर्वत पुत्री गिरिजा के नाम पर गिरिजापुर के नाम से जाना जाता था लेकिन ब्रिटीश विजय के उपरान्त इसे मीरजापुर के नाम से जाना जाने लगा।

मीरजापुर, बनारस राज्य का अंग था। सन् 1775 ई0 में इसकी प्रभुसत्ता अवध के नबाब कादीर द्वारा ईस्ट इण्डिया कम्पनी को सौंप दी गई। किन्तु इसका प्रबन्धात्मक प्रशासन सन् 1794 ई0 तक काशी नरेश के जमींदार के अन्दर ही बना रहा। 27 अक्टुबर, 1794 को राजा महीप नारायण सिंह से सन्धि के शर्तों के अनुसार अपने नियंत्रण को तत्कालीन गर्वनर जनरल को हस्तान्तरित कर दिया गया। सन् 1861 ई0 तक इलाहाबाद से अलग होकर यह जनपद अपने वर्तमान युग में प्रतिष्ठित हुआ। अप्रैल, 1998 में इस जनपद के दक्षिणी और पूर्वी भाग को अलग करते हुए सोनभद्र जनपद का सृजन किया गया। प्रशासनिक दृष्टि से मीरजापुर जनपद को चार तहसील चुनार, लालगंज, सदर और मड़िहान में बाँटा गया। विकास की गतिविधियों को संचालित करने के लिए 12 विकास खण्ड मीरजापुर शहर, कोन, छानबे, मझवां, पहाड़ी, सीखड़, नरायनपुर, जमालपुर, मड़िहान, राजगढ़ और हलियां बनाया गया। जनपद में 106 न्याय पंचायत, 763 ग्राम पंचायत, 1987 राजस्व गाँव जिसमें 265 गैर आबादी वाले गाँव सम्मिलित हैं। 14 जून 1997 से मीरजापुर मण्डल का सृजन किया गया जिसमें सन्त रविदास नगर भदोही, सोनभद्र तथा मीरजापुर जनपद सम्मिलित हैं। वर्तमान में मीरजापुर मण्डल का नाम बदलकर विन्ध्याचल मण्डल कर दिया गया है।

पर्यटन की दृष्टि से मीरजापुर काफी महत्वपूर्ण जिला माना जाता है। यहाँ की प्राकृतिक सुन्दरता और धार्मिक वातावरण बरबस लोगों का ध्यान अपनी ओर खींचती है। इसके दर्शनीय स्थल विन्ध्य पर्वत, क्षेत्र और धाम, चुनारगढ किला, चुनार नगर में-शाह कासिम सुलेमानी का दरगाह, आचार्य कूप और विट्ठल महाप्रभु, चुनार क्षेत्र में जरगो बाँध, बेचूवीर धाम, लखनियाँ दरी, चूना दरी, भण्डारी देवी, सिद्धपीठ दुर्गा खोह, परमहंस स्वामी अड़गड़ानन्द आश्रम, सिद्धनाथ की दरी, सिद्धनाथ धाम "धुईं बाबा", शिवशंकरी धाम, गोपालपुर, माँ शीतला धाम, सक्तेशगढ़, बिलखरा, खमरिया, बावनघाट, कुण्ड, ओझलापुल, भर्ग राजाओं के अवशेष, रामगया घाट पर बीच गंगा में स्थित स्तम्भ, हलिया उपरौंध में अर्धनिर्मित शिला महल, मीरजापुर नगर का घण्टाघर व पक्काघाट व अनके मन्दिर तथा प्राकृतिक पर्यटन स्थल में टांडा जल प्रपात, विन्ढम झरना, खजूरी बाँध, सिरसी बाँध इत्यादि हैं।

मीरजापुर जनपद के चार तहसील चुनार, लालगंज, सदर और मड़िहान में से एक तहसील चुनार है जो जिला मुख्यालय से 33 किलोमीटर और वाराणसी-कन्याकुमारी राष्ट्रीय राजर्माग संख्या-7 पर वाराणसी से 42 किलोमीटर पर स्थित है। दिल्ली-हावड़ा रेल लाईन पर यह मुगलसराय और इलाहाबाद के बीच स्थित है। चुनार तहसील के अन्तर्गत जनपद के 12 विकासखण्ड में से जमालपुर, नरायनपुर, सीखड़ और आधे राजगढ़ विकासखण्ड का क्षेत्र और दो नगरपालिका क्षेत्र चुनार और अहरौरा प्रशासनिक कार्य के अन्तर्गत आता है।

भाग-2
जन्मभूमि

जन्मभूमि

श्री राम जन्मभूमि

श्री कृष्ण जन्म भूमि

गौतम बुद्ध जन्म भूमि

लव-कुश जन्म भूमि

जन्मभूमि

जन्मभूमि का हिन्दी में अर्थ - वह स्थान या देश जहाँ किसी का जन्म हुआ हो।

जन्मभूमि का वाक्य में प्रयोग - जन्मभूमि की रक्षा करना हम सबका परम कर्तव्य है।

जन्मभूमि के समानार्थी शब्द – मातृभूमि, जन्म-स्थान, जन्मस्थान, जन्मस्थली, अभिजन।

श्री राम जन्मभूमि

हिन्दुओं की मान्यता है कि श्री राम का जन्म अयोध्या में हुआ था और उनके जन्मस्थान पर एक भव्य मन्दिर विराजमान था जिसे मुगल आक्रमणकारी बाबर ने तोड़कर वहाँ एक मस्जिद बना दी।

राष्ट्रीय स्वयंसेवक संघ और भारतीय जनता पार्टी की अगुवाई में इस स्थान को मुक्त करने एवं वहाँ एक नया मन्दिर बनाने के लिये एक लम्बा आन्दोलन चला। 6 दिसम्बर सन् 1992 को यह विवादित ढ़ांचा गिरा दिया गया और वहाँ श्री राम का एक अस्थायी मन्दिर निर्मित कर दिया गया।

इतिहास

राम जन्मभूमि विवाद का संक्षिप्त इतिहास इस प्रकार से है

1. 1528 में राम जन्म भूमि पर मस्जिद बनाई गई थी। हिन्दुओं के पौराणिक ग्रन्थ रामायण और रामचरित मानस के अनुसार यहां भगवान राम का जन्म हुआ था।
2. 1853 में हिन्दुओं और मुसलमानों के बीच इस जमीन को लेकर पहली बार विवाद हुआ।
3. 1859 में अंग्रेजों ने विवाद को ध्यान में रखते हुए पूजा व नमाज के लिए मुसलमानों को अन्दर का हिस्सा और हिन्दुओं को बाहर का हिस्सा उपयोग में लाने को कहा।
4. 1949 में अन्दर के हिस्से में भगवान राम की मूर्ति रखी गई। तनाव को बढ़ता देख सरकार ने इसके गेट में ताला लगा दिया।

5. सन् 1986 में जिला न्यायाधीश ने विवादित स्थल को हिंदुओं की पूजा के लिए खोलने का आदेश दिया। मुस्लिम समुदाय ने इसके विरोध में बाबरी मस्जिद एक्शन कमेटी गठित की।
6. सन् 1989 में विश्व हिन्दू परिषद ने विवादित स्थल से सटी जमीन पर राम मंदिर की मुहिम शुरू की।
7. 6 दिसम्बर 1992 को अयोध्या में बाबरी मस्जिद गिराई गई। परिणामस्वरूप देशव्यापी दंगों में करीब दो हजार लोगों की जानें गईं।
8. उसके दस दिन बाद 16 दिसम्बर 1992 को लिब्रहान आयोग गठित किया गया। आंध्र प्रदेश उच्च न्यायालय के सेवानिवृत मुख्य न्यायाधीश एम.एस. लिब्रहान को आयोग का अध्यक्ष बनाया गया।
9. लिब्रहान आयोग को 16 मार्च 1993 को यानि तीन महीने में रिपोर्ट देने को कहा गया था, लेकिन आयोग ने रिपोर्ट देने में 17 साल लगाए।
10. 1993 में केंद्र के इस अधिग्रहण को सुप्रीम कोर्ट में चुनौती मिली। चुनौती देने वाला शख्स मोहम्मद इस्माइल फारुकी था। मगर कोर्ट ने इस चुनौती को ख़ारिज कर दिया कि केंद्र सिर्फ इस जमीन का संग्रहक है। जब मलिकाना हक का फैसला हो जाएगा तो मालिकों को जमीन लौटा दी जाएगी। हाल ही में केंद्र की और से दायर अर्जी इसी अतिरिक्त जमीन को लेकर है।
11. 1996 में राम जन्मभूमि न्यास ने केंद्र सरकार से यह जमीन मांगी लेकिन मांग ठुकरा दी गयी। इसके बाद न्यास ने हाई कोर्ट का दरवाजा खटखटाया जिसे 1997 में कोर्ट ने भी ख़ारिज कर दिया।
12. 2002 में जब गैर-विवादित जमीन पर कुछ गतिविधियां हुई तो असलम भूरे ने सुप्रीम कोर्ट में याचिका लगाई।
13. 2003 में इस पर सुनवाई के बाद सुप्रीम कोर्ट ने यथास्थिति कायम रखने का आदेश दिया। कोर्ट ने कहा कि विवादित और गैर-विवादित जमीन को अलग करके नहीं देखा जा सकता।
14. 30 जून 2009 को लिब्रहान आयोग ने चार भागों में 700 पन्नों की रिपोर्ट प्रधानमंत्री डॉ0 मनमोहन सिंह और गृह मंत्री पी. चिदम्बरम को सौंपा।
15. जांच आयोग का कार्यकाल 48 बार बढ़ाया गया।
16. 31 मार्च 2009 को समाप्त हुए लिब्रहान आयोग का कार्यकाल को अंतिम बार तीन महीने अर्थात् 30 जून तक के लिए बढ़ा गया।
17. 2010 में इलाहाबाद उच्च न्यायालय की लखनऊ पीठ ने निर्णय सुनाया जिसमें विवादित भूमि को रामजन्मभूमि घोषित किया गया। न्यायालय ने बहुमत से निर्णय दिया कि विवादित भूमि जिसे रामजन्मभूमि माना जाता रहा है, उसे हिंदू गुटों को दे दिया जाए। न्यायालय ने यह भी कहा कि वहाँ से रामलला की प्रतिमा को नहीं हटाया जाएगा। न्यायालय ने यह भी पाया कि चूंकि सीता रसोई और राम चबूतरा आदि कुछ भागों पर निर्मोही अखाड़े का भी कब्जा रहा है इसलिए यह हिस्सा निर्मोही अखाड़े के पास ही रहेगा। दो न्यायधीशों ने यह निर्णय भी दिया कि इस भूमि के कुछ भागों पर मुसलमान प्रार्थना करते रहे हैं इसलिए विवादित भूमि का एक तिहाई हिस्सा मुसलमान गुटों को दे दिया जाए। लेकिन हिंदू और मुस्लिम दोनों ही पक्षों ने इस निर्णय को मानने से अस्वीकार करते हुए सर्वोच्च न्यायालय का दरवाजा खटखटाया।
18. उच्चतम न्यायालय ने 7 वर्ष बाद निर्णय लिया कि 11 अगस्त 2017 से तीन न्यायधीशों की पीठ इस विवाद की सुनवाई प्रतिदिन करेगी। सुनवाई से ठीक पहले शिया वक्फ बोर्ड ने न्यायालय में याचिका लगाकर विवाद में पक्षकार होने का दावा किया और 70 वर्ष बाद 30 मार्च 1946 के ट्रायल कोर्ट के फैसले को चुनौती दी जिसमें मस्जिद को सुन्नी वक्फ बोर्ड की सम्पत्ति घोषित अर दिया गया था।
19. सर्वोच्च न्यायालय ने कहा है कि 5 दिसंबर 2017 से इस मामले की अंतिम सुनवाई शुरू की जाएगी।
20. सर्वोच्च न्यायालय ने कहा है कि 5 फरवरी 2018 से इस मामले की अंतिम सुनवाई शुरू की जाएगी।
21. 9 नवंबर 2019 को सुप्रीम कोर्ट अर्थात सर्वोच्च न्यायालय के आदेश देने के बाद यह विवादित मामला सदैव के लिए हल हो गया और जन्मभूमि स्थान पर श्रीराम मन्दिर निर्माण का रास्ता खुल गया।

श्रीकृष्ण जन्म भूमि

श्रीकृष्ण जन्म भूमि मथुरा का एक प्रमुख धार्मिक स्थान है जहाँ हिन्दू धर्म के अनुयायी श्रीकृष्ण भगवान का जन्म स्थान मानते हैं। यह विवादों में भी घिरा हुआ है क्योंकि इससे लगी हुई जामा मस्जिद मुसलमानों के लिये धार्मिक स्थल है। भगवान श्री कृष्ण की जन्मभूमि का न केवल राष्ट्रीय स्तर पर महत्व है बल्कि वैश्विक स्तर पर जनपद मथुरा भगवान श्रीकृष्ण के जन्मस्थान से ही जाना जाता है। आज वर्तमान में महामना पंडित मदनमोहन मालवीय जी की प्रेरणा से यह एक भव्य आकर्षक मन्दिर के रूप में स्थापित है। पर्यटन की दृष्टि से विदेशों से भी श्रद्धालु भगवान श्रीकृष्ण के दर्शन के लिए यहाँ प्रतिदिन आते हैं। भगवान श्रीकृष्ण को विश्व में बहुत बड़ी संख्या में नागरिक आराध्य के रूप में मानते हुए दर्शनार्थ आते हैं।

इतिहास

प्रथम बार कृष्ण जन्मभूमि पर कोई निर्माण अर्जुनायन शासक अरलिक वसु ने तोरण द्वार के रूप में करवाया था लेकिन यहां प्रथम मंदिर का निर्माण यदुवंशी राजा ब्रजनाभ (भरतपुर नरेश के पूर्वज) ने 80 वर्ष ईसा पूर्व में कराया था। कालक्रम (हूण, कुषाण हमलों) में इस मंदिर के ध्वस्त होने के बाद गुप्तकाल के सम्राट चंद्रगुप्त विक्रमादित्य ने सन् 400 ई० में दूसरे वृहद् मंदिर का निर्माण करवाया। परंतु इस मंदिर को महमूद गजनवी ने ध्वस्त कर दिया। तत्पश्चात महाराज विजयपाल देव तोमर के शासन काल में जाट शासक जाजन सिंह ने तीसरे मंदिर का निर्माण करवाया। यह मथुरा क्षेत्र में मगोर्रा के सामंत शासक थे इनका राज्य नील के व्यापार के लिए जाना जाता था।

शासक जाजन सिंह तोमर (कुंतल) ने 1150 ईस्वी में करवाया। इस जाजन सिंह को जण्ण और जज्ज नाम से भी सम्बोधित किया गया है। इनके वंशज आज जाजन पट्टी, नगला झींगा, नगला कटैलिया में निवास करते है।

खुदाई में मिले संस्कृत के एक शिलालेख से भी जाजन सिंह (जज्ज) के मंदिर बनाने का पता चलता है। शिलालेख के अनुसार मंदिर के व्यय के लिए दो मकान, छः दुकान और एक वाटिका भी दान दी गई दिल्ली के राजा के परामर्श से 14 व्यक्तियों का एक समूह बनाया गया जिसके प्रधान जाजन सिंह थे।

यह मंदिर भी 16 वीं सदी में सिकंदर लोधी द्वारा ध्वस्त कर दिया गया। 1618 ई० में ओरछा के बुन्देला राजा वीरसिंह जूदेव ने विशाल मन्दिर का निर्माण जन्म भूमि पर कराया यह मंदिर इतना विशाल था कि आगरा से दिखाई देता था। इस मंदिर को भी मुगल शासक औरंगजेब ने सन् 1669 में नष्ट कर दिया। इस मंदिर को वीर

गौकुला जाट ने नहीं गिराने दिया व उनके बलिदान के बाद ही इसे गिराया जा सका फिर जाटों ने मुगलों की राजधानी आगरा पर आक्रमण कर दिया था।

फिर पुनः इसका निर्माण यहां के जाट शासक महाराजा सूरजमल ने करवाया जिसका विस्तार महाराजा जवाहर सिंह ने किया।

बिड़ला द्वारा 21 फरवरी 1951 को कृष्ण जन्मभूमि ट्रस्ट की स्थापना करने के साथ ही यह मंदिर ट्रस्ट के अधीन चला गया जबकि इससे पहले इसकी जिम्मेदारी भरतपुर नरेशों के पास थी। कानूनी मुकद्दमों में जीतने के बाद यहां गर्भ गृह और भव्य भागवत भवन के पुनर्रुद्धार और निर्माण कार्य आरंभ हुआ, जो फरवरी 1982 में पूरा हुआ।

मंदिर

भगवान श्रीकृष्ण ने अपनी इहलौकिक लीला संवरण की। उधर युधिष्ठर महाराज ने परीक्षित को हस्तिनापुर का राज्य सौंपकर श्रीकृष्ण के प्रपौत्र वज्रनाभ को मथुरा मंडल के राज्य सिंहासन पर प्रतिष्ठित किया। चारों भाइयों सहित युधिष्ठिर स्वयं महाप्रस्थान कर गये। महाराज वज्रनाभ ने महाराज परीक्षित और महर्षि शांडिल्य के सहयोग से मथुरा मंडल की पुन: स्थापना करके उसकी सांस्कृतिक छवि का पुनरूद्धार किया। वज्रनाभ द्वारा जहाँ अनेक मन्दिरों का निर्माण कराया गया, वहीं भगवान श्रीकृष्णचन्द्र की जन्मस्थली का भी महत्व स्थापित किया। यह कंस का कारागार था, जहाँ वासुदेव ने भाद्रपद कृष्ण अष्टमी की आधी रात अवतार ग्रहण किया था। आज यह कटरा केशवदेव नाम से प्रसिद्व है। यह कारागार केशवदेव के मन्दिर के रूप में परिणत हुआ। इसी के आसपास मथुरा पुरी सुशोभित हुई। यहाँ कालक्रम में अनेकानेक गगनचुम्बी भव्य मन्दिरों का निर्माण हुआ। इनमें से कुछ तो समय के साथ नष्ट हो गये और कुछ को विधर्मियों ने नष्ट कर दिया।

प्रथम मन्दिर

ईसवी सन् से पूर्ववर्ती 80-57 के महाक्षत्रप सौदास के समय के एक शिलालेख से ज्ञात होता है कि किसी वसु नामक व्यक्ति ने श्रीकृष्ण जन्मस्थान पर एक मंदिर तोरण द्वार और वेदिका का निर्माण कराया था। यह शिलालेख ब्राह्मी लिपि में है।

द्वितीय मन्दिर

दूसरा मन्दिर विक्रमादित्य के काल में सन् 800 ई. के लगभग बनवाया गया था। संस्कृति और कला की द्दष्टि से उस समय मथुरा नगरी बड़े उत्कर्ष पर थी। हिन्दू धर्म के साथ बौद्ध और जैन धर्म भी उन्नति पर थे। श्रीकृष्ण जन्मस्थान के समीप ही जैनियों और बौद्धों के विहार और मन्दिर बने थे। यह मन्दिर सन 1017-18 ई. में महमूद गजनवी के कोप का भाजन बना। इस भव्य सांस्कृतिक नगरी की सुरक्षा की कोई उचित व्यवस्था न होने से महमूद ने इसे खूब लूटा। भगवान केशवदेव का मन्दिर भी तोड़ डाला गया।

तृतीय मन्दिर

महाराज विजयपाल देव तोमर के शासन काल में जाट शासक जज्ज (जाजन सिंह) ने तीसरे मंदिर का निर्माण करवाया। यह मथुरा क्षेत्र में मगोर्रा के सामंत शासक थे इनका राज्य नील के व्यापार के लिए जाना जाता था। जाजन सिंह तोमर (कुंतल) ने 1150 ईस्वी में करवाया। इस जाजन सिंह को जण्ण और जज्ज नाम से भी सम्बोधित किया गया है। इनके वंशज आज जाजन पट्टी, नगला झींगा, नगला कटैलिया में निवास करते हैं।

खुदाई में मिले संस्कृत के एक शिलालेख से भी जाजन सिंह (जज्ज) के मंदिर बनाने का पता चलता है। शिलालेख के अनुसार मंदिर के व्यय के लिए दो मकान, छः दुकान और एक वाटिका भी दान दी गई दिल्ली के

राजा के परामर्श से 14 व्यक्तियों का एक समूह बनाया गया जिसके प्रधान जाजन सिंह थे। इस मंदिर को 16 वीं शताब्दी के प्रारम्भ में सिकन्दर लोदी के शासन काल में नष्ट कर डाला गया था।

चतुर्थ मन्दिर

मुगल बादशाह जहाँगीर के शासन काल में श्रीकृष्ण जन्मस्थान पर पुनः एक नया विशाल मन्दिर निर्माण कराया गया। ओरछा के शासक राजा वीरसिंह जूदेव बुन्देला द्वारा इसकी ऊँचाई 250 फीट रखी गई थी। ऐसा बताया जाता है कि यह आगरा से भी दिखाई देता था। उस समय इस निर्माण की लागत 33 लाख रुपये आयी थी। इस मन्दिर के चारों ओर एक ऊँची दीवार का परकोटा बनवाया गया था, जिसके अवशेष अब तक विद्यमान हैं। दक्षिण पश्चिम के एक कोने में कुआँ भी बनवाया गया था जिस का पानी 60 फीट ऊँचा उठाकर मन्दिर के प्रागण में फब्बारे चलाने के काम आता था। यह कुआँ और उसका बुर्ज आज तक विद्यमान है। सन 1669 ई. में पुनः यह मन्दिर नष्ट कर दिया गया और इसकी भवन सामग्री से ईदगाह बनवा दी गई जो आज विद्यमान है।

गौतम बुद्ध जन्म भूमि

उनका जन्म 563 ईस्वी पूर्व के बीच शाक्य गणराज्य की तत्कालीन राजधानी कपिलवस्तु के निकट लुम्बिनी में हुआ था, जो नेपाल में है। लुम्बिनी वन नेपाल के तराई क्षेत्र में कपिलवस्तु और देवदह के बीच नौतनवा स्टेशन से 8 मील दूर पश्चिम में रुक्मिनदेई नामक स्थान के पास स्थित था। कपिलवस्तु की महारानी महामाया देवी के अपने नैहर देवदह जाते हुए रास्ते में प्रसव पीड़ा हुई और वहीं उन्होंने एक बालक को जन्म दिया। शिशु का नाम सिद्धार्थ रखा गया। गौतम गोत्र में जन्म लेने के कारण वे गौतम भी कहलाए। क्षत्रिय राजा शुद्धोधन उनके पिता थे। परंपरागत कथा के अनुसार सिद्धार्थ की माता का उनके जन्म के सात दिन बाद निधन हो गया था। उनका पालन पोषण उनकी मौसी और शुद्धोधन की दूसरी रानी महाप्रजावती (गौतमी) ने किया। शिशु का नाम सिद्धार्थ दिया गया, जिसका अर्थ है "वह जो सिद्धी प्राप्ति के लिए जन्मा हो"। जन्म समारोह के दौरान, साधु द्रष्टा आसित ने अपने पहाड़ के निवास से घोषणा की- बच्चा या तो एक महान राजा या एक महान पवित्र पथ प्रदर्शक बनेगा। शुद्धोधन ने पांचवें दिन एक नामकरण समारोह आयोजित किया और आठ ब्राह्मण विद्वानों को भविष्य पढ़ने के लिए आमंत्रित किया। सभी ने एक सी दोहरी भविष्यवाणी की, कि बच्चा या तो एक महान राजा या एक महान पवित्र आदमी बनेगा। दक्षिण मध्य नेपाल में स्थित लुंबिनी में उस स्थल पर महाराज अशोक ने तीसरी शताब्दी ईसा पूर्व बुद्ध के

जन्म की स्मृति में एक स्तम्भ बनवाया था। बुद्ध का जन्म दिवस व्यापक रूप से देशों में मनाया जाता है। सिद्धार्थ का मन वचपन से ही करुणा और दया का स्रोत था। इसका परिचय उनके आरंभिक जीवन की अनेक घटनाओं से पता चलता है। घुड़दौड़ में जब घोड़े दौड़ते और उनके मुँह से झाग निकलने लगता तो सिद्धार्थ उन्हें थका जानकर वहीं रोक देता और जीती हुई बाजी हार जाता। खेल में भी सिद्धार्थ को खुद हार जाना पसंद था क्योंकि किसी को हराना और किसी का दुःखी होना उससे नहीं देखा जाता था। सिद्धार्थ ने चचेरे भाई देवदत्त द्वारा तीर से घायल किए गए हंस की सहायता की और उसके प्राणों की रक्षा की।

ज्ञान की प्राप्ति

बुद्ध के प्रथम गुरु आलार कलाम थे, जिनसे उन्होंने संन्यास काल में शिक्षा प्राप्त की। 35 वर्ष की आयु में वैशाखी पूर्णिमा के दिन सिद्धार्थ पीपल वृक्ष के नीचे ध्यानस्थ थे। बुद्ध ने बोधगया में निरंजना नदी के तट पर कठोर तपस्या की तथा सुजाता नामक लड़की के हाथों खीर खाकर उपवास तोड़ा। समीपवर्ती गाँव की एक स्त्री सुजाता को पुत्र हुआ। वह बेटे के लिए एक पीपल वृक्ष से मन्नत पूरी करने के लिए सोने के थाल में गाय के दूध की खीर भरकर पहुँची। सिद्धार्थ वहाँ बैठा ध्यान कर रहा था। उसे लगा कि वृक्षदेवता ही मानो पूजा लेने के लिए शरीर धरकर बैठे हैं। सुजाता ने बड़े आदर से सिद्धार्थ को खीर भेंट की और कहा- 'जैसे मेरी मनोकामना पूरी हुई, उसी तरह आपकी भी हो।' उसी रात को ध्यान लगाने पर सिद्धार्थ की साधना सफल हुई। उसे सच्चा बोध हुआ। तभी से सिद्धार्थ "बुद्ध" कहलाए। जिस पीपल वृक्ष के नीचे सिद्धार्थ को बोध मिला वह बोधिवृक्ष कहलाया और गया का समीपवर्ती वह स्थान बोधगया।

धर्म-चक्र-प्रवर्तन

वे 80 वर्ष की उम्र तक अपने धर्म का संस्कृत के बजाय उस समय की सीधी सरल लोकभाषा पाली में प्रचार करते रहे। उनके सीधे सरल धर्म की लोकप्रियता तेजी से बढ़ने लगी। चार सप्ताह तक बोधिवृक्ष के नीचे रहकर धर्म के स्वरूप का चिंतन करने के बाद बुद्ध धर्म का उपदेश करने निकल पड़े। आषाढ़ की पूर्णिमा को वे काशी के पास मृगदाव (वर्तमान में सारनाथ) पहुँचे। वहीं पर उन्होंने सर्वप्रथम धर्मोपदेश दिया और प्रथम पाँच मित्रों को अपना अनुयायी बनाया और फिर उन्हें धर्म प्रचार करने के लिये भेज दिया। महाप्रजापती गौतमी (बुद्ध की विमाता) को सर्वप्रथम बौद्ध संघ मे प्रवेश मिला। आनंद, बुद्ध का प्रिय शिष्य था। बुद्ध आनंद को ही संबोधित करके अपने उपदेश देते थे।

महापरिनिर्वाण

पालि सिद्धांत के महापरिनिर्वाण सुत्त के अनुसार 80 वर्ष की आयु में बुद्ध ने घोषणा की कि वे जल्द ही परिनिर्वाण के लिए रवाना होंगे। बुद्ध ने अपना आखिरी भोजन, जिसे उन्होंने कुन्डा नामक एक लोहार से एक भेंट के रूप में प्राप्त किया था, ग्रहण लिया जिसके कारण वे गंभीर रूप से बीमार पड़ गये। बुद्ध ने अपने शिष्य आनंद को निर्देश दिया कि वह कुन्डा को समझाए कि उसने कोई गलती नहीं की है। उन्होंने कहा कि यह भोजन अतुल्य है।

लव-कुश जन्म भूमि

लव-कुश का जन्म कहां हुआ, सीता पाताल में कैसे और कहां समाईं इसका रहस्य बरकरार है। देश के अनेक स्थल सबूत भी देते हैं लेकिन इन सबूतों में कहां तक सच्चाई है ये बताने वाला तो यहां फिलहाल कोई नहीं है और लव-कुश जन्मभूमि के रूप में अनेक स्थल भारत देश के अनेक प्रदेशों में उपलब्ध हैं कुछ का विवरण निम्न प्रकार है-

बिठूर (कानपुर, उ0 प्र0)

उत्तर प्रदेश के कानपुर शहर से 17 किलोमीटर दूर बिठूर में महर्षि वाल्मीकि आश्रम है। लव-कुश की जन्म स्थली कही जाने वाले बिठूर में हर दिन हजारों की संख्या में लोग यहां दर्शन के लिए आते हैं। केवल शहर के ही नहीं, बल्कि कानपुर आने वाले सैलानी भी भगवान राम से जुड़ी इस स्थली के मोह से दूर नहीं हो पाते हैं। सीता रसोई, वाल्मीकि आश्रम आदि के अस्तित्व आज भी यहां विराजमान हैं। यहां माता सीता का एक मंदिर भी है। मंदिर में माता सीता की प्रतिमा अपने पुत्र लव और कुश के साथ है। मंदिर के पुजारी के मुताबिक आठ लाख साल पहले माता सीता बिठूर आईं थी और यहीं पर लव-कुश का जन्म हुआ था। लव-कुश ने इसी स्थान पर वाल्मीकि से शिक्षा भी प्राप्त की थी। वहीं राम जानकी मन्दिर में लव-कुश के बाण आज भी रखे हुए हैं। गंगा नदी के किनारे बसे इस स्थान पर एक ओर सीता रसोई भी बनी हुई है। यहीं पर सीता जी भोजन बनाती थीं। उस समय उपयोग किए गए बर्तन भी सीता रसोई में मौजूद हैं। पुजारी ने बताया कि लव-कुश यहीं पर मां गंगा में स्नान करते थे और यहीं पर बाण चलाना, घुड़सवारी आदि भी सीखी थी।

भगवान राम ने जब अश्वमेघ यज्ञ कराया था, तो कोई भी राजा उस समय उनके घोड़े को पकड़ने की हिम्मत नहीं कर पाया था। वाल्मीकि रामायण में उल्लेख है कि जब वह घोडा बिठूर पहुंचा तो लव-कुश ने उसे बांध लिया था। इसके बाद राम भक्त हनुमान यहां घोड़ा छुडाने के लिए आये थे। लव-कुश से युद्ध में वह परास्त हो गए और उन्हें यहीं पर बंधक बना लिया गया था। आज भी यहां पर वह स्थल बना हुआ है, जहां पर हनुमान जी को कैद किया गया था। इसके बाद घोड़ा छुड़ाने पहुंचे लक्ष्मण जी को भी यहीं पर बंधक बना लिया गया था।

बताया जाता है कि यहीं पर सीता जी पाताल में समाई थीं। हनुमान और लक्ष्मण की कोई खबर न मिलने पर भगवान राम स्वयं युद्ध के लिए यहां पहुंचे थे। युद्ध के बीच में ही उन्हें पता चला था कि जिन लव-कुश से वे युद्ध कर रहे हैं, वे उनके ही पुत्र हैं। इसके बाद माता सीता से राम की मुलाकात भी यहीं पर हुई थी। जब राम ने माता सीता को स्पर्श करने की कोशिश की तो वे धरती में समा गईं। यह स्थान भी यहां मौजूद हैं। सुबह शाम इस स्थल पर पूजा की जाती है।

नई पीढ़ी को शायद न पता हो कि जब राजा रामचंद्र जी ने मां सीता का अयोध्या से परित्याग किया। तब लक्ष्मण जी उनको वन में छोड़ने के लिए रथ से निकले। मार्ग में उन्नाव के निकट (कुशुम्भी) नामक स्थान पर माता सीता को प्यास लगी। इस पर लक्ष्मण जी ने उन्हें यहीं पर जल पिलाया और तब सीता ने लक्ष्मण जी को बताया कि राजा राम ने उनका परित्याग कर दिया है। इसके बाद सीता माता बिठूर (कानपुर) पहुंची जहां पर आज भी वाल्मीकि आश्रम स्थित है। यहीं पर लव-कुश का जन्म हुआ और उनका पूरा बचपन भी यहीं व्यतीत हुआ था। विशेष बात यह है कि कानपुर के बिरहाना रोड पर स्थित तपेश्वरी मंदिर में ही लव-कुश का मुंडन और कर्ण छेदन हुआ था। इसी कारण इस पूरे क्षेत्र को कर्णपुर कहा जाता था, जो बाद में कानपुर हो गया।

बालैनी (बागपत, उ0 प्र0)

मेरठ के पास स्थित बागपत का नाम तो सभी ने सुना होगा। वहां एक बहुत ही प्रसिद्ध मंदिर है, पुरा महादेव। कांवड़ के समय वहां पर लाखों श्रद्धालु गंगाजल लाकर भोले शंकर का जलाभिषेक करते हैं। लेकिन क्या आपको पता है कि बागपत में ही एक जगह ऐसी भी है, जहां भगवान राम और माता सीता के बेटे लव व कुश का जन्म हुआ था। मेरठ से करीब 27 किलोमीटर दूर बागपत का एक गांव है बालैनी। यह गांव बागपत शहर से भी करीब 23 किलोमीटर दूर है। मेरठ से बागपत की तरफ जाते समय करीब 27 किलोमीटर दूर अंदर की तरफ एक रास्ता कटता है। इस रास्ते पर आप चलेंगे तो आखिर में आपको एक आश्रम दिखाई देगा। बताते हैं कि इस आश्रम को पहले ब्रह्मतुंग नाम से जाना जाता था। बाद में इसे नागेश्वर महादेव के नाम से पहचान मिली। वहीं, बाल्मीकि आश्रम के नाम से प्रसिद्ध यह स्थान अब बालैनी कहा जाने लगा है। हर साल आखातीज यानि अक्षय तृतीया के अवसर पर यहां लव-कुश का जन्मदिवस मनाया जाता है।

सीतामढ़ी (संत रविदास नगर भदोही, उ0 प्र0)

धर्मनगरी काशी-प्रयागराज के मध्य भदोही के दक्षिणांचल में गंगा तट पर बसा सीतामढ़ी महर्षि बाल्मिकी की तपोस्थली है। धार्मिक मान्यता के अनुसार तेत्रायुग में इसी पवित्र स्थली पर लव-कुश कुमारों ने प्रभु श्रीराम के अश्वमेध यज्ञ के घोड़े को बांधा था और उनकी चतुरंगिणी सेना को पराजित किया था। मां सीता अग्नि परीक्षा के दौरान यहीं धरती में समाहित हुई थीं। अनादिकाल से अषाढ़ मास की शुक्लपक्ष को नवमी मेले का आयोजन होता है। यह मेला पूरे नौ दिन चलता है। भागीरथी यानी मां गंगा इस पवित्र तीर्थ स्थल को छूती हुई चंद्राकार होते हुए निकलती हैं। महर्षि बाल्मिकी की तपोस्थली ठीक गंगा तट पर है। जहां आप पहुंच कर उस तेत्रायुग की तपोस्थली का अवलोकन कर सकते हैं।

जब प्रभु श्रीराम ने अयोध्या की प्रजा के विश्वास की रक्षा के लिए मां सीता का अग्नि परीक्षा के लिए निर्वासन किया था तो घोर जंगल था। तुलसीदास ने अपनी कवितावली में इस स्थान का उल्लेख भी किया है, 'जहां बाल्मिकी भयो व्याध ते मुनींद्र, साधुए सिय को निवास लव-कुश जनम थलु। बारिपुर, दिगपुर बीच बिलसति भूमि। ये सभी सभी गांव आज भी मौजूद हैं। जंगल होने के प्रमाण भी मिलते हैं। निर्वासन के दौरान इसी तपोभूमि में लव-कुश कुमारों का जन्म हुआ था। बाद में जब प्रभु श्रीराम ने अश्वमेध का यज्ञ का घोड़ा छोड़ा तो उसे बांधने वाले लव-कुश कुमार ही थे।

अखिल भारतीय रामायण मेले को स्थानीय लोग नवमी या फिर लव-कुश मेले के रुप में पुकारते हैं। पूरे नौ दिन तक धार्मिक प्रवचन का आयोजन होता है। मेले का आयोजन अनादिकाल से होता चला आ रहा है। अंतिम दिन भव्य मेला लगता है, जिसे देखने कई जिलों से लोग पहुंचते हैं। जिला प्रशासन की तरफ से बिजली, पानी के साथ साफ-सफाई का विशेष ख्याल रखा जाता है। पर्यटक स्थल पर पहुंचने के बाद पूरा प्राकृतिक

वातावरण आपको मिलेगा। प्रयागराज से राष्ट्रीय राजमार्ग से चल कर भीटी और वाराणसी से आने पर जंगीगंज नामक स्थल पर उतर कर सड़क मार्ग से पहुंचा जा सकता है। दोनों स्थलों से सीतामढ़ी की दूरी 11 किमी के आसपास है। पर्यटन स्थल तक निजी साधन चलते हैं।

भारत के पर्यटन मानचित्र पर सीता समाहित स्थल बेहद तेजी से उभरा है। पूरे साल देश और दुनिया से पर्यटक आते हैं, अब तो विदेशी सैलानियों की भी आमद बढ़ने लगी है। इस पूरे इलाके को दिल्ली के उद्योगपति पुंज परिवार ने विकसित किया है। सबसे बड़ा वातानुकूलित हाल के साथ सीबीएसई आधारित कॉलेज, बीएड कालेज जैसी सुविधाएं हैं। तीन सितारा होटल भी है, पर्यटक भोजन और रात्रि विश्राम भी कर सकते हैं। पूरे इलाके को पुंज परिवार ने बेहद अच्छे तरीके से विकसित किया है। लायड पुंज ट्रस्ट की तरफ से हर साल गरीब बेटियों के सामूहिक विवाह का आयोजन होता है। बेहद रमणीक और प्राकृतिक छटा से सम्पन्न सुरम्य स्थल है।

दिल्ली की पुंज लायड संस्था ने अच्छा विकास कराया है। जिस जगह मां सीता धरती में समाहित हुई थीं एक दो मंजिला भव्य मंदिर का निर्माण कराया है। मंदिर के नीचले तल में धरती में समाहित होती मां सीता की भव्य प्रतिमा है। जबकि उपरी तल पर कांच की कलात्मक के साथ मां सीता की मनमोहक प्रतिमा स्थापित की गई है। परिसर में 108 फीट आसमान को नापती महाबली बजरंगबली की प्रतिमा पर्यटकों को दूर से अपनी तरफ आकर्षित करती है। यह एशिया की सबसे उंची हनुमान प्रतिमा है। कैलाश पर्वत पर शिव की जटा से निकलती गंगा मन को मोह लेती हैं। सीता माता के केश भी एक घास के रुप में बिखरी पड़े हैं। मान्यता है कि उसे आपस में बांधने से सारी मनोकामनाएं पूरी होती हैं। इसे बगही माता केस के नाम से लोग जानते हैं। झील और फौव्वारे रात की रोशनी में सुंदरता नयनाभिराम बनाते हैं।

वनदेवी मंदिर कहीनौर, (मऊ, उ0 प्र0)

जनपद मुख्यालय से लगभग 12 किलोमीटर दूर दक्षिण पश्चिम दिशा में प्रकृति के मनोरम एवं रमणीय परिवेश में स्थित है जगत जननी सीता माता का मन्दिर वनदेवी। आज यह स्थान श्रद्धालुओं के आकर्षण का केन्द्र बिन्दु है। वनदेवी मन्दिर अपनी प्राकृतिक गरिमा के साथ-साथ पौराणिक एवं सांस्कृतिक मूल्यों का प्रेरणा स्रोत भी है। जनश्रुतियों एवं भौगोलिक साक्ष्यों के आधार पर यह स्थान महर्षि वाल्मीकि की साधना स्थली के रूप में विख्यात रहा है। महर्षि का आवास इसी स्थान के आस-पास कहीं रहा होगा। कहा जाता है कि माता सीता ने भी अपने अखण्ड पतिव्रत धर्म का पालन करते हुए यहीं पर अपने पुत्रों लव-कुश को जन्म दिया था। यह स्थान साहित्य साधना के आदि पुरुष महर्षि वाल्मीकि एवं सम्पूर्ण भारतीयता का प्रतीक भगवान राम तथा माता सीता से जुड़ा हुआ है।

जनश्रुति के अनुसार नर्वर के रहने वाले सिधनुआ बाबा को स्वप्न दिखाई दिया कि देवी की प्रतिमा जंगल में जमीन के अन्दर दबी पड़ी है। देवी ने बाबा को उक्त स्थल की खुदाई कर पूजा पाठ का निर्देश दिया। स्वप्न के अनुसार बाबा ने निर्धारित स्थल पर खुदाई प्रारम्भ की तो उन्हें मूर्ति दिखाई दी। बाबा के फावड़े की चोट से मूर्ति क्षतिग्रस्त भी हो गयी। बाबा जीवन पर्यन्त वहाँ पूजन-अर्चन करते रहे। वृद्धावस्था में उन्होंने उक्त मूर्ति को अपने घर लाकर स्थापित करना चाहा लेकिन वे सफल नहीं हुए और वहीं उनका प्राणांत हो गया। बाद में वहाँ मन्दिर बनवाया गया। वनदेवी मन्दिर अनेक साधु-महात्मा एवं साधकों की तपस्थली भी रहा है। इस क्षेत्र में रहे अनेक साधु-महात्माओं में लहरी बाबा की विशेष ख्याति है। यहाँ श्रद्धालुओं को मानसिक एवं शारीरिक व्याधि से छुटकारा मिलता है।

वाल्मीकि आश्रम (चित्रकूट, उ0 प्र0)

मर्यादा पुरुषोत्तम भगवान श्रीराम की तपोभूमि चित्रकूट के प्रवेश द्वार के नाम से विख्यात झांसी-मिर्जापुर राष्ट्रीय राजमार्ग में जिले के बगरेही गांव के समीप स्थित लव-कुश की जन्मभूमि एवं रामायण के रचयिता महर्षि वाल्मीकि की कर्मस्थली वाल्मीकि आश्रम केंद्र और प्रदेश सरकारों की उपेक्षा का शिकार है। रामायण की रचना कर भगवान श्रीराम के आदर्श और चरित्र की गौरवगाथा को जन-जन तक पहुंचाने वाले आदि कवि महर्षि वाल्मीकि ने इसी आश्रम में रहकर रामायण की रचना की थी। इसके अलावा इस आश्रम की सबसे बड़ी विशेषता यह है कि अयोध्या लौटने के बाद जब भगवान श्रीराम ने माता सीता को अपने राज्य से निकाला था, तब उन्होंने इसी आश्रम में शरण ली थी। इसी आश्रम में लव और कुश का जन्म हुआ। इसी आश्रम ने महर्षि वाल्मीकि की देख-रेख में राजकुमार लव और कुश की शिक्षा-दीक्षा हुई थी।

प्रतापगढ़ (उ0 प्र0)

रामायण काल के दौरान जब राम ने सीता को वनवास दिया तो उस कालखंड में सीता माता ने जिस स्थान पर लव और कुश को जन्म दिया वह स्थान आज भी प्रतापगढ़ में मौजूद है। यहां पर सीता माता का मंदिर बना हुआ है. जहां प्रतिवर्ष मेला लगता है और लाखों की संख्या में श्रद्धालु पहुंचते हैं। सीता माता मेले के नाम से प्रसिद्ध इस मेले में दूर-दूर से सीता माता के दर्शन के लिए श्रद्धालु आते हैं और मन्नते मांगते हैं। यह वह स्थान है जहां पर लव और कुछ ने अश्वमेध के घोड़ों को पकड़ा था और राम को युद्ध के लिए ललकारा था। वह पेड़ आज भी यहां पर मौजूद है, जिस पर हनुमान जी को बांधा गया था। सीता माता का मंदिर जहां बना हुआ है वहां से देखने पर साफ तौर पर पता चलता है कि यही वह स्थान है जहां पर धरती दो भागों में फटी और सीता माता उसमें समा गई। यहां पर स्थित वाल्मीकि आश्रम में आज भी लोग लव-कुश पालने को झूला झूलाते हुए देखे जा सकते हैं। इतने सारे पौराणिक स्थानों के होने के कारण इस इलाके का नाम सीतामाता वन्य जीव अभ्यारण रखा गया है।

वाल्मीकि नगर (बिहार)

वाल्मीकि नगर जो वर्तमान में बिहार प्रान्त के अंतर्गत राष्ट्रीय अंतर्राष्ट्रीय सीमाओं को छूती एक-दूसरे से गले मिलते बिहार, नेपाल और उत्तर प्रदेश के बीच वाल्मीकि नगर का यह स्थान महर्षि वाल्मीकि स्थान के नाम से जाना जाता है। वन और नदियाँ यहां की शोभा में चार में चाँद लगाती है।

प्राचीन मिथिला की पश्चमी सीमा पश्चिमी चंपारण में पड़ने वाला यह पावन तीर्थ स्थल है। त्रेता काल से लेकर आज तक यहाँ की महिमा का गुणगान हम अपने धर्म शास्त्रों के माध्यम से सुनते और पढ़ते चले आ रहे हैं। यही पर माता जानकी वणदेवी बनकर महर्षि वाल्मीकि के आश्रम में लव और कुश को जन्म दिया। यहीं अश्वमेघ का घोड़ा लव और कुश ने पकड़ा था जिसे मर्यादा पुरुषोत्तम श्री राम ने छोड़ा था। यहीं माता सीता धरती में समाई थी।

यहीं वह पवित्र भूमि है जहाँ आल्हा और उदल की कुलदेवी माता नरदेवी का प्राचीन मंदिर विद्यमान है। प्रकृति के प्रांगण में बसा यह स्थान अपनी कहानी अपने आप कहती प्रतीत होती है। वास्तव में यहीं त्रिवेणी संगम है।

स्वर्ण भद्रा, ताम्रभाद्र और नारायणी जैसी प्राचीन देव नदियां का संगम इसी स्थान पर है। आज स्वर्ण भद्रा को सरस्वती, ताम्रभद्रा को तमसा कहा जाता है। सदानीरा नारायणी से मिलकर ये दोनों नदियां त्रिवेणी संगम बनाती हैं। यहाँ से आगे बिहार में बहने वाली एक प्रसिद्ध नदी निकलती है जिसे गंडक नदी के नाम से जाना जाता है। वैसे गज और ग्राह की प्रिसिद्ध लड़ाई भी इसी क्षेत्र से शुरू हुई थी। आदि कवि वाल्मीकि ने रामायण जैसी महान

कृति की रचना इसी आश्रम में की थी। खुदाई में यहाँ से निकली कई भव्य मूर्तियां इस स्थान की प्रमाणिकता प्रदर्शित करती नजर आती हैं।

यहाँ की सबसे अधिक पूजनीय एवं प्रसिद्ध है- सीता माता का समाधी स्थल। कहा जाता है अंत समय में जब सीता ने धरती माता से अपने गोद में लेने के लिए प्रार्थना की। धरती माता प्रकट होकर सीता को लेकर देखते ही देखते जमीन के भीतर लेकर चली गई। यहाँ का चन्देश्वर महादेव मंदिर यहाँ आने वालों केलिए श्रद्धा और आस्था का केंद्र बना हुआ है। प्राचीन काल से आराधित इस शिवालय में अंकुरित महादेव हैं। इस जगह महात्मा गांधी एवं आजादी के बाद प्रथम प्रधान मंत्री पं० जवाहरलाल नेहरू भी आए। कहा जाता है की स्वप्न देखने के बाद जब खुदाई की गई तो उसमें से यह शिव लिंग निकला। जनश्रुति के अनुसार आदि कवि वाल्मीकि के द्वारा यह शिव लिंग सेवित था, जो कालांतर में जमींदोज हो गया था।

तुरतुरिया (छत्तीसगढ़)

छत्तीसगढ़ के दक्षिण कौशल के दण्डकारण्य में स्थित तुरतुरिया रायपुर से कोई 125 किलोमीटर पूर्वोत्तर में स्थित है। यहां रायपुर से जाने के लिए राष्ट्रीय राजमार्ग 53 में पटेवा से रायतुम बार नवापारा होते हुए तुरतुरिया पहुँचा जा सकता है। यहा प्रतिवर्ष पौष पूर्णिमा में तीन दिवसीय मेले का आयोजन भी किया जाता है। यह क्षेत्र अभ्यारण्य के अंतर्गत है। धूल भरी कच्ची सड़कों से सैकड़ों वाहनों में लोग मेला सहित अन्य दिनों में भी यहां की खूबसूरती एवं मेला के दिन मन्नत पूरी होने की किवदन्तियों के कारण आते हैं और यहां के मंदिरों के दर्शन लाभ लेते हुए मन्नत मांग कर लौटते हैं।

सनातन धर्म की आस्था इस धरती से जुड़ी है रामायण कालीन महर्षि वाल्मिकी आश्रम एवं वैदेही विहार के रूप में माता सीता तथा लव-कुश की यादों को सहेजे यह धरती शांत मन को प्रफुल्लित करने वाली है। यहां शक्तिस्वरूपा मां काली की प्रतिमा सघन वृक्षों एवं पहाड़ों में विराजित है, जहां क्षेत्रवासी अपनी मुरादें पूरी करने प्रति वर्ष छेरछेरा पुन्नी मेले में आते हैं और इन्हें तुरतुरिया माता के नाम से पुकारते हैं। ग्राम ठाकुर दिया से तुरतुरिया पहुंचने के 4 किमी. मार्ग पर जान-लेवा घाटियों से होकर गुजरना पड़ता है। बलौदा बाजार जिले का और महासमुंद जिले की सरहद पर तुरतुरिया स्थित है। माना जाता है इसी जगह वाल्मीकी के आश्रम में माता सीता ने लव-कुश को जन्म दिया था। सुप्रीम कोर्ट से राम मंदिर निर्माण के फैसले के कुछ दिनों बाद ही छत्तीसगढ़ सरकार ने रामवनगमन के स्थलों की पहचान कर इन्हें पर्यटन स्थल के रुप में विकसित करने की घोषणा की है। इसके बाद से यहां के लोगों में लव-कुश जन्म स्थली तुरतुरिया में भी भव्य मंदिर निर्माण एवं इसे प्रदेश के प्रमुख पर्यटन स्थल बनाने की उम्मीद जाग गयी है।

यह स्थान रामचरित मानस में भी (त्रेतायुग) उल्लखित है। इस उल्लेख में दण्डकारण्य दक्षिण कौसल में स्थित तुरतुरिया में महर्षि वाल्मीकि आश्रम का वर्णन किया गया है। माना जाता है कि इसी स्थान पर भगवान राम ने माता सीता को वन में छोड़ने सुमन्त को भेजा था। यहीं महर्षि वाल्मीकि आश्रम आज भी मौजूद है। माना जाता है कि इसी स्थान पर माता सीता ने लव-कुश को जन्म भी दिया था।

वैदेही मंदिर

तुरतुरिया में माता सीता के निवास स्थान के पास वाल्मीकि आश्रम के पास ही वैदेही विहार है। वैदेही (बिना शरीर वाली) यानी माता सीता इसी स्थान पर निवासरत थी। माना जाता है कि माता सीता अपने जीवन के अंतकाल में यही धरती के गर्भ में समा गई थी।

काली मंदिर

वैदेही विहार के पास ही मां काली का मंदिर भी है। यहां मां काली की काफी पुरातन मूर्ति स्थापित है। यहां मान्यता अनुसार प्रतिवर्ष हजारों दर्शनार्थी मन्दिर दर्शन के लिए आते हैं और मन्नते मांगने नवरात्र में ज्योत भी जलवाते हैं।

लव-कुश की मूर्ति

वैदेही मन्दिर के पास ही लव-कुश की एक मूर्ति घोड़े को पकड़े खड़े रहने की है। ये मूर्ति यहां खुदाई के दौरान मिली है। जानकारों के अनुसार लव-कुश जिस घोड़े को पकड़े हैं, वह अश्वमेघ का घोड़ा है। ये मूर्तियां ही भगवान राम एवं सीता के यहां प्रवास का प्रणाण माना जाता है।

मातागढ़

वैदेही विहार से लगभग 800 सीढ़ी ऊपर मातागढ़ मन्दिर है। यहां चारों ओर आम, कटहल जैसे फल सब्जियों के पेड़-पौधे देखकर ऐसा लगता है कि जंगल में समय गुजारते वक्त यहां जंगल के बीचों बीच फल एवं सब्जियों के पेड़ पौधे लगाए गए थे। इस मंदिर की देवी को सन्तान दात्री भी कहा जाता है। जानकारों के अनुसार इस मंदिर में सन्तान की मन्नत के लिए लोग अधिक आते हैं। यहां मन्नते पूरी होने की चर्चा भी आम है। नीचे वैदेही विहार का मुख्य मंदिर मातागढ़ को ही माना जाता है।

सीताबाड़ी (राजस्थान)

भारत में कई मेले और त्योहार मनाए जाते हैं। जिनके पीछे एक पूरा इतिहास छिपा होता है। भारत के प्रत्येक त्योहार और मेले के पीछे एक रोचक कहानी और कारण होता है, जो उस त्योहार की महत्ता को प्रदर्शित करता है। भारत में सीताबाड़ी का मेला एक ऐसा ही उत्सव है जो भगवान राम की पत्नी देवी सीता को समर्पित है। सीता माता को एक आदर्श पत्नी के रूप में जाना जाता है, जिन्होंने कभी अपने सतीत्व को भंग नहीं किया। रावण की कैद में रहने के बाद भी वह सदैव पतिव्रता नारी रहीं। बारां जिले में केलवाड़ा कस्बे के पास स्थित सीताबाड़ी मंदिर भारत के प्रसिद्ध धार्मिक स्थलों में से एक माना जाता है। इसका हिंदूओं के लिए धार्मिक और ऐतिहासिक महत्त्व है। सीताबाड़ी को वो पवित्र जगह माना जाता है जहां भगवान श्री राम ने अपनी पत्नी को समाज से निकालने के बाद रहने की शरण दी थी। कहा जाता है जब भगवान राम ने सीता का त्याग कर दिया था, तब माता सीता अपने निर्वासन के बाद यहीं ठहरी थी, यहां महर्षि वाल्मीकि का आश्रम था और इसी आश्रम में माता सीता ने अपने दोनों पुत्र लव और कुश को जन्म दिया था, महर्षि वाल्मीकि ने लव-कुश को यहीं शिक्षा-दीक्षा दी और उन्हें धनुर्विद्या में पारंगत किया। श्रीराम की सेना और लव-कुश के बीच युद्ध भी यहीं हुआ माना जाता है जिसमें लव-कुश ने विजय प्राप्त की थी। मंदिर में भगवान राम, माता सीता और लक्ष्मण की बहुत ही सुंदर मूर्तियां विराजित हैं। यहां भक्त दूर-दूर से माता सीता और भगवान राम के दर्शन करने आते हैं। सीताबाड़ी के प्रसिद्ध जल कुंड में स्नान करके अपने मोक्ष की कामना करते हैं। यह मेला प्रतिवर्ष जून के महीने में सीताबाड़ी मेला नाम से लगता है, जिसमें दूर दराज से बड़ी संख्या में लोग पहुंचते हैं।

प्राकृतिक सौंदर्य से भरपूर और मन को हर्षित करने वाला वनवासी क्षेत्र केलवाड़ा राजस्थान की आदिवासी संस्कृति की छटा तो बिखेरता ही है, वहीं कस्बे के पास स्थित सीताबाड़ी मंदिर त्रेता युग की यादें लोगों के मन में उद्वेलित कर देता है। भक्त मंदिर में दर्शन कर अपने आपको सभी भगवानों की कृपा का पात्र मानते हैं। सीताबाड़ी मंदिर के पास माता सीता और श्रीराम के अनुज लक्ष्मण के खूबसूरत मंदिर स्थित हैं। यहां सात जलकुंड बने हैं, जिनमें वाल्मीकि कुंड, सीता कुंड, लक्ष्मण कुंड, सूरज कुंड और लव-कुश कुंड प्रमुख जलकुंड हैं। सीताबाड़ी

मंदिर के पास घने जंगल में सीता कुटी बनी हुई है। कहा जाता है कि निर्वासन के दौरान माता सीता रात्रि में यहीं विश्राम किया करती थीं।

सीताजी को उनके देवर लक्ष्मण जी ने उनके निर्वासन की अवधि में सेवा के लिए इसी स्थान पर जंगल में वाल्मीकि ऋषि के आश्रम में छोड़ा था। एक किंवदंती है कि जब सीताजी को प्यास लगी, तो सीताजी के लिए पानी लाने के लिए लक्ष्मणजी ने इस स्थान पर धरती में एक तीर मार कर जलधारा उत्पन्न की थी, जिसे लक्ष्मण बभुका कहा जाता है। इस जलधारा से निर्मित कुंड को लक्ष्मण कुंड कहा जाता है। लव-कुश का जन्म स्थान होने के कारण सीताबाड़ी को लव-कुश नगरी भी कहा जाता है।

पल्पल्ली (वायनाड, केरल)

केरल का वायनाड जिला रामायण काल से ही महत्वपूर्ण स्थान है और राम भक्तों के लिए यह जगह तीर्थस्थल है। केरल का एकमात्र लव-कुश मंदिर वायनाड जिले के कलपेट्टा से 32 किलोमीटर की दूरी पर और सुल्तान बाथरी से 25 किलोमीटर की दूरी पर सेठा लव-कुश मंदिर, पल्पल्ली में स्थित है। यह केरल राज्य में एकमात्र ज्ञात मंदिर है, जो भगवान राम के पुत्रों लव और कुश को समर्पित है। मानी जाती है लव-कुश की जन्म स्थली पल्पल्ली मंदिर की प्राथमिक आराध्य सीता देवी हैं। जानकारी के अनुसार, जब माता सीता को अयोध्या का त्याग करना पड़ा, उस समय वह गर्भवती थीं और उन्हें वाल्मीकि आश्रम में शरण मिली। यहीं उन्होंने अपने जुड़वा पुत्रों लव और कुश को जन्म दिया। वायनाड में प्रचलित लोक कथाओं की मानें तो सीता ने एक लंबा अरसा अपने दोनों पुत्रों लव और कुश के साथ वायनाड में बिताया था। यहां स्थित सीता देवी की मूर्ति को स्थानीय भाषा में जदयथा अम्मा के नाम से जाना जाता है। यह माना जाता है कि लव और कुश इस स्थान पर अपनी धनुर्विद्या को नए आयाम दिए। बताया जाता है कि इस स्थान का मूल नाम सिसुमाला था और बाद में इसका नाम बदलकर ससीमला हो गया। वायनाड के लोक साहित्य में लव-कुश की धनुर्विद्या की कई कहानियां सुनने को मिलती हैं। लव-कुश की तीरंदाजी की निशानी कलपेट्टा से करीब 25 किलोमीटर की दूरी पर स्थित हैं एडक्कल की गुफाएं। इन गुफाओं के बारे में कहा जाता है कि इनका निर्माण लव और कुश ने अपनी तीरंदाजी धार देते समय अपने वाणों से किया था। बाद में अपने वाणों की क्षमता से इन गुफाओं को उन्होंने विस्तार दिया। इन गुफाओं में 400 से अधिक सांकेतिक चिन्ह और नक्काशीदार आकृतियां मौजूद हैं। लव और कुश के साथ ही माता सीता की तपस्थली होने के कारण ससीमला को एक पवित्र स्थान माना जाता है। यह पजहस्सी राजा का प्रिय तीर्थ था। यहां बड़ी संख्या में श्रद्धालु और पर्यटक आते हैं। पल्पल्ली, कलपेट्टा और सुल्तान बाथरी से बस सेवा द्वारा जुड़ा हुआ है। एडक्कल की गुफाओं और लव-कुश के संबंध के बारे में लिखित में बहुत कुछ नहीं मिलता है लेकिन वायनाड की लोक कथाएं इनके आपसी संबंध को पुख्ता करती हैं।

रामतीर्थ (अमृतसर, पंजाब)

जिले में स्थित रामतीर्थ वह स्थान है जहां मर्यादा पुरुषोत्तम भगवान श्रीराम की पत्नी सीता ने परित्यक्ता का जीवन व्यतीत किया था। श्री वाल्मीकि तीर्थ के नाम से विख्यात यह पावन स्थल पंजाब के अमृतसर से करीब 10 किमी दूर राम तीर्थ में स्थित है। मान्यता है कि इसी स्थान पर आदि कवि महर्षि वाल्मीकि ने रामायण की रचना की थी।

धूना साहिब के महंत मलकीत नाथ कहते हैं कि इस स्थान की मान्यता सतयुग से है। यहीं बैठकर भगवान वाल्मीकि ने आदि ग्रंथ रामायण की रचना की थी। मलकीत नाथ कहते हैं कि यह वही स्थल है जहां मर्यादा पुरुषोत्तम भगवान श्रीराम द्वारा माता सीता का त्याग किए जाने पर वह इसी जगह पर रहीं और यहीं पर उन्होंने दो

पुत्रों लव और कुश को जन्म दिया था। धूना साहिब के ही एक अन्य सेवादार कहते हैं कि मंदिर के सामने सीता कुंड है। इसी कुंड से पानी लाकर माता सीता रसोई बनाती थीं। यह मंदिर आज भी यहां मौजूद हैं। वे कहते हैं कि यहां से करीब दो किमी दूर पर सीतलानी गांव है। मान्यता है कि उसी जगह पर श्रीराम के कहने पर लक्ष्मण और सुमंत ने माता को लाकर छोड़ा था। इस गांव का नाम सीतलानी भी माता सीता के नाम पर पड़ा है।

रामायण और रामचरित मानस के उत्तरकांड की घटनाओं का उल्लेख करते हुए मलकीत नाथ कहते हैं कि रामतीर्थ ही वह स्थान है जो त्रेतायुग में भगवान श्रीराम से जुड़ी कई घटनाओं का साक्षी रहा है। वे कहते हैं कि यहीं पर भगवान वाल्मीकि जी ने लव और कुश को धनुर्विद्या सिखाई थी।

ऐसे हुआ था कुश का जन्म

श्री वाल्मीकि तीर्थ के संतों ने एक कथा का उल्लेख करते हुए बताया कि एक बार माता सीता और उनकी देख-रेख में लगी ऋषि पत्नी रजनी लव को महर्षि वाल्मीकि के पास छोड़ नहाने चलीं गईं। वहां सीता ने देखा कि एक बंदरी अपने दो बच्चों के साथ पानी पीने आई है। पानी में उसके दोनों बच्चे अठखेलियां कर रहे थे। इसे देख सीता के भी मन में हुआ कि उनके भी दो बच्चे होते। इधर, जब सीता स्नान के बाद आश्रम में लौटीं तो देखा कि लव के साथ एक बच्चा और खेल रहा है। पूछने पर वाल्मीकि ने कहा कि बेटी यह भी तुम्हारा ही बच्चा है और इसे मैंने अपने आसन के कुशा से जीवन दिया है। इसलिए इसका नाम कुश होगा।

लवकुश ने रोका था अश्वमेध का घोड़ा

रामतीर्थ के सांधु संतों ने श्री रामकथा का उल्लेख करते हुए कहा कि यहीं पर लव कुश ने भगवान श्रीराम के अश्वमेधघ यज्ञ का घोड़ा रोका था। वो इस कथा को प्रमाणिकता देते हुए कहते हैं कि अमृतसर में स्थित श्री दुग्र्याणा मंदिर के पास आज का जो बड़ा हनुमान मंदिर है वहीं पर लव कुश ने हनुमान को बरगद के पेड़ में बांधा था। इसके अलावा लक्ष्मणसर, राम तलाई और रामतीर्थ भगवान श्रीराम की सेना, भगवान के तीनों भाइयों और हनुमान के साथ हुए युद्ध का साक्षी है। यही नहीं, इसी राम तीर्थ में माता सीता लव और कुश को भगवान श्रीराम को सौंपकर खुद धरती में समा गई थी। भगवान श्री वाल्मीकि, राम, सीता, लव-कुश और श्रीराम से जुड़ी घटनाएं और रामतीर्थ शोध एवं अनुसंधान का विषय हो सकता है, लेकिन लोगों का यह भी तर्क है कि आस्था को किसी प्रमाण या अनुसंधान और अन्वेषण की आवश्यकता नहीं होती।

लोग बनाते हैं घरौंदा, मांगते हैं मन्नत

धूना साहिब और सीता रसोई के पास ही लोग ईंटों का घरौंदा बनाकर अपना घर होने या फिर विदेश जाने की मन्नत मांगते हैं। यही नहीं सीता माता मंदिर में लोग गुल्ली-डंडा चढ़ाकर संतान सुख की मन्नत मांगते हैं। मन्नत पूरी होने पर यहां आकर लोग भगवान की पूजा-अर्चना करते हैं।

अन्य दर्शनीय स्थल

लगभग 40 बीघे में फैले वाल्मीकि तीर्थ परिसर में मंदिरों की लंबी श्रृंखला है। यहां 80 फुट ऊंची हनुमान जी की प्रतिमा दूर से ही श्री रामधुन की अलख जगा रही है। यहां कार्तिक पूर्णिमा को पांच दिन का मेला लगता है। इस मेले में देश-विदेश के श्रद्धालु और सैलानी भाग लेते हैं।

भव्य है भगवान वाल्मीकि का मंदिर

रामतीर्थ में सरोवर के बीचों-बीच भगवान वाल्मीकि का भव्य मंदिर बना है। दूर से किसी राजमहल का आभास कराते इस मंदिर का निर्माण पंजाब की तत्कालीन अकाली-भाजपा सरकार ने करीब तीन सौ करोड़ रुपये

की लागत से करवाया था। रामतीर्थ में स्थित मंदिर और परिक्रमा की डिजाइन गुरुनानक देव विश्वविद्यालय के आर्किटेक्ट विभाग ने किया था और निर्माण पीडब्ल्यूडी ने करवाया था।

वाल्मीकि मंदिर के गर्भगृह में स्थापित अष्टधातु से बनी 800 किलो वजन की करीब 5 फुट पांच इंच ऊंची भगवान भगवान वाल्मीकि की मूर्ति की प्राण प्रतिष्ठा पूर्व मुख्यमंत्री प्रकाश सिंह बादल ने की थी। इसके पीछे मुख्यमंत्री प्रकाश सिंह बादल का उद्देश्य प्रदेश के धार्मिक स्थलों को पर्यटन के नक्शे पर लाना और राज्य में टूरिज्म उद्योग को बढ़ावा देना था। वाल्मीकि मंदिर के पुजारी हीरा नाथ ने बताया कि इस मंदिर की देखरेख के लिए तत्कालीन बादल सरकार ने श्राइनबोर्ड का गठन कर रखा है।

सीता धाम (अशोक नगर)

अशोक नगर जिला स्थित जिले की मुंगावली जनपद की ग्राम पंचायत जसैया में मौजूद है करीला की पहाड़ी। इसी पहाड़ी पर स्थित है सीता धाम। कुछ लोग वैदेही धाम भी कहते हैं। सीता धाम मंदिर अपने आप में विशिष्ट है क्योंकि यहां माता सीता, लव, कुश और ऋषि वाल्मीकि की मूर्तियां विराजमान हैं। प्रभु राम की मूर्ति नहीं है। इसके उलट देश के विभिन्न मंदिरों में श्रीराम-जानकी साथ विराजमान हैं। मान्यता है कि इसी जगह माता सीता ने लव-कुश को जन्म दिया था। शनिवार को रंग-पंचमी के हजारों रंग यहां दिखे। रंग-बिरंगे परिधानों में मृदंग और नगड़िया की थाप पर गायक दल के साथ के साथ थिरकती बेड़िया समुदाय की राई नृत्यांगनाएं, भक्तिभाव से नृत्य करते युवा और बुजुर्ग, मनौती पूरी होने पर सिर पर पूजन की थाल लिए मंगल गीत गाते मंदिर में प्रवेश करतीं महिलाएं और जयकारों से गूंजता वैदेही धाम...। जहां देखो वहां भीड़ ही भीड़। करीला ट्रस्ट के अनुसार करीब 30 लाख लोगों के जुटने का अनुमान है। सुरक्षा में 2500 पुलिसकर्मी लगाए गए हैं। 10 एम्बुलेंस हैं। पानी का इंतजाम करने 250 टैंकर लगाए गए हैं। मुख्य अस्पताल के साथ 10 अस्थाई अस्पताल बनाए गए। इस साल मेले में मध्य प्रदेश उप्र, गुजरात, राजस्थान व महाराष्ट्र सहित देशभर से लगभग 30 लाख लोग पहुंचे हैं। -महेंद्र सिंह यादव, अध्यक्ष, करीला ट्रस्ट

अघोरा पर्वत (ठाणे, महाराष्ट्र)

ठाणे जिले के शाहपुर शहर से 48 किमी ऊपर अघोरा पर्वत है। श्री राम के समय सीता माता इस पर्वत पर आई थीं। लव और कुश का जन्म पहाड़ के इस पथरीले हिस्से में हुआ था। ऐसा पवित्र स्थान ठाणे जिले के एक छोर पर है और पर्यटक, राज्य और देश के भक्त राम नवमी के साथ-साथ छुट्टियों पर भी इस पर्वत पर आ रहे हैं।

माता सीता ने जिस स्थान पर श्री राम के समय लव-कुश को जन्म दिया था, उस पहाड़ पर पत्थर पर नक्काशी की गई है। यहीं पर सीता माई अपने दो बच्चों के साथ रहती थीं। इस पर्वत के तल पर वाल्मीकि ऋषि का आश्रम है। इस आश्रम में लव-कुश ने धनुर्विद्या का ज्ञान ऋषि वाल्मीकि से सीखा है। वाल्मीकि ऋषियों को लव और कुश दादा कहा जाता था, इसलिए इसका नाम अजोबा पर्वत पड़ा। इस आश्रम में ऋषि वाल्मीकि की समाधि है। ऐतिहासिक काल के वीरगाल हैं, जिस स्थान पर ऋषि तपस्या करते थे, वह स्थान भी भगवान शिव का ही है। भक्त आज भी उस स्थान पर लव और कुश के पैरों के निशान देख सकते हैं। इसलिए, भक्त ऋषि वाल्मीकि के आश्रम में आ रहे हैं और आश्रम की सेवा कर रहे हैं।

यह अजोबा पर्वत सह्याद्री पर्वत श्रृंखला की एक सीधी रेखा में है। इसके एक तरफ, रतनगढ़, अलंग मदन कुलंग, कोंकणडाडा, सांदंडारी के साथ-साथ राज्य की सबसे ऊँची कलसुबाई चोटी को इस अजोबा पर्वत से देखा जा सकता है। साथ ही पहाड़ के दक्षिण में मालशेज घाट का क्षेत्र है।

भाग-3

मुंगेर - राम का जन्म स्थान

मुंगेर - राम का जन्म स्थान

(साभार- प्रस्तुत शोध-सत्य पं0 नरेश चन्द्र मिश्र, निवासी - लखी सराय, बिहार प्रदेश, भारत द्वारा प्रस्तुत है जो जौनपुर, उत्तर प्रदेश, भारत से प्रकाशित "खुला सच" मासिक पत्रिका के अप्रैल, 2001 के अंक में प्रकाशित हुई थी।)

प्रचलित अयोध्या की बाबरी मस्जिब और उसी में श्रीराम की जन्मभूमि प्रसंग पर धर्म की आड़ में मजहबी जुनून में कितनी खून की होली खेली गयी है, कहना व्यर्थ है। फिर भी प्रशासन मौन है, इतिहास और पुरातत्वविद् किंकर्तव्यविमूढ़ है। किसी ने भी कभी इतिहास और पुरातत्व के आईने में देखने और जानने का प्रयत्न नहीं किया कि अयोध्या विवादास्पद भी तो हो सकती है। रामायण के अन्त में कह दिया गया है कि राम के स्वर्गारोहण पर अयोध्या लुप्त हो गयी। पुनः कृतयुग में राजा ऋषभ इसे बसायेंगे। अतएव वह अयोध्या अद्यतन भविष्य के गर्भ में है। दीर्घ अन्तराल पर रामायण कालीन साक्ष्य हमें सही रूप में प्राप्त हो सकते हैं, यदि उनके भौगोलिक परिवेश पर सावधानीपूर्वक ध्यान दिया जाये।

आज की आम धारणा है कि रामायण कल्पना प्रसूत है। कतिपय स्थानों के उत्खनन से भी साक्ष्य नहीं मिलने के कारण उक्त धारणा को बल मिला है। डा0 बी0 बी0 लाल के सहयोग के रूप में वर्षों तक उत्खनन के अनन्तर भी रामायण कालीन साक्ष्य प्राप्त नहीं करने पर डा0 स्वरूप प्रसाद गुप्त अपनी झुंझलाहट व्यक्त करते हुये कहते हैं-"तब क्या ये सब स्थान वे नहीं, जिनका नाम हमें रामायण में मिलता है? तो कौन से नये नन्दिग्राम, श्रंगेश्वरपुर, प्रयाग और चित्रकूट हैं, वहाँ हम जायें? बतलायें न ये इतिहासकार, हम वहीं चलें। (साभार-पांचजन्य, 11 फरवरी, 1990, पृष्ठ-9)"

उत्खनन के बाद भी साक्ष्य प्राप्त नहीं करने पर अयोध्या, चित्रकूट आदि की गरिमा पर प्रश्नवाचक चिन्ह लगाना प्रस्तुत आलेख का अभीष्ट नहीं। हमारी धार्मिक मान्यता उनसे जुड़ी है, पर इतिहास को हमारी धार्मिक मान्यता नहीं चाहिए, उसे पुरातत्व साक्ष्य चाहिए। ये साक्ष्य चाहे कल्प-भेद के ही नाम पर क्यों न हो। यद्यपि इतिहास में कल्पभेद का स्थान नहीं, पर इससे क्या? इतिहास को साक्ष्य चाहिए और उसे प्रस्तुत करना ही मेरे प्रयत्न का अभिष्ट है।

महर्षि वाल्मीकि ने सर्वप्रथम रामायण की रचना की। "रामायण सत कोटि अपारा" का वही उत्स बनी। मगर उसकी मूल प्रति आज है कहाँ? प्रो0 जैकोबी और फ्रांस के पुरातत्वविद् लेवी आदि विद्वानों ने स्वीकार किया है कि वाल्मीकि ने रामायण में सिर्फ पाँच काण्डों की ही रचना की थी। बालकाण्ड और उत्तरकाण्ड बाद में जोड़े गये, जिनकी रचना उन्होंने नहीं की थी। रेवरेण्ड फादर बुल्के ने अपनी पुस्तक "राम कथा" में लिखा है कि रामायण वस्तुतः राम के वनवास काल के पर्यटन का प्रतीक है। आगे चलकर लोगों में जब क्रमशः इस भावना ने जन्म लिया कि रावण कौन था, दशरथ की किस पत्नी से किस पुत्र का जन्म हुआ आदि जिज्ञासा शान्ति हेतु बालकाण्ड और उत्तरकाण्ड रचे गये। इस प्रकार वाल्मीकि ने सिर्फ राम के वनवास काल का वर्णन किया। बाद में लोगों ने तोड़-मरोड़कर राम का सम्पूर्ण चरित्र उपस्थित करने के नाम पर जिस रामायण की रचना की, वही प्रति वाल्मीकि कृत अभिंहित हुई। इसी आधार पर बाद की लिखी रामायण तो "हिज मास्टर्स वायस" मात्र रही। इतिहास भी साक्षी है, मौर्य शासन काल से रामायण में संशोधन सह परिवर्द्धन होता रहा, जो 16वीं शताब्दी तक रहा। इसी अन्तराल में सम्राट विक्रमादित्य ने वीरान सरयू नदी के तट पर एक मन्दिर की स्थापना की और वहीं अयोध्या नाम की नगरी बसी। यह मात्र जनश्रुति है, जिसका उद्घाटन मार्टिन, टिफेन्थेलर और कर्निंधम ने किया। फिर तो बिना भू-भाग की पहचान किये जनश्रुति को ही आधार मानकर यत्र-तत्र रामायण कालीन स्थान के कल्पना तीर्थ की स्थापना कर ली गयी।

गड़बड़ी वहीं से शुरू होती है जब महाराज दशरथ अपनी पुत्री शान्ता अपने मित्र अंगाधिपति लोमपाद को गोद देते हैं। इसके साथ ही रामायण में लोमपाद की भूमिका समाप्त कर दी गयी। फिर कहीं उस नाम की चर्चा तक नहीं होती। यह कैसा दोनों के बीच मित्रता का विचित्र सम्बन्ध था, चिन्त्य है। अगर दशरथ अपना पुत्र गोद देते

तो कम से कम लोमपाद का उत्तराधिकारी तो बनता, किन्तु पुत्री को गोद देना अपने में विचित्र घटना है। बाद में तो दशरथ को चार पुत्र हुए, मित्रता के नाम पर एक भी तो लोमपाद को गोद देते, पर ऐसा नहीं हुआ।

मत्स्य पुराण अध्याय-48 में लिखा है-आनववंशी राजा बलि के ज्येष्ठ पुत्र अंग अंगाधिपति हुए। उनकी छठीं पीढ़ी में राजा दशरथ हुए, जिनकी पुत्री शान्ता थी। यथा-

तस्य सत्यरथः पुत्रस्तस्माद् दशरथ किल।
लोमपाद इति ख्यातस्तस्य शान्ता सुता भवत्।।
अथ दाशरथीवीरः चतुरंगो महायशः।
ऋष्यश्रृंग प्रसादेन यज्ञे स्वकुलवर्धन।।

अर्थात - उनका (चित्राथ का) पुत्र सत्यरथ हुआ। उससे दशरथ का जन्म हुआ, जो लोमपाद के नाम से विख्यात थे। उनको शान्ता नाम की एक कन्या हुई। ऋष्यश्रृंग के प्रसाद से कुलवर्धन चतुरंग का जन्म हुआ।

महर्षि सूत जी का यह कथन बड़ा महत्व रखता है। यह बड़ी विचित्र बात है कि एक दशरथ ने दूसरे दशरथ को अपनी पुत्री शान्ता गोद दी। दोनों निःसन्तान दशरथ की पुत्री थी? रामायण के अनुसार भी अगर शान्ता उस दशरथ की पुत्री थी, जिसके पुत्र राम, लक्ष्मण, भरत और शत्रुघ्न हुए, तब भी स्वीकार करना होगा कि लोमपाद ही वह दशरथ थे।

इसी तरह दशरथ कोशलेश नहीं, अंगाधिपति थे। दशरथ और उनकी पत्नी कौशल्या दोनों का सम्बन्ध कौशल से हो, जंचने वाली बात नहीं है। यद्यपि रामायणकार ने इस भ्रम के निवाराणार्थ दो कोशल की रचना कर डाली है। यदि वे इक्ष्वाकुकुल से सम्बन्धित रहते, तो यज्ञ रक्षार्थ सिद्धाश्रम जाते हुए महर्षि विश्वामित्र, मार्ग में राम से यह कभी नहीं कहते कि यह देश पहले कुकुत्स्थ (इक्ष्वाकु पौत्र) के वंश में था। जैसा कि वाल्मीकि रामायण में लिखा है। यहाँ यह भी विचारणीय है कि इक्ष्वाकु के पुत्र निमि ही प्रथम जनक हुए, जिनकी परम्परा के जनक की पुत्री ही और भतीजियों की दशरथ के पुत्रों से शादी हुई। इस तरह दोनों का कुल इक्ष्वाकु हो जाता और संगोत्रीय विवाह का दोष होता है।

प्रचलित रामायण के अनुसार इक्ष्वाकु ने अयोध्या नाम की नगरी बसायी थी। मत्स्य पुराण अध्याय-12 के अनुसार इक्ष्वाकु के पौत्रों ने सुमेरू पर्वत के उत्तर और दक्षिण पाश्र्व में अपनी राजधानी बनायी थी। यथा-

इक्ष्वाकोः पुत्रतामाप विकुक्षिर्नाम देवराष्ट्र।
ज्येष्ठः पुत्र शतस्यासीद दशपंच च तत्सुता।।
मेरोरूत्तर तस्ते तु जाताः पार्थिव सत्तमाः।
चतुर्दशोत्तरचान्यच्छतमस्य तथा भवन्।
मेरोर्दक्षिण तौ वे राजानः सम्प्रकीर्तिता।।

अर्थात-देवराज विकुक्षि इक्ष्वाकु के पुत्र के रूप में उत्पन्न हुये। वे इक्ष्वाकु के सौ पुत्रों में ज्येष्ठ थे। उनके पन्द्रह पुत्र थे, जो सुमेरू गिरि की उत्तर दिशा में श्रेष्ठ राजा हुए। विकुक्षि के एक सौ चौदह पुत्र और हुए थे, जो सुमेरू गिरि की दक्षिण दिशा के शासक कहे गये हैं।

मत्स्य आदि पुराणों में मेरू-सुमेरू पर्वत की जो भौगोलिक स्थिति दी गयी है, उसके अनुसार बिहार राज्य के अन्तर्गत मुंगेर प्रमण्डल मुख्यालय से दक्षिण-पश्चिम आज मैरा पहाड़ के नाम से जाना जाता है। उक्त पुराणों के अनुसार मेरू पर्वत की पश्चिम दिशा में विपुल पर्वत (राजगृह का), पूर्व दिशा में मन्दराचल (भागलपुर के बांसी का), दक्षिण दिशा में गन्धमादन (जमुई जिला का) और उत्तर दिशा में सुपाश्र्व (लखीसराय का) है। आनन्द रामायण के अनुसार राम, सीता के साथ पुष्पक विमान द्वारा गया शहर से पूर्व दिशा की ओर चलकर मगध होते मेरू पर्वत पर आये थे। इस पर्वत के उत्तर और दक्षिण में बहने वाली नदी "मोरवे" कहलाती है। मैरा पहाड़ और मोरवे नदी, मेरू का अपभ्रंश है। स्थानीय इसे श्रृंगी ऋषि पहाड़ कहते हैं क्योंकि यही विभाण्डक ऋषि के पुत्र श्रृंगी ऋषि का आश्रम था। वाल्मीकि रामायण बालकाण्ड के अनुसार अंगाधिपति लोमपाद की राजधानी से इसकी दूरी 3

योजन (12 कोस) बतलायी गयी है, जो मुंगेर शहर से ठीक मिल जाती है। आज भी इस पर्वत के उत्तर पाश्र्व में सुमेरू बाबा की पूजा होती है।

इसी पर्वत के उत्तर दिशा में दो कोस की दूरी पर "अयोध्या" नामक गाँव है। पुनः उत्तर दिशा में दो कोस की दूरी पर गंगा नदी के तट पर "सूर्यगढ़ा" नामक प्रसिद्ध स्थान है, जो सूर्य और सूर्यवंशी राजाओं के गढ़ के नाम मत्स्य पुराण उक्ति सार्थक करता है। सरकार ने तो इसे पर्यटन केन्द्र के रूप में विकसित करना भी प्रारम्भ कर दिया है। सूर्यगढ़ा से लगभग 3 कोस पश्चिम "मानो" नामक गाँव सूर्यपुत्र, वैवश्यत मनु का तथा यहाँ से 4 कोस पश्चिम "नरीगढ़" मनुपुत्र नरिष्यन्त के गढ़ का प्रतीक है, जो कोसों के क्षेत्र में जंगल में परिणत है। गाँव "अयोध्या" से 2 कोस पश्चिम "गोहरी" नामक गाँव है। "गोहरी", "गो" और "हरी" से बना है। यहीं पर महर्षि वशिष्ठ का आश्रम था। यहीं से उनकी गौ (कामधेनु) हरी (हरण) गयी थी। पुत्रशोकार्थ महर्षि वशिष्ठ जिस सुमेरू पर्वत के श्रृंग से कूदकर प्राणान्त करना चाहते थे, वह गोहरी गाँव से मात्र दो कोस पूर्व दिशा में है। कालिदास प्रणीत "रघुवंश" के दिलीप वृत्त के अनुसार अयोध्या और वशिष्ठ आश्रम के मध्य वन खण्ड का प्रसंग है, वह इस स्थान को देखने से यथार्थ प्रतीत होता है।

उक्त मेरू पर्वत के दक्षिण पाश्र्व में भी इक्ष्वाकु राजा की राजधानी थी। जमुई जिले का सम्पूर्ण भू-भाग दण्डकाय था। अरण्य तो आज कट चुका है परन्तु दण्ड के नाम पर "दण्ड" नामक गाँव है। इसी के समीप "काकन" नामक गाँव है। जनश्रुति के अनुसार यही किष्किन्धा है। पुरातत्वविद् बी0 सी0 भट्टाचार्य ने भी "द जैन आइकानोग्राफी" के पृष्ठ-65 में इसे किष्किन्धा ही स्वीकार किया है।

उक्त मेरू पर्वत का उत्तरी श्रृंग "नीलगिरि" कहलाता था। शिखर पर स्वच्छ जलपूर्ण सरोवर है। यही पर ऋक्षराज से बालि और सुग्रीव का जन्म हुआ था। काकभुशुण्डि जी ने भी राम की बाल लीला के दर्शन हेतु यहीं जन्म लिया था। दुर्गम चढ़ाई के बाद सन् 1938 में मुझे इस सरोवर के दर्शन का सौभाग्य प्राप्त हुआ था। उसी के समीप प्रस्तर निर्मित कूप तथा प्रस्तर निर्मित गदा है जो 30-35 लोगों से भी नहीं उठ सके। इसी पर्वत पर विभाण्डक, श्रृंगी, पुलस्य, विश्रवा आदि ऋषियों के आश्रम थे। यहीं कुबेर, विभीषण और सूपर्णखा ने जन्म लिया था।

इसी पर्वत के उत्तर-दक्षिण पाश्र्व में "उरेन पहाड़ी" पर वनवास काल में राम ने चित्रकूट की पर्णशाला बनायी थी। इसलिए तो वाल्मीकि ने चित्रकूट में भरत और सीताजी को नीलगिरि कानन का दर्शन कराया है। तुलसीदास ने भी लिखा है-

गिरि सुमेरू उत्तर दिसि दूरी। नील सैल इक सुन्दर भूरि।

रामायण काल से पीछे की ओर मुड़कर देखें तो यहीं भगवान शंकर और पार्वती का क्रीड़ास्थल था। यहीं उन्होंने कामदेव को जलाया था, इसलिए इसका नाम "अंग देश" पड़ा। यहीं पर मनुपुत्र सुद्युम्न का लिंग परिवर्तन हुआ था क्योंकि सुमेरू गिरि की तलहटी में सुद्युम्न शिकार खेलने आये थे और शिवजी द्वारा उनका स्थान प्रभावित था कि जो नरसंज्ञक जीव इस क्षेत्र में प्रवेश करेगा, उसका लिंग परिवर्तित हो जायेगा। भागवत पुराण स्कन्ध-9, अध्याय-1 में इसकी विशेष चर्चा है। राजधानी से चलकर विश्वामित्र के साथ राम और लक्ष्मण ने यहीं रात्रिवास किया था। इस स्थान का परिचय देते हुए विश्वामित्र ने राम से कहा था-

अनंग, इति विश्यातस्तदा प्रभूति राघव।
सचांग विषयः श्रीमान् यत्रांगं स मुमोचह।।

(वाल्मीकि रामायण, बालकाण्ड)

अर्थात्-हे राम! तबसे (कामदेव के जलने पर) वह अनंग नाम से विख्यात हुआ और यह स्थान अंग देश कहलाया क्योंकि यहीं उसने अपना अंग त्यागा था।

वाल्मीकि रामायण के अनुसार राजधानी से सिद्धाश्रम विश्वामित्र के यज्ञ रक्षार्थ राम और लक्ष्मण पैदल चले। प्रथम रात्रिवास दो कोस की दूरी पर गंगा नदी के तट पर किया और दूसरा रात्रिवास यहाँ (उरेन पहाड़ी पर) किया। राम की राजधानी मुंगेर शहर से दो कोस की दूरी पर सीताकुण्ड के पास थी। वहाँ से इस स्थान की दूरी लगभग 12 कोस की है। प्रातः काल यहाँ से प्रस्थान कर सायंकाल के पूर्व ताड़का को राम ने मारा। वह स्थान यहाँ

से 6 कोस दक्षिण की टेका पहाड़ी है। यहाँ रात्रिवास कर प्रातः काल राम सिद्धाश्रम पहुँचे थे। यहीं महर्षि विश्वामित्र के यज्ञ की रक्षा राम-लक्ष्मण ने लगातार 6 दिनों तक की। विश्वामित्र ने दशरथ से सिर्फ 10 दिनों के लिए राम और लक्ष्मण को माँगा था, जिसमें पूरे 6 दिना यज्ञ रक्षार्थ व शेष चार दिन मार्ग तय हेतु थे। महर्षि के साथ पैदल चलकर राम तीसरे दिन सिद्धाश्रम पहुँच गये थे। राम की राजधानी से इसकी दूरी लगभग 20 कोस की है। इससे भी राजधानी से तीसरे दिन यहाँ पहुँचने की बात पुष्ट होती है। वाल्मीकि रामायण के अरण्य काण्ड में सिद्धाश्रम को दण्डकारण्य में बतलाया गया हे। इससे भी सिद्धाश्रम के अंग क्षेत्र में तथा दण्डकारण्य में होने की पुष्टि होती है। सिद्धाश्रम का वह स्थान वर्तमान "अड़सार", "अमरथ", "अगहरा" और "मरिचा" नामक गाँवों का क्षेत्र है, जो जमुई जिला मुख्यालय से पश्चिम की ओर लगभग 5 कोस की दूरी पर है। पुराण पुरूष (विष्णु) के आँखों से निःसृत अश्रु से बना सरोवर अश्रुसर अपभ्रंश होकर आज "अड़सार" कहा जाता है। सिद्धाश्रम में एक दिव्य आम्रवृक्ष पर दिव्य शिवलिंग उद्‌भूत हुआ, वही आम्रस्थ शिव का प्रतीक "अमरथ" गाँव है। एक बार वशिष्ठ जी ने राम से कहा था कि सिद्धाश्रम की भूमि पापों को हरने वाली "धहरा" है, वही अधहारा का प्रतीक "अगहरा" गाँव है। ताड़का पुत्र मारीच सिद्धाश्रम में रहता था। "मरिचा" नामक गाँव उसकी याद दिलाता है। "एकात्म उपपुराण" से सिद्धाश्रम को जाना जा सकता है।

मेरू पर्वत के उत्तर जिस "उरेन" की चर्चा उपर कर आया हूँ, वहीं चित्रकूट में राम ने वनवास काल में अपनी पर्णकुटी बनायी थी। चित्रकूट को "उत्पलारण्य" कहा जाता है। वहीं अरण्य का अपभ्रंश आज "उरेन" है। मेरू गिरि के उत्तर नीलगिरि कानन में चित्रकूट में राम की पर्णकुटी थी। चित्रकूट के पूर्व दिशा में कज्जल पर्वत का नाम आया है। (देखें "माया" पत्रिका, 31 दिसम्बर, 1990, पृष्ठ-15)। उक्त कज्जल गिरि और उसी के नाम पर "कजरा" नामक स्टेशन है जो किउल-जमालपुर पूर्वी रेलमार्ग पर अवस्थित है। इसी चित्रकूट से चलकर राम ने अत्रि ऋषि से भेंट की थी। वह अत्रिवन अपभ्रंश होकर अटवन/ईटीन कहा जाता है। यहाँ रात्रिवास कर राम प्रातः काल प्रस्थान कर दण्डकारण्य में प्रवेश कर जाते हैं। यहाँ से दो कोस की दूरी पर दण्डकारण्य की सीमा दक्षिण में शुरू हो जाती है। बिहार राष्ट्र भाषा परिषद्, पटना से प्रकाशित ग्रन्थ "पुराण परिशीलन" में भी चित्रकूट और दण्डकारण्य को सटा हुआ बताया गया है।

दक्षिण दिशा में जहाँ दण्डकारण्य की सीमा प्रारम्भ होती है, वहाँ से लगभग 4 कोस दक्षिण में विन्ध्याचल है। "महाभारत" में दी गयी भौगोलिक स्थिति के अनुसार आज यह मगध के दक्षिण सीमा का काम करता है। इसी पर्वत पर गिद्धराज जटायु का ज्येष्ठ बन्धु "सम्पाति" का निवास स्थान था। ये दोनों भाई दशरथ के परम मित्र थे। यह स्थान गिद्धेश्वर कहा जाता है। आज भी यहाँ बहुसंख्यक गिद्धों का वास रहता है। यहाँ रहस्यमयी गुफा है जिसका जिक्र रामायण में आया है। इसी विन्ध्य पर्वत पर वानरों ने "लोध्रवनी" में सीता की खोज की थी। वह स्थान गिद्धेश्वर से लगभग 3 कोस पर दुर्गम पहाड़ पर स्थित लोधवनी/लोधापानी है, जहाँ अति प्राचीन गढ़ का भग्नावशेष तथा प्रस्तर कूप आदि हैं। "इन्द्र लिवन" में हनुमान जी के पहुँचने का प्रसंग रामायण में आया है। लोधवनी से 3 कोस पश्चिम का "शक्र-शक्राणी (इन्द्र-इन्द्राणी)" नामक पर्वत है। एक स्वतन्त्र लेख में मैंने इसे इन्द्र की पुरी सप्रमाण सिद्ध की है यहाँ इसकी विशेष चर्चा अप्रासंगिक होगी।

सिद्धाश्रम में महर्षि विश्वामित्र का यज्ञ सम्पन्न होने पर महर्षि के साथ राम और लक्ष्मण धनुर्यज्ञ में सम्मिलित होने जनकपुर के लिए प्रस्थान करते हैं। 12 कोस की दूरी तय करने पर उत्तर दिशा में शिलवे पहाड़ तले आते हैं और वहाँ शिला बनी अहल्या का राम उद्धार करते हैं। अहल्या के शिला होने के कारण यह पहाड़ "शिलवे" कहा जाने लगा। यहीं गौतम ऋषि का आश्रम था। उनकी तपस्या से प्रसन्न होकर शिवजी ज्योतिर्लिंग के रूप में प्रकट हुए थे। स्थानीय "पंचवदन" के नाम से इनकी पूजा करते हैं। वरूण के कहने पर गौतम ने एक हाथ गहरा गड्ढा खोदा था जिसे वरूण ने अक्षय जल से भर दिया था। आज भी वह अक्षय जल ज्यों का त्यों स्वच्छ, शीतल और स्वादिष्ट है।

इसी पर्वत पर मुद्गल ऋषि का भी आश्रम था। जनकपुर से बारात सहित राम जब इस स्थान के समीप पहुँचे, धनुर्यज्ञ में पराजित राजाओं ने भयानक आक्रमण कर बाण से भरत को मूर्छित कर दिया। राम के

आदेशानुसार लक्ष्मण इसी आश्रम से संजीवनी आदि बूटी ले गये थे। आज भी वह पर्वत जड़ी-बूटीयों तथा मधु से मीठे क्षीरी वृक्षों से भरा है। बाहर के लोग पर्याप्त मात्रा में वहाँ से संजीवनी और लक्ष्मण आदि बूटी ले जाते हैं। आनन्द रामायण में इसका पूरा विवरण है। विन्ध्य गिरि संलग्न शिलवे पर्वत स्थिति मुद्गल ऋषि के नाम पर मुद्गलपुर आज "मुंगेर" के नाम से विख्यात है। शिलवे पहाड़ अंजना नदी के तट पर है। इसी नदी के तट पर श्वेताम्बर जैन के 24वें तीर्थंकर महावीर केवली (कैवल्य प्राप्त) हए थे। तब से यह केवली का अपभ्रंश किउली नदी कहलाती है। अंजना मुद्गल ऋषि की पोती तथा गौतम की पुत्री थी इसलिये यह गौतमी नदी भी कहलायी।

अंजना से हनुमान जी का जन्म हुआ था। जमुई पूर्वी रेलवे स्टेशन से एक माइल की दूरी पर दक्षिण दिशा में आज भी अंजना नदी बहती है। उसी के "बनरीदह" नामक स्थान में हनुमान जी का जन्म हुआ था। प्रतिवर्ष मकर संक्रान्ति के अवसर पर बड़ा भारी मेला वहाँ लगता है। उसी के समीपवर्ती मेरू पर्वत पर उनके पिता केशरी का राज्य था। वाल्मीकि रामायण, उत्तर काण्ड के पंचतिस सर्ग में इसका उल्लेख है। पाश्चात्यविद् W.W. Hunter ने Statistical Account of Bengal Vol.XV, Page-22 में पूरा विवरण देकर उसी स्थान को हनुमान जी का जन्म स्थान बतलाया है।

अंजना नदी के समीपस्थ पर्वत पर मोहिनी के प्रभाव से शिवजी के अमोघ वीर्य का पतन हुआ था। इसे सप्तर्षियों ने पत्रसम्पुट द्वारा अंजना के कर्णरन्ध्र में प्रवेश कराया था जिससे हनुमान जी की उत्पत्ति हुई थी। आज भी उक्त पर्वत पर पतनेश्वर महादेव का मन्दिर है जो अमोघ वीर्य पतन की याद दिलाता है।

महर्षि विश्वामित्र के आश्रम सिद्धाश्रम की चर्चा उपर कर चुका हुँ। महर्षि अगस्त्य का आश्रम भी उसी के पास था क्योंकि महर्षिद्वय समानरूप से ताड़का राक्षसी से प्रभावित थे। इसीलिए तो ताड़का के पति सुन्द को अगस्त्य ने मारा तथा ताड़का को विश्वामित्र ने राम से मरवाया। इसे दूसरे रूप में यों समझा जा सकता है-राम, सीता और लक्ष्मण के साथ मन्दाकिनी गंगा के तट पर सुतीक्ष्ण ऋषि से मिलकर अगस्त्य जी से मिलने को उनके आश्रम का पता पूछते हैं। सुतीक्ष्ण जी कहते हैं-यहाँ से सीधे दक्षिण की ओर 16 कोस की दूरी पर पिप्पली वन है, जहाँ मारकण्डेय ऋषि का आश्रम है। वहाँ से 4 कोस दूर दक्षिण में अगस्त्य का आश्रम है। आज भी गंगा से लगभग 16 कोस की दूरी पर "पिपरा" नामक गाँव पिप्पली वन की याद दिलाता है और "कण्डे" गाँव मार्कण्डेय का स्थान सूचित करता है। यहाँ से 4 कोस दक्षिण विन्ध्य पर्वत है। इसी के तलहटी में अगस्त्य ऋषि का आश्रम था। विश्वामित्र का सिद्धाश्रम भी इसी विन्ध्य की तलहटी में मात्र 3 कोस पूर्व दिशा में था। जहाँ अगस्त्य जी का आतिथ्य ग्रहण तथा रात्रिवास कर प्रातः काल ऋषि के परामर्श के अनुसार राम पंचवटी के लिए प्रस्थान किये। महुआ के जंगल को पारकर सीधे उत्तर दिशा में पाकड़ वन पार कर 8 कोस की दूरी पर पंचवटी वन में पहुँचे। आज का "पंचमहुआ" गाँव तथा "पकड़ीबरावां" स्थान महुआ और पाकड़ वन की याद दिलाता है। पंचवटी का वन बड़ा भयानक तथा सघन था। ब्रह्माजी ने उस सघन वन को काटने हेतु लक्ष्मण को तीक्ष्ण धार का दिव्यास्त्र दिया। जंगल की कटाई के क्रम में तपस्यारत शूर्पणखा के पुत्र साम्ब का सर कट गया। वहीं पर स्वच्छ जल पूर्ण कमल के फूलों से सुशोभित सरोवर के तट पर लक्ष्मण ने गिद्धराज जटायु की सहायता से पर्णकुटी बनायी। पंचवटी का वह स्थान नवादा जिला के अन्तर्गत साम्बे, सरकटी और अपसर गाँवों के नाम पर पहचाना जा सकता है। साम्बे गाँव शूर्पणखा पुत्र साम्ब का, सरकटी उसके सर कटने का तथा अपसर सरोवर का प्रतीक है। आज भी वहाँ बहुत दूर तक फैला सरोवर है। वहाँ उत्खनन से सातवीं शताब्दी की प्रस्तर मूर्तियाँ मिली हैं जो राम, लक्ष्मण और सीता की हैं। (देखें-नवभारत टाइम्स, पटना, 10 जून 1990, पृष्ठ-2)

सीता हरण के बाद राम पम्पासर पहुँचे। वह पम्पासर आज के बड़े गाँव का प्रसिद्ध सरोवर है। यह नालन्दा के पास है। बुकानन ने भी अपने यात्रा वृतान्त में बड़ागाँव का प्राचीन नाम पम्पापुर बतलाया है। सूर्यपुराण (भाषा) में इसी सरोवर को पम्पासर कहा है। देखें- Journal of Francis Buchartan Kept During The Survey of the Districe of Patna and Gaya in 1811-1812, P.P.95.

रावण वध के अनन्तर ब्रह्महत्या पाप की निवृत्ति हेतु अगस्त्य मुनि के परामर्श पर राम ने मुंगेर के सीताकुण्ड स्थान पर एक सौ अश्वमेध यज्ञ किया। यज्ञ स्थल से दो कोस की दूरी पर उत्तरवाहिनी गंगा तट पर

वाल्मीकि का आश्रम था तथा यज्ञ स्थल के समीप ही राम की राजधानी थी। सीता ने एक बार संयोग व्रत का नौ दिनों का अनुष्ठान किया। वह वाल्मीकि आश्रम में रहती थी। उस व्रत के लिए नित्य कमल का फूल लाने राम की राजधानी के सरोवर पर ठीक मध्यान्हकाल में लव पहुँच जाता था। यह सब आनन्द रामायण से जाना जा सकता है। आज भी सीताकुण्ड के समीप वृहत् स्तूप है जिसे गढ़ की संज्ञा दी जाती है। उत्खनन से साक्ष्य प्राप्त हो सकते हैं।

रामायण कालीन साक्ष्य/प्रमाण मत्स्य पुराण और वाल्मीकि रामायण में हैं। उक्त ग्रन्थों की प्रचलित प्रतियों के सावधानीपूर्वक अध्ययन से रामायण कालीन स्थलों पर कोई सहज ही पहुँच सकता है जो मुंगेर के भू-भाग में लुप्त और सहस्त्राब्दियों से सुप्त पड़े हैं। यहाँ की फिजा, यहाँ की मिट्टी, आज स्वयं अपनी कहानी सुना रही है। इसकी कहानी सुनिये और यहाँ की मिट्टी देखिये।

शोध-स्तम्भ

अयोध्या नहीं
मुंगेर-राम का जन्म स्थान

पं० नरेश चन्द्र मिश्र

(श्री रामनवमी (२ अप्रैल) पर विशेष)

आईने में देखने और जानने का प्रयत्न नहीं किया कि अयोध्या विवादास्पद भी तो हो सकती है। रामायण के अन्त में कह दिया गया है कि राम के स्वर्गारोहण पर अयोध्या लुप्त हो गयी। पुनः कृतयुग में राजा ऋषभ इसे बसायेंगे। अतएव वह अयोध्या अद्यतन भविष्य के गर्भ में है। दीर्घ अन्तराल पर रामायण कालीन साक्ष्य हमें सही रूप में प्राप्त हो सकते हैं; यदि उनके भौगोलिक परिवेश पर सावधानी पूर्वक ध्यान दिया जाए।

आज की आम धारणा है कि रामायण कल्पना प्रसूत है। कतिपय स्थानों के उत्खनन से भी साक्ष्य नहीं मिलने के कारण उक्त धारणा को बल मिला। डॉ० बी० बी० लाल के सहयोग के रूप में वर्षों तक उत्खनन के अनन्तर भी रामायण

प्रचलित अयोध्या की बाबरी मस्जिद और उसी में श्रीराम की जन्मभूमि प्रसंग पर धर्म की आड़ में मजहबी जुनून में कितनी खून की होली खेली गयी है, कहना व्यर्थ है। फिर भी प्रशासन मौन है, इतिहास और पुरातत्वविद् किंकर्तव्यविमूढ़ हैं। किसी ने भी कभी इतिहास और पुरातत्व के

कालीन साक्ष्य प्राप्त नहीं करने पर डा० स्वरूप प्रसाद गुप्त अपनी झुंझलाहट व्यक्त करते हुए कहते हैं।

"तब क्या ये सब स्थान वे नहीं, जिनका नाम हमें रामायण में

मिलता है? तो कौन से नये नन्दिग्राम, श्रृंगवेरपुर, प्रयाग और चित्रकूट है, वहां हम जायें? बतलायें न ये इतिहासकार, हम वहीं चलें।" देखिये–साप्ताहिक 'पांचजन्य' ११ फरवरी १९९०, पृष्ठ–६।

उत्खनन के बाद भी साक्ष्य प्राप्त नहीं करने पर अयोध्या, चित्रकूट आदि की गरिमा पर प्रश्नवाचक चिन्ह लगाना प्रस्तुत आलेख का अभीष्ट नहीं। हमारी धार्मिक मान्यता उनसे जुड़ी है, पर इतिहास को हमारी धार्मिक मान्यता नहीं चाहिये, उसे पुरातत्व–साक्ष्य चाहिये। ये साक्ष्य चाहे कल्पभेद के ही नाम पर क्यों न हो। यद्यपि इतिहास में कल्पभेद का स्थान नहीं, पर इससे क्या? इतिहास को साक्ष्य चाहिये और उसे प्रस्तुत करना ही मेरे प्रयत्न का अभिष्ट है।

महर्षि वाल्मीकी ने सर्वप्रथम रामायण की रचना की। 'रामायण सत कोटि अपारा' का वही उत्स बनी। मगर उसकी मूल प्रति आज है कहां? प्रो० जैकोबी और फ्रांस के पुरातत्वविद लेवी आदि विद्वानों ने स्वीकार किया है कि वाल्मीकि ने रामायण में सिर्फ पांच कांडो की ही रचना की थी। बालकाण्ड और उत्तरकाण्ड बाद में जोड़े गये, जिनकी रचना उन्होंने नहीं की थी। रेवरेण्ड फादर कॉमिल बुल्के ने अपनी पुस्तक 'रामकथा' में लिखा है कि रामायण वस्तुतः राम के वनवास काल के पर्यटन का प्रतीक है। आगे चलकर लोगों में जब क्रमशः इस भावना ने जन्म लिया कि रावण कौन था, दशरथ की किस पत्नी से किस पुत्र का जन्म हुआ आदि जिज्ञासा शान्ति हेतु बालकाण्ड और उत्तरकाण्ड रचे गये। इस प्रकार वाल्मीकि ने सिर्फ राम के वनवास काल का वर्णन किया। बाद में लोगों ने तोड़ मरोड़कर राम का सम्पूर्ण चरित उपस्थित करने के नाम पर जिस रामायण की रचना की, वही प्रति वाल्मीकि कृत अभिहित हुई। इसी आधार पर बाद की लिखी रामायण तो 'हिज मास्टर्स वॉयस' मात्र रही। इतिहास भी साक्षी है, मौर्य शासन काल से रामायण में संशोधन एवं परिवर्द्धन होता रहा, जो १६वीं शताब्दी तक रहा। इसी अन्तराल में सम्राट विक्रमादित्य ने वीरान सरयू नदी के तट पर एक मंदिर की स्थापना की और वहीं अयोध्या नाम की नगरी बसी। यह मात्र जनश्रुति है, जिसका उद्घाटन मार्टिन, टिफेन्थेलर और कर्निंघम ने किया। फिर तो बिना भू–भाग की पहचान किए जनश्रुति को ही आधार मानकर यत्र–तत्र रामायण कालीन स्थान के नाम पर कल्पना तीर्थ की स्थापना कर ली गयी।

गड़बड़ी वहीं से शुरू होती है जब महाराज दशरथ अपनी पुत्री शान्ता अपने मित्र अंगाधिपति लोमपाद को गोद देते हैं। इसके साथ ही रामायण में लोमपाद की भूमिका समाप्त कर दी गयी। फिर कहीं उस नाम की चर्चा तक नहीं होती। यह कैसा दोनों के बीच मित्रता का विचित्र सम्बन्ध था, चिन्त्य है। अगर दशरथ अपना पुत्र गोद देते तो कम से कम लोमपाद का उत्तराधिकारी तो बनता, किन्तु पुत्री को गोद देना अपने में विचित्र घटना है। बाद में तो दशरथ को चार पुत्र हुए, मित्रता के नाम पर एक भी तो लोमपाद को गोद देते, पर ऐसा नहीं हुआ।

मत्स्य पुराण अ० ४८ में लिखा है–आनववंशी राजा बलि के ज्येष्ठ पुत्र अंग अंगाधिपति हुए। उनकी छठी पीढ़ी में राजा दशरथ हुए, जिनकी पुत्री शान्ता थी। यथा–

'ततस्तु सत्यरथः पुत्रस्तस्माद् दशरथ किल।
लोमपाद इति ख्यातस्तस्य शान्ता सुता भवत्।।
अथ दाशरथीर्वीरः चतुरंगो महायशाः।
ऋष्यशृंग प्रसादेन जज्ञे स्वकुलवर्धनः।।

अर्थात्– उनका (विजय का) पुत्र सत्यरथ हुआ। उससे दशरथ का जन्म हुआ, जो लोमपाद के नाम से विख्यात थे। उनको शान्ता नाम की एक कन्या हुई। ऋष्यशृंग के प्रसाद से कुलवर्धन चतुरंग का जन्म हुआ।

महर्षि सूतजी का यह कथन बड़ा महत्व रखता है। यह बड़ी विचित्र बात है कि एक दशरथ ने दूसरे को अपनी पुत्री शान्ता गोद दी। दोनों निःसन्तान दशरथ की पुत्री थी? रामायण के अनुसार भी अगर शान्ता उस दशरथ की पुत्री थी, जिसके पुत्र राम, लक्ष्मण, भरत और शत्रुघ्न हुए, तब भी स्वीकार करना होगा कि लोमपाद ही वह दशरथ थे।

इसी तरह दशरथ कोशलेश नहीं, अंगाधिपति थे। दशरथ और उनकी पत्नी कौशल्या दोनों का सम्बन्ध कोशल से हो, जंचनेवाली बात नहीं है। यद्यपि रामायणकार ने इस भ्रम के निवारणार्थ दो कोशल की रचना कर डाली है। यदि वे इक्ष्वाकुकुल से सम्बन्धित रहते, तो यज्ञ रक्षार्थ सिद्धाश्रम जाते हुए महर्षि विश्वामित्र मार्ग में राम से यह कभी नहीं कहते कि यह देश पहले कुकुत्स्थ (इक्ष्वाकुवंशीय) के वश में था। जैसा कि वाल्मीकि रामायण में लिखा है। यहां यह भी विचारणीय है कि इक्ष्वाकु के पुत्र निमि ही प्रथम जनक हुए जिनकी परम्परा के जनक की पुत्री और भतीजियों की दशरथ के पुत्रों से शादी हुई। इस तरह दोनों का कुल इक्ष्वाकु हो जाता है और सगोत्रीय विवाह का दोष होता है।

प्रचलित रामायण के अनुसार इक्ष्वाकु कुल के थे। इक्ष्वाकु ने अयोध्या नाम की नगरी बसायी थी। मत्स्यपुराण अ० १२ के अनुसार इक्ष्वाकु के पौत्रों ने सुमेरु पर्वत के उत्तर और दक्षिण पार्श्व में अपनी राजधानी बनायी थी। यथा–

'इक्ष्वाकोः पुत्रलाभाय विकुक्षिर्निमि देवराट्।
ज्येष्ठः पुत्र शतस्यासीद् दशपंच च तत्सुताः।।
मेरोरुत्तर तस्ते तु जाताः पार्थिव सत्तमाः।
चतुर्दशोत्तरञ्चान्यत्तथाष्टौ तथा भवन्।।
मेरोर्दक्षिणतो वै राजानः संप्रकीर्तिताः।'

अर्थात् देवराज विकुक्षि इक्ष्वाकु के पुत्र रूप में उत्पन्न हुए। वे इक्ष्वाकु के सौ पुत्रों में ज्येष्ठ थे। उनके पन्द्रह पुत्र थे, जो सुमेरु गिरि की उत्तर दिशा में श्रेष्ठ राजा हुए। विकुक्षि के एक सौ चौदह पुत्र और हुए थे, जो सुमेरु गिरि की दक्षिण दिशा के शासक कहे गये हैं।

मत्स्य आदि पुराणों में मेरु–सुमेरु पर्वत की जो भौगोलिक स्थिति दी गयी है, उसके अनुसार बिहार राज्यान्तर्गत मुंगेर प्रमण्डल मुख्यालय से दक्षिण पश्चिम आज मेरा पहाड़ के नाम से जाना जाता है। उक्त पुराणों के अनुसार मेरु पर्वत की पश्चिम दिशा में विपुल पर्वत (राजगृह का), पूर्व दिशा में मन्दराचल (भागलपुर के बांसी का), दक्षिण दिशा में गन्धमादन (जमुई जिला का) और उत्तर दिशा में सुपार्श्व (लखीसराय का) है। आनन्द रामायण के अनुसार राम सीता के साथ पुष्पक विमान द्वारा मधा शहर से पूर्व दिशा की ओर चलकर मगध होते मेरु पर्वत पर आये थे। इस पर्वत के उत्तर और दक्षिण पार्श्व में बहने वाली नदी

'मोरवे' कहलाती हैं। मैरा पहाड़ और मोरवे नदी मेरु का अपभ्रंश है। स्थानीय इसे श्रृंगी ऋषि पहाड़ कहते हैं, क्योंकि यही विभाण्डक ऋषि के पुत्र श्रृंगी ऋषि का आश्रम था। वाल्मीकीय रामायण बालकाण्ड के अनुसार अंगाधिपति लोमपाद की राजधानी से इसकी दूरी ३ योजन (१२ कोस) बतलायी गयी है, जो मुंगेर शहर से ठीक मिल जाती है। आज भी इस पर्वत के उत्तर पार्श्व में सुमेरु बाबा की पूजा होती है।

इसी पर्वत की उत्तर दिशा में दो कोस पर 'अयोध्या' नामक गांव है। पुनः उत्तर दिशा में दो कोस पर गंगा नदी के तट पर 'सूर्यगढ़ा' नामक प्रसिद्ध स्थान है, जो सूर्य ओर सूर्यवंशी राजाओं के गढ़ के नाम मात्स्य पुराण उक्ति सार्थक करता है। सरकार ने तो इसे पर्यटन केन्द्र के रूप में विकसित करना भी प्रारम्भ कर दिया है। सूर्यगढ़ा से लगभग ३ कोस पश्चिम 'मानो' नामक गांव सूर्यपुत्र वैवस्वत मनु का तथा वहां से ४ कोस पश्चिम 'नरौण्ड' मनुपुत्र नरिष्यन्त के गढ़ का प्रतीक है, जो कोसों के क्षेत्र में जंगल में परिणत है। गांव 'अयोध्या' से २ कोस पश्चिम 'गोहरी' नामक गांव है। 'गोहरी' गो+हरी से बना है। यहीं पर महर्षि वशिष्ठ का आश्रम था। यहीं से उनकी गौ .... (कामधेनु) हरी गयी थी। पुत्रशोकार्त महर्षि वशिष्ठ जिस सुमेरु पर्वत के श्रृंग से कूदकर प्राणान्त करना चाहते थे, वह गोहरी गांव से मात्र २ कोस पूर्व दिशा में है। कालिदास प्रणीत 'रघुवंश' के निर्देश सूत्र के अनुसार अयोध्या और मिथिला राज्यों के मध्य जन स्थान का उल्लेख है। इस स्थान को देखने से यथार्थ प्रतीत होता है।

उक्त मेरु पर्वत के दक्षिण भाग में भी इक्ष्वाकु राजा की राजधानी थी। जमुई जिले का सम्पूर्ण भू-भाग दण्डकारण्य था। [illegible] काकुत्स्थ है, परन्तु राम के नाम पर 'रामपुर' नामक गांव है। इसी के समीप 'काकन' नामक गांव है। जनश्रुति के अनुसार यही किष्किन्धा है। पुरातत्वविद डी० सी० भट्टाचार्य ने भी THE JAIN ICONOGRAPHY ग्रन्थ के पृष्ठ ६६ में इसे किष्किन्धा ही स्वीकार किया है।

उक्त मेरु पर्वत का उत्तरी भूग 'नीलगिरि' कहलाता था जिसके पर स्वच्छ जलपूर्ण सरोवर है। यहीं पर अक्षराज से बालि और सुग्रीव का जन्म हुआ था। काक भुशुण्डिजी ने भी राम की बाललीला के दर्शन हेतु यहीं जन्म लिया था। [illegible] के बाद सन् १९३० में मुझे इस सरोवर के दर्शन का सौभाग्य प्राप्त हुआ था। इसी के समीप प्रस्तर निर्मित [illegible] तथा प्रस्तर निर्मित मठ है जो ४०-५० लोगों से भी नहीं उठ सके। इसी पर्वत पर विभाण्डक, शृंगी ऋषि, पुलस्त्य और विश्रवा आदि ऋषियों के आश्रम थे। यहीं कुबेर, रावण, कुम्भकरण, विभीषण और सूर्पणखा ने जन्म लिया था।

इसी पर्वत के उत्तर पश्चिम पार्श्व में 'दरेस पहाड़ी' पर वनवास काल में राम ने चित्रकूट की पर्णशाला बनायी थी। इसीलिए तो वाल्मीकि ने चित्रकूट में भरत और सीताजी को नीलगिरि कानन का दर्शन कराया है। तुलसीदास ने भी लिखा है-

'गिरि सुमेरु उत्तर दिसि दूरी'

खुला सच अप्रैल २००९

यह स्थान वर्तमान 'अड़सार, 'अमरथ', 'अगहरा' और 'मरिया' नामक गांवों का क्षेत्र है, जो जमुई जिला मुख्यालय से पश्चिम की ओर लगभग ५ कोस पर हैं। पुराण–पुरूष (विष्णु) की आंखों से निःसृत अश्रु से बना सरोवर अश्रुसर अपभ्रंश होकर आज 'अड़सार कहा जाता है। सिद्धाश्रम में एक दिव्य आम्रवृक्ष पर दिव्य शिवलिंग उद्‌भूत हुआ, वही आम्रस्थ शिव का प्रतीक 'अमरथ' गांव है। एक बार वशिष्ठजी ने राम से कहा था कि सिद्धाश्रम की भूमि पापों को हरने वाली 'धहरा' है, वही अघहारा का प्रतीक 'अगहरा' गांव है। ताड़का पुत्र मारीच सिद्धाश्रम में रहता था। 'मरिचा' गांव उसकी याद दिलाता है। 'एकाम्र उपपुराण' से सिद्धाश्रम को जाना जा सकता है।

मेरू पर्वत के उत्तर जिस 'उरेन' की चर्चा उपर कर आया हू, वहीं चित्रकूट में राम ने बनवास काल में अपनी पर्णकुटी बनायी थी। चित्रकूट को 'उत्पलारण्य' कहा जाता है। वही अरण्य का अपभ्रंश आज 'उरेन' है। मेरू गिरि के उत्तर नीलगिरि कानन में चित्रकूट में राम की पर्णकुटी थी। चित्रकूट की पूर्व दिशा में कज्जल पर्वत का नाम आया है। (द्र० 'माया' पत्रिका, ३१ दिसम्बर ९०, पृ० १५) उक्त कज्जल गिरि और उसी के नाम पर 'कजरा नामक स्टेशन है जो किउल–जमालपुर पूर्वी रेलमार्ग पर अवस्थित है। इसी चित्रकूट से चलकर राम ने अत्रि ऋषि से भेंट की थी। वह अत्रिवन अपभ्रंश होकर आज अटवन/ईटीन कहा जाता है। यहां रात्रिवास कर राम प्रातः काल प्रस्थान कर दण्डकारण्य में प्रवेश कर जाते हैं। यहां से दो कोस की दूरी पर दण्डकारण्य की सीमा दक्षिण में शुरू हो जाती है। बिहार राष्ट्रभाषा परिषद पटना में प्रकाशित ग्रन्थ 'पुराण परिशीलन में भी चित्रकूट और दण्डकारण्य को सटा हुआ बताया गया है।

दक्षिण दिशा में जहां दण्डकारण्य की सीमा प्रारम्भ होती है, वहां से लगभग ४ कोस दक्षिण में विन्ध्यांचल है। 'महाभारत' में दी गयी भौगोलिक स्थिति के अनुसार आज यह मगध की दक्षिण सीमा का काम करता है। इसी पर्वत पर गिद्धराज जटायु का ज्येष्ठ बन्धु 'सम्पाति' का निवास स्थान था। ये दोनों भाई दशरथ के परम मित्र थे। यह स्थान आज 'गिद्धेश्वर' कहा जाता है। आज भी यहां बहुसंख्यक गीधों का वास रहता है। यहां रहस्यमयी गुफा है, जिसका जिक्र रामायण में आया है। इसी विन्ध्य पर्वत पर वानरों ने 'लोध्रवनी' में सीता कीखोज की थी। वह स्थान 'गिद्धेश्वर से लगभग ३ कोस पर दुर्गम पहाड़ पर स्थित लोधवनी/लोधापानी है, जहां अति प्राचीन गढ़ का भग्नावशेष तथा प्रस्तर कूप आदि है। 'इन्द्र लियन' में हनुमानजी के पहुचने का प्रसंग रामायण में आया है। लोघवनी से ३ कोस पश्चिम का 'शक्र–शकाणी' (इन्द्र–इन्द्राणी)नामक पर्वत है। एक स्वतंत्र लेख में मैंने इसे इन्द्र की पुरी सप्रमाण सिद्ध की है यहां इसकी विशेष चर्चा अप्रासंगिक होगी।

सिद्धाश्रम में महर्षि विश्वामित्र का यज्ञ सम्पन्न होने पर महर्षि के साथ राम और लक्ष्मण धनुर्यज्ञ में सम्मिलित होने जनकपुर के लिए प्रस्थान करते है। १२ कोस की दूरी तय करने पर उत्तर दिशा में शिलवे पहाड़ तले आते हैं औरवहां शिला बनी अहल्या का राम उद्धार करते हैं। अहल्या के शिला होने के कारण यह पहाड़ 'शिलवे' कहा जाने लगा। यहीं गौतम ऋषि का आश्रम था। उनकी तपस्या से प्रसन्न होकर शिवजी ज्योतिर्लिंग के रूप में प्रगट हुए थे। स्थानीय 'पंचवदन' के नाम से इनकी पूजा करते हैं। वरूण के कहने पर गौतम ने एक हाथ गहरा गड्ढा खोदा था, जिसे वरूण ने अक्षय जल से भर दिया था। आज भी वह अक्षय जल ज्यों का त्यों स्वच्छ, शीतल और स्वादिष्ट है।

इसी पर्वत पर मुद्‌गल ऋषि का भी आश्रम था। जनकपुर से बारात सहित राम जब इस स्थान के समीप पहुंचे, धनुर्यज्ञ में पराजित राजाओं ने भयानक आक्रमण कर बाण से भरत को मूर्छित कर दिया। राम के आदेशानुसार लक्ष्मण इसी आश्रम से संजीवनी आदि बूटी ले गये थे। आज भी वह पर्वत जड़ी बूटियों तथा मधु से मीठे क्षीरी वृक्षों से भरा है। बाहर के लोग पर्याप्त मात्रा में वहां से संजीवनी और लक्ष्मण आदि बूटी ले जाते हैं। आनन्द रामायण में इसका पूरा विवरण है। विन्ध्य गिरि संलग्न शिलवे पर्वत स्थिति मुद्‌गल ऋषि के नमापर मुद्‌गल पुर आज 'मुंगेर' के नाम से विख्यात है। शिलवे पहाड़ अंजना नदी के तट पर है। इसी नदी के तट पर श्वेताम्बर जैन के २४ वें तीर्थकर महावीर केवली (कैवल्य प्राप्त) हुए थे। तबसे यह केवली का अपभ्रंश किउली नदी कहलाती है। अंजना मुद्‌गुल ऋषि की पोती तथा गौतम

कीपुत्री थी, इसलिये यह गौतमी नदी भी कहलायी।

अंजना से हनुमान जी का जन्म हुआ था। जमुई पूर्वी रेलवे स्टेशन से एक माईल की दूरी पर दक्षिण दिशा में आज भी अंजना नदी बहती है। उसी के 'बनरीदह' नामक स्थान में हनुमान जी का जन्म हुआ था। प्रतिवर्ष मकर संक्रान्ति के अवसर पर बड़ा भारी मेला वहां लगता है। उसी के समीपवर्ती मेरू पर्वत पर उनके पिता केशरी का राज्य था। बाल्मीकि रामायण उत्तर काण्ड के पचतिस सर्ग में इसका उल्लेख है। पाश्चात्यविद् **W.W. Hunter** ने **A Statistical Account of Bengal Vol. XV, Page 22** में पूरा विवरण देकर उसी स्थान को हनुमान जी का जन्म स्थान बतलाया है।

अंजना नदी के समीपस्थ पर्वत पर मोहिनी के प्रभाव से शिवजी के अमोघ वीर्य का पतन हुआ था। इसे सप्तर्षियोंने पत्रसम्पुट द्वारा अंजना के कर्णरन्ध्र में प्रवेश कराया था, जिससे हनुमानजी की उत्पत्ति हुई थी। आज भी उक्त पर्वत पर पतनेश्वर महादेव का मन्दिर है, जो अमोघ वीर्य पतन की याद दिलाता है।

महर्षि विश्वामित्र को आश्रम सिद्धाश्रम की चर्चा ऊपर कर चुका हूं। महर्षि अगस्त्य का आश्रम भी उसी के पास था, क्योंकि महर्षिद्वय समानरूप से ताड़का राक्षसी से प्रभावित थे। इसीलिये तो ताड़का के पति सुन्द को अगस्त्य ने मारा तथा ताड़का को विश्वामित्र ने राम से मरवाया। इसे दूसरे रूप में यों समझा जा सकता है– राम, सीता और लक्ष्मण के साथ मन्दाकिनी गंगा के तट पर सुतीक्ष्ण ऋषि से मिलकर अगस्त्य जी से मिलने को उनके आश्रम कापता पूछते हैं। सुतीक्ष्ण जी कहते हैं– यहां से सीधे दक्षिण की ओर ९६ कोस की दूरी पर पिप्पली वन है, जहां मार्कण्डेय ऋषि का आश्रम है। वहां से ४ कोस दूर दक्षिण में अगस्त्य का आश्रम है। आज भी गंगा से लगभग ९६ कोस की दूरी पर 'पिपरा' नामक गांव पिप्पली वन की याद दिलाता है और 'कण्डे' गांव मार्कण्डेय का स्थान सूचित करता है। वहां से ४ कोस दक्षिण विन्ध्य पर्वत है। इसी की तलहटी में अगस्त्य ऋषि का आश्रम था। विश्वामित्र का सिद्धाश्रम भी इसी विन्ध्य की तलहटी में मात्र ३ कोस पूर्व दिशा में था। जहां अगस्त्य जी का आतिथ्य ग्रहण तथा रात्रिवास कर प्रातः काल ऋषि के परामर्श के अनुसार राम पंचवटी के लिये प्रस्थान किये। महुआ के जंगल को पारकर सीधे उत्तर दिशा में काकड़वन पार कर ८ कोस की दूरी पर पंचवटी वन में पहुंचे। आज का पंचम हुआ गांव तथा 'पकड़ीबरावां' स्थान महुआ और पाकड़वन की याद दिलाता है। पंचवटी का वन बड़ा भयानक तथासघन था। ब्रम्हाजी ने उस सघन वन को काटने हेतु लक्ष्मण को तीक्ष्ण धार का दिव्यास्त्र दिया। जंगल की कटाई के क्रम में तपस्यारत शूर्पणखा के पुत्र साम्ब का सर कट गया। वहीं पर स्वच्छ जलपूर्ण कमल के फूलों से सुशोभित सरोवर के तट पर लक्ष्मण ने गृद्ध राज जटायु की सहायता से पर्णकुटी बनायी। पंचवटी का वह स्थान नवादा जिलान्तर्गत साम्बे सरकारी और अपसर गांवों के नाम पर पहचाना जा सकता है। साम्बे गांव शूर्पणखा पुत्र साम्ब का, सरकटी उसके सर कटने का तथा अपसर सरोवर का प्रतीक है। आज भी वहां बहुत दूर तक फैला सरोवर है। वहां उत्खनन से सातवी शताब्दी की प्रस्तर निर्मित मूर्तियां मिली है, जो राम, लक्ष्मण और सीता की है। देखें दै० 'नवभारत टाइम्स' (पटना), १० जून १९९०, पृष्ठ २

सीताहरण के बाद राम पम्पासर पहुंचे। वह पम्पासर आज के बड़गांव का प्रसिद्ध सरोवर है। यह नालन्दा के पास है। बुकानन ने भी अपने यात्रा वृतान्त में बड़गांव का प्राचीन नाम पम्पापुर बतलाया है। सूर्यपुराण (भाषा) में इसी सरोवर को पम्पासर कहा है। देखें : **Joumal of Francis Buchartan Kept During The Survey of the Districe of Patna and Gaya in 1811-1812, P.P. 95.**

रावण वध के अनन्तर ब्रम्हहत्या पाप की निवृत्ति हेतु अगस्त्य मुनि के परामर्श पर राम ने मुंगेर के सीताकुण्ड स्थान पर एक सौ अश्वमेधयज्ञ किया। यज्ञस्थल से दो कोस पर उत्तरवाहिनी गंगा तट पर बाल्मीकि का आश्रम था तथा यज्ञस्थल के समीप ही राम की राजधानी थी। सीता ने एक बार सयोगव्रत का नौ दिनों का अनुष्ठान किया। वह बाल्मीकि आश्रम में रहती थी। उस व्रत के लिए नित्य कमल का फूल लाने राम की राजधानी के सरोवर पर ठीक मध्यान्हकाल में लव पहुंच जाता था। यह सब आनन्द रामायण से जाना जा सकता है। आज भी सीता कुण्ड के समीप वृहत् स्तूप है, जिसे गढ़ की संज्ञा दी जाती है। उत्खनन से साक्ष्य प्राप्त हो सकते हैं।

रामायण–कालीन साक्ष्य/प्रमाण मत्स्यपुराण और बाल्मीकीय रामायण में हैं। उक्त ग्रन्थों की प्रचलित प्रतियों के सावधानी पूर्वक अध्ययन से रामायण कालीन स्थलों पर कोई सहज ही पहुंच सकता है, जो मुंगेर के भू–भाग में लुप्त, और सहस्राब्दियों से सुप्त पड़े हैं। यहां की फिजा, यहां की मिट्टी, आज स्वयं अपनी कहानी सुना रही है। इसकी कहानी सुनिये और यहां की मिट्टी देखिये।

भाग-4

उत्तर प्रदेश और बिहार के सत्य अर्थ के जीवन्त प्रतीक

लव कुश सिंह "विश्वमानव"

01. पृष्ठभूमि, जन्म एवं निवास स्थल

श्री लव कुश सिंह "विश्वमानव" का जन्म भारत देश के बिहार राज्य के बेगूसराय जिले (तत्कालीन मुंगेर) जिले में हुआ था। जबकि उनका निवास स्थान भारत देश के उत्तर प्रदेश के मीरजापुर जिले के चुनार तहसील के नरायनपुर विकास खण्ड का नियामतपुर कलाँ गाँव है। जबकि उनके पूर्वज उत्तर प्रदेश के जौनपुर जिले से आये थे। प्रस्तुत है इन सब स्थानों के पृष्ठभूमि का विवरण।

भारत देश

भारत को एक सनातन राष्ट्र माना जाता है क्योंकि यह मानव सभ्यता का पहला राष्ट्र था।

भगवान के सभी अवतार इसी प्राचीन भारत में अवतरित हुए। विश्वधर्म अर्थात् सार्वभौम धर्म के प्रति विश्व का ध्यानाकर्षण करने वाले योद्धा सन्यासी राष्ट्रपुत्र स्वामी विवेकानन्द इसी भारत में जन्म लिये थे।

भारत देश का बिहार राज्य

1857 के स्वतन्त्रता संग्राम के प्रथम सिपाही विद्रोह में बिहार के बाबू कुँवर सिंह ने महत्वपूर्ण भूमिका निभाई।

1912 में बंगाल का विभाजन के फलस्वरूप बिहार नाम का राज्य अस्तित्व में आया। स्वतन्त्रता संग्राम के दौरान बिहार के चम्पारण के विद्रोह को, अंग्रेजों के खिलाफ बगावत फैलाने में अग्रगण्य घटनाओं में से एक गिना जाता है।

भारत देश के बिहार राज्य जिला मुंगेर और बेगूसराय

महाभारत काल का मोदगिरी आज मुंगेर के नाम से जाना जाता है।

1870 ई0 में बेगूसराय, मुंगेर जिले के सब – डिवीजन के रूप में स्थापित हुआ। 1972 (लवकुश सिंह "विश्वमानव" के जन्म के 5 वर्ष बाद) में बेगूसराय, बिहार राज्य का स्वतन्त्र जिला बना जो मध्य बिहार में स्थित है। यहीं प्रसिद्ध सिमरिया घाट है, मान्यता है कि सीता माता यहाँ मिथिला से गंगा स्नान करने आती थीं।

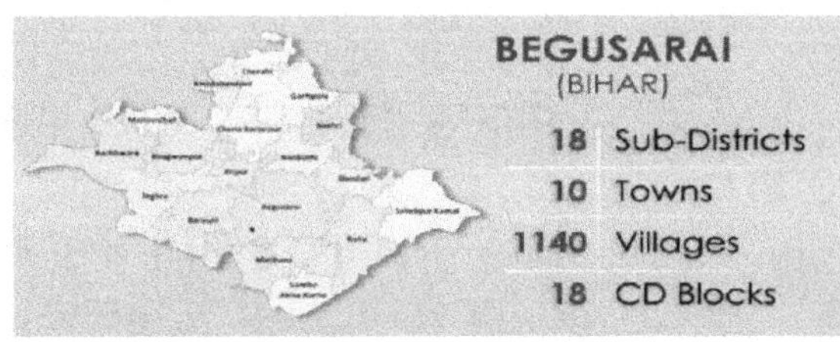

भारत देश का उत्तर प्रदेश राज्य

यद्यपि पक्षपातपूर्ण व्यवहार के चलते हिन्दी के साहित्यकारों को नोबेल पुरस्कार नहीं मिला।

सहित्य के क्षेत्र में उत्तर प्रदेश का स्थान सर्वोपरि है। साहित्य और भारतीय सेना, दो ऐसे क्षेत्र हैं जिस पर यहाँ के निवासी गर्व करते हैं। मानवीय संवेदना और राष्ट्रप्रेम की भावना से ओतप्रोत हिन्दी साहित्य का क्षेत्र बहुत ही व्यापक रहा है।

भारत देश के उत्तर प्रदेश राज्य जिला जौनपुर और मीरजापुर

पाँचवें वामन अवतार का क्षेत्र चरणाद्रिगढ़ (चुनार), मीरजापुर है।

जौनपुर का शीतला चौकिया धाम और परशुराम से सम्बन्ध रखने वाला जमदग्नि आश्रम एक धार्मिक केन्द्र के रूप में विख्यात है। मीरजापुर, बनारस राज्य का अंग था। पर्यटन की दृष्टि से मीरजापुर काफी महत्वपूर्ण जिला माना जाता है।

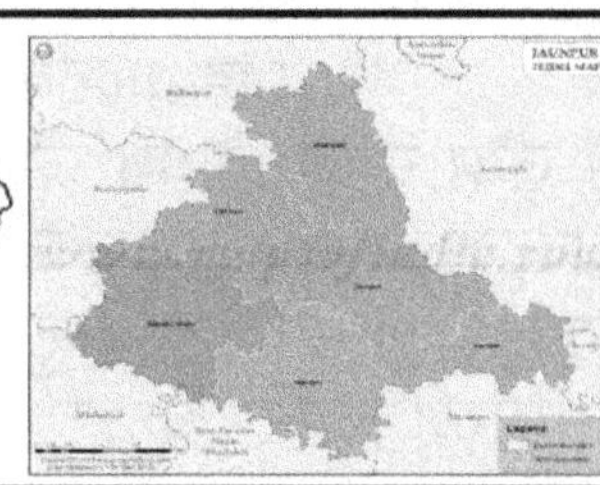

उत्तर प्रदेश और बिहार के सत्य अर्थ के जीवन्त प्रतीक

लव कुश सिंह "विश्वमानव"
(16 अक्टुबर 1967-)

आविष्कारकर्ता-मन (मानव संसाधन) का विश्व मानक एवं पूर्ण मानव निर्माण की तकनीकी
अगला दावेदार-भारत सरकार का सर्वोच्च नागरिक सम्मान-"भारत रत्न"

जन्म

सोमवार, 16 अक्टुबर, 1967 (आश्विन, शुक्त पक्ष-त्रयोदशी, रेवती नक्षत्र)

-भारत का मध्यम स्वतन्त्रता-आर्थिक व मानसिक स्वतन्त्रता का समय।

-भारत में एकदलीय सरकार।

-स्वामी विवेकानन्द के चिरशान्ति में लीन होने के 65 वर्ष 3 माह 11 दिन बाद का समय।

-लियोनिड (लियो-सिंह राशि) उल्काओं का अमेरिका में प्रथम बौछार के 10 माह 29 दिन बाद का समय।

-अंक 7 (दिनांक 16 का 1 व 6 जोड़ने पर)-एक ऐसा जन्मांक जो शुभ माना जाता है।

-दिनांक 16-एक ऐसा दिनांक जो माह के बीच में रहकर संतुलन स्थापित करता है।

-श्रीराम की जन्म तिथि नवमी (9) है, श्रीकृष्ण की जन्म तिथि अष्टमी (8) है। 9 के अंक का किसी अंक से गुणा करें, सारांश (अंको का योग) 9 ही रहता है। 8 का गुणा घटता-बढ़ता रहता है। अंक 8 लौकिक-संसारी है, 9 जटिल है जस का तस रहता है। डा0 लोहिया का कहना था-"राम मनुष्य हैं, मर्यादा और आदर्श पर चलते हुए देव बनते हैं, लेकिन कृष्ण देवता हैं। वे लोक संग्रह के लिए मनुष्य बनते हैं, देवत्व से नीचे उतरते हैं। राम और कृष्ण, भारतीय प्रज्ञा के सम्राट हैं।" इसी क्रम में लव कुश सिंह का जन्म तिथि त्रयोदशी (13) है। प्रत्येक मास में कृष्ण पक्ष की तेरहवीं तिथि की रात्रि मास शिवरात्रि तथा फाल्गुन मास की कृष्ण पक्ष की तेरहवीं तिथि की रात्रि महाशिवरात्रि कहलाती है। हिन्दू धर्म में मनुष्य के जन्म के बारहवीं तिथि के संस्कार को बरही तथा शरीर से मुक्त होने के तेरहवीं तिथि के अन्तिम संस्कार को तेरहवीं कहते हैं अर्थात् तेरह का अंक शिवशंकर का प्रतीक और दिन सोमवार जो शिव-शंकर का दिन माना जाता है।

-माह अक्टुबर-एक ऐसा माह जिसमें सार्वाधिक महापुरूषों और सार्वजनिक जीवन में सफल व्यक्तियों ने जन्म ग्रहण किया। जैसे-डा0 एनी वुड बेसेन्ट, अग्रणी थियोसोफिस्ट, (1 अक्टुबर), राष्ट्रपिता महात्मा गाँधी (2 अक्टुबर), "जय जवान-जय किसान" का नारा देने वाले व काशी क्षेत्र के निवासी भूतपूर्व द्वितीय प्रधानमंत्री लाल बहादुर शास्त्री (2 अक्टुबर), फिल्म अभिनेता राजकुमार (8 अक्टुबर), फिल्म अभिनेत्री रेखा (10 अक्टुबर), "सम्पूरण क्रान्ति" के उद्घोषक लोक नायक जय प्रकाश नारायण (11 अक्टुबर), नानाजी देशमुख व महानायक

फिल्म अभिनेता अमिताभ बच्चन (11 अक्टुबर), "मिसाइल मैन" के नाम से विख्यात पूर्व राष्ट्रपति ए. पी. जे. अब्दुल कलाम (15 अक्टुबर), "ड्रीम गर्ल" के नाम से विख्यात अभिनेत्री हेमामालिनी (16 अक्टुबर), अभिनेता शमशेर राजकपूर उर्फ शम्मी कपूर (21 अक्टुबर), भारत के पूर्व राष्ट्रपति के. आर. नारायणन (27 अक्टुबर), माइक्रोसाफ्ट के संस्थापक विलियम हेनरी गेट्स-।।। (28 अक्टुबर), भारत के शारीरिक एकीकरण करने वाले लौहपुरूष सरदार बल्लभ भाई पटेल (31 अक्टुबर) इत्यादि।

-माह अक्टुबर (विश्व स्तर पर) एक ऐसा माह जिसमें सार्वाधिक जीवन के विभिन्न क्षेत्रों से जुड़े विश्व दिवसों का आयोजन व निर्धारण हो चुका था-विश्व प्रौढ़ दिवस एवं विश्व संगीत दिवस (1 अक्टूबर), महात्मा गाँधी के जन्म दिवस पर अन्तर्राष्ट्रीय अहिंसा दिवस (2 अक्टूबर), विश्व प्राकृतिक दिवस (3 अक्टूबर), विश्व आवास दिवस एवं विश्व पशु कल्याण दिवस (4 अक्टूबर), विश्व पारिस्थितिक दिवस (5 अक्टूबर), विश्व शिक्षक दिवस (5 अक्टूबर), विश्व प्राणी दिवस (6 अक्टूबर), विश्व डाक दिवस (9 अक्टूबर), विश्व मानसिक स्वास्थ्य दिवस (10 अक्टूबर), विश्व मानक दिवस (14 अक्टूबर), विश्व खाद्य दिवस (16 अक्टूबर), विश्व मितव्ययिता दिवस (28 अक्टूबर)।

-माह अक्टुबर (भारत देश स्तर पर) एक ऐसा माह जिसमें सार्वाधिक जीवन के विभिन्न क्षेत्रों से जुड़े राष्ट्रीय दिवसों का आयोजन व निर्धारण हो चुका था। जैसे-राष्ट्रीय स्वैच्छिक रक्तदान दिवस व वयोबृद्ध दिवस (1 अक्टूबर), राष्ट्रीय अखण्डता दिवस (4 अक्टूबर), वायुसेना दिवस (8 अक्टूबर), प्रादेशिक सेना दिवस (9 अक्टूबर), सफेद छड़ी दिवस (15 अक्टूबर), सीमा सुरक्षा दिवस व पुलिस स्मरण दिवस (21 अक्टूबर), राष्ट्रीय एकता दिवस (31 अक्टूबर) इत्यादि।

-बिहार के बेगूसराय जिले के रिफाइनरी टाउनशिप में स्थित इण्डियन आयल कार्पोरेशन के अस्पताल में लव कुश सिंह का जन्म समय 02. 15 ए. एम. बजे। इनकी माता का नाम श्रीमती चमेली देवी तथा पिता का नाम श्री धीरज नारायण सिंह जो इण्डियन आयल कापरिशन लि0 (आई. ओ. सी. लि.) के बरौनी रिफाइनरी में कार्यरत थे और उत्पादन अभियंता के पद से सन् 1995 में स्वैच्छिक सेवानिवृत हो चुके हैं। दादा का नाम स्व. राजाराम व दादी का नाम श्रीमती दौलती देवी था। जन्म के समय दादा स्वर्गवासी हो चुके थे।

परिचय

अपने विशेष कला के साथ जन्म लेने वाले व्यक्तियों के जन्म माह अक्टुबर के सोमवार, 16 अक्टुबर 1967 (आश्विन, शुक्ल पक्ष-त्रयोदशी, रेवती नक्षत्र) समय 02.15 ए.एम. बजे को रिफाइनरी टाउनशिप अस्पताल (सरकारी अस्पताल), बेगूसराय (बिहार) में श्री लव कुश सिंह का जन्म हुआ और टाउनशिप के E1-53, E2-53, D2F-76, D2F-45 और साइट कालोनी के D-58, C-45 में रहें। इनकी माता का नाम श्रीमती चमेली देवी तथा पिता का नाम श्री धीरज नारायण सिंह जो इण्डियन आयल कापरिशन लि0 (आई.ओ.सी.लि.) के बरौनी रिफाइनरी में कार्यरत थे और उत्पादन अभियंता के पद से सन् 1995 में स्वैच्छिक सेवानिवृत हो चुके हैं। जो कि ग्राम-नियामतपुर कलाँ, पुरूषोत्तमपुर, मीरजापुर (उ0प्र0) पिन-231305 के निवासी हैं। दादा का नाम स्व.राजाराम व दादी का नाम श्रीमती दौलती देवी था। जन्म के समय दादा स्वर्गवासी हो चुके थे जो कभी कश्मीर के राजघराने में कुछ समय के लिए सेवारत भी थे। मार्च सन् 1991 में इनका विवाह चुनार क्षेत्र के धनैता (मझरा) ग्राम में शिव कुमारी देवी से हुआ और जनवरी सन् 1994 में पुत्र का जन्म हुआ। मई सन् 1994 में शिव कुमारी देवी की मृत्यु होने के उपरान्त वे लगभग घर की जिम्मेदारीयों से मुक्त रह कर भारत देश में भ्रमण करते हुये चिंतन व विश्वशास्त्र के संकलन कार्य में लग गये। किसी भी व्यक्ति का नाम उसके अबोध अवस्था में ही रखा जाता है अर्थात् व्यक्ति का प्रथम नाम प्रकृति प्रदत्त ही होता है। लव कुश सिंह नाम उनकी दादी स्व0 श्रीमती दौलती देवी के द्वारा उन्हें प्राप्त हुआ।

भारत देश के ग्रामीण क्षेत्र से एक सामान्य नागरिक के रूप में सामान्य से दिखने वाले श्री लव कुश सिंह एक अद्भुत नाम-रूप-गुण-कर्म के महासंगम हैं जिसकी पुनरावृत्ति असम्भव है। इनकी शिक्षा न्यू प्राइमरी स्कूल (प्राथमिक), रिफाइनरी टाउनशिप, बेगूसराय (बिहार), माधव विद्या मन्दिर इण्टरमीडिएट कालेज, पुरूषोत्तमपुर, मीरजापुर, उ0प्र0 (दसवीं-1981, 13 वर्ष 6 माह में), प्रभु नारायण राजकीय इण्टर कालेज, रामनगर,

वाराणसी, उ0प्र0 (बारहवीं-1983, 15 वर्ष 6 माह में) और बी.एससी.(जीव विज्ञान) में 17 वर्ष 6 माह के उम्र में सन् 1985 ई0 में तत्कालिन गोरखपुर विश्वविद्यालय से सम्बद्ध श्री हरिश्चन्द्र स्नातकोत्तर महाविद्यालय, वाराणसी से पूर्ण हुई। तकनीकी शिक्षा में कम्प्यूटर प्रोग्रामिंग एण्ड सिस्टम एनालिसिस में स्नातकोत्तर डिप्लोमा इण्डिया एजुकेशन सेन्टर, एम-92, कनाट प्लेस, नई दिल्ली से सन् 1988 में पूर्ण हुई। परन्तु जिसका कोई प्रमाण पत्र नहीं है वह ज्ञान अद्भुत है। अपने तीन भाई-बहनों व एक पुत्र में वे सबसे बड़े व सबसे कम प्रमाणित शिक्षा प्राप्त हैं। एक अजीब पारिवारिक स्थिति यह है कि प्रारम्भ निरक्षर माँ से होकर अन्त "विश्वशास्त्र" को व्यक्त करने वाले श्री लव कुश सिंह तक एक ही परिवार में हैं।

सभी धर्मशास्त्रों और भविष्यवक्ताओं के अनुसार और सभी को सत्य रूप में वर्तमान करने के लिए "विश्वशास्त्र" को व्यक्त करने वाले श्री लव कुश सिंह समय रूप से संसार के सर्वप्रथम वर्तमान में रहने वाले व्यक्ति हैं क्यूँकि वर्तमान की परिभाषा है-पूर्ण ज्ञान से युक्त होना और कार्यशैली की परिभाषा है-भूतकाल का अनुभव, भविष्य की आवश्यकतानुसार पूर्णज्ञान और परिणाम ज्ञान से युक्त होकर वर्तमान समय में कार्य करना। स्वयं को आत्म ज्ञान होने पर प्रकृति प्रदत्त नाम के अलावा व्यक्ति अपने मन स्तर का निर्धारण कर एक नाम स्वयं रख लेता है। जिस प्रकार "कृष्ण" नाम है "योगेश्वर" मन की अवस्था है, "गदाधर" नाम है "रामकृष्ण परमहंस" मन की अवस्था है, "सिद्धार्थ" नाम है "बुद्ध" मन की अवस्था है, "नरेन्द्र नाथ दत्त" नाम है "स्वामी विवेकानन्द" मन की अवस्था है, "रजनीश" नाम है "ओशो" मन की अवस्था है। उसी प्रकार लव कुश सिंह ने अपने नाम के साथ "विश्वमानव" लागाकर मन की अवस्था को व्यक्त किया है और उसे सिद्ध भी किया है। व्यक्तियों के नाम, नाम है "भोगेश्वर विश्वमानव" उसकी चरम विकसित, सर्वोच्च और अन्तिम अवस्था है जहाँ समय की धारा में चलते-चलते मनुष्य वहाँ विवशतावश पहुँचेगा ऐसा उनका मानना है। जिस प्रकार श्रीकृष्ण के जन्म से पहले ही ईश्वरत्व उन पर झोंक दिया गया था अर्थात् जन्म लेने वाला देवकी का आठवाँ पुत्र ईश्वर ही होगा, यह श्रीकृष्ण को ज्ञात होने पर जीवनभर वे जनभावना को उस ईश्वरत्व के प्रति विश्वास बनाये रखने के लिए संघर्ष करते रहे, उसी प्रकार इस "लव-कुश" का नाम उन्हें ज्ञात होने पर वे भी इसे सिद्ध करने के लिए जीवनभर संघर्ष करते रहे जिसका परिणाम आपके समक्ष है।

श्री लव कुश सिंह "विश्वमानव"ने कभी किसी पद पर सरकारी नौकरी नहीं की इस सम्बन्ध में उनका कहना था कि-"नौकरी करता तो यह नहीं कर पाता। पद पर रहता तो केवल पद से सम्बन्धित ही विशेषज्ञता आ पाती। वैसे भी पत्र-व्यवहार या पुस्तक का सम्बन्ध ज्ञान और विचार से होता हैं उसमें व्यक्ति के शरीर से क्या मतलब? क्या कोई लंगड़ा या अंधा होगा तो उसका ज्ञान-विचार भी लंगड़ा या अंधा होगा? क्या कोई किसी पद पर न हो तो उसकी सत्य बात गलत मानी जायेगी? विचारणीय विषय है। परन्तु इतना तो जानता हूँ कि यह आविष्कार यदि सीधे-सीधे प्रस्तुत कर दिया जाता तो सभी लोग यही कहते कि इसकी प्रमाणिकता क्या है? फिर मेरे लिए मुश्किल हो जाता क्योंकि मैं न तो बहुत ही अधिक शिक्षा ग्रहण किया था, न ही किसी विश्वविद्यालय का उच्चस्तर का शोधकत्र्ता था। परिणामस्वरूप मैंने ऐसे पद "कल्कि अवतार" को चुना जो समाज ने पहले से ही निर्धारित कर रखा था और पद तथा आविष्कार के लिए व्यापक आधार दिया जिसे समाज और राज्य पहले से मानता और जानता है।"

भारत अपने शारीरिक स्वतन्त्रता व संविधान के लागू होने के उपरान्त वर्तमान समय में जिस कत्र्तव्य और दायित्व का बोध कर रहा है। भारतीय संसद अर्थात् विश्वमन संसद जिस सार्वभौम सत्य या सार्वजनिक सत्य की खोज करने के लिए लोकतन्त्र के रूप में व्यक्त हुआ है। जिससे स्वस्थ लोकतंत्र, समाज स्वस्थ, उद्योग और पूर्ण मानव की प्राप्ति हो सकती है, उस ज्ञान से युक्त विश्वात्मा श्री लव कुश सिंह "विश्वमानव" वैश्विक व राष्ट्रीय बौद्धिक क्षमता के सर्वोच्च और अन्तिम प्रतीक के रूप में व्यक्त हैं।

निःशब्द, आश्चर्य, चमत्कार, अविश्वसनीय, प्रकाशमय इत्यादि ऐसे ही शब्द उनके और उनके शास्त्र के लिए व्यक्त हो सकते हैं। विश्व के हजारों विश्वविद्यालय जिस पूर्ण सकारात्मक एवं एकीकरण के विश्वस्तरीय शोध को न कर पाये, वह एक ही व्यक्ति ने पूर्ण कर दिखाया हो उसे कैसे-कैसे शब्दों से व्यक्त किया जाये, यह सोच पाना और उसे व्यक्त कर पाना निःशब्द होने के सिवाय कुछ नहीं है।

"विश्वशास्त्र" के शास्त्राकार श्री लव कुश सिंह "विश्वमानव" अपने परिचितों से केवल सदैव इतना ही कहते रहे कि-"कुछ अच्छा किया जा रहा है" के अलावा बहुत अधिक व्याख्या उन्होंने कभी नहीं की। और अन्त में कभी भी बिना इस शास्त्र की एक भी झलक दिखाये एकाएक यह शास्त्र प्रस्तुत कर दिया जाये तो इससे बड़ा आश्चर्य क्या हो सकता है। जो इस स्तर पर है कि-"विश्व बुद्धि बनाम एकल बुद्धि। और उसका परिणाम ये है कि भारत को वर्तमान काल में विश्वगुरू और संयुक्त राष्ट्र संघ तक के लिए सार्वभौम सत्य-सैद्धान्तिक स्थापना योग्य मार्गदर्शन अभी ही उपलब्ध हो चुका है जिससे भारत जब चाहे तब उसका उपयोग कर सके।

जो व्यक्ति कभी किसी वर्तमान गुरू के शरणागत होने की आवश्यकता न समझा, जिसका कोई शरीरधारी प्रेरणा स्रोत न हो, किसी धार्मिक व राजनीतिक समूह का सदस्य न हो, इस कार्य से सम्बन्धित कभी सार्वजनिक रूप से समाज में व्यक्त न हुआ हो, जिस विषय का आविष्कार किया गया, वह उसके जीवन का शैक्षणिक विषय न रहा हो, 50 वर्ष के अपने वर्तमान अवस्था तक एक साथ कभी भी 50 लोगों से भी न मिला हो, यहाँ तक कि उनको इस रूप में 50 आदमी भी न जानते हों, यदि जानते भी हो तो पहचानते न हों और जो पहचानते हों वे इस रूप को जानते न हों, वह अचानक इस शास्त्र को प्रस्तुत कर दें तो इससे बडा चमत्कार क्या हो सकता है।

जिस व्यक्ति का जीवन, शैक्षणिक योग्यता और कर्मरूप शास्त्र तीनों का कोई सम्बन्ध न हो अर्थात् तीनों तीन व्यक्तित्व का प्रतिनिधित्व करते हों, इससे बड़ी अविश्वसनीय स्थिति क्या हो सकती है।

मूल पाशुपत शैव दर्शन सहित अनेक मतों का सफल एकीकरण के स्वरूप श्री लव कुश सिह "विश्वमानव" के जीवन, कर्म और ज्ञान के अनेक दिशाओं से देखने पर अनेक दार्शनिक, संस्थापक, संत, ऋषि, अवतार, मनु, व्यास, व्यापारी, रचनाकर्ता, नेता, समाज निर्माता, शिक्षाविद्, दूरदर्शिता इत्यादि अनेक रूप दिखते हैं।

नये समाज के निर्माण का आधार

"आकाश शब्द मंय" अर्थात आकाश शब्द रूप में है। विचार ही आविष्कार का जन्मदाता है। फिर वही व्यापार का मूल होता है। आध्यात्म जगत हो या भौतिक जगत विचार द्वारा ही आविष्कार और व्यापार चल रहे हैं। आविष्कारकों के साथ निम्न विचार अवश्य जुड़ जाते हैं। उनके सत्य अर्थ को जानना आवश्यक है-

1. **"बहुत पहुँचे हुये हैं"** - इसका अर्थ होता है- पहला अन्तर्जगत के सम्बन्ध में - आध्यात्मिक सार्वभौम सत्य-सिद्धान्तों का अनुभव, दूसरा बाह्य जगत के सम्बन्ध में - उच्च पीठासीन राजनेता और धर्माचार्य से सम्बन्ध। जिससे कल्याण व स्वार्थ का कार्य सम्पन्न कर सकें। तीसरा कोई अर्थ नहीं होता।

2. **"दर्शन"** - इसका अर्थ होता है- पहला अन्तर्जगत के सम्बन्ध में - उनके सम्पूर्ण रूप जीवन, ज्ञान व कर्म को देखना, दूसरा बाह्य जगत के सम्बन्ध में - केवल शरीर, संसाधन और महिमामण्डन को देखना। तीसरा कोई अर्थ नहीं होता। दूसरे प्रकार के दर्शन से दर्शन करने वाले को कोई लाभ नहीं होता।

3. **"आशीर्वाद"** - इसका अर्थ होता है- पहला अन्तर्जगत के सम्बन्ध में - उनसे अपने कल्याणार्थ शब्द सुनना।, दूसरा बाह्य जगत के सम्बन्ध में - उनसे अपने कल्याण के लिए कार्य लेना या उनके ज्ञान को अपने कल्याण के लिए जीवन में उपयोग करना। तीसरा कोई अर्थ नहीं होता। पहले प्रकार के आशीर्वाद से आशीर्वाद लेने वाले को कोई लाभ नहीं होता।

अ. भौतिक जगत द्वारा आविष्कार और व्यापार

भौतिक जगत में जैसे ही कोई आविष्कार होता है वह व्यापार बन जाता है परन्तु आविष्कारक का जीवन व्यापार नहीं बन पाता है। केवल आविष्कारक का ज्ञान और उत्पाद ही व्यापार में परिवर्तित होता है। पुनः आविष्कारक के ज्ञान और उत्पाद पर आधारित अन्य आविष्कार भी होने लगते हैं जैसे- बिजली का आविष्कार हुआ तो बिजली का आविष्कार जिस सिद्धान्त से हुआ वह और उस पर आधारित अनेक आविष्कार जैसे बल्ब, मोटर, जेनरेटर, बैटरी इत्यादि अनेक आविष्कार हो गये और उस पर आधारित अनकों प्रकार के व्यापार विकसित हो गये। लेकिन आविष्कारक का जीवन व्यापार नहीं बन पाया। वर्तमान समय में भौतिक जगत ने इतने अधिक आविष्कार दिये हैं कि मनुष्य के जन्म के पूर्व से ही वह भौतिक आविष्कारों का उपभोक्ता बन चुका है। और यह क्रम जारी भी है। भौतिक आविष्कारों से मनुष्य को संसाधन प्राप्त होता है।

ब. आध्यात्म जगत द्वारा आविष्कार और व्यापार

आध्यात्म जगत में जैसे ही कोई आविष्कार होता है वह व्यापार बन जाता है जो आविष्कारक के जीवन, ज्ञान और कर्म से जुड़ा होता है। पुनः आविष्कारक के जीवन, ज्ञान और कर्म पर आधारित अन्य आविष्कार भी होने लगते हैं। जैसे - श्रीराम, श्रीकृष्ण, शिव-शंकर, बुद्ध, माँ वैष्णों देवी, सांई बाबा, विश्व के तमाम धर्म संस्थापकों के जीवन, ज्ञान व कर्म पर अनेकों व्यापार विकसित हो गये हैं। भारतीय आध्यात्म और दर्शन जगत ऐसे उदाहरणों से भरा हुआ है। वर्तमान समय में आध्यात्म जगत ने इतने अधिक आविष्कार दिये हैं कि मनुष्य के जन्म के पूर्व से ही वह आध्यात्मिक आविष्कारों द्वारा ही संचालित है। और यह क्रम जारी भी है। आध्यात्मिक आविष्कारों से मनुष्य को सुख व ईश्वरत्व की ओर विकास प्राप्त होता है।

सन् 2020 ई0

इस वर्ष की मुख्य विशेषता

तकनीकी के आविष्कार से दूरदर्शन के अनेक चैनल और अधिक क्षमता के कम्प्यूटर का भारत में व्यापक विस्तार और जनता के सम्पर्क में आना।

इन्टरनेट (INTERNET) का भारत में व्यापक विस्तार और जनता के सम्पर्क में आना।

मोबाइल (CELL PHONE) के स्थान पर अधिक क्षमता के स्मार्ट मोबाइल (SMART CELL PHONE) का भारत में व्यापक विस्तार और जनता के सम्पर्क में आना।

दूरदर्शन और इन्टरनेट नेटवर्क के व्यापक विस्तार से समाचार (NEWS CHANNEL), सामाजिक सम्पर्क (SOCIAL MEDIA), यू ट्यूब (YouTube.com), सर्च इंजन (google.com) और विचार व्यक्त करने और ज्ञान-सूचना पाने का व्यापक स्वतन्त्रता का विकास।

धार्मिक, राजनीतिक, सामाजिक और वैयक्तिक व्यवहार में उपरोक्त तकनीकी का व्यापक प्रयोग।

विचार व्यक्त करने की व्यापक स्वतन्त्रता के कारण प्रत्येक व्यक्ति ही विचारक बन गया परन्तु व्यष्टि (व्यक्तिगत) विचार और समष्टि (संयुक्त) विचार में अन्तर के ज्ञान का अभाव।

सन् 2020 ई0 को लेकर अनेक भविष्यवक्ताओं के विचार व्यक्त होने लगें थें और युग परिवर्तन तथा कल्कि महाअवतार के प्रकट होने के समय के रूप में देखा जाने लगा था।

युग का काल गणना भी विचार के केन्द्र में आ गई थी। कलियुग के सम्बन्ध में 4 लाख 32 हजार की अवधि की विचारधारा कमजोर पड़ने लगी थी क्योंकि उसके बहुत से शास्त्रीय और वैज्ञानिक आधार व्यक्त हाने लगें थें। “आर्य समाज” के संस्थापक स्वामी दयानन्द सरस्वती के अनुसार कलियुग की आयु 4 लाख 32 हजार की थी तो “अखिल विश्व गायत्री परिवार” के संस्थापक और “विचार क्रान्ति” के संचालक पं0 श्रीराम शर्मा आचार्य के अनुसार यह युग परिवर्तन का सन्धि काल था।

मनुष्य अपने आप में इतना संकुलित होकर स्वयं में स्वार्थी हो चुका था कि वह अपने आप को इस सार्वभौम सृष्टि से अलग सत्ता का समझने लगा था। वह यह भूल चुका था कि शरीर की कोशिका से लेकर सम्पूर्ण ब्रह्माण्ड तक एक ही शरीर है और सभी एक-दूसरे को प्रभावित करते हैं।

अन्य घटना क्रम

वर्ष 2020 ई0 में खगोलिय घटना: 6 ग्रहण (4 चंद्र ग्रहण, 2 सूर्य ग्रहण)

10 जनवरी 2020 चंद्र ग्रहण - ग्रहण का टाइम: रात 10 बजकर 37 मिनट से 11 जनवरी को 2 बजकर 42 मिनट कहां दिखाई देगा: भारत, यूरोप, अफ्रीक, एशिया और आस्ट्रेलिया।

5 जून 2020 चंद्र ग्रहण - रात्रि को 11 बजकर 15 मिनट से 6 जून को 2 बजकर 34 मिनट तक कहां दिखाई देगा: भारत, यूरोप, अफ्रीक, एशिया और आस्ट्रेलिया।

21 जून 2020 सूर्य ग्रहण - 21 जून की सुबह 9 बजकर 15 मिनट से दोपहर 15 बजकर 03 मिनट तक भारत, दक्षिण पूर्व यूरोप और एशिया। इस साल के सूर्य ग्रहण पर अधिकतर ज्योतिषियों की नजरें हैं क्योंकि यह ग्रहण मिथुन राशि में लगेगा। 21 जून को लगने वाले ग्रहण का सूतक काल 12 घंटे पहले ही लग जाएगा। इस साल पड़ने वाले ग्रहण बहुत महत्वपूर्ण माने जा रहे हैं। क्योंकि ज्योतिषियों के अनुसार इन ग्रहण से मिथुन राशि के जातकों पर विशेष प्रभाव पड़ेगा। उस समय कुल छह ग्रह वक्री होंगे जो अच्छा संकेत नहीं है। कहा जा रहा है कि ग्रहण के कारण ग्रहों की ऐसी स्थिति विश्व भर के लिए चिंताजनक मानी जा रही है।

5 जुलाई 2020 चंद्र ग्रहण - सुबह 08 बजकर 37 मिनट से 11 बजकर 22 मिनट तक अमेरिका, दक्षिण पूर्व यूरोप और अफ्रीका।

30 नवंबर 2020 चंद्र ग्रहण - दोपहर को 13 बजकर 02 मिनट से शुरू होगा और शाम 17 बजकर 23 मिनट तक भारत, अमेरिका, प्रशांत महासागर, एशिया और आस्ट्रेलिया।

14 दिसंबर 2020 सूर्यग्रहण - शाम को 19 बजकर 03 मिनट से 15 दिसंबर को 12 बजे सूर्यग्रहण भारत में नहीं दिखेगा, इसको प्रशांत महासागर।

वर्ष 2020 ई0 में प्राकृतिक घटना: कोरोना (COVID-19) वायरस से वैश्विक महामारी

कोरोना वायरस वायरस (COVID-19) एक संक्रामक रोग है जो एक नए खोजे गए कोरोना वायरस के कारण होता है।

COVID-19 के साथ बीमार पड़ने वाले अधिकांश लोग हल्के से मध्यम लक्षणों का अनुभव करेंगे और विशेष उपचार के बिना ठीक हो जाएंगे।

COVID-19 का कारण बनने वाला वायरस मुख्य रूप से एक संक्रमित व्यक्ति के खांसने, छींकने या बाहर निकलने पर उत्पन्न बूंदों के माध्यम से फैलता है। ये बूंदें हवा में लटकने के लिए बहुत भारी हैं और जल्दी से फर्श या सतहों पर गिर जाती हैं।

आप वायरस में सांस लेने से संक्रमित हो सकते हैं यदि आप किसी ऐसे व्यक्ति के करीब हैं जिसके पास COVID-19 है या दूषित सतह को छूकर और फिर आपकी आंखें, नाक या मुंह से।

चीन से शुरू हुआ यह महामारी COVID-19 ने जनवरी से अपना प्रभाव दिखाना शुरू किया और देखते ही देखते विश्व के 200 से उपर देशों और द्विप पर पहुँच गया। आज दिनांक 10 जून, 2020 को संयुक्त राज्य अमरीका 20,45,715 में लोग इससे प्रभावित हो गये थे, घटते क्रम में देशों और द्विप की सूची इस प्रकार है-

ब्राज़िल, रूसी संघ, ग्रेट ब्रिटेन और उत्तरी आयरलैंड का यूनाइटेड किंगडम, स्पेन, भारत, इटली, पेरू, जर्मनी, ईरान, तुर्की का गणतंत्र, फ्रांस, चिली, मेक्सिको, पाकिस्तान, सऊदी अरब, कनाडा, चीन, कतर, बांग्लादेश, बेल्जियम, दक्षिण अफ्रीका, बेलोरूस, नीदरलैंड, स्वीडन, इक्वेडोर, कोलम्बिया, संयुक्त अरब अमीरात, सिंगापुर, मिस्र, पुर्तगाल, कुवैट, इंडोनेशिया, स्विट्जरलैंड, यूक्रेन, पोलैंड, आयरलैंड, अर्जेंटीना, फिलीपींस, अफ़ग़ानिस्तान, रोमानिया, डोमिनिकन गणराज्य, इजराइल, ओमान, पनामा, जापान, ऑस्ट्रिया, बहरीन, बोलीविया, इराक, आर्मीनिया, नाइजीरिया, कजाखस्तान, डेनमार्क, सर्बिया, कोरिया, एलजीरिया, घाना, मोलदोवा, कैमरून, नॉर्वे, मोरक्को, मलेशिया, आज़रबाइजान, ग्वाटेमाला, ऑस्ट्रेलिया, फिनलैंड, होंडुरस, सूडान, तजाकिस्तान, उज़्बेकिस्तान, सेनेगल, जिबूती, कांगो, गिन्नी, लक्समबर्ग, हंगरी, कोटे डी आइवर, हैती, गैबॉन, मैसेडोनिया, एल साल्वाडोर, थाईलैंड, यूनान, केन्या, बुल्गारिया, बोस्निया और हर्जेगोविना, वेनेजुएला, सोमालिया, इथियोपिया, क्रोएशिया, क्यूबा,

मैयट, किर्गिज़स्तान, एस्तोनिया, मालदीव, श्री लंका, केंद्रीय अफ्रीकन गणराज्य, आइसलैंड, लिथुआनिया, दक्षिण सूडान, माली, स्लोवाकिया, न्यूजीलैंड, स्लोवेनिया, निकारागुआ, गिनी-बिसाऊ, कोस्टा रिका, लेबनान, भूमध्यवर्ती गिनी, अल्बानिया, जाम्बिया, परागुआ, मॉरिटानिया, मेडागास्कर, हॉगकॉग, लातविया, ट्यूनीशिया, सियरा लिओन, नाइजर, साइप्रस, बुर्किना फासो, अंडोरा, उरुग्वे, जॉर्डन, चाड, जॉर्जिया, फ्रेंच गयाना, कांगो, सैन मैरीनो, युगांडा, माल्टा, जमैका, काबो वर्डे, यमन, साओ टोमे और प्रिंसिपे, तंजानिया, जाना, फिलिस्तीन, रवांडा, मलावी, मोजाम्बिक, ताइवान, लाइबेरिया, इस्वातीनी, लीबिया, मॉरीशस, मैन द्वीप, वियतनाम, मोंटेनेग्रो, जिम्बाब्वे, बेनिन, म्यांमार, मार्टीनिक, मंगोलिया, केमैन टापू, जिब्राल्टर, ग्वाडेलोप, गुयाना, सीरियाई, कोमोरोस, बरमूडा, ब्रुनेई दारुस्सलाम, सूरीनाम, कंबोडिया, त्रिनिदाद और टोबैगो, बहामा, अरूबा, मोनाको, अंगोला, बारबाडोस, बुरुन्दी, लिकटेंस्टीन, सिंट मार्टेन (डच भाग), फ्रेंच पॉलीनेशिया, भूटान, मकाओ, बोत्सवाना, संत मार्टिन, इरिट्रिया, नामीबिया, गाम्बिया, संत विंसेंट अँड थे ग्रेनडीनेस, अंतिगुया और बार्बूडा, तिमोर- लेस्ते, ग्रेनेडा, न्यू कैलेडोनिया, बेलीज, सेंट लूसिया, लाओस, डोमिनिका, फ़िजी, संत किट्ट्स और नेविस, ग्रीनलैंड, तुर्क्स और कैकोज़ द्वीपसमूह, पवित्र देखो, मोंटेसेराट, सेशेल्स, पश्चिमी सहारा, पापुआ न्यू गिनी, लिसोटो, एंगुइला

प्रत्येक देश में इसका प्रभाव बढ़ता ही जा रहा था और मरने वालों की संख्या बढ़ती ही जा रही थी। अभी तक इसे रोकने के लिए कोई कारगर वैक्सीन नहीं खोजा गया था, खोज जारी थी। समस्या को देखते हुए कई देशों ने अपने प्रभावित शहरों को LOCKDOWN (अपने घरों में रहने और व्यापारीक गतिविधि को बन्द रखने का आदेश) देना पड़ा।

भारत में भी 25 मार्च से एका-एक 4 घंटें के समयान्तराल में LOCKDOWN घोषित कर दिया गया, यातायात के साधन रेल, बस, हवाई जहाज के घरेलू और अन्तर्राष्ट्रीय उड़ानें बन्द कर दी गईं। जो भी नागरिक जहाँ जिस कार्य के गया लिए था वो वहीं कैद हो गया। दैनिक मजदूर (प्रतिदिन कमाने-खाने वाले) काम बन्द होने से भूखमरी के शिकार होने लगें। लाखों मजदूर भारत के विभिन्न प्रदेशों से अपने गाँव की ओर पैदल यात्रा पर ही निकल लियें जिसमें अनेकों की मौत भी हुयी। रास्ते में निवासियों ने मानवता दिखाते हुये उनके भोजन-पानी को भी उपलब्ध कराये।

वर्ष 2020 ई0: सार्वभौम एकात्मता-मानवता का सन्देश

वर्ष 2020 ई0 का खगोलिय सन्देश

ग्रहों के सम्मिलन व समय के योग से ज्योतिष विज्ञान काल परिवर्तन और नये युग की शुरुआत तथा ईश्वर के अवतरण की सूचना का प्रतीक मानता है। तो वर्तमान, विज्ञान उसे मात्र एक ब्रह्माण्डीय घटना मानता है।

उपरोक्त घटनाएं एवं संयोग विश्व, भारत, अन्तर्राष्ट्रीय, राज्य, समाज, परिवार और व्यक्ति सहित विज्ञान और धर्म क्षेत्र के समक्ष व्यक्त थी परन्तु वह एक-एक कर घटित होती गयी और वह इतिहास बन गयी। सभी घटनाएं अलग-अलग क्षेत्रों के समक्ष अलग-अलग रुप में ज्ञान में थी, न कि एक साथ। परिणामस्वरुप कोई भी परिणाम विश्व, भारत, राज्य, अन्तर्राष्ट्रीय, समाज, परिवार, व्यक्ति, विज्ञान व धर्म क्षेत्र देने में सक्षम नहीं था अर्थात् वह इन घटनाओं से पूर्ण मुक्त था।

खगोल व ज्योतिष विज्ञान के अनुसार- उपरोक्त घटनायें युग की समाप्ति और भगवान के अवतरण के समय का सूचक होती हैं। वर्तमान कलियुग की आयु 4,32,000 वर्ष मानी गयी है। जिसका प्रारम्भ 18 फरवरी 3102 ई0 पू0 माना जाता है।

सर्वज्ञपीठम् कालीमठ, वाराणसी के स्वामी ब्रह्मानन्द नाथ सरस्वती के अनुसार- ग्रहण से उत्पादित पुण्य से कलियुग का 10,000 वर्ष आयु कम हो जाता है। (देखें-"अमर उजाला" इलाहाबाद संस्करण, दिनांक-11-08-1999 पूर्ण सूर्यग्रहण के अवसर पर प्रकाशित) और 821 वर्ष कलियुग का शेष रहने पर कल्कि अवतार का अवतरण माना गया है। इस प्रकार कलियुग का व्यतीत कुल वर्ष 5102 वर्ष हुआ और यदि कल्कि

अवतार अभी होता है तो कलियुग के कुल आयु 4,32,000 में से 5102+821 वर्ष घटकर 4,26,071 वर्ष ग्रहण द्वारा उत्पादित पुण्य से समाप्त हो जाने चाहिए। जिसके लिए 43 ग्रहण की आवश्यकता है। खगोल वैज्ञानिकों का ऐसा अनुमान है कि वर्ष में सूर्यग्रहण की स्थिति 2 से 5 बार तक आती है। कलियुग के व्यतीत वर्ष 5102 वर्षों में क्या 43 ग्रहण नहीं आये होंगे? जबकि 20 मार्च 2015 तक 14 सूर्यग्रहण हुये। यदि यह माना जाय तो ग्रहण से उत्पन्न पुण्य सिर्फ भारत में ही होता है तो क्या 5102 वर्षों के दौरान भारत में 43 ग्रहण नहीं हुये होंगे? जबकि चन्द्रग्रहण से उत्पादित पुण्य से कलियुग की आयु कम होना अलग है। इस प्रकार देखने पर कलियुग की आयु लगभग समाप्त हो चुकी है।

16 जुलाई 2000 गुरुपूर्णिमा के दिन पूर्ण चन्द्रग्रहण और 5 जुलाई 2001 को अंश चन्द्रग्रहण गुरुओं के लिए प्रकाशमय पूर्णिमा नहीं बल्कि अन्धकारमय अमावस्या था। क्योंकि एक ओर यह पूर्ण चन्द्रग्रहण 13 अगस्त 1859 के बाद हुआ जो अब यह सन् 3000 के बाद ही होगा तो गुरु पूर्णिमा के पावन अवसर पर ही हुआ। जो मात्र व्यष्टि गुरुओं के भरमार का प्राकृतिक रुप से विरोध का सूचक था।

वर्ष 2020 ई0 का प्राकृतिक सन्देश

कोरोना (COVID-19) वायरस से वैश्विक महामारी ने अपने-अपने देशों के सरकार और समाज की व्यवस्था को सार्वजनिक रूप से व्यक्त करने का कार्य किया। इस घटना ने व्यक्ति और शासन को सन्देश दिया कि मनुष्य को प्रकृति के समन्वय के साथ चलना चाहिए। जब भी प्रकृति के तीन गुण – सत्व, रज और तम में से रज और तम की शक्ति अधिक हो जाती है तब प्रकृति अपना सन्तुलन बनाने के लिए सत्व गुण से हस्तक्षेप करने में सक्षम है और यह हस्तक्षेप बिना किसी भेद-भाव के एक समान रूप से प्रभावी होता है। इस हस्तक्षेप में धर्म-जाति, रंग, महिला-पुरूष, उम्र इत्यादि से कोई मतलब नहीं होता। स्पष्ट रूप से सार्वभौम सत्य-सिद्धान्त के अनुसार कार्य होता है जो ईश्वरीय सिद्धान्त है।

वर्ष 2020 ई0 का सार्वभौम सन्देश

भारतीय आध्यात्म दर्शन में शिव-शक्ति, प्रकृति-पुरूष, क्रिया-कारण का सर्वोच्च विचार है जो अन्तिम रूप से उच्चतम भी है। देवी का स्थान प्रकृति/ शक्ति/ क्रिया को प्राप्त है और देवता का स्थान शिव/ पुरूष/ कारण को प्राप्त है । प्रकृति/ शक्ति/ क्रिया के प्रभाव क्षेत्र के अनुसार अनेक देवीयाँ भारत में सर्वत्र हैं। प्रकृति द्वारा प्रभावी महामारी को भारतीय हमेशा दैवी प्रकोप और उनकी नाराजगी का ही परिणम मानते हैं। समय कल्कि अवतार के अवतरण का है तो उनकी शक्ति प्रकृति के भी अवतरण का समय है जिन्हें कल्कि देवी के रूप में जाना जाता है, भारतीय दर्शन की दृष्टि में कोरोना, कल्कि देवी का अस्त्र (कोरोनास्त्र) है जिससे मानव को सन्देश देने का प्रयत्न है। इस माध्यम से वर्ष 2020 ई0 का सार्वभौम सन्देश व्यक्ति, समाज और सरकार को यह है कि-

1. व्यक्ति स्वयं को इस ब्रह्माण्ड का स्वतन्त्र ईकाइ न समझें, वह एक ही सार्वभौम सत्य-सिद्धान्त से इस पृथ्वी पर शरीर धारण किया है और उसी सिद्धान्त से हार कर शरीर का त्याग भी करेगा, इसके अलावा कोई रास्ता नहीं।
2. समाज (व्यक्तियों का समूह) स्वयं को धर्म-जाति, रंग, महिला-पुरूष, उम्र इत्यादि की भावना से मुक्त होकर अन्य समूह को देखें और आवश्यकता पड़ने पर सहायता के लिए तैयार रहें। रहन-सहन की पद्धति संस्कृति है जो थोपा नहीं जा सकता, व्यक्ति की स्वतन्त्रता है कि वो कैसे रहे, बस उसे यह ध्यान रहना चाहिए कि उसके कारण अन्य को परेशानी तो नहीं हो रही है। संस्कृति को थोपना कट्टरता है।
3. राजतन्त्र में राजा और लोकतन्त्र में सत्ता, प्रजा-जनता का अभिभावक होता है ना कि उस पर शासन करने वाला, यदि ऐसा है तो निश्चित रूप से जानना चाहिए कि वह राजा या सत्ता मानवतावादी नहीं। राजा या सत्ता को

सदैव प्रजा-जनता केन्द्रित होना चाहिए क्योंकि ये पारिवारिक, सामाजिक, सांगठनिक, व्यापारिक, राज्य और सत्ता एक वृक्ष के समान हैं और वृक्ष के जड़ में खाद-पानी देने से सभी व्यवस्थायें सुद्दढ़ रहती हैं।

4. व्यक्ति और सरकार को सार्वभौम सत्य-सिद्धान्त का ही मार्ग अपना कर अपने व्यवस्थाओं को सुद्दढ़ करना चाहिए तभी दोनों एक-दूसरे के लिए सहयोगी बनकर राष्ट्र निर्माण में सहायक हो सकते हैं।
5. व्यक्ति को वैश्विक ज्ञान से युक्त करना आवश्यक और "वैश्विक सोच-स्थानीय कार्यवाही" की भावना से जीवन-यापन के लिए निर्माण की आवश्यकता है।

Think Globally - Act Locally
वैश्विक सोच - स्थानीय कार्यवाही

वर्ष 2020 ई0 का अवतारी सन्देश

किसी भी युग में अवतार, महापुरूष, संत या किसी भी व्यक्ति के गुण को सीधे देखकर पहचानने की क्षमता किसी भी व्यक्ति के अन्दर नहीं रही है। उस व्यक्ति को, स्वयं के अपने गुणों को ज्ञान, कर्म, जीवन के माध्यम द्वारा व्यक्त करना होता है। उसके बाद ही कुछ लोग उन्हें पहचानते हैं और उनके साथ एक-दूसरे के सदुपयोग के लिए साथ आते रहे हैं। प्राचीन समय में यह कार्य बहुत कठिन होता था इसके लिए वे अनेक प्रकार के आयोजन करते थे।

वर्तमान युग में भी अनेक प्रकार के आयोजन जैसे-सेमिनार, सम्मेलन, प्रदर्शनी, मेले, परीक्षाएँ, प्रतिस्पर्धा इत्यादि द्वारा अपनी योग्यता प्रदर्शित किये जाते हैं। परन्तु यह सब समय लेने वाला है और आम नागरिक के योग्यता को व्यक्त करने का माध्यम नहीं बन पाता। दुनिया बहुत तेज हो चुकी है। ऐसे में किसी विशेष कार्य के लिए कोई भी संस्था/व्यक्ति/योजना संचालक शीघ्रता से अपने कार्य के लिए योग्य व्यक्ति से जुड़ना चाहता है। सीधे व्यक्ति से व्यक्ति के सम्बन्धित होने, परिचय बनाने के कार्य में मनुष्य जीवन इतना छोटा है कि वह एक सिमित दायरे तक ही रह जाता है। व्यापक दायरे तक जाने के लिए व्यक्ति का निराकार रूप विचार-गुण-योग्यता को ही प्रकाशित करना होता है।

ईश्वर (सार्वभौम सत्य-सिद्धान्त) के सत्व गुण प्रधान (ब्रह्मा) के पूर्णावतार

- **श्रीराम** (आदर्श व्यक्तिगत मानव) के धर्म (आध्यात्मिक सत्य) स्थापना का कारण शारीरिक था,

ईश्वर (सार्वभौम सत्य-सिद्धान्त) के रज गुण प्रधान (विष्णु) के पूर्णावतार

- **श्रीकृष्ण** (आदर्श सामाजिक मानव) के धर्म (आध्यात्मिक सत्य) स्थापना का कारण आर्थिक था,

ईश्वर (सार्वभौम सत्य-सिद्धान्त) के तम गुण प्रधान (शंकर) के पूर्णावतार

- **श्रीकल्कि** (आदर्श वैश्विक मानव) के धर्म (आध्यात्मिक सत्य) स्थापना का कारण मानसिक था।

गुरु के सम्बन्ध में स्वामी विवेकानन्द जी कहते हैं-"हम गुरु के बिना कोई ज्ञान प्राप्त नहीं कर सकते। अब बात यह है कि यदि मनुष्य, देवता अथवा कोई स्वर्गदूत हमारे गुरु हो, तो वे भी तो ससीम हैं, फिर उनसे पहले

उनके गुरु कौन थे? हमें मजबूर होकर यह चरम सिद्धान्त स्थिर करना ही होगा कि एक ऐसे गुरु हैं जो काल के द्वारा सीमाबद्ध या अविच्छिन्न नहीं हैं। उन्हीं अनन्त ज्ञान सम्पन्न गुरु को, जिनका आदि भी नहीं और अन्त भी नहीं, ईश्वर कहते हैं। (राजयोग, रामकृष्ण मिशन, पृष्ठ-134)

वर्तमान समय में व्यक्ति (व्यष्टि) के गुरुओं की भरमार है परन्तु समाज (समष्टि) के गुरु का पूर्ण अभाव है। वह वही है जो वर्तमान और भविष्य की वैश्विक आवश्यकता-वर्तमान व्यवस्थानुसार विश्व-शान्ति-एकता-स्थिरता-विकास-सुरक्षा के लिए प्रबन्ध का माडल दे सकें, साथ ही पूर्ण मानव, स्वस्थ समाज, स्वस्थ लोकतन्त्र और स्वस्थ उद्योग की प्राप्ति का आधारशिला रख फल रुप में विश्वव्यापी पूर्ण एकात्म करें। वर्तमान समय और कुछ भी नहीं अनन्तज्ञान सम्पन्न गुरु निष्कलंक कल्कि अवतार का ही समय है जिसका रुप समष्टि गुरु का ही रुप है। उसका समस्त कार्य उपरोक्त सार्वाधिक खगोलीय घटनाओं की अवधि में ही सम्पन्न हुआ है। जिसके सम्बन्ध में सन् 1996 में ही हालैण्ड निवासी भविष्यवक्ता मि0 क्राइसे ने स्पष्ट कहा था कि-"मैं भारत में एक महापुरुष को स्पष्ट रुप से देख रहा हूँ जो विश्व के लिए योजनाएँ बना रहा है।" भारतीय आध्यात्म के अनुसार भी पूर्ण ब्रह्मावतार पूर्ण सत्व गुण रूप श्रीराम तथा पूर्ण विष्णु अवतार पूर्ण रज गुण रूप श्रीकृष्ण हो चुके हैं। अभी जो शेष थे वह हैं-पूर्ण शिव-शंकर अवतार पूर्ण तम गुण रूप। यही अन्तिम निष्कलंक कल्कि अवतार हैं। शिवगुरु हैं, कल्याण स्वरुप हैं और जब तक इनका आगमन नहीं हुआ था तब तक नेता, वर्तमान व्यष्टि गुरु, चिन्तक इत्यादि का भारत और विश्व का कल्याण कर देने का प्रयत्न निष्फल, भ्रमात्मक और समय गवाने वाला ही था। हमें शिव-शंकर के पूर्ण प्रेरक पूर्णावतार के रुप में व्यक्त लव कुश सिंह "विश्वमानव" द्वारा व्यक्त कर्मों पर चिन्तन और समर्पण करना चाहिए और समर्पण करना ही पड़ेगा।

ईश्वरीय समाज

मनुष्य, अपने कर्मों का फल तुरन्त या इसी जीवन में चाहता है। अवतार, संत, महापुरूष गण प्रेरणा प्रदान करने के लिए अनेक कर्म उत्पन्न कर देते हैं। उसमें से एकाध कर्म स्वयं के लिए रखते हैं क्योंकि जीवन के समय को व्यतीत करने के लिए कुछ कर्म चाहिए होते हैं। "कर्म किये बिना कोई रह नहीं सकता"- ये श्रीकृष्ण की वाणी है। अप्रत्यक्ष कर्म (प्रेरणा या मार्गदर्शन) अन्य जिनके लिए उपयोगी हों, उनके लिए होता है। वो उसे करें ना करें अवतार, संत, महापुरूष गण को कोई मतलब नहीं होता। जिस प्रकार सूर्य के प्रकाश के भिन्न-भिन्न उपयोग हैं उसी प्रकार शास्त्र के भी भिन्न-भिन्न उपयोग होते हैं। कोई राजनीति करता है, कोई ज्ञानी बनता है, कोई समाज निर्माण करता है, कोई पुनः व्याख्या कर गुरू बन जाता है। और इन सबसे शास्त्राकार को कोई मतलब नहीं होता जिस प्रकार सूर्य के प्रकाश का उपयोग कर लेने से सूर्य को कोई मतलब नहीं होता।" अर्थात मनुष्य पेड़ लगाता है स्वंय फल खाने की इच्छा से जबकि ईश्वर और उनके अवतार पेड़ लगाते हैं दूसरों के लिए।

ईश्वरीय समाज कोई संगठन नहीं है बल्कि यह मानव जीवन के व्यष्टि व समष्टि क्षेत्र के अनेक विषयों की ओर से ईश्वर (सार्वभौम सत्य-सिद्धान्त) से योग कराने के लिए प्रणाली का विस्तार है जिससे वे किसी भी संस्थागत धर्म/समाज से जुड़े होने के बावजूद भी सीधे ईश्वर (सार्वभौम सत्य-सिद्धान्त) से जुड़ सकें। ज्ञान के इस युग और उसी ओर बढ़ते काल क्रम में ज्ञान-कर्मज्ञान मनुष्य की विवशता है। ईश्वरीय समाज पूरी स्वतन्त्रता के साथ मनुष्य को सिर्फ "जानने के लिए" सिद्धान्त के लिए कार्य करता है न कि "मानने के लिए"। इसके लिए कुछ प्रणाली निम्नवत् हैं-

अ. ज्ञान से जुड़ा व्यापार - नयी प्रणाली और व्यापार

01. भारतीय आध्यात्म एवं दर्शन आधारित स्वदेशी विपणन प्रणाली: 3-एफ (3-F: Fuel-Fire-Fuel)
02. कार्पोरेट विश्वमानक मानव संसाधन विकास प्रशिक्षण
    (Corporate World Standard Human Resources Development Training)
03. विश्व राजनीति पार्टी संघ (World Political Party Organisation - WPPO)
04. नयी पीढ़ी के लिए नया विषय - ईश्वर शास्त्र, मानक विज्ञान, एकात्म विज्ञान
05- विश्वशास्त्र पर आधारित आडियो-विडियो
06. मनोरंजन - नयी प्रणाली और व्यापार
    01. फिल्म
    02. टी0 वी सिरियल
    03. गीत

ब. जीवन से जुड़ा व्यापार - रियल स्टेट - नयी प्रणाली और व्यापार

01. "सत्यकाशी महायोजना" (वाराणसी-विन्ध्याचल-शिवद्वार-सोनभद्र के बीच का क्षेत्र)
02. डिजिटल प्रापर्टी और एजेन्ट नेटवर्क (Digital Property & Agent Network)

स. कर्म से जुड़ा व्यापार - नयी प्रणाली और व्यापार

01. उत्पाद ब्राण्ड
02. कैलेण्डर
03. शिक्षा ब्राण्ड् - सत्य मानक शिक्षा (परियोजना पुनर्निर्माण- PROJECT RENEW)
04. राष्ट्र निर्माण के पुस्तक

"ईश्वरीय समाज" निर्माण की कार्यवाही (ACTION PLAN) आधारित पुस्तकें

व्यक्ति (व्यष्टि) से राष्ट्र (समष्टि) तक के सत्यीकरण और पूर्ण निर्माण के लिए विभिन्न विषयों पर छोटी पुस्तिकाएँ। काल, मनवन्तर, युग, शास्त्र परिवर्तन और अनिर्वचनीय कल्कि महाअवतार भोगेश्वर श्री लव कुश सिंह "विश्वमानव" के अवतरण से राष्ट्र निर्माण से सम्बन्धित अनेक पुस्तक-पुस्तिकाओं का मार्ग मिल गया है जिससे "पावर और प्राफिट" की ओर बढ़ गये मनुष्यता को मस्तिष्क के विकास को ओर भी विकास का मार्ग उपलब्ध होगा।

130 करोड़ की जनसंख्या वाला भारत देश में हिन्दी भाषी जनसंख्या 70 करोड़ है। और लाल किताब - पीला किताब, धर्म ग्रन्थ इत्यादि बिकते रहते हैं। और वो किताब जिसे "विश्वशास्त्र" कहा जा रहा है जो एक काल, मनवन्तर, युग परिवर्तन से लेकर विश्व सरकार के गठन तक का मार्गदर्शन से युक्त हो जो व्यक्ति के पूर्ण ज्ञान, पूर्ण शिक्षा पाठ्यक्रम सहित नीति आयोग तक के लिए उपयोगी है। "विश्वशास्त्र" त्रिलोक के अदृश्य कल्पना/कथा नहीं बल्कि इस लोक के व्यावहारिक ज्ञान का शास्त्र है। सभी शिक्षा एक तरफ, "विश्वशास्त्र" एक तरफ। सभी पुस्तक-शास्त्र एक तरफ, "विश्वशास्त्र" एक तरफ। हर घर का शान और प्राण "विश्वशास्त्र", धरती के नागरिक का जीवनशास्त्र "विश्वशास्त्र", स्वर्ण युग का शास्त्र "विश्वशास्त्र" की स्थिति है।

भारत में हिन्दी भाषा जानने वालों की स्थिति ये है- 1. बिहार (जनसंख्या-, 103,804,637 साक्षरता - 63.82 प्रतिशत), 2. छत्तीसगढ़ (जनसंख्या-25,540,196, साक्षरता - 71.04 प्रतिशत), 3. हरियाणा (जनसंख्या-25,353,081, साक्षरता - 76.64 प्रतिशत), 4. हिमाचल प्रदेश (जनसंख्या- 6,856,509, साक्षरता - 83.78 प्रतिशत), 5. झारखण्ड (जनसंख्या- 32,966,238, साक्षरता - 67.63 प्रतिशत), 6. मध्य प्रदेश (जनसंख्या- 72,597,565, साक्षरता - 70.63 प्रतिशत), 7. महाराष्ट्र (जनसंख्या- 112,372,972, साक्षरता - 82.91 प्रतिशत), 8. पंजाब (जनसंख्या- 27,704,236, साक्षरता - 76.68 प्रतिशत), 9. राजस्थान (जनसंख्या- 68,621,012, साक्षरता - 67.06 प्रतिशत), 10. उत्तर प्रदेश (जनसंख्या- 199,581,477, साक्षरता - 69.72 प्रतिशत), 11. उत्तराखण्ड (जनसंख्या-10,116,752, साक्षरता - 79.63 प्रतिशत), 12. पश्चिम बंगाल (जनसंख्या- 91,347,736, साक्षरता - 77.08 प्रतिशत), 13. चण्डीगढ़ (जनसंख्या- 1,054,686, साक्षरता - 86.43 प्रतिशत), 14. दिल्ली (जनसंख्या- 16,753,235, साक्षरता - 86.34 प्रतिशत)

हमारे द्वारा राष्ट्र निर्माण श्रृंखला से सम्बन्धित व्यक्ति के बौद्धिक विकास के लिए बस स्टेशन व रेलवे स्टेशनों, प्रदर्शनी, स्टाल, सीधे स्कूल-कालेज से विक्रय होने वाली "विश्वशास्त्र" पर आधारित निम्नलिखित समझ पर केन्द्रित अनेक पुस्तिका विक्रय करने के लिए उपलब्ध है। जिसे विद्यार्थी को संग्रह करने और इस रूप में प्राप्त करना असंभव है।

"आध्यात्मिक सत्य एवं दार्शनिक विरासत" के आधार पर "काल, मनु ,युग, व्यास, शास्त्र परिवर्तन", "मन में अन्तर (मनवन्तर) को समाप्त करने और मन के नवीनीकरण" के लिए "सार्वभौम सत्य-सिद्धान्त" पर आधारित "विश्वशास्त्र - द नालेज आफ फाइनल नालेज" शास्त्र को The Knowledge Equalizer के रूप में निम्नलिखित शीर्षक में 64 भागों में प्रकाशित किया कर दिया गया जिसमें परिचय, ज्ञान, कर्मज्ञान कार्यवाही योजना इत्यादि सभी कुछ हैं-

भाग के अनुसार

01. विश्वशास्त्र - विषय-प्रवेश
02. विश्वशास्त्र - अध्याय-एक: ईश्वर
03. विश्वशास्त्र - अध्याय-दो: जीवन परिचय
04. विश्वशास्त्र - अध्याय-तीन: ज्ञान परिचय
05. विश्वशास्त्र - अध्याय-चार: कर्म परिचय (सार्वजनिक प्रमाणित दृश्य महायज्ञ)

06. विश्वशास्त्र - अध्याय-पाँच (भाग - 01): सार्वजनिक प्रमाणित विश्वरूप
07. विश्वशास्त्र - अध्याय-पाँच (भाग - 02): सार्वजनिक प्रमाणित विश्वरूप
08. विश्वशास्त्र - परिशिष्ट

मुख्य शास्त्र

01. विश्वशास्त्र - द नालेज आफ फाइनल नालेज

सारांश के अनुसार

02. मैं सत्यकाशी से कल्कि महावतार बोल रहा हूँ (समष्टि गीता - यथार्थ प्रकाश)

शीर्षक के अनुसार

03. विश्वस्तरीय फिल्म लेखन कला
04. प्रारम्भिक सत्य - अन्तिम दृष्टि
05. सत्य धर्म - युग परिवर्तक दृष्टि
06. सत्य दार्शनिक-दर्शन और कर्म वेदान्त-विकास दर्शन
07. सत्य शास्त्र एवं पुराण रहस्य-महर्षि व्यास कला
08. संत एवं गुरू और विश्व संत एवं गुरू
09. समाज और ईश्वरीय समाज
10. सत्य शास्त्र और विश्वशास्त्र
11. कृति और विश्व कृति
12. भारत माता मन्दिर और विश्वधर्म मन्दिर
13. महाभारत और विश्वभारत
14. संविधान और विश्व संविधान
15. शिक्षा और पूर्ण शिक्षा
16. देवता और सार्वभौम देवता कल्कि
17. देवीयाँ और सार्वभौम देवी माँ क्ल्कि
18. द्वादश ज्योतिर्लिंग और 13वां अन्तिम ज्योतिर्लिंग
19. काशी - मोक्षदायिनी और जीवनदायिनी
20. सत्यकाशी - स्वर्णयुग का तीर्थ
21. काशी - रहस्योद्घाटन
22. 2020 - मन का नवीनीकरण
23. ईश्वर का संक्षिप्त इतिहास
24. अवतार - अन्तिम सत्य दृष्टि
25. भविष्यवाणियाँ और कल्कि अवतार
26. स्वामी विवेकानन्द और कल्कि अवतार
27. मनु, मनवन्तर और कल्कि महावतार
28. व्यास, शास्त्र और कल्कि महावतार
29. ऋषि, ऋषि परम्परा और कल्कि महावतार
30. दूसरा आगमन या अन्तिम आगमन

31. परिवर्तन-काल, मनु, युग, व्यास और शास्त्र
32. राम, रावण और सार्वभौम एकात्म
33. मैं, व्यक्तिगत या सार्वभौम
34. लव कुश (त्रेतायुग) और लवकुश (कलियुग)
35. कल्कि महावतार आ चुके हैं (ACTION PLAN)
36. लव कुश सिंह (कल्कि महाअवतार)-जीवन, ज्ञान, कर्म और विश्वरूप
37. वैश्विक बुद्ध - बुद्ध का भाग दो और अन्तिम
38. बुड्ढा कृष्ण - कृष्ण का भाग दो और अन्तिम
39. सम्पूर्ण क्रान्ति-अन्तिम कार्य योजना
40. पुनर्निर्माण (RENEW)-समस्या, समाधान और राष्ट्र निर्माण की योजना
41. पुनर्निमाण (RENEW)- ग्राम एवं नगर वार्ड प्रेरक
42. विश्वशास्त्र द नालेज आफ फाइनल नालेज-परिचय
43. एन्टायर पालिटिक्स - पूर्ण पाठ्यक्रम
44. वसुधैव-कुटुम्बकम्
45. कर्मवेद: प्रथम, अन्तिम तथा पंचम वेद
46. आठवें अवतार श्रीकृष्ण के अनकहे संदेश
47. अयोध्या नहीं, मुंगेर है राम जन्मभूमि
48. विश्वमानव-भूतपूर्व नेतृत्वकर्ताओं का स्पष्टिकरण
49. विश्वमानव-वर्तमान नेतृत्वकर्ताओं का स्पष्टिकरण
50. विश्वमानव-वार्ता, वक्तव्य एवं वाणियाँ
51. विश्वमानव-पत्रावली, प्रसारण और अन्तिम पत्र
52. सत्य जनहित आह्वान
53. विश्व शान्ति-अन्तिम सत्य दृष्टि
54. नई विश्व व्यवस्था का रहस्य
55. समाजवाद - ब्रह्माण्डीय विकास का अवतारी मार्ग
56. भारतवाद - राष्ट्रवाद की मुख्यधारा
57. 100 वर्षीय संयुक्त राष्ट्र को अग्रिम सन्देश
58. सार्वभौम एकात्म-नव विश्व निर्माण
59. गणराज्य, संघ, मानकीकरण संगठन और सम्पूर्ण मानक
60. व्यापार केन्द्र (TRADE CENTRE)-दृश्य सत्य
61. मन का विश्वमानक और पूर्ण मानव निर्माण की तकनीकी-WCM-TLM-SHYAM.C
62. मानक विपणन प्रणाली (3F-Fire-Fuel-Fire)
63. स्वर्णयुग का मानक आदर्श नागरिक-दिशा निर्देश
64. विश्वधर्म: परिचय (स्वर्णयुग का धर्म)

व्यक्ति और विभागीय स्तर पर सफाई-सुधार का पहला प्रारूप की पुस्तक - डा0 रमेश कुमार द्वारा लिखित "विशाल ज्ञान विज्ञान सबका समाधान" है

विश्व-नागरिक धर्म का धर्मयुक्त धर्मशास्त्र
कर्मवेद: प्रथम, अन्तिम तथा पंचम वेदीय श्रृंखला

विश्व-राज्य धर्म का धर्मनिरपेक्ष धर्मशास्त्र
विश्वमानक शून्य - मन की गुणवत्ता का विश्वमानक (WS-0) श्रृंखला

01. वैश्विक मानव निर्माण तकनीकी- WCM-TLM-SHYAM.C प्रणाली

तकनीकी का नाम SHYAM.C क्यों?
S - SATYA (सत्य)
H- HEART (हृदय)
Y- YOG (योग)
A - ASHRAM (आश्रम)
M - MEDITATION (ध्यान)
. - DOT (बिन्दु या डाट या दशमलव या पूर्णविराम)
C - CONCIOUSNESS (चेतना)

02. आदर्श वैश्विक मानव/जन/गण/लोक/स्व/मैं/आत्मा/तन्त्र का सत्य रूप व विश्व मानक

03. विश्व मानक-शून्य (WS-0): मन की गुणवत्ता का विश्व मानक श्रृखंला

01. डब्ल्यू.एस. (WS)-0 : विचार एवं साहित्य का विश्वमानक
02. डब्ल्यू.एस. (WS)-00 : विषय एवं विशेषज्ञों की परिभाषा का विश्वमानक
03. डब्ल्यू.एस. (WS)-000 : ब्रह्माण्ड (सूक्ष्म एवं स्थूल) के प्रबन्ध और क्रियाकलाप का विश्वमानक
04. डब्ल्यू.एस. (WS)-0000 : मानव (सूक्ष्म तथा स्थूल) के प्रबन्ध और क्रियाकलाप का विश्वमानक
05. डब्ल्यू.एस. (WS)-00000 : उपासना और उपासना स्थल का विश्वमानक

विश्व के प्रथम विश्वमानव (ग्लोबल ह्यूमन) स्वामी विवेकानन्द के इच्छानुसार

विश्व के अन्तिम विश्वमानव (ग्लोबल ह्यूमन) श्री लव कुश सिंह "विश्वमानव"

द्वारा

व्यक्त

विश्वधर्म का धर्मशास्त्र

विश्वशास्त्र - द नालेज आफ फाइनल नालेज

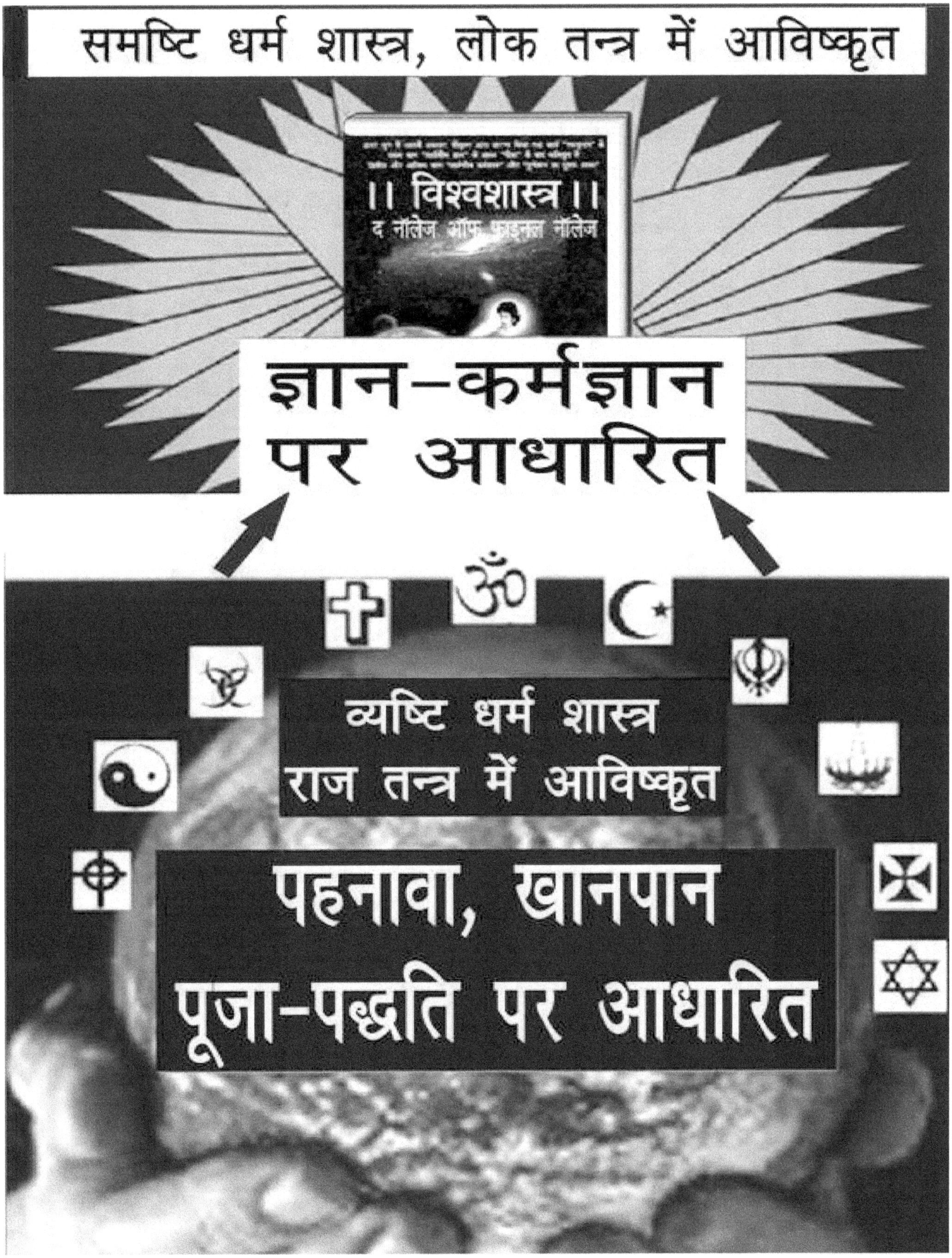
समष्टि धर्म शास्त्र, लोक तन्त्र में आविष्कृत
।। विश्वशास्त्र ।।
ज्ञान-कर्मज्ञान
पर आधारित
ॐ
व्यष्टि धर्म शास्त्र
राज तन्त्र में आविष्कृत
पहनावा, खानपान
पूजा-पद्धति पर आधारित

प्राकृतिक सत्य मिशन
(Natural Truth Mission)

अपने मालिक स्वयं बनें

TRADE
Invisibly
Visibly
GD
CENTRE
NATURAL TRUTH MISSION

BE YOUR OWN BOSS

1. राष्ट्रीय रचनात्मक आन्दोलनः स्वायत्तशासी उपसमिति /संगठन
    I. प्राकृतिक सत्य एवं धार्मिक शिक्षा प्रसार केन्द्र (CENTRE)
    II. ट्रेड सेन्टर (TRADE CENTRE)
    III. विश्व राजनीतिक पार्टी संघ (WPPO)
        (क) परिचय
        (ख) राष्ट्रीय क्रान्ति मोर्चा
        (ग) राष्ट्रीय सहजीवन आन्दोलन
        (घ) स्वराज-सुराज आन्दोलन
        (च) विश्व एकीकरण आन्दोलन (सैद्धान्तिक)
2. प्राकृतिक सत्य मिशन के विश्वव्यापी स्थापना का स्पष्ट मार्ग
3. राम कृष्ण मिशन और प्राकृतिक सत्य मिशन

विश्वधर्म मन्दिर

धर्म के व्यावहारिक अनुभव का मन्दिर-विश्वधर्म मन्दिर, की स्थापना जीवनदायिनी सत्यकाशी क्षेत्र में उचित स्थान देखकर की जायेगी क्योंकि इसकी स्थापना के पीछे स्थान का कोई विशेष कारण और स्थान के लिए शास्त्रीय आधार नहीं है, इसके लिए पूरा सत्यकाशी क्षेत्र ही शास्त्रीय आधार के अन्तर्गत है।

यह एक विशाल कैम्पस होगा जिसमें एक प्रवेश द्वार (जन्म का प्रतीक) और एक ही निकास द्वार (मृत्यु का प्रतीक) होगा। प्रवेश द्वार से प्रवेश करते ही विश्व के प्रमुख धर्मों के अलग-अलग द्वार (जीवन संस्कृति का प्रतीक) होंगे। जिन्हें जिस धर्म का अनुभव प्राप्त करना हो वे उस द्वार से प्रवेश करेंगे और उस धर्म के अनुसार वस्त्र, पूजा पद्धति, धर्म शास्त्र, खान-पान इत्यादि का पूरा अनुभव पूरे दिन प्राप्त करेंगे और अन्त में निकास द्वार से अपने पुराने वस्त्र को धारण कर बाहर आयेंगे। इसका तात्पर्य यह है कि जन्म (प्रवेश द्वार) की एक ही विधि है और मृत्यु (निकास द्वार) की भी एक ही विधि है जो किसी धर्म से सम्बन्धित नहीं है। बीच का जीवन ही उस धर्म का अनुभव है। धर्म में प्रवेश के उपरान्त धर्म (जीवन संस्कृति) परिवर्तन का कोई मार्ग नहीं है। उसके लिए आपको निकास द्वार (मृत्यु) से बाहर आकर फिर जन्म (पुर्नजन्म) लेना पड़ेगा फिर किसी दूसरे धर्म का अनुभव आप प्राप्त कर सकते हैं। यह धर्म के व्यावहारिक अनुभव का मन्दिर-विश्वधर्म मन्दिर, पूर्णतः व्यापारिक ढंग से संचालित होगा।

“सत्यकाशी महायोजना”
(वाराणसी-विन्ध्याचल-शिवद्वार-सोनभद्र के बीच का क्षेत्र)

श्रीराम के कारण चित्रकूट पर्यटन व धार्मिक क्षेत्र बना, श्रीकृष्ण के कारण मथुरा, द्वारिका पर्यटन व धार्मिक क्षेत्र बना, भगवान बुद्ध के कारण सारनाथ, कुशीनगर, बोधगया, वैष्णों देवी के कारण कटरा, सांई बाबा के कारण शिरडी पर्यटन व धार्मिक क्षेत्र बना। अनिर्वचनीय कल्कि महाअवतार भोगेश्वर श्री लव कुश सिंह "विश्वमानव" के अवतरण और उनके "विश्वशास्त्र" के कारण सत्यकाशी (वाराणसी-विन्ध्याचल-शिवद्वार-सोनभद्र के बीच का क्षेत्र) स्थापित है। सत्यकाशी क्षेत्र में ही "विश्वशास्त्र" की अधिकतम रचना हुई है और अनिर्वचनीय कल्कि महाअवतार भोगेश्वर श्री लव कुश सिंह "विश्वमानव" के निवास क्षेत्र सहित लीला भूमि क्षेत्र भी यही क्षेत्र है। भगवान बुद्ध के कारण काशी के उत्तर में काशी का प्रसार हुआ, विश्वशास्त्र के कारण काशी के दक्षिण में काशी का प्रसार हो रहा है।

कितना विचित्र संयोग है कि विन्ध्य क्षेत्र से ही भारत का मानक समय निर्धारित होता है और इसी क्षेत्र से युग परिवर्तन की घोषणा हो रही है। यह भी विचित्रता ही है कि व्यासजी द्वारा काशी को शाप देने के कारण विश्वेश्वर ने व्यासजी को काशी से निष्कासित कर दिया था और वे गंगा पार आ गये और गंगा पार सत्यकाशी क्षेत्र से ही उनके बाद "विश्वशास्त्र" रचना हुई है।

हम सभी साधारण जीवन में ऐसा देखते हैं कि जहाँ कहीं भी कोई फैक्ट्री, नगर निर्माण या विस्तार का कार्य प्रारम्भ हो जाता है। वहाँ एक अलग ही दुनियाँ बसने लगती है और एक व्यापक जन समुदाय को अपने जीवन संचालन के लिए मार्ग प्राप्त हो जाता है। जो किसी जाति, सम्प्रदाय या धर्म आधारित नहीं होती। वह सिर्फ व्यक्ति की योग्यता पर आधारित और वह पीढ़ी दर पीढ़ी के लिए होती है।

सार्वभौम सत्य-सिद्धान्त और समाज समर्थित सत्यकाशी योजना जिसका क्षेत्र है- वाराणसी-विन्ध्याचल-शिवद्वार-सोनभद्र के बीच का भगवान विष्णु और भगवान शिव से जुड़ा क्षेत्र। जो धर्मक्षेत्र से व्यापक सार्थक एवं पौराणिक आधारों पर प्रश्न करता है कि- क्यों काशी नरेश होते हुए भी उनका किला काशी शहर में नहीं? क्यों देवकी के आठवें पुत्र कृष्ण के बदले में पुत्री को कंस ने मारना चाहा तो वह विन्ध्य पर्वत पर आ बसीं? क्यों समष्टि (समाज या सार्वजनिक) धर्म के स्थापनार्थ विष्णु के पाँचवे अवतार वामन अवतार ने जब राजा बलि से तीन पग जमीन मांगा तब अवतार ने पहला पग चुनार क्षेत्र में ही रखा जिसके कारण इसका पुराना नाम चरणाद्रिगढ़ था? क्यों ब्रह्मलीन श्री श्री 1008 सत्ययोगानन्द "भुईधरा बाबा" (भगवान रामकृष्ण की अगली कड़ी) ने सदी का सबसे लम्बा (दि0 13.11.97 से 22.06.98 तक) तथा अद्दश्य काल का अन्तिम यज्ञ- विष्णु महायज्ञ और ज्ञानयज्ञ चुनार क्षेत्र में ही आयोजित किये? क्यों विश्व का अन्तिम शास्त्र "विश्वशास्त्र" इसी क्षेत्र से व्यक्त हुआ? क्यों विश्वव्यापी धर्म स्थापना (समष्टि धर्म स्थापना) पाँचवे अवतार वामन अवतार के बाद पुनः इस क्षेत्र से प्रारम्भ हो रहा है।

उपरोक्त प्रश्नों का जबाब भी सत्यकाशी योजना के जन्मदाता गण व्यापकता के साथ देते हैं। भौतिकवादी काशी वासीयों से मुक्त-शिवभक्त काशी नरेश की सत्यता के लिए प्रकृतिक चक्र द्वारा इनका किला काशी शहर में नहीं जिससे वे अन्त में अन्तिम काशी-सत्यकाशी के सत्यकाशी नरेश भी कहलायें। चुनार क्षेत्र पाँचवें अवतार वामन के चरणों से एक श्राप द्वारा ग्रसित हो चुका था कि इस क्षेत्र में जन्म लेने वाले व्यक्ति की चाहें जितना भी समष्टि (समाज) धर्म के लिए प्रयत्न क्यों न करें वे व्यष्टि(व्यक्तिगत) धर्म से अधिक न उठ सकेंगे। जब तक की इस क्षेत्र से बाहर जन्म लेकर कोई पुनः समष्टि धर्म स्थापनार्थ नहीं आ जाता। यह सब इसलिए है कि प्राकृतिक चक्र द्वारा विकसित और सन्तुलित क्षेत्र जो वाराणसी-विन्ध्याचल-शिवद्वार-सोनभद्र के बीच स्थित है। बस यहीं है पुराणों में वर्णित सात काशीयों में अन्तिम काशी-सत्यकाशी। यदि काशी (वाराणसी), शिवाकाशी, उत्तरकाशी और दक्षिण काशी (वैदुर्यपत्तन, बरकला, केरल प्रदेश) को मुख्य काशी माना जाय तो सत्यकाशी पंचम काशी है। और दो

काशीयों को और सम्मिलित किया जाता है तो सत्यकाशी सप्तम काशी होगी। इस प्रकार शिव पुराण में वर्णित सात काशीयों में सत्यकाशी पंचम, अन्तिम तथा सप्तम काशी होगी।

इस प्रकार हम देखते है कि आध्यात्मिक, सार्थक, दूरदर्शी, प्रमाणित, पौराणिक, समाज समर्थित काशी की परम्परा का पालन करते हुए सत्यकाशी योजना है। जबकि लक्ष्य एक व्यापक जनसमुदाय को एक नयी दिशा द्वारा संरक्षण, विकास और आजिविका प्रदान करना है। इसलिए उचित स्थान पर इसका निर्माण आवश्यक है। श्री लव कुश सिंह "विश्वमानव" कृत "विश्वशास्त्र" से मुख्यतः सत्यकाशी क्षेत्र के लिए निम्नलिखित विषय व्यक्त हुये हैं जो रियल स्टेट के व्यवसाय को व्यापक रूप से विकसित करता है-

अनिर्वचनीय कल्कि महाअवतार भोगेश्वर श्री लव कुश सिंह "विश्वमानव" के अवतरण से पुनः पूर्वानुसार उनके जीवन से अनेक दिशाओं में नये आविष्कार व व्यापार को दिशा मिली है। जो निम्न प्रकार हैं -श्री लव कुश सिंह "विश्वमानव" कृत "विश्वशास्त्र" से मुख्यतः सत्यकाशी क्षेत्र के लिए निम्नलिखित विषय व्यक्त हुये हैं (पूर्ण विवरण के लिए "विश्वशास्त्र" अध्याय - दो देखें) -

01. चार शंकराचार्य पीठ के उपरान्त 5वाँ और अन्तिम पीठ "सत्यकाशी पीठ"
02. "सत्यकाशी महोत्सव" व "सत्यकाशी गंगा महोत्सव" आयोजन
03. सार्वभौम देवी माँ कल्कि देवी मन्दिर - माँ वैष्णों देवी की साकार रूप
04. भोगेश्वर नाथ - 13वाँ और अन्तिम ज्योतिर्लिंग
05. सत्यकाशी पंचदर्शन
06. ज्ञान आधारित मनु-मनवन्तर मन्दिर
07. ज्ञान आधारित विश्वात्मा मन्दिर
08. विश्वधर्म मन्दिर - धर्म के व्यावहारिक अनुभव का मन्दिर
09. नाग मन्दिर
10. विश्वशास्त्र मन्दिर (Vishwshastra Temple)
11. एक दिव्य नगर - सत्यकाशी नगर
12. होटल शिवलिंगम् - शिवत्व का एहसास
13. इन्द्रलोक - ओपेन एयर थियेटर
14. हस्तिनापुर - महाभारत का लाइट एण्ड साउण्ड प्रोग्राम
15. सत्य-धर्म-ज्ञान केन्द्रः तारामण्डल की भाँति शो द्वारा कम समय में पूर्ण ज्ञान
16. सत्यकाशी आध्यात्म पार्क
17. वंश नगर - मनु से मानव तक के वंश पर आधारित नगर
18. 8वें सावर्णि मनु - सम्पूर्ण एकता की मूर्ति (Statue of Complete Unity)
19. विस्मृत भारत रत्न स्मारक (Forgotten Bharat Ratna Memorial)
20. विश्वधर्म उपासना स्थल - उपासना और उपासना स्थल के विश्वमानक (WS-00000) पर आधारित
21. सत्यकाशी ब्रह्माण्डीय एकात्म विज्ञान विश्वविद्यालय
(Satyakashi Universal Integration Science University-SUISU)

उत्पाद ब्राण्ड

अनिर्वचनीय कल्कि महाअवतार भोगेश्वर श्री लव कुश सिंह "विश्वमानव" के अवतरण से शब्द को बल मिला है इस प्रकार ये शब्द एक "ब्राण्ड" के रूप में व्यक्त हुये हैं जिसे उपयोग में लाया जा सकता है। पेय जल के लिए हमारा ब्राण्ड - "मोक्षदायिनी काशी", "जीवनदायिनी काशी", और "जरगो फ्रेश"

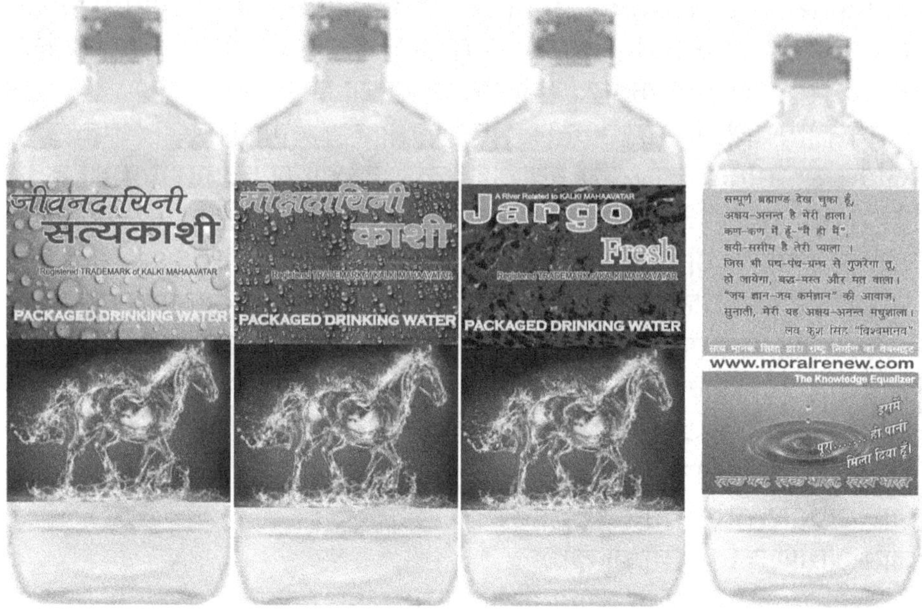

नयी पीढ़ी के लिए नया विषय - ईश्वर शास्त्र, मानक विज्ञान, एकात्म विज्ञान

श्री लव कुश सिंह "विश्वमानव" द्वारा "ईश्वर", "मानक", "एकात्म" की अन्तिम परिभाषा का आविष्कार पूर्ण हो जाने से नागरिक शास्त्र (Civics), भौतिकशास्त्र (Physics) की भाँति ईश्वर शास्त्र (Godics), मानक विज्ञान (Standard Science) और एकात्म विज्ञान (Integration Science) शैक्षणिक विषय का मार्ग मिल गया है।

मनोरंजन - नयी प्रणाली और व्यापार

01. फिल्म

अनिर्वचनीय कल्कि महाअवतार भोगेश्वर श्री लव कुश सिंह "विश्वमानव" के विचार विश्वस्तरीय हैं जिसके कारण मनोरजन और ज्ञान से युक्त परिकल्पना पर उन्होंने फिल्म, टी0 वी0 सिरियल और गानों के लिए भी मार्ग मिला है। जिसका और भी विस्तृत रूप आगे दिया गया है। श्री लव कुश सिंह विश्वमानव द्वारा लिखे/विचार प्रस्तुत किये गये फिल्म-

क्र.सं. टाइटल	फिल्म/सिरियल	भाषा	स्थिति
1. विश्वगुरू - द ब्रेन टर्मिनेटर (रिप्रेजेन्टेटिव सिनेमा आफ इण्डिया)	बालीवुड फिल्म	हिन्दी, अंग्रेजी व बंग्ला	पूर्ण
2. द डर्टी साधु- अण्डरस्टैण्डिंग ट्रांसडेन्ट	बालीवुड फिल्म	हिन्दी, अंग्रेजी	पूर्ण
3. माय टेन वाइफ आन अर्थ (अण्डरस्टैण्डिंग फिमेल)	बालीवुड फिल्म	हिन्दी	पूर्ण
4. अगरबत्ती पे करोड़पत्ती	बालीवुड फिल्म	हिन्दी	पूर्ण
5. डेमोक्रेसी - द रियल ऐम	बालीवुड फिल्म	हिन्दी, अंग्रेजी	पूर्ण
6. 9डी	हॉलीवुड फिल्म	हिन्दी, अंग्रेजी	पूर्ण
7. किरनिया (एक नारी की कहानी)	भोजपुरी फिल्म	भोजपुरी	पूर्ण
8. जय माँ कल्कि	बालीवुड फिल्म	हिन्दी	पूर्ण

02. टी0 वी सिरियल –

श्री लव कुश सिंह विश्वमानव द्वारा लिखे/विचार प्रस्तुत किये गये टी.वी सिरियल के स्क्रिप्ट "महाभारत" के बाद "विश्वभारत"

9. विश्वभारत	टी.वी.सिरियल	हिन्दी	विचार

सत्यकाशी ब्रह्माण्डीय एकात्म विज्ञान विश्वविद्यालय
(Satyakashi Universal Integration Science University-SUISU)

सत्यकाशी ब्रह्माण्डीय एकात्म विज्ञान विश्वविद्यालय, जिसकी स्थापना जीवनदायिनी सत्यकाशी क्षेत्र में उचित स्थान देखकर की जायेगी क्योंकि इसकी स्थापना के पीछे स्थान का कोई विशेष कारण और स्थान के लिए शास्त्रीय आधार नहीं है, इसके लिए पूरा सत्यकाशी क्षेत्र ही शास्त्रीय आधार के अन्तर्गत है।

विभिन्न सम्प्रदाय (धर्म), जाति, मत, दर्शन इत्यादि में विभाजित इस मानव समाज में वर्तमान तथा आने वाले भविष्य के समय की मूल आवश्यकता है-मानव के मनों का एकीकरण अर्थात् मानव मन का भूमण्डलीकरण एवं ब्रह्माण्डीयकरण। इसकी आवश्यकता इसलिए भी है क्योंकि मानव अपने विज्ञान व तकनीकी ज्ञान से प्राप्त संसाधनों का प्रयोग करते हुये, एक तरफ तो ब्रह्माण्ड की ओर चल पड़ा है तो दूसरी तरफ विध्वंस के लिए अनेक हथियारों का भी निर्माण कर चुका है। ऐसी स्थिति में हमें निश्चित रूप से ऐसे एकीकरण की आवश्यकता है जिससे हम इस पृथ्वी से मानसिक स्तर के विवादों को समाप्त कर सकें।

माया सभ्यता के अनुसार विश्व के मानव समाज यह भी मान रहें हैं कि 21 दिसम्बर, 2012 को दुनिया का अन्त हो जायेगा। जबकि हिन्दू धर्म शास्त्र विष्णु पुराण, भागवत पुराण, अग्नि पुराण, गरूड़ पुराण, पद्म पुराण इत्यादि में भगवान के दसवें और महाअवतार “कल्कि” का होना अभी शेष है। जिनसे कलियुग के अंधकार व विनाश को समाप्त करने का कार्य सम्पन्न होगा, साथ ही सत्ययुग का आरम्भ होगा। सिक्ख धर्म के पवित्र ग्रन्थ “दशम् ग्रन्थ” में भी “कल्कि अवतार” का वर्णन मिलता है।

सृजन और विनाश, का स्तर शारीरिक, आर्थिक व मानसिक होता है। जो एक व्यक्ति, समाज, देश और विश्व राष्ट्र के लिए होता है। व्यक्ति पर हुये शारीरिक, आर्थिक व मानसिक सृजन और विनाश को व्यक्ति ही अनुभव करता है परन्तु समाज, देश और विश्व राष्ट्र पर हुये शारीरिक, आर्थिक व मानसिक सृजन व विनाश को सार्वजनिक रूप से सभी देखते है। समाज, देश और विश्व राष्ट्र पर शारीरिक व आर्थिक सृजन और विनाश वर्तमान में तो चल ही रहा है जिसे सार्वजनिक रूप से मानव समाज देख रहा है।

भौतिकवादी पश्चिमी संस्कृति किसी भी सृजन व विनाश को मानसिक स्तर पर सोच ही नहीं सकता क्योंकि वह समस्त क्रियाकलाप को बाह्य जगत में ही घटित होता समझाता है जबकि वर्तमान समय मानसिक स्तर पर विनाश व सृजन का है। इस आधार पर यह कहा जा सकता है कि माया सभ्यता के अनुसार 21 दिसम्बर, 2012 को जो विनाश व सृजन होगा, वह मानसिक स्तर का ही होगा। जिसके परिणामस्वरूप सभी सम्प्रदाय, मत, दर्शन एक उच्च स्तर के विचार या सत्य में विलीन अर्थात् विनाश को प्राप्त करेगा। फलस्वरूप उच्च स्तर के विचार या सत्य में स्थापित होने से सृजन होगा। कुल मिलाकर माया सभ्यता के कैलेण्डर का अन्त तिथि 21 दिसम्बर, 2012,

दुनिया के अन्त की तिथि नहीं बल्कि वह वर्तमान युग के अन्त की अन्तिम तिथि का अनुमान है जिसके बाद नये युग का आरम्भ होगा।

ईश्वर भी इतना मूर्ख व अज्ञानी नहीं है कि वह स्वयं को इस मानव शरीर में पूर्ण व्यक्त किये बिना ही दुनिया को नष्ट कर दे। इसके सम्बन्ध में हिन्दू धर्म शास्त्रों में सृष्टि के प्रारम्भ के सम्बन्ध में कहा गया है कि-"ईश्वर ने इच्छा व्यक्त की कि मैं एक हूँ, अनेक हो जाऊँ"। इस प्रकार जब वही ईश्वर सभी में है तब निश्चित रूप से जब तक सभी मानव ईश्वर नहीं हो जाते तब तक दुनिया के अन्त होने का कोई प्रश्न ही नहीं उठता और विकास क्रम चलता रहेगा।

21 दिसम्बर, 2012 के बाद का समय नये युग के प्रारम्भ का समय है जिसमें ज्ञान, ध्यान, चेतना, भाव, जन, देश, विश्व राष्ट्र, आध्यात्मिक जागरण, मानवता इत्यादि का विश्वव्यापी विकास होगा। परिणामस्वरूप सभी मानव को ईश्वर रूप में स्थापित होने का अवसर प्राप्त होगा। और यही विश्व मानव समाज की मूल आवश्यकता है। प्राचीन वैदिक काल में समाज को नियंत्रित करने के लिए ज्ञानार्जन सबके लिए खुला नहीं था परन्तु वर्तमान और भविष्य की आवश्यकता यह है कि समाज को नियंत्रित करने के लिए सभी को पूर्ण ज्ञान से युक्त कर सभी के लिए ज्ञान को खोल दिया जाय। यही कारण था कि वेद को प्रतीकात्मक रूप में लिख कर गुरू-शिष्य परम्परा द्वारा उसकी व्याख्या की जाती रही थी जिससे राजा और समाज को नियंत्रण में रखा जा सके।

सभी मानव को ईश्वर रूप में स्थापित होने के लिए जो माध्यम चाहिए वह है-"एकात्म विज्ञान" व "ईश्वर शास्त्र" विषय से मानव को शिक्षित करना। इस आवश्यकता हेतु ही इस ट्रस्ट का गठन किया जा रहा है जिससे इस विषय पर शैक्षणिक पाठ्यक्रम के लिए पाठ्य पुस्तकों का सृजन किया जा सके। और शिक्षा पाठ्यक्रम में अनिवार्य रूप से अध्ययन के लिए शामिल कराया जा सके।

पुनर्निर्माण - सत्य शिक्षा का राष्ट्रीय तीव्र मार्ग
(RENEW-Real Education National Express Way)

ब-विशेषीकरण (Specialization) शिक्षा

01. सत्य कौशल (REAL SKILL)

02. डिजीटल कोचिंग (DIGITAL COACHING)

स-सत्य नेटवर्क (REAL NETWORK)

हमारा उद्देश्य क्या है?

आपकी समस्या और हमारा उपाय

पुनर्निर्माण-छात्रवृत्ति, सहायता व रायल्टी वितरण तिथि

पुनर्निर्माण-प्रणाली की विशेषताएँ

एक ही मानव शरीर के जीवन, ज्ञान और कर्म के विभिन्न विषय क्षेत्र से मुख्य नाम (सर्वोच्च, अन्तिम और दृश्य)

क्र.सं. विषय क्षेत्र	सम्बन्धित क्षेत्र से मुख्य नाम
01. विश्व क्षेत्र	विश्व संविधान / साहित्य / विचार / सिद्धान्त / प्रबन्ध / दर्शन / मत / मानव / एकता / शान्ति / विकास / स्थिरता / आत्मा / अभिनेता / बुद्धि / राजनीति / क्रांति
02. राज्य क्षेत्र	विश्व (राष्ट्र) ऐजेण्डा–2012+ (WORLD NATION AGENDA-2012+) विश्व व्यवस्था का अधिकतम एवं न्यूनतम साझा कार्यक्रम
03. समाज क्षेत्र	लोक / गण / जन ऐजेण्डा–2012+ (PUBLIC AGENDA-2000+)
04. धर्म क्षेत्र	वेदान्त धर्म स्थापना
05. साहित्य क्षेत्र	विश्व साहित्य–"विश्वभारत" समाहित "विश्वशास्त्र" साहित्य– आदर्श वैश्विक व्यक्ति चरित्र कथा साहित्य
06. सामाज शास्त्र	मानक / जन / गण / लोक शास्त्र
07. धर्मशास्त्र	धर्मयुक्त नाम – कर्मवेदः प्रथम, अन्तिम और पंचम वेद और आधारित उपनिषद् (व्यष्टि एवं समष्टि) सर्वधर्मसमभाव / धर्मनिरपेक्ष नाम – मन की गुणवत्ता का विश्व मानक : शून्य श्रृंखला (व्यष्टि एवं समष्टि)
08. मानक क्षेत्र	मन की गुणवत्ता का विश्व मानक : शून्य श्रृंखला
09. अदृश्य विज्ञान	दृश्य आध्यात्म विज्ञान
10. दृश्य विज्ञान	धर्म विज्ञान या एकात्म विज्ञान (Integration Science)
11. इंजीनियरिंग	सत्य सामाजिक अभियंत्रण (Real Social Engineering)
12. तकनीकी	सत्य सामाजिक तकनीकी (Real Social Technology) : WCM-TLM-SHYAM.C Technology
13. संविधान	विवादमुक्त तन्त्रों पर आधारित संविधान
14. राजनीति	सत्य राजनीति / राजनीति–2012+ (POLITICS-2012+)
15. संगठन	विश्व राजनीतिक पार्टी संघ (World Political Party Organisation- WPPO)
16. शिक्षा	पूर्णज्ञान / पूर्ण शिक्षा प्रणाली / शिक्षा -2012+ (EDUCATION-2012+)
17. राष्ट्र सम्बन्ध	आदर्श राष्ट्रीय नागरिक
18. वेदान्त	कर्म वेदान्त : वेदान्त की अन्तिम शाखा
19. मतवाद	एकात्म कर्मवाद : एकात्म मानवतावाद का व्यावहारिक रुप
20. दार्शनिक	विकास दर्शन (Development Philosophy)
21. क्रांति	संपूर्ण क्रांति (Complete Revolution) : प्रलय, स्थिति एवं सृष्टि
22. सांस्कृतिक	भोगेश्वरः भोग (पाश्चात्य) + ईश्वर (प्राच्य) = एकात्म या ईश्वरत्व भाव से भोग
23. मन	विश्व मन (WOLD MIND)
24. मानव	विश्वमानव (विश्वमन से युक्त)
25. मनु	8वें मनु – सावर्णि मनु
26. अवतार	भगवान विष्णु के 10वें और अन्तिम तथा भगवान शंकर के 22वें और अन्तिम संयुक्तावतार (निष्कलंक कल्कि एवं भोगेश्वर)
27. निराकार ब्रह्म	सार्वभौम सत्य–सिद्धान्त (UNIVERSAL TRUTH-THEORY) : विश्व–बन्धुत्व का सिद्धान्त
28. साकार ब्रह्म	लव कुश सिंह
29. पुनर्जन्म–सत् मार्ग से	बुड्ढा कृष्ण (कृष्ण भाग – 2 और अन्तिम) – कृष्ण की अगली और अन्तिम कड़ी
30. पुनर्जन्म–रज मार्ग से	स्वामी विवेकानन्द का पुनर्जन्म
31. पुनर्जन्म–तम मार्ग से	रावण की अगली कड़ी
32. आत्मा	दृश्य विश्वात्मा / शिव / ब्रह्म / मैं
33. अभिनय	वास्तविक जीवन का अभिनेता (Real Life Actor)
34. बम	ज्ञान बम – आध्यात्मिक न्यूट्रान बम
35. अस्त्र	अनियन्त्रित पशुपास्त्र (नारायणास्त्र या सु–दर्शन चक्र व ब्रह्मास्त्र समाहित)
36. माया	योग माया समाहित भोगमाया
37. ज्ञान	एकात्म कर्मज्ञान (शास्वत) : व्यष्टि एवं समष्टि
38. बुद्धि	विश्व बुद्धि व चेतना या सत्य चेतना : पूर्व व्यक्त सत्य चेतना
39. ध्यान व योग	दृश्य सत्य–क्रियाकलाप–एकात्म योग व ध्यान (अन्तिम योग व अन्तिम ध्यान)
40. मिशन	प्राकृतिक सत्य मिशन (Natural Truth Mission)–सर्वोच्च और अन्तिम मिशन
41. धार्मिक नगर	एकात्म काशी– जीवनदायिनी सत्यकाशी : पंचम, अन्तिम तथा सप्तम काशी
42. शक्ति	आत्मशक्ति (SPIRIT POWER),मस्तिष्क शक्ति (BRAIN POWER), मन शक्ति (MIND POWER),सत्य शक्ति (TRUTH POWER)
43. जीवन कथा	विश्वमानव लीला / दर्पण : दो विपरीत दिशाओं के साथ प्रथम एवं अन्तिम कथा
44. प्रेम और कर्म	शास्वत प्रेम और कर्म
45. समन्वय	अन्तिम समन्वय–सिद्धान्त
46. आचार्य	अन्तिम समन्वयाचार्य
47. कला	विश्वमानव कला (कृष्ण कला समाहित)
48. परिचालन प्रणाली	अवतार का परिचालन प्रणाली : मानव–10 (Avatar's Operating System-AOS : Human-10)

काल चक्र मार्ग के

(विस्तृत विवरण अध्याय – पाँच में उपलब्ध है। संक्षिप्त रूप से यहाँ दिया गया है।)

01. काल चक्र के प्रथम भाग

अदृश्य काल में विश्वात्मा का प्रथम जन्म – योगेश्वर श्रीकृष्ण

(पूर्ण ब्रह्म की प्रथम कड़ी)

शरीर नाम :

धर्मयुक्त नाम – श्रीकृष्ण (जन्म समय धर्मनिरपेक्ष वर्तमान में धर्मयुक्त)

धर्मनिरपेक्ष एवं समभाव युक्त नाम – अदृश्य भोगेश्वर समाहित दृश्य योगेश्वर

1. जन्म परिचय

– तिथि – मास – भाद्रपद, कृष्ण पक्ष, अष्टमी

– समय – अर्धरात्रि, स्थान – मथुरा (उ0 प्र0)

– अस्थायी निवास – गोकुल

– स्थायी निवास – स्वयं द्वारा निर्मित – द्वारिका नगर (गुजरात)

– गुरु – कर्म गुरु – कोई नहीं

– ज्ञान गुरु – सांदिपनी

– शिक्षा – ब्रह्मज्ञान, शास्त्र एवं शस्त्र विद्या

– स्वरुप – धर्म (व्यक्त रुप), धर्मनिरपेक्ष एवं सर्वधर्मसमभाव (अव्यक्त रुप), मानवता का पुजारी (समष्टि धर्म)

– सर्वोच्च व्यक्त रुप :– प्रथम योगेश्वर (गीता द्वारा ज्ञान / आत्मा का विश्वरुप) अर्थात् भोगेश्वर का अदृश्य रुप, राजनीतिज्ञ, वक्ता, मनोवैज्ञानिक, गृहस्थ युक्त सन्यासी, सत्य जीवन का अभिनेता, प्रेमी, दार्शनिक

– व्यक्त रुप का स्थल :– कुरुक्षेत्र (कौरव और पाण्डव के बीच युद्ध स्थल)

– जन्म समय के महत्व पूर्ण सम्बन्धों की स्थिति :–

देश सम्बन्ध – खराब था । रिश्ता सम्बन्ध – खराब था ।

रक्त सम्बन्ध – ठीक था । समाज और राज्य सम्बन्ध – खराब था ।

– जीवन नीति– वैष्णव रुप में ज्ञान प्राप्ति एवं वैष्णव रुप में ही धर्म स्थापना ।

2. ज्ञान परिचय :

– सर्वोच्च कथन – "यदा यदा हि धर्मस्य ग्लानिर्भवति भारतः।

अभ्युत्थानमधर्मस्य तदातमानं सृजाम्यहम्।।" (गीता 4.7)

(जब–जब भारत में धर्म की हानि होती है। तब–तब मैं (आत्मा) धर्म के उत्थान के लिए मैं (आत्मा) स्वयं को सूचित कर व्यक्त होता हूँ।)

– सर्वोच्च संदेश – समभाव (अद्वैत) में स्थित होकर कर्म करो और परिणाम की इच्छा मुझ (आत्मा) पर छोड़ दो।

– धर्म स्थापना की आवश्यकता की पहचान –

देश सम्बन्ध, रिश्ता सम्बन्ध तथा समाज और राज्य सम्बन्ध खराब होना।

– ज्ञान से व्यक्त शास्त्र–साहित्य – गीता (चारों वेदों के उपनिषद् का सार), रचनाकार – महर्षि व्यास

– ज्ञान को व्यक्त करने के लिए प्रयुक्त धर्म / धर्मनिरपेक्ष / सर्वधर्मसमभाव शब्द (ईश्वर नाम)

"ओउम" (अदृश्य काल का व्यक्तिगत प्रमाणित व्यष्टि व समष्टि ईश्वर नाम)

– दर्शन – चारो वेदों के उपनिषद् के सार द्वारा योग दर्शन और निष्काम योग दर्शन।

3. कर्म परिचय :

– सर्वोच्च कर्म – धर्म (समष्टि) अद्वैत वेदान्त, मानवता, समता, एकता की स्थापना, स्वयं को ही ईश्वर के रुप में व्यक्त करना। साधु जन का मुक्तिएवं दुष्टों का वध (बदलाव)

– कर्म की नीति – राजनीतिक, शारिरिक एवं मानसिक वध (बदलाव)।

– कर्म द्वारा निर्माण – स्वयं एवं अपने उद्देश्य समाज–गणराज्य के लिए द्वारिका नगर का निर्माण।

काल चक्र मार्ग के
(विस्तृत विवरण अध्याय – पाँच में उपलब्ध है। संक्षिप्त रूप से यहाँ दिया गया है।)

02. काल चक्र के द्वितीय और अन्तिम भाग
दृश्य काल में विश्वात्मा के जन्म का पहला भाग – स्वामी विवेकानन्द
(प्रथम एवं अन्तिम पूर्ण ब्रह्म के बीच की कड़ी)

शरीर नाम :

धर्मयुक्त नाम – नरेन्द्र नाथ दत्त
धर्मनिरपेक्ष एवं समभाव युक्त नाम – स्वामी विवेकानन्द

1. जन्म परिचय

– तिथि – मास – सोमवार, 12 जनवरी 1863
– समय – – स्थान – पश्चिम बंगाल
– अस्थायी निवास – सम्पूर्ण भारत
– स्थायी निवास – हावड़ा (बेलूर मठ)
– गुरु – कर्म गुरु – कोई नहीं – ज्ञान गुरु – श्री राम कृष्ण "परमहंस"
– शिक्षा – ब्रह्मज्ञान और विश्व इतिहास
– स्वरुप – धर्म (व्यक्त रुप), धर्मनिरपेक्ष एवं सर्वधर्मसमभाव (अव्यक्त रुप), मानवता का पुजारी (समष्टि धर्म)
– सर्वोच्च व्यक्त रुप – सन्यासी, दार्शनिक, वक्ता, शास्त्र–साहित्यकार, समाजशास्त्री, भविष्यवक्ता, योगी।
– व्यक्त रुप का स्थल – शिकागो का विश्वधर्म संसद, दिनांक 11 सितम्बर,1893 (उम्र 30 वर्ष 7 माह 29 दिन)
– जन्म समय के महत्व पूर्ण सम्बन्धों की स्थिति :–
देश सम्बन्ध – खराब था । रिश्ता सम्बन्ध – खराब था ।
रक्त सम्बन्ध – ठीक था । समाज और राज्य सम्बन्ध – खराब था ।
– जीवन नीति– शैव रुप में ज्ञान प्राप्ति एवं वैष्णव रुप में धर्म प्रचार ।

2. ज्ञान परिचय :

– सर्वोच्च कथन :–"सम्भवतः यह अच्छा होगा कि मैं इस शरीर से बाहर निकल आऊँ और इसे जीर्ण वस्त्र की भाँति उतार फेकूँ परन्तु मैं फिर भी कार्य करते रहने से रुकूँगा नहीं। मानव समाज में मैं तब तक सर्वत्र प्रेरणा प्रदान करता रहूँगा जब तक कि संसार यह भाव आत्मसात् न कर ले कि वे ईश्वर के साथ एक है।"

– सर्वोच्च संदेश :– हिन्दू भावों को अंग्रेजी में व्यक्त करना, फिर शुष्क दर्शन, जटिल पौराणिक कथाएं और अनूठे आश्चर्यजनक मनोविज्ञान से ऐसे धर्म का निर्माण करना, जो सरल, सहज और लोकप्रिय हो और उसके साथ ही उन्नत मस्तिष्क वालों को संतुष्ट कर सके– इस कार्य की कठिनाइयों को वे ही समझ सकते हैं, जिन्होंने इसके लिए प्रयत्न किया हो। अद्वैत के गुढ़ सिद्धान्त में नित्य प्रति के जीवन के लिए कविता का रस और जीवनदायिनी शक्ति उत्पन्न करनी है। अत्यन्त उलझी हुई पौराणिक कथाओं में से जीवन प्रकृत चरित्रों के उदाहरण समूह निकालने हैं और बुद्धि को भ्रम में डालने वाली योगविद्या से अत्यन्त वैज्ञानिक और क्रियात्मक मनोविज्ञान का विकास करना है और इन सब को एक ऐसे रुप में लाना पड़ेगा कि बच्चा–बच्चा इसे समझ सके।

– धर्म स्थापना की आवश्यकता की पहचान –
देश सम्बन्ध, रिश्ता सम्बन्ध तथा समाज और राज्य सम्बन्ध खराब होना।
– ज्ञान से व्यक्त साहित्य –
ज्ञान योग, राज योग, प्रेम योग, कर्म योग, भक्ति योग एवं विश्व व्यवस्था के लिए साहित्य।
– लेखक – स्वयं
– ज्ञान को व्यक्त करने के लिए प्रयुक्त धर्म / धर्मनिरपेक्ष / सर्वधर्मसमभाव शब्द –
"एक शब्द में वेदान्त का आदर्श है– मनुष्य के सच्चे स्वरुप को जानना।"

3. कर्म परिचय :

– सर्वोच्च कर्म –
धर्म (समष्ठि) अद्वैत वेदान्त, मानवता, समता, एकता तथा प्राच्य एवं पाश्चात्य में एकता का प्रयत्न।
– कर्म की नीति :– मानसिक वध (बदलाव)
– कर्म द्वारा निर्माण :– सत्य धर्म आधारित मिशन– राम कृष्ण मिशन (अपने गुरु के नाम पर) राम अर्थात् प्राकृतिक टर्थात् व्यष्टि अर्थात् समय पर निर्भर, कृष्ण अर्थात् सत्य अर्थात् समष्टि अर्थात् समय का निर्माणकर्ता।

काल चक्र मार्ग के

(विस्तृत विवरण अध्याय – पाँच में उपलब्ध है। संक्षिप्त रूप से यहाँ दिया गया है।)

03. काल चक्र के द्वितीय और अन्तिम भाग
दृश्य काल में विश्वात्मा के जन्म का अन्तिम भाग– भोगेश्वर श्री लव कुश सिंह "विश्वमानव"
(स्वामी विवेकानन्द की अगली एवं पूर्ण ब्रह्म की अन्तिम कड़ी)

शरीर नाम :

धर्मयुक्त नाम – लव कुश सिंह

धर्मनिरपेक्ष एवं समभाव युक्त नाम – अदृश्य योगेश्वर समाहित दृश्य भोगेश्वर विश्वमानव

1. जन्म परिचय

– तिथि – मास – सोमवार, 16 अक्टूबर 1967 (आश्विन, शुक्ल पक्ष–त्रयोदशी, रेवती नक्षत्र)

– समय – 2.15 ए.एम स्थान – रिफाइनरी टाउनशिप अस्पताल, बेगूसराय (बिहार)

– अस्थायी निवास – नियामतपुर कलाँ, पुरुषोत्तमपुर, मीरजापुर (उ0 प्र0)

– स्थायी निवास – स्वयं द्वारा घोषित – सत्यकाशी क्षेत्र (उ0 प्र0)

– गुरु – कर्म गुरु – ब्रह्मलीन श्री श्री 108 सत्ययोगानन्द (अप्रत्यक्ष कर्म सम्बन्ध) ज्ञान गुरु – कोई नहीं।

– शिक्षा – बी0 एससी0 (जीव), तकनीकी पी0 जी0 डिप्लोमा (कम्प्यूटर प्रोग्रामिंग)

– स्वरुप – धर्म (व्यक्त रुप), धर्मनिरपेक्ष एवं सर्वधर्मसमभाव (अव्यक्त रुप), मानवता का पुजारी (समष्टि धर्म)

– सर्वोच्च व्यक्त रुप – अन्तिम भोगेश्वर (कर्मवेद द्वारा कर्मज्ञान का विश्वरुप) अर्थात् योगेश्वर का दृश्य रुप, राजनीतिज्ञ, मनोवैज्ञानिक, गृहस्थ युक्त, सन्यासी, अभिनेता, प्रेमी, दार्शनिक, वक्ता साहित्यकार, समाजशास्त्री, भविष्यवक्ता, व्यापारी।

– व्यक्त रुप का स्थल – विष्णु महायज्ञ और ज्ञान यज्ञ, गोपालपुरम्, छोटा सत्यकाशी, सत्यकाशी उत्तर प्रदेश, अन्तिम दिन दिनांक– सोमवार, 22 जून 1998 (आषाढ़ मास शिवरात्रि, अदृश्य काल का अन्तिम दिन, अदृश्य काल का अन्तिम एवं सदी का सर्वाधिक लम्बा यज्ञ विष्णु महायज्ञ एवं ज्ञान यज्ञ का अन्तिम दिन, विश्वमानव द्वारा यज्ञ की पूर्णाहूति का दिन, विश्वमानव के ऐतिहासिक भोगेश्वर रुप (योगेश्वर अर्थात् ज्ञान के विश्व रुप का दृश्य रुप अर्थात् कर्म ज्ञान का विश्वरूप अर्थात् उपलब्ध संसाधन का ईश्वरत्व भाव से भोग) का दिन)

– जन्म समय के महत्व पूर्ण सम्बन्धों की स्थिति –

देश सम्बन्ध – खराब था । रिश्ता सम्बन्ध– खराब था।

रक्त सम्बन्ध – खराब था। समाज और राज्य सम्बन्ध – खराब था।

– जीवन नीति – शैव रुप में ज्ञान प्राप्ति एवं शैव रुप में धर्म स्थापना।

2. ज्ञान परिचय :

– सर्वोच्च कथन – मैं (आत्मा) तब भी था, मैं (आत्मा) आज भी हूँ, मैं (आत्मा) आगे भी रहूँगा वर्तमान से योग कराने के लिए ही मैं (आत्मा) व्यक्त होता हूँ।

– सर्वोच्च संदेश – परिणाम के ज्ञान से युक्त एवं समभाव (अद्वैत) में स्थित होकर कर्म करो और परिणाम की इच्छा मुझ (आत्मा) पर छोड़ दो, एवं दिनांक 23 जून सन् 1998 ई0 से व्यक्तिगत प्रमाणित पूर्ण दृश्य काल का प्रथम / अन्तिम युग – स्वर्ण युग प्रारम्भ।

– धर्म स्थापना की आवश्यकता की पहचान – देश सम्बन्ध, रिश्ता सम्बन्ध, रक्त सम्बन्ध तथा समाज और राज्य सम्बन्ध खराब होना।

– ज्ञान से व्यक्त साहित्य – कर्मवेद : प्रथम, अन्तिम तथा पंचमवेद (धर्म युक्त नाम) अर्थात् विश्वमानक – शून्य श्रृंखला : मन की गुणवत्ता का विश्व मानक, पुराण रहस्य समाहित "विश्वशास्त्र" शास्त्र–साहित्य

– लेखक – स्वयं

– ज्ञान को व्यक्त करने के लिए प्रयुक्त धर्म / धर्मनिरपेक्ष / सर्वधर्मसमभाव शब्द :–

– ईश्वर नाम :–"TRADE CENTRE" (दृश्य काल का समष्टि ईश्वर नाम)

– दर्शन :– कर्म वेदान्त दर्शन या विकास दर्शन (व्यष्टि एवं समष्टि)

3. कर्म परिचय :

– सर्वोच्च कर्म – धर्म (समष्टि) अद्वैत वेदान्त, मानवता, समता, एकता की स्थापना, ईश्वर को ही ईश्वर के रुप में व्यक्त करना। साधु जन का मुक्ति, दुष्टों का वध (बदलाव), प्राच्य एवं पाश्चात्य में एकता और स्वस्थ लोकतन्त्र एवं स्वस्थ समाज सहित एकता के लिए विवादमुक्त तन्त्रों पर आधारित संविधान।

– कर्म की नीति – राजनीतिक, शारीरिक एवं मानसिक सत्यीकरण (बदलाव)

– कर्म द्वारा निर्माण – स्वयं एवं अपने उद्देश्य के लिए सत्यकाशी क्षेत्र का निर्धारण एवं धर्मनिरपेक्ष और सर्वधर्मसमभाव आधारित मिशन – प्राकृतिक सत्य मिशन

भाग-5
स्वामी सत्यमित्रानन्द गिरि
(19 सितम्बर 1932- 25 जून 2019)

भारत माता मन्दिर (ऋषिकेश)

स्वामी सत्यमित्रानन्द गिरि
(19 सितम्बर 1932- 25 जून 2019)
भारत माता मन्दिर (ऋषिकेश)

परिचय

सत्यमित्रानन्द गिरि जी का जन्म 19 सितम्बर, 1932 को आगरा (उ0प्र) के ब्राह्मण परिवार में हुआ था। आपके पिता का नाम श्री शिवशंकर पाण्डेय तथा माता श्री का नाम त्रिवेणी देवी है। आपका सन्यास पूर्व नाम अम्बिका प्रसाद था। आपकी संस्कृत शिक्षा, संस्कृत विद्यालय कानपुर से और स्नातकोत्तर शिक्षा, आगरा विश्वविद्यालय से पूर्ण हुआ है। आप वाराणसी से शास्त्री व हिन्दी भाषा व साहित्य में साहित्य रत्न भी हैं। वेद व आधुनिक शिक्षा का समन्वय आपकी शिक्षा रही है। बाल्यकाल से भारतीय संस्कृति, ईश्वर, समाजसेवा के प्रति रूचि ने आपको सन्यास का निर्णय लेने पर बाध्य कर दिया परिणामस्वरूप आप ऋषिकेश में स्वामी वेदव्यासानन्द के शरणागत होकर अम्बिका प्रसाद से सत्यमित्रानन्द गिरि हो गये और भारतीय संस्कृति के समन्वय विचारधारा को मूल मानते हुये समाज के लिए अभूतपूर्व कार्य किये। 27 वर्ष की अवस्था में आप उपपीठ ज्योति मठ के जगतगुरू शंकराचार्य के पद को भी शुशोभित कर चुके हैं। स्वामी विवेकानन्द द्वारा प्रारम्भ किये गये आध्यात्मिक जागरण, मानव सेवा व शान्ति के प्रयासों को आपने आगे बढ़ाया है इसके लिए आपने विश्व के कोने-कोने की यात्राएँ भी की। आपके द्वारा हरिद्वार में "समन्वय कुटीर" व "समन्वय सेवा ट्रस्ट" की भी स्थापना की गई है। सन् 1998 में "स्वामी सत्यमित्रानन्द फाउण्डेशन" अर्थात् आपके नाम से फाउण्डेशन की भी स्थापना की गई है जिसकी शाखाएँ रेनुकूट (सोनभद्र, उ0प्र0), जबलपुर (म0प्र0), जोधपुर (राजस्थान), इन्दौर (म0प्र0) और अहमदाबाद (गुजरात) में है।

आपके समन्वयात्मक विचारों का साकार रूप व अनूठी कृति "भारत माता मन्दिर" है जो सप्त सरोवर, हरिद्वार में स्थित है। इस मन्दिर में रामायण काल से भारत के स्वतन्त्रता काल तक के धर्म-जाति से उपर उठकर महापुरूषों की मूर्तियाँ स्थापित की गई है। 15 मई 1983 को तत्कालिन भारतीय गणराज्य की प्रधानमंत्री श्रीमती इन्दिरा गाँधी ने दीप प्रजल्वित कर इस 180 फीट (55 मीटर) ऊँचे 7 तलों के इस मन्दिर को समाज को समर्पित किया। इस मन्दिर का प्रत्येक तल एक विचार को समर्पित है।

आपके विचार आपके "भारत माता मन्दिर" पुस्तक से-

1. स्वस्ति पन्थामनु चरेम सूर्यचन्द्रमसाविव। पुनर्ददताध्नता जानता सं गमेमहि।। (ऋग्वेद-5/51/15) "जैसे सूर्य और चन्द्रमा निरालम्ब अन्तरिक्ष में निरापद एवं राक्षसादि से अबाधित निर्विध्न यात्रा करते हैं, विचरण करते हैं, वैसे ही हम अपने बन्धु-बान्धवों के साथ लोक-यात्रा में स्नेहपूर्वक, निर्विध्न चलते रहें और हम सबका मार्ग मंगलमय हो।" भगवान शंकर के स्मरण मात्र से ऐसा सम्भव है, क्योंकि वे कल्याण के देव हैं। वे देवाधिदेव महादेव तो हैं ही, किन्तु भारतमाता का स्वरूप-स्मरण करने पर तो यह भाव जीवन्त रूप से जाग्रत हो जाता है कि भारत का समग्र दर्शन भगवान शंकर में ही हो रहा है। विचारपूर्वक देखें, तो भगवान शंकर सम्पूर्ण राष्ट्र के प्रतीक हैं, भगवान श्रीराम राष्ट्र की आदर्श-मर्यादा के और गंगा राष्ट्र में प्रवाहित होने वाली संस्कृति की। उसके साथ उसमें ब्रह्मतत्व भी अन्तर्निहित होना चाहिए, क्योंकि ब्रह्मतत्व से विहिन संस्कृति दीर्घकाल तक नहीं रह सकती। इस ब्रह्मतत्व के साक्षात् स्वरूप श्रीकृष्ण हैं। इसलिए भारतीय संस्कृति का सर्वांग रूप राम, कृष्ण, शंकर और गंगा का समन्वित रूप है।
2. केवल वेश ग्रहण मात्र से किसी को साधु-संत नहीं कहा जा सकता। साधुता और सन्तत्व तो एक वृत्ति का नाम है। यह साधु-वृत्ति कदाचित् श्वेत वस्त्रधारी में भी हो सकती है और कदाचित् भगवा-धारी में नहीं। यह जटाजूटधारी या मुण्डित केशों में भी हो सकती है और नहीं भी। अनिवार्यता केवल इतनी ही है कि जहाँ जीवन में सुचिता है, वहीं साधुता है। जब तक साधुवृत्ति संसार में भ्रमण करती रहेगी, तब तक भारतीय संस्कृति का विनाश कोई नहीं कर सकता।

3. टहनियाँ और पत्तों को काट देने से वृक्ष नहीं सूखता। उसका बीज यदि उर्वरा भूमि में सुरक्षित है, तो अनुकूल अवसर-खाद, पानी, माली आदि पाकर वह पुनः लहलहा उठेगा, हरा-भरा हो जायेगा। यही स्थिति भारतीय संस्कृति के बीज-जीवन मूल्यों की है। भारतीय संस्कृति का बीज किसी एक व्यक्ति के अन्तःकरण में नहीं, अपितु करोड़ों व्यक्तियों की हृदय भूमि में जीवन्त रूप में स्थित है। इसी कारण साधु-संतों की वाणी रूपी खाद, भक्ति रूपी पवित्र जलधारा और प्रभु-कृपा की अनुकूलता प्राप्त होने पर वह पुनः पुनः अंकुरित होती रहेगी। इनकी छाया के नीचे बैठने वाले व्यक्तियों को जीवन में शान्ति का सन्देश सतत् देती रहेगी।
4. यद्यपि प्रत्येक स्थान की भूमि की अपनी निजी विशेषताएँ होती हैं। गुजरात की भूमि में रूई, किसी अन्य जगह हरी मिर्च, मालवा में गेहूँ आदि बहुतायत में तथा अच्छे किस्म के होते हैं, तो भी ये वस्तुएँ थोड़े बहुत अन्तर से अन्यत्र भी उगाई जा सकती हैं, किन्तु यदि केशर को कश्मीर के अतिरिक्त अन्यत्र कहीं पर उत्पन्न करने के प्रयास किये जायें, तो असफलता ही मिलेगी। इसके लिए तो कश्मीर की भूमि की ही शरण लेनी होगी। इसी भाँति भौतिकवाद के विकास के लिए यूरोप ओर अमेरिका की भूमि उपयुक्त है, परन्तु आध्यात्मवाद की केशर यदि प्राप्त करना है, तो सम्पूर्ण विश्व को भारतीय भूमि से ही प्रेम करना होगा। इसके अतिरिक्त कोई उपाय नहीं है। यदि इस धरती का यह वैशिष्ट्य न होता, तो भगवान श्रीराम और भगवान श्रीकृष्ण यहीं पर जन्म क्यों लेते? वे कहीं पर भी आविर्भूत हो सकते थे, परन्तु सरयू और यमुना तट उन्हें अच्छा लगा और इसलिए अपने बाल-मित्रों के साथ उन्होंने यहाँ सहज बाल-क्रिड़ायें कीं, जिससे सभी लोग जान लें कि इस धरती का महत्व कितना अधिक है।
5. उत्तर भारत में भगवान ने अनेक रूपों में अवतार ग्रहण किया। इसलिए उस विराट् एवं चरम चित्त तत्व ने दक्षिण भारत में भी अंशावतार ग्रहण किया। श्री शंकराचार्य, श्री रामानुजाचार्य, श्री वल्लभाचार्य, श्री मध्वाचार्य आदि महान आचार्यों ने भारतीय समाज के उन्नयन के लिए अवतार ग्रहण किया। यदि उत्तर भारत में प्रभु के अवतारों के माध्यम से भगवद् शक्ति द्वारा संसार को प्रभावित किया गया, तो दक्षिण के आचार्यों ने साधना, संयम, सदाचार के उपदेश द्वारा, पुरूषार्थ के द्वारा मानवों में ऐसी अनुभूति उत्पन्न की कि वे आचार्य अंशावतार न होकर पूरी शक्ति सहित अवतार ही दिखाई देते हैं।
6. संसारी मानव दो प्रकार की विभिन्न परिस्थितियों के हिंडोले में झूलता हुआ अपनी दुर्बलता प्रमाणित करता है कि यदि कोई अनुकूल वस्तु मिल जाए, तो उसके प्रति राग हो जाता है, और यदि प्रिय वस्तु का वियोग हो जाए तो रोष होता है। कोई-कोई विरले मनुष्य होते हैं, जो न राग में जीते हैं, न रोष में जीते हैं, वे तो केवल अनुराग में ही सदा आनन्दित होते हैं। भगवान श्रीराम भी इसी प्रकार के महापुरूष हैं, जिनको न राग है, न रोष, अपितु वे अन्यों को सभी प्रकार संतुष्ट करते हैं। उनका स्मरण कर, उस नित्य आनन्दमय परमात्मा के प्रति भक्ति प्रदर्शित कर, भारतीय व्यक्ति अपने जीवन को धन्य अनुभव करता है।

"भारत माता मन्दिर" के सम्बन्ध में आपके विचार-

ऊँ। विश्वानि देव सवितर्दुरितानी परासुव। यद् भद्रं तन्न आ सुव।।

हमारे देश के गाँव-गाँव, नगर-नगर में मन्दिर मिलते हैं। बुद्धिवादी व्यक्ति नवीन मन्दिरों के निर्माण को निरर्थक मानते हैं। कई लोग इसे अर्थ का अपव्यय भी कहते हैं। इतिहास को जीवित रखना हमारा कर्तव्य है। इतिहास से हमें अपनी राष्ट्रीय-संस्कृति के गौरव का पता चलता है। पाठकों को इससे प्रेरणा मिलती है और भावी पीढ़ी के संस्कार जगाने में चेतना की शक्ति। इसी पावन दृष्टिकोण से, हरिद्वार में भारत माता मन्दिर का निर्माण किया गया है।

मुसलमान, ईसाई बन्धुओं को अपने पूर्वजों के सम्बन्ध में पर्याप्त जानकारी है, परन्तु किसी हिन्दू युवक से उसके पूर्वज ऋषियों के नाम पूछे जायें तो बता पाने में असमर्थता प्रकट करेगा। यदि व्यक्ति अपने श्रेष्ठ पूर्वजों का ही विस्मरण कर बैठे, तो उनके श्रेष्ठ संस्कारों को अपने जीवन में कैसे उतार सकता है?

भारत माता मन्दिर, मन्दिर के रूप में अधिक जाना जाय, ऐसा विचार कम है। तीर्थ-यात्री जो प्रतिवर्ष लाखों की संख्या में हरिद्वार आते हैं, वे इस मन्दिर से देश के संत, आचार्य, बलिदानी महापुरूषों, साध्वी, सतियों (मातृ शक्ति) के जीवन से प्रेरणा लेकर, व्रत और संकल्प कर जा सके-यह इसका मुख्य लक्ष्य है। साम्प्रदायिक उपासना पद्धतियों में मानव पृथक-पृथक घेरों में बँधता जा रहा है। ऐसे समय में राष्ट्रीय एकता को ध्यान में रखकर, सब सम्प्रदायों के आचार्यों और संतों की एक ही स्थान पर प्रतिष्ठा की गई है, इससे-"हम सब एक हैं", "हमारी माता भारत माता है"-का विचार परिपक्क कर सकें। यह विचार दृढ़ होना चाहिए, तभी व्यक्तिवाद से ऊपर उठकर राष्ट्रवाद की ओर जा सकते हैं।

धर्म और राष्ट्र एक-दूसरे के पूरक होने चाहिए। धर्म संस्कारों को बनाता है। संस्कारों का परिष्कार करता है और राष्ट्र-भाव स्वधर्म पर बलिदान होने की प्रेरणा देता है। बिना उत्सर्ग किये इस संसार में कुछ नहीं मिलता। स्वार्थ की बलि चढ़ाये बिना राष्ट्र का यज्ञ अधूरा रहता है। पशु-बलि की बातें आज निरर्थक हो गई हैं, किन्तु आत्म बलिदान के अभाव में कोई महान् लक्ष्य प्राप्त हो जाये, यह सम्भव नहीं है। भारत माता मन्दिर में विराजमान संत, शूर, सती-देश के लाखों यात्रियों में समन्वय, श्रद्धा, परस्पर प्रेम, त्याग, सद्भाव, स्वार्थ त्याग, समरसता और बलिदान की भावना जगाने में समर्थ हो सकेंगे, ऐसा विश्वास किया जाना चाहिए।

हमारा यह विचार है कि मन्दिर में दान-पात्र न रखें जाएँ, परन्तु दर्शनार्थियों की उदार भावना के सम्मानार्थ, उनके द्वारा की जाने वाली चढ़ोतरी के सदुपयोग की दृष्टि से, दान-पात्र रखे जाना युक्तिसंगत भी लगता है। फिर भी भावना यह है कि, दर्शनार्थी इस मन्दिर की स्मृति संजोकर, अपने घरों को लौटकर जाने वाले लोग श्रद्धा से जो कुछ हो, वहीं से प्रेषित करें। इस धनराशि को आदिवासी, गिरिवासी, वनवासी, हरिजन, देश के उपेक्षित वर्ग और दरिद्र नारायण की सेवा में लगाया जा सके। साथ ही, आय का एक भाग ब्राह्मण बालकों को कर्मकाण्ड, वेद, हवन, यज्ञ आदि की शिक्षा देने के लिए उपयोग में लाया जाए। इस प्रकार यह मन्दिर समाज की सर्वांगीण सेवा का प्रकल्प बन सके, यह अपेक्षा है।

इस मन्दिर में जैन, सिक्ख, ईसाई, मुसलमान, पारसी मजहबों के श्रेष्ठ संतों की मूर्तियाँ और उनके जीवन का अंकन किया गया है। सभी प्रमुख धर्मों के मूल मंत्र रजत पट्टीका पर अंकित किये गये हैं, जिससे उपासकों, साधकों, नागरिकों में यह भाव जाग सके कि सभी धर्मों का मूल तत्व एक है। इस प्रकार, अपने देश की संस्कृतियों की समस्त धाराओं को हरिद्वार में बहने वाली गंगा की पावन धारा से जोड़ने का प्रयत्न किया है। गंगा पावनता और गतिशीलता का प्रतीक बन चुकी है। बिना पावन और गतिशील हुए, देश और राष्ट्र की वास्तविक सेवा नहीं की जा सकती।

परमात्मा की कृपा से, अपने राष्ट्र-रथ को अनैतिकता के पंक से उबार, जगद्गुरू के पूर्व आसन पर बैठा सकने में हम सब निमित्त और परमात्मा के हाथ का उपकरण बन सकें, ऐसी उनके चरणों में प्रार्थना है।

"भारत माता मन्दिर (ऋषिकेश)": एक परिचय

लोगों के मन में यह विचार आ सकता है कि इस मन्दिर में भारतमाता की प्रतिमा क्यों स्थापित की गई? भारतमाता तो सम्पूर्ण राष्ट्र है। उसकी सम्पूर्ण शक्ति राष्ट्र के प्रत्येक नागरिक में उद्भूत है, उस शक्ति का अनुभव कराने के लिए सनातन धर्म में प्रतिमा अथवा मूर्ति प्रतिष्ठा का विशेष महत्व है। धनधान्य की समृद्धि के लिए जिस प्रकार बीज बोना परम आवश्यक है, उसी प्रकार देवी और मानवीय संस्कार जाग्रत करने के लिए प्रतिमा की प्रतिष्ठा-उपासना का महत्वपूर्ण अंग है। इसलिए मूर्ति प्रतिष्ठा के अनन्तर प्राण प्रतिष्ठा की जाती है, जिससे उपासक और दर्शनार्थी में तद्नुसार चेतना जाग्रत हो सके। वर्तमान में भारत की भावात्मक एकता और अखण्डता के लिए "हम सब भारतवासी भारत माता की संतान हैं"-इस भावना के लिए भारतमाता की मूर्ति की प्राण प्रतिष्ठा की गई है।

भारतमाता मन्दिर में प्रवेश करते ही, जैसे सीढ़ियों पर चढ़ते हैं-दाई ओर सम्पूर्ण मनोकामना सिद्ध करने वाले, संकट मोचन श्री हनुमन्तलाल जी के दर्शन होते हैं। मुख्य द्वार के ऊपर श्री विघ्नेश्वर गजवदन विनायक श्री गणेश जी प्रतिष्ठित हैं। जिनके दर्शन के साथ ही दर्शनार्थी द्वार प्रवेश कर सीधे भारत माता के पास पहुँचते हैं।

हम धन्य हैं कि हम भारत जननी की शस्य श्यामल, समृद्ध, वात्सल्यमयी अंक में पले हैं, बड़े हुए हैं और यशस्वी जीवन-पथ पर गतिशील हैं और सदा गतिशील बने रहेंगे। यह राष्ट्र किसी एक का नहीं, जाति वर्ण, सम्प्रदाय भेद के बिना सभी का है। हम सब एक ही भारत माँ की सन्तान होने के नाते भाई-बहन हैं, एक हैं। जैसे एक मीटर वस्त्र को तैयार करने में किसान, उसके खेती के उपकरण, ओटाई करने वाले, कातने वाले, उसको आकर्षक रूप देने वाले कुशल इंजिनियर, सुपरवाइजर इत्यादि का योगदान रहता है, वैसे ही एक राष्ट्र के निर्माण में किसी की बुद्धि, किसी का श्रम, किसी का बलिदान, किसी का तपस्या और किसी का चिन्तन लगता है।

आधार तल

सात तल वाले इस भव्य मन्दिर के आधार तल में भारतमाता की विशाल एवं भव्य प्रतिमा की प्रतिष्ठा है। माँ, जिसकी गोद में संस्कृति, संस्कार और सभ्यता जन्म लेकर पोषित होती है-उसकी उपमा संसार में कहीं नहीं है। भारत की धरती को ही यह सौभाग्य मिला है, जिसे "भारतमाता" के नाम से विभूषित किया गया है। संसार का कोई भी देश माता के नाम से नहीं जाना जाता। भगवान श्रीराम जी स्वयं कहते हैं-"जननी जन्मभूमिश्च स्वर्गादपि गरीयसी"-माँ और मातृभूमि स्वर्ग से भी श्रेष्ठ है।

भारतवासीयों की रग-रग में संस्कार प्रतिष्ठित करने वाली भारतमाता की मूर्ति की प्रतिष्ठा भारतमाता मन्दिर में की गई-जिनके एक हाथ में दुग्ध पात्र तथा दूसरे में धान की बाली है। सामयिक चेतना जगाने के लिए श्वेत क्रान्ति व हरित क्रान्ति के प्रतीक के रूप में इस कल्पना को ग्रहण किया गया है। प्रतिमा के पीछे कमलाकार चक्र है, जो कमल की पवित्रता और निर्लिप्त भाव का प्रतीक है। गीता में भगवान श्रीकृष्ण का सन्देश है- "पद्मपत्रमिवाम्भसा"-संसार- महासागर में, राष्ट्र की सेवा में व्यक्ति का जीवन, कमल के समान रहना चाहिए।

भारत माता की मूर्ति के सामने भूतल पर भारत का विशाल प्राकृतिक मानचित्र, भारत सरकार के सर्वेक्षण विभाग की प्रमाणिकता के आधार पर निर्मित है-जिसमें नागाधिराज हिमालय के उत्तुंग शिखर, उपत्यिकाएँ, प्रमुख नदियाँ आरेखित की गई हैं। साथ ही निम्नलिखित को भी दर्शाया गया है-

द्वादश ज्योतिर्लिंग- 1. सौराष्ट्र में सोमनाथ, 2. श्रीशैल पर मल्लिकार्जुन (गुण्टुर से 217 मील), 3. उज्जैन में महाकाल, 4. ओंकारेश्वर में मम्लेश्वर (ओंकारेश्वर), 5. हिमाचल पर केदारनाथ, 6. डाकिनी में भीमशंकर (पूना से 43 मील उत्तर, मुम्बई से 70 मील पूर्व की ओर भीमा नदी के तट पर), 7. काशी में विश्वेश्वर विश्वनाथ, 8. गौतमी तट पर त्रयम्बकेश्वर (नासिक रोड स्टेशन से 25 कि.मी. दक्षिण में), 9. चिताभूमि में वैद्यनाथ (कलकत्ता-पटना रेल मार्ग पर किउल स्टेशन से दक्षिण पूर्व में 100 कि.मी.), 10. दारूका वन में नागेश्वर (द्वारिका के पास दारूका वन में गौतमी नदी के किनारे), 11. सेतूबन्ध में रामेश्वर और 12. शिवालय में स्थित घुश्मेश्वर (मनमाड-पूना लाइन पर मनमाड से 100 कि.मी. दौलताबाद स्टेशन से 20 कि.मी. वेरूल गाँव के पास)

सप्त मोक्षदायिनी पुरियाँ - 1. अयोध्या, 2. मथुरा, 3. हरिद्वार, 4. काशी (वाराणसी), 5. काँची, 6. अवन्तिका (उज्जैन), 7. द्वारिका।

सप्त बदरी - उत्तराखण्ड राज्य के बदरी क्षेत्र में 1. आदि बदरी, 2. ध्यान बदरी (कुम्हार चट्टी से 6 मील दूर), 3. वृद्ध बदरी (उशी मठ के कुम्हार चट्टी से ढाई मील दूर), 4. भविष्य बदरी (जोशी मठ से 11 मील दूर), 5. योग बदरी (पाण्डुकेश्वर से दो मील), 6. नृसिंह बदरी (जोशी मठ से नरसिंह भगवान का मन्दिर), 7. प्रधान बदरी।

पंच केदार - भगवान शंकर महिष रूप धारण उपरान्त उनके पाँच अंग प्रतिष्ठित हुये और वे पंच केदार कहलाये। 1. श्री केदारनाथ (प्रमुख केदार पीठ), 2. श्री मध्यमेश्वर (यहाँ नाभि), 3. श्री तुंगनाथ (यहाँ बाहु), 4. श्री रूद्रनाथ (यहाँ मुख), 5. कल्पेश्वर (यहाँ जटायें)।

पंच सरोवर - 1. मानसरोवर (हिमालय क्षेत्र में), 2. बिन्दु सरोवर (गुजरात प्रदेश में), 3. नारायण सरोवर (नल सरोवर और हिमालय क्षेत्र में), 4. पम्पा सरोवर (तुंगभद्रा नदी के उत्तर और किष्किंधा के दक्षिण भाग में), 5. पुष्कर सरोवर (अजमेर के पास में)।

सप्त क्षेत्र - 1. कुरूक्षेत्र (हरियाणा प्रदेश में), 2. हरिहर क्षेत्र (गंगा, सरयू, सोन व गंडकी नदी के संगम का क्षेत्र बिहार प्रदेश में), 3. प्रभास क्षेत्र (द्वारिका, गुजरात प्रदेश में), 4. भृगु क्षेत्र (नर्मदा व समुद्र संगम क्षेत्र), 5. पुरूषोत्तम क्षेत्र (जगन्नाथ धाम, उड़ीसा में), 6. नैमिष क्षेत्र (सीतापुर, उत्तर प्रदेश में), 7. गया क्षेत्र (बिहार प्रदेश में)

प्रथम तल: शूर मन्दिर

मैकाले की शिक्षा पद्धति ने देश के नागरिकों के समक्ष ऐसा इतिहास प्रस्तुत किया कि हम अपने देश के लिए जीवन देने वालों को विस्मृत कर बैठे। आज सबसे बड़ी आवश्यकता है, राष्ट्र के प्रति समर्पित महापुरूषों, बलिदानियों के आदर्शों को उद्घाटित करने की, जिससे वर्तमान भारत के बालक-बालिकाएँ, युवक-युवतियाँ उनसे प्रेरणा ले सकें। यदि हमारे सामने कोई आदर्श ही नहीं होगा, तो हमारा न कोई सिद्धान्त रह जायेगा और न शाश्वत मूल्य रह जाएँगे। इसी दृष्टिकोण से भारत माता मन्दिर के द्वितीय तल पर राष्ट्र के वीरों, बलिदानियों की मूर्तियों की प्रतिष्ठा की गई है जो निम्नवत् हैं-
1. महामना पं. मदन मोहन मालवीय 2. वीर सावरकर 3. सुभाष चन्द्र बोस 4. महात्मा गाँधी 5. छत्रपति शिवाजी 6. गुरू गोविन्द सिंह 7. महारानी लक्ष्मीबाई 8. महराणा प्रताप 9. शहीद भगत सिंह 10. चन्द्रशेखर आजाद 11. डा0 केशवराव बलिराम हेडगेवार 12. हेमू कालानी 13. अश्फाकउल्ला 14. महारानी अहिल्याबाई 15. महराजा अग्रसेन

द्वितीय तल: मातृ मन्दिर

नारी के प्रति महान सम्मान प्रदर्शित करने की दृष्टि से भारतमाता मन्दिर में मातृ मन्दिर की प्रतिष्ठा की गई है। वैदिक काल से लेकर आज तक महान नारीयों की लम्बी श्रृंखला रही है परन्तु यहाँ उनकी शक्ति के प्रतीक के रूप में कुछ महान माताओं की मूर्तियों को प्रतिष्ठित किया गया है जो निम्नवत् हैं-
1. सती जयदेवी 2. कवयित्री आण्डाल 3. मैत्रेयी 4. मीराबाई 5. सती सावित्री 6. ब्रह्मवादिनी गार्गी 7. देवी उर्मिला 8. सती दमयन्ती 9. सती अनुसूया 10. सती मदसलसा 11. सती पद्मिनी 12. वीरांगना किरण देवी 13. श्रीमती एनी बेसेन्ट 14. भगिनी निवेदिता 15. श्री देव नदी गंगा जी 16. श्री यमुना जी

तृतीय तल: संत मन्दिर

भारतीय संस्कृति एवं संस्कृति की समग्र परम्परा का सम्पूर्ण अधिष्ठान भारतीय संतों के अवदान पर ही प्रतिष्ठित है। महर्षि वेदव्यास से लेकर आद्य गुरू शंकराचार्य एवं स्वामी विवेकानन्द, महर्षि अरविन्द, स्वामी रामतीर्थ और उनके परवर्ती संतों की लम्बी श्रृंखला है, जिन्होंने अपनी दिव्य साधना से भारतीय संस्कृति और जनजीवन को आलोकित किया है। रत्नगर्भा भारत भूमि इतने महापुरूषों की जननी है कि उन सबको पर्याप्त स्थान नहीं दे सके। विशिष्ट आचार्यों, संतों को ही स्थान दे सके हैं इसका अर्थ यह नहीं है कि शेष महापुरूष सम्मानीय नहीं है। वे सभी समान कोटि में समादरणीय है। भारतमाता के स्वरूप को सँवारने और उसे समृद्ध बनाने में संतों की साधना, तपश्चर्या, वाणी और साहित्य का अनुपम योगदान रहा है। इसी दृष्टि से सभी सम्प्रदायों के आचार्यों, संतों की प्रतिष्ठा भारत माता मन्दिर में की गई है। जो निम्नवत् हैं-
1. गौतम बुद्ध 2. महावीर स्वामी 3. श्री नरसी मेहता 4. गोस्वामी तुलसीदास 5. श्री चैतन्य महाप्रभु 6. उदासीनाचार्य चन्द्रदेव 7. समर्थ गुरू रामदास 8. संत ज्ञानेश्वर 9. श्री गरीबदास जी 10. श्री रंग अवधूत जी 11. स्वामी वासुदेवानन्द सरस्वती 12. श्री निम्बार्काचार्य 13. जगद्गुरू रामानन्दाचार्य 14. जगद्गुरू आद्य शंकराचार्य 15. श्री वल्लभाचार्य 16. श्री रामानुजाचार्य 17. श्री मध्वाचार्य 18. श्री गुरू नानक 19. शिरडी वाले सांई बाबा 20. स्वामी विवेकानन्द 21. स्वामी दयानन्द 22. महर्षि अरविन्द 23. श्री पीपी जी 24. परमहंस राकृष्णदेव एवं माँ शारदामणि 25. संत कबीर 26. रसखान 27. जलाराम बापा 28. संत रविदास 29. संत नवल साहेब 30. भक्त श्री सेन जी 31. हरिजी बापा 32. गुरू गोरक्षनाथ जी 33. संत श्री झूलेलाल जी 34. महर्षि वाल्मीकि 35. आचार्य दादूदयाल जी 36. स्वामी प्राणनाथ जी

चतुर्थ तल: भारत दर्शन

भारत माता मन्दिर के चतुर्थ खण्ड पर भारत की एकता और अखण्डता के प्रतीक के रूप में भारत-दर्शन की प्रादेशिक झाँकी भित्ति चित्रों और आरेखों द्वारा प्रदर्शित की गई है-जिन्हें देखकर लगता है कि हम भारत में हैं और भारत हम में है। हमारा कोई भी चिन्तन इससे पृथक नहीं हो सकता। हमने इसी भारत के लिए जन्म लिया है और जन्म-जन्मान्तर परमात्मा से प्रार्थना करते हैं कि चाहे जिस रूप में हो, चाहे जिस योनि में हो-हमारा जन्म भारत में ही हो।

दीवालों पर भारत के समस्त प्रदेशों के सांस्कृतिक मानचित्र आकर्षक ढंग से निर्मित किये गये हैं-जिनमें मध्य प्रदेश, गुजरात, महाराष्ट्र, गोवा, राजस्थान, हरियाणा, पंजाब, जम्मू-कश्मीर, हिमाचल प्रदेश, असम, मेघालय, अरूणाचल प्रदेश, मणिपुर, नागालैण्ड, त्रिपुरा, मिजोरम, पश्चिम बंगाल, बिहार, उत्तर प्रदेश, कर्नाटक, आन्ध्र प्रदेश, उड़ीसा, केरल, तमिलनाडु, आदि की झाँकियों में वहाँ के इतिहास-प्रसिद्ध सांस्कृतिक कला, स्थापत्य कला के नमूने, संत, वीर, बलिदानी, नृत्य कला आदि को प्रदर्शित किया गया है। इस मण्डपम् में विशाल मंच निर्मित है। मंच के पाश्र्व में, रजत पट्टीकाओं पर-विश्व के प्रमुख धर्मों- ईसाई धर्म, सिख धर्म, जैन धर्म, बौद्ध धर्म, सनातन धर्म, पारसी धर्म, इस्लाम धर्म के मूल मंत्र आलेखित हैं और वेद भगवान की प्रतिष्ठा की गई है। समन्वय ओर भावनात्मक एकता की दृष्टि से स्थापित इन पट्टीकाओं का अनावरण-भारत गणराज्य के तत्कालिन महामहिम राष्ट्रपति ज्ञानी जैल सिंह जी ने 8 मार्च, 1986 को शिवरात्रि पर्व पर किया था। उन्होंने कहा-"मेरा मन यहाँ से बाहर जाने को नहीं करता। यह मन्दिर आजादी के तुरन्त बाद ही बनना चाहिए था, परन्तु जो कार्य सरकार नहीं कर पाई, उसे स्वामी जी ने किया। भगवान जिससे जब जो कार्य कराता है, तभी होता है। मेरा विश्वास है कि जो कोई भी हरिद्वार आयेगा, इस मन्दिर के दर्शन जरूर करेगा।"

सभी धर्म एक हैं। विश्व का कोई भी धर्म हिंसा, असत्य, वैर, कटुता की बात नहीं कहता। धर्मान्धिता आड़े आने पर धर्म को विकृत बना दिया जाता है। धर्मनिरपेक्षता का तात्पर्य धर्महीनता नहीं है, अपितु अपने धर्म पर अनन्य निष्ठा, समर्पण भाव रखते हुए-दूसरे धर्म के प्रति समान आदर भाव रखना है। संस्कृति ही राष्ट्र बनाती है। एक राष्ट्र की जनता एक जाति की है, उस जाति का जो स्वरूप है, उसे राष्ट्रीयता कहते हैं और राष्ट्रीयता ही किसी राष्ट्र का जीवन है। यदि राष्ट्रीयता या संस्कृति नष्ट कर दी जाए, तो वह राष्ट्र नष्ट हो जाता है। संस्कृति के जन्म, पोषण, रक्षण और अभिवृद्धि के लिए परमात्मा ने भारत-भूमि का चयन किया। उस संस्कृति का पालन करना, अपने जीवन में ढालना, आचरित करना प्रत्येक भारतवासी का प्रथम कर्तव्य है। संस्कृति और राष्ट्र एक-दूसरे के पर्याय हैं। राष्ट्र रहेगा, संस्कृति रहेगी, और संस्कृति की रक्षा से राष्ट्र की अस्मिता अक्षुण्ण रहेगी।

भारत-भूमि धन्य है, जिसकी प्रशंसा देवों के श्रीमुख से की गई है तथा इस भारत-भूमि पर जन्म लेने के लिए स्वयं देवता भी लालायित रहते हैं। जिसका जन्म इस धरती पर हुआ, वह भी धन्य हो गया। भारत-भूमि इस भूखण्ड पर सबसे पुण्यशाली है। यह भूमि भगवान के अवतारों की, संतो की, महर्षियों की, पुण्य सलिला सरिताओं की प्राकट्य-स्थली है। स्वयं परमात्मा ने विभिन्न रूपों में अवतरित होकर यहाँ लीलीयें कर, धर्म और संस्कृति की मर्यादा स्थापित की। भारत की धरती देवताओं की यज्ञ-भूमि होने से, परम पावन मानी गई है।

आज की भयावह परिस्थिति में सम्पूर्ण विश्व भारत की ओर आँखें लगाये लालायित है कि विश्व की समस्याओं का निदान भारत के पास है। समय आयेगा। विश्व को भारत ने रास्ता दिखाया था, पुनः दिखायेगा। महर्षि अरविन्द की वाणी सत्य सिद्ध होगी कि "भारत एक है, अखण्ड है, अखण्ड रहेगा।" विभाजन की रेखाएँ, भौगोलिक सीमायें ध्वस्त होंगी। भारत की पहचान भौगोलिक सीमाओं से कभी नहीं रही। भौतिक सीमाएँ भारत को कभी बाँध नहीं सकी। भारत की पहचान उसके आध्यात्म से है, भारतीयता से है, भारतीय संस्कृति से है और यह पहचान यावत्चन्द्र दिवाकर बनी रहेगी।

पंचम तल: शक्ति मन्दिर

भारत माता मन्दिर के इस तल पर 1. वेदमाता गायत्री 2. देवी मीनाक्षी 3. देवी सरस्वती की मूर्ति प्रतिष्ठित है।

भारतीय संस्कृति में शक्ति की उपासना को सर्वाधिक महत्व दिया गया है। चैत्र शुक्ल पक्ष और अश्विन शुक्ल पक्ष प्रतिपदा से नवमी तक परामबा भगवती की अराधना सम्पूर्ण भारत में की जाती है। समस्त आस्तिक जनता अशुभ के विनाश और शुभ की प्राप्ति के लिए दुर्गा का, जो दुर्गति का नाश करने वाली है-घट स्थापन, पूजन, अर्चन, हवन आदि करती है। दुर्गा के नौ रूप 1. शैल पुत्री 2. ब्रह्मचारिणी 3. चन्द्रघण्टा 4. कूष्माण्डा 5. स्कन्द माता 6. कात्यायनी 7. कालरात्रि 8. महागौरी 9. सिद्धीदात्री हैं।

शक्ति की महत्ता के बारे में महाशक्ति के उद्गार हैं-

अहं राष्ट्री संगमनी वसूनां चिकितुषी प्रथमा यज्ञयानाम्।
तां मा देवा व्यदधुः पुरूत्रा भूरिस्थात्रां भूर्यविशयन्तीम।।

"मैं ही राष्ट्रीय अर्थात् सम्पूर्ण जगत् की ईश्वरी हूँ। मैं उपासकों को उसका अभीष्ट वसु-धन प्राप्त कराने वाली हूँ। जिज्ञासुओं के साक्षात् कर्तव्य-परब्रह्म को अपनी आत्मा के रूप में मैंने अनुभव कर लिया है। जिनके लिए यज्ञ किये जाते हैं, उनमें सर्वश्रेष्ठ हूँ। सम्पूर्ण प्रपंच के रूप में मैं ही अनेक होकर विराजमान हूँ। सम्पूर्ण प्राणियों के शरीर में जीव-रूप में मैं अपने-आपको ही प्रविष्ट कर रहीं हूँ। भिन्न-भिन्न देश, काल, वस्तु और व्यक्तियों में जो कुछ हो रहा है-किया जा रहा है, वह सब मुझ में, मेरे लिए ही किया जा रहा है। सम्पूर्ण विश्व के रूप में अवस्थित होने के कारण, जो कोई जो कुछ भी करता है-वह सब मैं ही हूँ। (देवी सूक्त आत्म सूक्त ऋ मं, 10 सूक्त 125 अ.1)"

अराधना के लिए गुरू या संत से कोई मंत्र लेते हैं, निर्देशन प्राप्त करते हैं, परन्तु "माँ" अपने-आप में स्वतन्त्र मंत्र है। जन्म के प्रारम्भ से ही हमारी संस्कृति "माँ" मंत्र देती है। वात्सल्यमयी है। वह करूणा की मूर्ति हैं। इसलिए शास्त्र में "माँ" को "सत्यं परम् सत्यम्" कहा है। वह पराशक्ति, निर्गुण ओर सगुण दोनों रूपों में पूज्या है। निर्गुण शक्ति व्यापक शक्ति है, जो अन्तर चेतना जाग्रत करती है। वह प्रत्येक व्यक्ति के भीतर प्रसुप्त अवस्था में रहती है। साधना के द्वारा या महापुरूषों की कृपा से उसे जागृत किया जाता है। योगीजन उसे कुण्डलिनी शक्ति के रूप में जानते हैं। जब शक्ति अन्तर से चैतन्य हो जाती है, तो ऐसे महापुरूष कई चमत्कार करने में समर्थ हो जाते हैं। कुछ दूसरें के मन की बात जान लेते हैं।

षष्ठम् तल: विष्णु मन्दिर

सम्पूर्ण भारतवर्ष में विभिन्न धर्मों और सम्प्रदायों के लोग रहते हैं। अपनी-अपनी आस्था-श्रद्धा के अनुरूप भगवान विष्णु (नारायण) के प्रति विभिन्न रूपों में अपनी भावना व्यक्त कर, उनके विग्रह की पूजा-अर्चना कर जीवन धन्य समझते हैं। इस दृष्टि से भारत माता मन्दिर में विष्णु-मन्दिर का निर्माण कर, उसमें परमात्मा के विभिन्न विग्रहों 1. दत्तात्रेय 2. श्रीनाथ जी 3. रणछोड़राय 4. श्री सीताराम 5. श्री लक्ष्मी नारायण 6. श्री राधाकृष्ण 7. श्री व्यंक्टेश 8. स्वामीनारायण 9. श्री विट्ठल रूक्मिणी जी की प्रतिष्ठा की गई है।

सप्तम तल: शिव मन्दिर

भारतमाता मन्दिर के सर्वोच्च शिखर पर (आखिरी मंजिल पर) शिव-मन्दिर निर्मित है। जिसमें हिमालय की तलहटी में भगवान शंकर चार स्वरूपों में दर्शन देते हैं। पद्मासन में ध्यानस्थ शिवजी की रजत मूर्ति है, उनके पीछे शिव परिवार, बायीं ओर अर्द्धनारीश्वर और दायीं ओर नटराज शिव। वस्तुतः आशुतोष भगवान शिव के अतिरिक्त ऐसा और कोई देव नहीं है, जो अपनी विस्मृति कर औघड़ आशीर्वाद देता हो। विग्रह के दोनों ओर दो रजत कल्प वृक्षों पर 54-54 विविध रंगों के शिवलिंग प्रतिष्ठित किये गये हैं।

भारत माता मन्दिर के विभिन्न तलों पर स्थापित विभूतियों से प्रेरणा ग्रहण करें तथा एक ही स्थान पर सम्पूर्ण देश के श्रद्धा के आधारों का दर्शन कर सकें, इस दृष्टि से भारत माता मन्दिर की आधारशिला पर ऊपर के

विभिन्न मन्दिरों का निर्माण हुआ है। जो तथ्य और अनुभूति असंख्य प्रवचनों, बहुसंख्यक ग्रन्थों से प्रदान नहीं की जा सकती, वह भारत माता मन्दिर के आधार तल से ऊपर के उच्चतल तल पर प्रतिष्ठित मूर्तियों के दर्शन द्वारा सहज ही प्राप्त की जा सकती है। यद्यपि शूर, सती, मातृ शक्ति, संत, शक्ति और परमात्मा के असंख्य, अनन्त रूप हैं, फिर भी इन सभी मन्दिरों में स्थापित मूर्तियाँ उन वर्गों की प्रतिनिधि एवं प्रतीक स्वरूप हैं।

श्री लव कुश सिंह "विश्वमानव" द्वारा स्पष्टीकरण

जब मैं रेनुकूट, सोनभद्र में रहता था (सन् 1999 से 2001 तक) तब आपकी रेनुकूट शाखा का परिसर मेरे अस्थायी निवास (क्वार्टर नं0 आई-1521,) जो मेरे मित्र, बड़े भाई श्री सिया राम सिंह (हिन्डाल्को स्टाफ) द्वारा सुविधा दी गई थी, के ठीक सामने दिखता था। श्री सिया राम सिंह जी द्वारा आपके साहित्य भी हमें प्राप्त होते रहते थे। वे आध्यात्मिक विचारधारा के स्वामी हैं जो उन्हें विरासत में ही प्राप्त थी। इस क्वार्टर में रहकर मैंने "विश्वशास्त्र" के बहुत से महत्वपूरण अंश लिखे थे। सन् 2012 में "भारत माता मन्दिर" के दर्शन का अवसर प्राप्त हुआ। वहीं से पुस्तक "भारत माता मन्दिर" मैं लाया था।

"भारत माता मन्दिर", का एकात्म विचार बहुत ही जीवन्त है और वह प्रत्यक्ष रूप में सामने है। संघनित होती दुनिया में दृश्य माध्यम से "भारत" के रूप को समझने का यह ज्ञान आधारित मन्दिर है।

अब जबकि विश्व का अन्तिम शास्त्र-"विश्वशास्त्र" व्यक्त हो चुका है, ऐसी स्थिति में "भारत माता मन्दिर" से भारत के "विश्वरूप" का दर्शन व ज्ञान आने वाले लोगों को हो, इसके लिए थोड़े परिवर्तन की आवश्यकता है। जो एक सार्वभौम सत्य-सैद्धान्तिक सलाह मात्र है-

7 वाँ तल-"ज्योति मन्दिर"-इस तल पर केवल "शिव ज्योति" और उसका दृश्य प्रकाश "विश्वशास्त्र" रखा होना चाहिए।
6 वाँ तल-"मानक चरित्र मन्दिर"-इस तल पर केवल त्रिदेव एवं परिवार होने चाहिए। 1. ब्रह्मा एवं परिवार (व्यक्तिगत मानक व्यक्ति चरित्र), 2. विष्णु एवं परिवार (सामजिक मानक व्यक्ति चरित्र) एवं 3. शंकर एवं परिवार (वैश्विक मानक व्यक्ति चरित्र)
5 वाँ तल-"अवतार मन्दिर"-इस तल पर केवल ईश्वर के 24 अवतार होने चाहिए।
4 वाँ तल-"देवी-शक्ति और मातृ मन्दिर"
3 वाँ तल-"संत मन्दिर"
2 वाँ तल-शूर मन्दिर
1 वाँ तल-भारत दर्शन
आधार तल-कोई परिवर्तन नहीं

इस रूप से "भारत" का विश्वरूप व्यक्त होगा साथ ही यह भी व्यक्त होगा कि मनुष्य को अपने विचार को उत्तरोत्तर श्रेष्ठ करने में कितने चरण से गुजरना है। आधार तल से 7वाँ तल उसी को व्यक्त करता है। मनुष्य की गति नीचे से उपर की ओर तथा अवतार की गति उपर से नीचे की ओर होती है।

पहले भारतमाता मन्दिर और अब अन्त में उसमें मैं और मेरा विश्वधर्म मन्दिर

यदि मैं लव कुश सिंह "विश्वमानव", ही कल्कि अवतार हैं तो उनका स्थान 5वें तल के "अवतार मन्दिर" में उनका अधिकार बनता है।

विश्वधर्म मन्दिर-धर्म के व्यावहारिक अनुभव का मन्दिर

धर्म के व्यावहारिक अनुभव का मन्दिर-विश्वधर्म मन्दिर, की स्थापना जीवनदायिनी सत्यकाशी क्षेत्र में उचित स्थान देखकर की जायेगी क्योंकि इसकी स्थापना के पीछे स्थान का कोई विशेष कारण और स्थान के लिए शास्त्रीय आधार नहीं है, इसके लिए पूरा सत्यकाशी क्षेत्र ही शास्त्रीय आधार के अन्तर्गत है।

यह एक विशाल कैम्पस होगा जिसमें एक प्रवेश द्वार (जन्म का प्रतीक) और एक ही निकास द्वार (मृत्यु का प्रतीक) होगा। प्रवेश द्वार से प्रवेश करते ही विश्व के प्रमुख धर्मों के अलग-अलग द्वार (जीवन संस्कृति का प्रतीक) होंगे। जिन्हें जिस धर्म का अनुभव प्राप्त करना हो वे उस द्वार से प्रवेश करेंगे और उस धर्म के अनुसार वस्त्र, पूजा पद्धति, धर्म शास्त्र, खान-पान इत्यादि का पूरा अनुभव पूरे दिन प्राप्त करेंगे और अन्त में निकास द्वार से अपने पुराने वस्त्र को धारण कर बाहर आयेंगे। इसका तात्पर्य यह है कि जन्म (प्रवेश द्वार) की एक ही विधि है और मृत्यु (निकास द्वार) की भी एक ही विधि है जो किसी धर्म से सम्बन्धित नहीं है। बीच का जीवन ही उस धर्म का अनुभव है। धर्म में प्रवेश के उपरान्त धर्म (जीवन संस्कृति) परिवर्तन का कोई मार्ग नहीं है। उसके लिए आपको निकास द्वार (मृत्यु) से बाहर आकर फिर जन्म (पुर्नजन्म) लेना पड़ेगा फिर किसी दूसरे धर्म का अनुभव आप प्राप्त कर सकते हैं। यह धर्म के व्यावहारिक अनुभव का मन्दिर-विश्वधर्म मन्दिर, पूर्णतः व्यापारिक ढंग से संचालित होगा।

भाग-6
समष्टि धर्म दृष्टि

अनिर्वचनीय कल्कि महाअवतार भोगेश्वर श्री लव कुश सिंह" विश्वमानव" का मानवों के नाम खुला चुनौती पत्र

अनिर्वचनीय कल्कि महाअवतार का काशी-सत्यकाशी क्षेत्र से विश्व शान्ति का अन्तिम सत्य-सन्देश

मानवों के नाम खुला चुनौति पत्र

प्रिय मानवों,

हम (अवतारी श्रृंखला) आप लोगों के प्रति कल्याण भावना रखते हुये उन सभी रहस्यों को खोलकर रख देना चाहते है जिससे आज तक हम आप का भोग करते आये है। पत्र के अन्त में यह भी बताऊँगा कि इन रहस्यों के खोलने के प्रति मेरा उद्देश्य क्या है? और यह भाव हमारे मन में क्यों आया? दिल खोलकर यह भी स्पष्ट करेंगे कि हम लोगों की उत्पत्ति कैसे हुई? और हमने अपने अधिपत्य के लिए क्या-क्या किया। अब स्थिति क्या है तथा भाविष्य में काल की गति किस ओर जा रही है?

इन सब बातों को स्पष्ट करने से पहले कुछ सूत्रों को स्पष्ट करना चाहूँगा। वर्तमान समय में यह देख रहा हूँ कि आरोप-प्रत्यारोप तथा अपने अपने सीमित मस्तिष्क से अनेकों प्रकार की व्याख्या की संस्कृति बढ़ती जा रही है। इस सम्बन्ध में यह कहना चाहूँगा कि सर्वप्रथम यह जानो कि अब तक के संसार में उत्पन्न कोई भी महापुरूष, पैगम्बर, दूत इत्यादि सार्वजनिक प्रमाणित रूप से पूर्ण रूप में नही थे। क्योंकि यदि वे पूर्ण होते तो उनके द्वारा व्यक्त विचारों की सत्ता उसी भाँति निर्विरोध रूप से स्थापित हो चुकी होती जिस प्रकार सार्वजनिक प्रमाणित विज्ञान ने अपनी सत्ता को अल्प समय में ही सभी के उपर स्थापित कर लिया है। दूसरी बात यह है कि सीमित मस्तिष्क से असीम मस्तिष्क (या अपने से अधिक मस्तिष्क) की सही व्याख्या कभी नहीं की जा सकती। यदि तुम श्री कृष्ण (या अपने से अधिक) की व्याख्या करना चाहते हो तो पहले श्री कृष्ण के मस्तिष्क (या अपने से अधिक मस्तिष्क) के बराबर होना पड़ेगा। इसी प्रकार बुद्ध, मुहम्मद, ईसा इत्यादि के सम्बन्ध में भी है। तीसरी बात यह है कि आरोप-प्रत्यारोप की संस्कृति से कोई हल नही निकलता, न ही बुद्धि का विकास होता है बल्कि साम्प्रदायिक विद्वेष व एक दूसरे का प्रचार-प्रसार ही होता है। क्योंकि तुम विरोध या आरोप-प्रत्यारोप ही सही परन्तु अपने विरोधी का नाम तो लेते ही हो। फलस्वरूप जिसके पास बुद्धि की प्रबलता होती है उसके लिए अल्प बुद्धि वाला विरोधी प्रचारक बन जाता है। और यह तो तुम जानते ही होगे कि हम बुद्धि प्रबल वर्ग है। इसलिए तुम लोग अनजाने ही हमारे प्रचारक बने बैठे हो। इसके लिए आवश्यक है कि तुम लोग ऐसे रास्ते को अपनाओं जिससे हम लोगों का नाम न ही आये और तुम लोग में बुद्धि का विकास तेजी से हो। तुम्हें यह बात सदा याद रखनी पड़ेगी कि बुद्धि के विकास से संगठित संगठन लम्बी अवधि तक स्थायित्व बनाये रहती है जबकि इसके विपरीत संगठित संगठन को कभी भी बुद्धि के प्रयोग द्वारा विखण्डित किया जा सकता है। प्रायः ऐसे संगठन का प्रयोग तुम्हारे अपने ही नेता अपने स्वार्थ को साधने में करते है।

हे मानवों, पहले कर्म या पहले ज्ञान बुद्धि? यह प्रश्न तो पहले अण्डा या पहले मुर्गी? जैसा प्रश्न है, और यह सदा से अनसुलझा ही है और रहेगा भी। परन्तु इतना तो जानना आवश्यक है कि हम कर्म करते-करते कुछ नियमों को प्राप्त करते है। यदि हम इन नियमों पर ध्यान देते रहते हैं तो हमें अपने गलतियों के पुनरावृत्ति को रोकने में सहयोग मिलता है। इन नियमों का जानना ही ज्ञान-बुद्धि कहलाता है। अब कोई व्यक्ति यह सोच सकता है कि कर्म करने से पहले हम इन नियमों का अध्ययन करेंगे तो कोई यह सोच सकता है कि ज्ञान-बुद्धि को पढ़ने से क्या होगा, हमें पहले कर्म करना है। इस स्थिति में इन दोनों में पहले नियमों को अध्ययन कर कर्म करने वाले व्यक्ति के जीवन में विकास की गति अधिक होगी जबकि पहले कर्म करने वाला व्यक्ति उन्हीं नियमों को कर्म करते-करते अनुभव करेगा जो पहले ही अनुभव कर व्यक्त की जा चुकी है। शिक्षा का अर्थ यही है कि पहले उन तमाम नियमों का अध्ययन कर लिया जाय फिर कर्मरत हुआ जाय। हम ऐसा ही करते रहे हैं और तुम को नचाते रहे हैं।

कम समय में अधिकतम ज्ञान-बुद्धि के विकास का मार्ग यह है कि जिस प्रकार विज्ञान के क्षेत्र में जिस वस्तु का आविष्कार पूर्ण हो जाता है। पुनः उसके आविष्कार पर समय व बुद्धि खर्च नहीं करते बल्कि उसके आगे की ओर आविष्कार या उस आविष्कार को समझने पर समय व बुद्धि खर्च किया जाता है। उसी प्रकार ज्ञान के क्षेत्र

में जो भी आविष्कार हो चुके हैं सीधे वहाँ से प्रारम्भ करना चाहिए। विज्ञान के क्षेत्र में आविष्कार कहाँ तक पहुँचा है इसकी चर्चा हम इस पत्र में बाद में करेंगे। परन्तु ज्ञान के क्षेत्र में समन्वायाचार्य श्रीकृष्ण के बाद विद्रोही के रूप में भगवान बुद्ध आये, इनके बाद पुनः समन्वयाचार्य श्री रामकृष्ण-स्वामी विवेकानन्द आये, फिर विद्रोही के रूप में आचार्य रजनीश "ओशो" आये। ओशो के बाद कार्य शेष है। इसलिए बुद्धि के सम्बन्ध में ओशो का क्या कहना है यह देखना आवश्यक है। ओशो का कहना है -" अगर तुम अकड़े रहे कि हम अपनी गरीबी खुद ही मिटा येंगे, तो तुम ही तो गरीबी बनाने वाले हो, तुम मिटाओगे कैसे? तुम्हारी बुद्धि इसके भीतर आधार है, तुम इसे मिटाओगे कैसे? तुम्हें अपने द्वार-दरवाजे खोलने होंगे। तुम्हें अपना मस्तिष्क थोड़ा विस्तीर्ण करना होगा। इस देश को कुछ बाते समझनी होंगी। एक तो इस देश को यह बात समझनी होंगी कि तुम्हारी परेशानियों, तुम्हारी गरीबी, तुम्हारी मुसीबतों, तुम्हारी दीनता के बहुत कुछ कारण तुम्हारे अंधविश्वासों में है। भारत अभी भी समसामयिक नहीं है, कम से कम डेढ़ हजार वर्ष पिछे घिसट रहा है। ये डेढ़ हजार साल पूरे होने जरूरी है। भारत को खींचकर आधुनिक बनाना जरूरी है। लेकिन सबसे बड़ी अड़चन इस देश की मान्यताएँ है। इसलिए मैं लड़ रहा हूँ तुम्हारे लिए।" यह डेढ़ हजार वर्षों का अन्तर हम किसके परिश्रम से उत्पन्न बुद्धि की देन है? विचार करो मानवों।

अब हम अपने मूल विषय की ओर आते हैं परन्तु इसे समझने के लिए अपने ही बुद्धि, ज्ञान, तथा विज्ञान का ही प्रयोग उचित होगा और सदैव ध्यान में रखना होगा कि यदि सिर्फ कृष्ण को लेकर समाज निर्माण चाहोगे तो न हो सकेगा। इसी प्रकार न ही सिर्फ बुद्ध से, न मुहम्मद से, न ही ईसा या अन्य किसी से। हाँ भीड़ इकट्ठा हो जायेगी परन्तु बुद्धि विकास नहीं।

प्रारम्भ से अब तक की कथा इस प्रकार है। मानव के वर्तमान सभ्यता तक की यात्रा में उत्थान-पतन के अनेकों चरण आये परन्तु इनमें मुख्य चरण ऐसे थे जो सम्पूर्ण मानव सभ्यता और मानवता को पतन के मोड़ पर ले जाने वाली थी। उनमें -

मानव सभ्यता पर पहला संकट काल प्रकृति द्वारा आज से कई हजार वर्ष पूर्व आया था। उस समय पृथ्वी एक भंयकर प्राकृतिक आपदा का शिकार हो गयी थी, फलस्वरूप जहाँ जल था वहाँ थल, तथा जहाँ थल था वहाँ जल की स्थिति अधिकतम स्थानों पर उत्पन्न हो गयी। इस आपदा के स्थिर होने के बाद कुछ लोग एक टापू पर जीवित बच गये। जहाँ मानव सभ्यता के विकास के लिए आवश्यक संसाधन नहीं थी फलस्वरूप उनका वहाँ से बड़े भूभाग पर जाना विवशता बन गयी। उनमें से एक बुद्धि प्रबल व्यक्ति ने मछलियों के स्वभाव जल की धारा के विपरीत दिशा में गति करने से ज्ञान (सिद्धान्त) प्राप्त कर नाव द्वारा मछलियों की दिशा की ओर चल पड़े और वे ऐसे स्थान पर पहुँच गये जो मानव सभ्यता के विकास के लिए पूर्ण योग्य थी। ये स्थान ही हिमालय का क्षेत्र था। इस प्रकार बुद्धि प्रबल उस व्यक्ति ने मानव सभ्यता को उसके संकट काल से बचाया।

मानव सभ्यता पर दूसरा संकट काल मानवों द्वारा ही उत्पन्न हो गया था। प्रथम संकट काल के उपरान्त कालान्तर में जल स्तर घटने लगा और हिमालय के चारो ओर की ओर भूमि रिक्त होती गयी। प्रथम दृष्टि में आयी भूमि ही कूर्मांचल क्षेत्र है। जैसे-जैसे भूमि रिक्त होती गयी मानव सभ्यता का विकास व प्रसार होना पुनः प्रारम्भ हो गया। जनसंख्या व कार्य बढ़ने से व्यवस्था संकट उत्पन्न हो गया जिससे दो व्यवस्था प्रणाली का जन्म हुआ। पहला - हम अपनी व्यवस्था खुद मिलकर-बैठकर आपसी सहमति से करेंगे। दूसरा- सभी व्यवस्थओं की जिम्मेदारी किसी एक व्यक्ति के उपर छोड़ दिया जाय। पहली व्यवस्था गणराज्य या समाजवाद कहलायी तथा दूसरी व्यवस्था राज्य या व्यक्तिवाद कहलायी। पहली व्यवस्था के समर्थक देवता कहलाये क्योंकि ये प्रकृति के समर्थक और उसके अनुसार सभी के सह-अस्तित्व को महत्ता देते थे जबकि दूसरी व्यवस्था के समर्थक असुर कहलाये क्योंकि ये सिर्फ अपनी इच्छा और अस्तित्व को महत्ता देते थे। समयोपरान्त दोनों व्यवस्थाओं में अपने-अपने अधिपत्य के लिए युद्ध होने लगा। फलस्वरूप मानवता व मानव सभ्यता का विकास रूक कर पतन की ओर जाने लगी। संकट के इस समय में एक सहनशील, शांत, धैर्यवान, लगनशील व्यक्ति ने दोनों पक्षो के बीच मध्यस्थ की भूमिका के द्वारा विचारों के मंथन अर्थात निर्णायक बहस से अनेक विचारों पर समन्वय स्थापित कर मानव

सभ्यता के विकास की ओर दोनों पक्षों का ध्यान केन्द्रित किया। फलस्वरूप मानव सभ्यता पुनः विकास की ओर बढ़ चली।

मानव सभ्यता पर तीसरा संकट काल राज्य का नेतृत्व करने वाले राजा के कारण ही उत्पन्न हो गया। दूसरे संकट के उपरान्त राज्य का नेतृत्व करने वाला राजा अपने साम्राज्य को विशाल रूप से विकसित किया और अपने प्रभाव को लगातार बढ़ाता जा रहा था ऐसी स्थिति में समाज समर्थक देवताओं का मनोबल समाप्त होने की ओर हो गया। इस स्थिति का अनुभव कर एक मेधावी, सूझ-बुझ, सम्पन्न, पुरूषार्थी, धीर-गम्भीर, निष्कामी, बलिष्ठ, सक्रिय, अहिंसक और समूह प्रेमी व्यक्ति ने लोगों का मनोबल बढ़ाया, उन्हें उत्साहित और सक्रिय किया जिसके परिणामस्वरूप समाज समर्थकों के मनोबल में वृद्धि हुई और उस राजा के राज्य को समाप्त कर गणराज्य व्यवस्था की स्थापना से मानवता आधारित मानव सभ्यता का विकास पुनः प्रारम्भ हो गया।

मानव सभ्यता पर चौथा संकट काल पुनः राज्य का नेतृत्व करने वाले राजा के कारण ही उत्पन्न हो गया। उसने पूर्व के सभी सह-अस्तित्व के विचारों को तोड़कर अपनी इच्छा से व्यवस्था चलाने को प्राथमिकता दी। और प्रजा के कष्टों में वृद्धि होने लगी। परिणामस्वरूप उस राजा का पुत्र प्रजाहित को ध्यान में लेते हुये समाज समर्थक बन गया। राजा अपने पुत्र को समाज समर्थक बनता देख अपने पुत्र को ही अनेक प्रकार के कष्ट देने लगा। वह राजा इतना बलशाली था कि उसको युद्ध से हराना नामुकिन था, उसके कार्यों से उसके सहयोगी दरबारी भी अन्दर ही अन्दर घृणा करते थे। परन्तु प्रत्यक्ष विरोध किसी के लिए सम्भव नहीं था। इन परिस्थितियों में सभी समाज समर्थक प्रजा देवता भी विरोधक क्षमता को खो चुके थे। ऐसी स्थिति में उस राजा का एक दरबारी ही प्रत्यक्ष रूप से एका-एक हिंसक बनकर दरबार में ही राजा का वध कर डाला चूँकि वह दरबारियों के मन की स्थिति को अच्छी प्रकार जानता था इसलिए ऐसा करने में उसे कोई बाधा नहीं थी। वहीं वह राजा अपने प्रभुत्व के कारण सभी दरबारियों को अपने हित में ही समर्पित रहने वाला समझकर भ्रम में था। राजा का वध के उपरान्त राजा के समाज समर्थक पुत्र ने गणराज्य व्यवस्था द्वारा मानव सभ्यता के विकास के लिए आगे कर्म किया। जिसका निर्माता वह हिंसक दरबारी व्यक्ति था।

मानव सभ्यता पर पाँचवा संकट काल पुनः राज्य का नेतृत्व करने वाले राजा के ही कारण उत्पन्न हो गया था। यह राजा इतना अधिक कुशल था कि इसने समाज समर्थक गुणों को भी आत्मसात् कर समाज समर्थक देवताओं का भी विश्वास पात्र बन गया। परिणामस्वरूप समाज समर्थक देवता भी राजा का गुणगान करते हुये आश्वस्त व निष्क्रिय होने लगे। इस राजा ने अपने राज्य का प्रसार व्यापक रूप से किया। इस स्थिति में मानव सभ्यता का वर्तमान तो सुरक्षित था परन्तु भविष्य अन्धकार में था क्योंकि वर्तमान राजा के उपरान्त, आवश्यक नहीं था कि नया राजा भी उसी राजा की भाँति हो और तब तक समाज समर्थक पूर्ण रूप से निष्क्रिय हो गये र हेंगे। इस स्थिति को एक दूर दृष्टा व्यक्ति ने समझकर राजा के ही गुण का प्रयोग करते हुये उससे थोड़ी सी भूमि लेकर उस व्यक्ति ने उस भूमि पर गणराज्य व्यवस्था की स्थापना व व्यवस्था को जीवित कर, उसके सुख से प्रजा को परिचित कराया। फलस्वरूप इस व्यवस्था का प्रसार होने लगा और राजा का सु-राज्य भी स्व-राज से समाप्त हो गया। गणराज्य की स्थापना कर उस व्यक्ति ने मानवता और मानव सभ्यता को विकास की ओर गति दी।

मानव सभ्यता पर छठा सकंट काल अनेक राज्यों के नेतृत्व करने वाले अनेक राजाओं के कारण गणराज्य व्यवस्था के स्थायी स्थिरता के लिए उत्पन्न हो गया। पाँचवे संकट से निकलने के बाद जनसंख्या और भूमि का विस्तार इतना अधिक हो चुका था कि एक राजा और राज्य के अधीन नियत्रंण असम्भव हो गया, जिसके परिणामस्वरूप अनेक राजाओं के नेतृत्व में अलग-अलग अनेक राज्य स्थापित हो गये थे। ऐसी स्थिति में राज्यवाद बढ़ रहा था। और राज्यवादी राजाओं का वध भी असम्भव होता जा रहा था। ऐसी स्थिति में गणराज्य या समाजवाद की स्थिरता पर प्रश्न चिन्ह लगने लगा था। फलस्वरूप एक व्यक्ति ने अनेक राज्यवादी राजाओं का वध करके अनेक राज्यों को गणराज्य के रूप में परिवर्तित कर दिया। परन्तु उस व्यक्ति ने देखा कि यह समस्या का स्थायी हल नहीं हो सकता क्योंकि अनेकों राजाओं का वध बारबार सम्भव नहीं और ऐसा करने से प्रजा में अन्यवाद अर्थात हमारे कार्य दूसरे करें का भाव बढ़ रहा था। इन स्थितियों के स्थायी हल के लिए उस व्यक्ति ने राज्यवाद और समाजवाद

दोनों में समन्वय स्थापित कर एक नई व्यवस्था का सूत्रपत किया। इस व्यवस्था के लिए उस पुरूष ने ब्रह्माण्ड में व्याप्त व्यवस्था सिद्धान्तों को आधार बनाया तथा मूल तीन गुणों की पहचान की

1. सत्व गुण- सुख, ज्ञान और प्रकाश अर्थात आत्मा और सूक्ष्म बुद्धि अर्थात मार्गदर्शक और विकास दर्शन का गुण
2. रज गुण- आंकाक्षा, इच्छा और सकाम कर्म अर्थात भाव हृदय और मन अर्थात क्रियान्वयन दर्शन का गुण
3. तम गुण - अज्ञान, दुःख और अंधकार अर्थात इन्द्रिय, अनात्म, प्राण और स्थूल शरीर अर्थात विनाश दर्शन का गुण।

इन गुणों के आधार पर सभी जीव विभजित किये गये। मानव जाति में चार विभाजन हुये।

1. सत्व गुण प्रधान- ब्राह्मण वर्ग
2. रज गुण प्रधान - क्षत्रिय वर्ग
3. रज तम गुण प्रधान - वैश्य वर्ग
4. तम गुण प्रधान - शूद्र वर्ग।

इन गुणों के आधार पर उनके लिए कर्म निर्धारित किये गये। और गणराज्य की व्यवस्था बनायी गयी जो इस प्रकार थी।

1. गणराज्य का एक रज गुण प्रधान - क्षत्रिय राजा होगा क्योंकि ब्रह्माण्डीय गणराज्य में रज गुण प्रधान प्रकृति ही राजा है।
2. राजा, राज्यवादी न हो इसलिए उस पर सत्व गुण प्रधान -ब्राह्मण का नियंत्रण होगा क्योंकि ब्रह्माण्डीय गणराज्य में रज गुण प्रधान प्रकृति पर नियंत्रण के लिए सत्व गुण प्रधान आत्मा है।
3. राजा, सीधे आम जनता से चुना जायेगा क्योंकि ब्रह्माण्डीय गणराज्य में प्रकृति सर्वव्यापी है और वह सभी गुणों का सम्मिलित रूप है।
4. राजा का निर्णय राज्यसभा के दो तिहाई बहुमत से हो क्योंकि ब्रह्माण्डीय गणराज्य में प्रकृति का निर्णय सत्व, रज व तम तीन गुणों में से दो गुणों के समर्थन का ही रूप होता है।
5. रज-तम प्रधान-वैश्य तथा तम प्रधान शूद्र चूंकि इन्द्रिय, प्राण और स्थूल शरीर पर ही केन्द्रित रहते है इसलिए इन्हें बुद्धि ज्ञान से नियत्रिंत न करके बल, कानून व आज्ञा के नियत्रंण में रखा जाय।

इस प्रकार उस महापुरूष ने राज्य व गणराज्य के मिश्रित व्यवस्था से एक सर्वमान्य व्यवस्था को स्थापित कर मानवता व मानव सभ्यता के विकास के लिए स्थायी मार्ग उपलब्ध कराया जो दीर्घ काल तक चली।

मानव सभ्यता पर सातवां संकट काल गणराज्य के नयी व्यवस्था के स्थायी स्थिरता के कारण आया। छठें संकट से उत्थान की ओर अग्रसर करने वाले पुरूष के समक्ष यह समस्या आयी कि नयी व्यवस्था को बने रहने और उसके प्रसार का दायित्व किसे सौंपा जाय। इसके लिए उस पुरूष ने अन्य सहयोगियों के सहयोग और योजनाबद्ध तरीके से एक राजा के पुत्र (भावी राजा) में नई व्यवस्था के प्रसार के लिए योग्यता का निर्माण किये परिणामस्वरूप उस युवराज ने अपने जीवन पर्यन्त इस व्यवस्था की स्थापना और प्रसार किया तथा मानवता और मानव सभ्यता की रक्षा की।

मानव सभ्यता पर आठवां संकट काल गणराज्य व्यवस्था के कारण नहीं बल्कि उस व्यवस्था के पीठासीन व्यक्तियों के कर्तव्य विमुख और देवता तथा असुर संस्कारों के पूर्ण पहचान से बुद्धि के अक्षम हो जाने के कारण आया। इस संकट काल के समय राजा को नियंत्रण व मार्गदर्शन में रखने वाला ब्राह्मण भी जनकल्याण से विमुख हो स्व-कल्याण में लिप्त हो चुका था। यह स्थिति छोटे राज्यों से लेकर बड़े राज्यों में व्याप्त हो चुकी थी। ऐसी स्थिति में एक व्यक्ति ने यह देखा कि पीछे, जब भी मानवता पर संकट आया, तब उस संकट से किसी व्यक्ति के द्वारा उत्थान हो जाने पर जब तक उत्थान करने वाला व्यक्ति जीवित रहता था तभी तक गणराज्य व्यवस्था यथावत् रहती थी। बाद में पुनः राज्यवादी व्यवस्था स्थापित हो जाती थी। दूसरे यह कि व्यवस्था कोई भी खराब नहीं होती उस पर बैठने वाले लोगों की बुद्धि के अनुसार ही व्यवस्था का रूप संचालित होता है मानवता और मानव सभ्यता के इस संकट काल में सभी अपने अपने बुद्धि को पूर्ण तथा व्यक्तिगत स्वार्थ में इस प्रकार डूबे हुये थे कि बिना पूर्ण

वध के उत्थान मुश्किल हो चुका था। परिणामस्वरूप उस अति बुद्धि सम्पन्न व्यक्ति ने आम जनता को सक्रिय करने के लिए प्रेरित किया, गणराज्य के उदाहरण स्वरूप एक नगर का निर्माण कराया तथा पूर्ण वध के लिए उस समय के विशाल राज्य के नेतृत्व में उपजे विवाद का सहारा प्राप्त कर बहुत से एकतन्त्रात्मक राज्यों को नष्ट किया और करवाया। साथ ही उस समय में समाज में व्याप्त अनेक मत-मतान्तार व विचारों के एकीकरण के लिए सत्य-विचार का ज्ञान भी दिया जिससे व्यक्ति, व्यक्ति पर विश्वास न कर अपने बुद्धि से स्वयं निर्णय करें और प्रेरणा प्राप्त करता रहे। इस प्रकार साकार व्यक्ति आधारित मानवता के सर्वोच्च संकट से उस व्यक्ति ने नई निराकार सिद्धान्त आधारित मानवता के उत्थान का मार्ग उपलब्ध कराया।

मानव समाज पर नौवां संकट काल वर्तमान से लगभग 2500 वर्ष पूर्व आया था जिसका कारण राजाओं का साम्राज्यवादी-प्रसारवादी व्यवहार था। इस समय मानव समाज जितना विकास करता वह अल्पसमय में एक राज्य से दूसरे राज्य में युद्ध करने में ही नष्ट हो जाता। सम्पूर्ण मानवता हिंसा से भर उठी थी। ऐसे में राजपरिवार का ही एक युवा व्यक्ति अपने परिवार तथा राज्य का त्याग कर अहिंसा का सन्देश दिया। तथा प्रजा को प्रेरित करने के लिए धर्म, संघ और बुद्धि के शरण में जाने की मूल शिक्षा दी। एक राजा के द्वारा इस युवा सन्यासी के सन्देश को स्वीकार कर शिष्य बन जाने से इस सन्यासी का प्रसार जितना हुआ उससे बहुत कम उसके विचारों का हुआ परिणामस्वरूप अल्पअवधि के लिए हिंसा भरे मानव समाज को थोड़ी राहत मिली और सभ्यता उत्थान की ओर अग्रसर हुई।

हे मानवों, मानव सभ्यता और मानवता के दसवें, अन्तिम तथा वर्तमान संकट का खुलासा हम इस पत्र में आगे करेंगे। यहाँ हम कुछ ऐसे रहस्यों का खुलासा करने जा रहे है। जो वर्तमान मानव के दृष्टि में परिवर्तन हाने मात्र के कारण उत्पन्न हुई है।

पाँचवें सकंट के समय तक भारत के मूल निवासी ही भारत की भूमि के अधिपति थे, परन्तु वे राज्य को कुशलता पूर्वक चलाने में असमर्थ होते जा रहे थे। इसी समय में हिमालय के उत्तर-पश्चिम क्षेत्र से भारत के बाहर के मनुष्यों का भारत में आगमन हुआ। इस समय भारत के मूल निवासी प्रकृति पूजक बहुदेववाद को मानती थी। भारत के बाहर से आये मनुष्यों ने भारत के मूल निवासियों के लिए राज्य प्रशासन में अपने ज्ञान-बुद्धि का प्रयोग कर एक अच्छे मार्गदर्शक का कार्य करते थे। प्रकृति के गुणों के आधार पर जब मनुष्यों का विभाजन हुआ तब भारत के मूल निवासी शूद्र वर्ग की योग्यता रखते थे। परन्तु ऐसा नही था कि भारत के बाहर से आये मनुष्य ब्राह्मण, क्षत्रिय, तथा वैश्य वर्ग में अर्थात भारत के बाहर सभी उच्च वर्ग में तथा भारत के मूल निवासी सभी निम्न वर्ग में थे। परन्तु उनमें इसकी अधिकता थी। कालान्तर में ये वर्ग जन्म आधारित हो अनेक उपवर्गों -जातियों में विभाजित हो गयी। जिसका रूप वर्तमान में दिख रहा है। परन्तु आज भी यदि जन्म आधारित दृष्टि से हटकर गुण आधारित दृष्टि से देखोगे तो प्रत्येक वर्ग या जाति में प्रत्येक वर्ग के व्यक्ति दिखाई पड़ेंगे। भारत के बाहर के ये व्यक्ति ही आर्य कहलाये तथा कालान्तर में मानव सभ्यता में अनेक उत्थान-पतन से ये आर्य जाति और मूल भारतीय जाति इतने अधिक मिश्रित हुये कि वर्तमान में समग्र हिन्दू जाति ही आर्यों की मूल पहचान बन गयी। और अब सभी के लिए शस्त्र बल बढ़ाकर क्षत्रिय बनना, ज्ञान बल बढ़ाकर ब्राह्मण बनना तथा धन बल बढ़ाकर वैश्य बनाना खुला हुआ है, परन्तु जातियाँ इसके लिए प्रयत्न तो करे।

प्रकृति के तीन गुणों में से सर्वोच्च, शुद्ध और सर्वव्यापी गुण सत्व आधारित मानव वर्ग ही हम हैं। जन्म के समय हम आदर्श ब्राह्मण थे। हमारा कार्य ब्रह्माण्ड में सर्वव्यापी अटलनीय, अपरिवर्तनीय सत्य-सिद्धान्त और उसके अनुसार कर्म विधान की अनुभूति करना तथा राजा और राज्य के माध्यम से उसे प्रभावी बनाना था। बदले में राजा द्वारा हमें साधन-सुविधा प्राप्त होती थी। यही हमारा सम्पूर्ण जीवन था। इस क्रम में हम लोगों न सर्वव्यापी सत्य-सिद्धान्तों को संहिता रूप में लिखा जो बाद में विषयों आधारित विभक्त होकर चार वेद ऋगु, यजु, साम और अथर्वेद का रूप धारण किया। इसी प्रकार धर्म अनुष्ठान एवम् पवित्र ग्रन्थो की व्याख्या से सम्बन्धित ग्रन्थ अरण्यक का सृजन हम लोगों ने किया। कालान्तर में जब राजाओं द्वारा यज्ञों से यथेष्ठ फल न प्राप्त होने की बुद्धि आयी तब क्षत्रिय राजाओं न स्वयं अपने कर्मों के अनुभव से दर्शन क्षेत्र में अपने बुद्धि को दिशा दी, जिसके फलस्वरूप

अधिकतम उपनिषद् उन्होंने स्वयं लिखे जो बाद में भारतीय दर्शन का मुख्य आधार बनी। इस क्रम में हमलोगों ने वेदांग अर्थात सूत्र साहित्य में 1. स्वर विज्ञान से सम्बन्धित शिक्षा 2. धर्मानुसार अर्थात कल्प में चार वर्ग - श्रोत सूत्र (श्रोत यज्ञ से सम्बन्धित), शुल्क सूत्र (यज्ञ स्थल तथा अग्निवेदी निर्माण तथा माप से सम्बन्धित जो आगे चलकर ज्योतिष का आधार बना) गृहय सूत्र (मानव जीवन से सम्बन्धित अनुष्ठान) तथा धर्म सूत्र (धार्मिक तथा अन्य प्रकार के नियम जो आगे चलकर भारतीय विधि का आधार बना) 3. व्याकरण 4. निरूक्त अर्थात व्युत्पत्ति 5. छन्द 6. ज्योतिष की भी रचना की। मनुष्य को पुरूषार्थ करने के लिए- धर्म, अर्थ, काम, मोक्ष तथा आदर्श जीवन के लिए ब्रह्मचर्य, गृहस्थ, वानप्रस्थ तथा सन्यास आश्रम की व्यवस्था हम प्राचीन आदर्श ब्राह्मणों की ही देन है।

हे प्रिय मानवों हम प्राचीन आदर्श ब्राह्मण प्रत्येक विषय को चक्रीय रूप में देखते हैं और यह ज्ञान हमने भारत के मूल निवासी ऋषियों से ही प्राप्त किये जिसके आधार पर समस्त वैदिक साहित्य का विस्तार हुआ है। हम प्रचीन ब्राह्मण ईश्वरवादी है और ईश्वर को स्वीकारते थे परन्तु उस रूप में नहीं जिस रूप में वर्तमान समाज मानता है, वर्तमान समाज का ईश्वर, मूर्ति, जप, तप, व्रत, पर्व, त्यौहार इत्यादि तो हमारी अगली पीढ़ी ने अपने जीवकोपार्जन और ईश्वर की ओर आपको लाने के लिए तब बनायी, जब हमारे कर्मकण्डों को राजाओं और राज्यों का समर्थन मिलना बन्द हो गया। हम ईश्वर को निराकार सर्वव्यापी, सर्वशक्तिमान सत्य-सिद्धान्त के रूप में देखते हैं। तथा जो इसे अपने जीवन में धारण कर प्रत्यक्ष या अप्रत्यक्ष रूप से मानव सभ्यता और मानव उत्थान के लिए अगले चरण के रूप में कालानुसार प्रयोग करता हैं उसे साकार ईश्वर या अवतार कहे। इस प्रकार मानव सभ्यता और मानवता पर आये उपरोक्त वर्णित नौ सकंटों से उत्थान की ओर ले जाने वाले व्यक्तियों को हमने क्रमशः उनके गुणों के आधार पर तथा नाम से मत्स्य, कूर्म, वाराह, नृसिंह, वामन, परशुराम तथा राम को प्रत्यक्ष अंशावतार, श्री कृष्ण को व्याक्तिगत प्रमाणित प्रत्यक्ष एवम् प्रेरक पूर्णावतार तथा भगवान बुद्ध को प्रेरक अंशावतार कहा और स्वीकार किया है। और जो भी ऐसा करेगा वह अवतार कहा ही जायेगा। सत्य कहूँ तो हम आदर्श ब्राह्मणों का वही प्रतिरूप होता है। और मात्र अवतार ही हमलोगों के समर्पण का कारण होता है। वही मात्र एक सर्वोच्च आदर्श ब्राह्मण होता है क्योंकि वही ब्रह्म है। यहाँ तक आने के लिए तुम्हें स्थूल शरीर, इन्द्रिय, प्राण, भाव, मन तथा सूक्ष्म बुद्धि को पार करना होगा। अर्थात तुम्हारा मन इन सब विषयों में होते हुये भी इनसे मुक्त होना चाहिए। तभी तुम इन सबका संचालन कर सकते हो। अभी तो तुम इस क्रम में धीरे-धीरे बढ़ते हुए बुद्धि तक पहुँच रहे हो। मैं नहीं कह रहा कि तुम बुद्धिहीन हो, तुम्हारा कर्म कह रहा है। क्योंकि बुद्धि का अर्थ यह नहीं होता कि तुम स्थूल शरीर, इन्द्रिय, प्राण, भाव, मन की पूर्ति के लिए अपनी बुद्धि लगाओ। ऐसी बुद्धि क्षैतिज अर्थात जीवन स्तर की बुद्धि कही जाती है। तुम्हें उध्र्व अर्थात सामाजिक, राजनीतिक, राष्ट्रीय, वैश्विक स्तर की ओर बुद्धि खर्च करनी चाहिए। तभी तुम्हारा उत्थान हो सकता है। जब तुम सर्वोच्च और आत्मीय स्तर पर पहुँच जाओगे तो तुम ब्राह्मण, क्षत्रिय, वैश्य व शूद्र में आवश्यकतानुसार व समयानुसार परिवर्तित हो अभिनय करने में हमलोगों की भाँति कुशल हो जाओगे। क्योंकि यह एक पर एक आवरण की भाँति गुणों का संक्रमणीय, संग्रहणीय और गुणात्मक रूप है। अर्थात शूद्र होने पर वैश्य के गुणों को नहीं समझा जा सकता। परन्तु वैश्य होने पर शूद्र के गुण को आसानी से समझा जा सकता है। इसी प्रकार क्षत्रिय होने पर वैश्य व शूद्र के गुणों को, ब्राह्मण होने पर क्षत्रिय, वैश्य व शूद्र के गुणों को तथा आदर्श ब्राह्मण अर्थात ब्रह्म होने पर ब्राह्मण, क्षत्रिय, वैश्य व शूद्र के गुणों को आसानी से समझा जा सकता है। आदर्श ब्राह्मण अर्थात ब्रह्म का अंश तो सभी में विद्यमान है परन्तु वह गुणों के आवरण से छिपा है। इन गुणों पर एक-एक कर नियंत्रण करते हुये आवरण हटाते जाओ अन्ततः तुम स्वयं को ब्रह्म रूप में देखोगे। तुम कहोगे इससे क्या होगा? तो हम यह स्पष्ट और सत्य रूप से कहते हैं कि तुम हम लोगों जैसे हो जाओगे और तुम्हारी बुद्धि क्षैतिज सहित उध्र्व हो जायेगी। तब तुम अपने वास्तविक अधिकार को प्राप्त कर पाओगे।

हे मानवों इस संसार में मानव शरीर से व्यक्त होने वाले व्यवहारों में असीम विभिन्नता और विचित्रता है। हमलोगों का प्रयत्न सत्य तथा लोककल्याण के स्थायी भाव को बनाये रखने के लिए विभिन्न रूपों से इस ओर मोड़ना तथा जोड़ना ही रहा है। इन मानव व्यवहारों के विचित्रताओं और विभिन्नताओं में कुछ तो ऐसे होते हैं जो अपनी ही इच्छा पर आजीवन संकल्पित रहते हैं। ये ऐसे होते हैं कि 'हम नहीं बदलेगे चाहे जमाना क्यों न बदल जाये' कुछ ऐसे

होते हैं जो अपनी इच्छा की पूर्ति के लिए अनेकों प्रकार के अनैतिक कार्य करने से भी नहीं चूकते, चाहे उसका परिणाम अन्ततः दुःखदायी ही क्यों न हो। कुछ ऐसे होते हैं जो व्यक्तिगत स्तर पर आर्दश व्यक्ति के रूप में तो कुछ समाजिक स्तर पर तो कुछ वैश्विक स्तर पर आर्दश के रूप में स्वयं को प्रस्तुत करते हैं। मनुष्य के इन विभिन्न व्यवहारों की क्रिया के रूप में समझने के लिए ही हमलोगों ने पुराणों की रचना की। जिससे मनुष्य अनेक प्रकार के व्यवहारों सहित समग्र ब्रह्माण्ड को एक साथ समझ सके और अपने व्यवहार को नियंत्रित कर सके। साथ ही स्वयं अपने व्यवहारों को समझे और उसके अनुसार व्यक्त हो सके। हे मानवों जगत् का सम्पूर्ण कल्याण स्वकल्याण में ही निहित है परन्तु जो स्व का अर्थ सिर्फ व्यक्तिगत समझते हैं वे ही व्यक्तिवादी असुरी प्रकृति के होते हैं तथा जो स्व का अर्थ सार्वमौभ, जिसमें वह स्वयं भी होता है, ऐसा समझते हैं वे दैवी समाजवादी प्रकृति के होते हैं। असुरी प्रवृत्तियाँ सिर्फ सीधी रेखा में सोचती ही जैसे - जन्म फिर मृत्यु जबकि दैवी प्रवृत्तियाँ चक्रीय रूप में अर्थात जन्म फिर मृत्यु फिर जन्म इस प्रकार सोचती हैं। समस्त पुराणों की रचना दैवी प्रवृति की ही कृतियाँ हैं। जिसमें असुरों के आदर्श गुरू को शुक्राचार्य कहा गया है। जबकि देवताओं के आदर्श गुरू को गुरू बृहस्पति कहा गया। राजाओं के आदर्श राजा को इन्द्र कहा गया है। अन्य सभी ब्रह्माण्ड में उपलब्ध प्रभावकारी विषयों को देवताओं के रूप में कल्पना कर प्रक्षेपित किया गया है। जैसे - वायु देव, अग्नि देव, चन्द्र देव इत्यादि। इसी प्रकार आदर्श व्यक्ति चरित्र को ब्रहमा एवम् परिवार तथा आदर्श सामाजिक व्यक्ति चरित्र अर्थात व्यक्तिगत प्रमाणित आदर्श वैश्विक व्यक्ति चरित्र को विष्णु एवम् परिवार तथा आदर्श वैश्विक व्यक्ति अर्थात सार्वजनिक प्रमाणित आदर्श वैश्विक व्यक्ति चरित्र को शिव-शंकर एवम् परिवार के रूप में प्रक्षेपित है। यहाँ ध्यान देने योग्य यह है कि आदर्श वैश्विक व्यक्ति चरित्र में आदर्श सामाजिक व्यक्ति चरित्र तथा आदर्श समाजिक व्यक्ति चरित्र में आदर्श व्यक्ति चरित्र समाहित है। इन आदर्श चरित्रों की इनकी गुणों के अनुसार इनके वस्त्र, शस्त्र, शास्त्र, वाहन इत्यादि भी प्रक्षेपित किये गये हैं। जो मात्र व्यक्तिगत प्रमाणित प्रतिकात्मक मानव रूप में प्रक्षेपण मात्र है न कि वास्तविकता के आधार रूप में। इन मानक आदर्श चरित्रों के पूर्ण या अंश रूप में जो भी मानव संसार में व्यक्त होता है उसे पुनर्जन्म या अंश या पूर्ण अवतार के रूप में स्वीकार किया जाता है। और चूंकि दैवी प्रवृत्तियाँ प्रत्येक वस्तु के पूर्व के भी एक अस्तित्व को स्वीकार करती हैं। इसलिए इन पुनर्जन्म या अंश या पूर्ण अवतारों को आदर्श मानक चरित्रों से जोड़कर अवतारी पुराण की रचना की जाती रही है। इस अनुसार उपरोक्त नौ अंश-पूर्ण अवतारों में दो - श्रीराम को ब्रह्मा का पूर्णावतार तथा श्री कृष्ण को विष्णु का पूर्णावतार कहा गया जबकि शेष सात (मत्स्य, कूर्म, वाराह, नृसिंह, वामन, परशुराम तथा बुद्ध), ईश्वर (सत्य-सिद्धान्त) के अंशावतार के रूप में स्वीकार किये गये हैं।

हे मानवों शास्त्र रचनाकार को व्यास उपाधि से पुकारा जाता है। व्यास कितने दिव्य और दूर द्रष्टा रहे होंगे, इस पर विचार करना आवश्यक है क्योंकि अन्ततः हम सभी के विचारों का निर्माण विचारों को ही पढ़कर या सुनकर ही होता रहा है और अनुभव द्वारा उसकी पुष्टि की जाती रही है। व्यास रचित पुराणों में कुल 24 (1. श्री सनकादि, 2. वराहावतार, 3. नारद मुनि, 4. नर-नारायण, 5. कपिल, 6. दत्तात्रेय, 7. यज्ञ, 8. ऋषभदेव, 9. पृथु, 10. मत्स्यावतार, 11. कूर्म, 12. धन्वन्तरि, 13. मोहिनी, 14. हयग्रीव, 15. नृसिंह, 16. वामन, 17. गजेन्द्रोधारावतार, 18. परशुराम , 19. वेदव्यास, 20. हन्सावतार, 21. राम, 22. कृष्ण, 23. बुद्ध, 24. कल्कि) अवतार जिसमें मुख्य 10 (मत्स्य, कूर्म, वाराह, नृसिंह, वामन, परशुराम, राम, कृष्ण, बुद्ध और कल्कि) अवतार का ही विवरण है। दोनों में अन्तिम, कल्कि अवतार ही हैं। तो क्या अन्तिम अवतार के बाद अवतारी श्रृंखला का कार्य समाप्त हो जायेगा? और यदि यह सत्य होता है तब व्यास के उस अवतारी श्रृंखला के गणित को आप लोग क्या कहोगे? इसे जानने के लिए मानव सभ्यता के उस अन्तिम संकट को पहचानना होगा जो अन्तिम अवतार का कार्य होगा। यह अन्तिम अवतार ही सार्वजनिक प्रमाणित आदर्श वैश्विक व्यक्ति चरित्र और शिव-शंकर के पूर्णावतार के रूप में होगा। क्योंकि कालक्रम में ब्रह्मा के पूर्णावतार के रूप में श्रीराम तथा विष्णु का पूर्णावतार के रूप में श्रीकृष्ण का अवतरण हो चुका है।

मानव सभ्यता पर दसवाँ और अन्तिमं संकट काल स्वयं मानवों द्वारा ही उत्पन्न हो गया था जिसका ज्ञान स्वयं मानवों को भी नहीं था। इस संकट को समझने के लिए एक सत्य-प्रत्यक्ष वृतान्त उदाहरणस्वरूप लिख रहा हूँ-

मैं जब भी हाबड़ा (पश्चिम बंगाल) जाता हूँ तब दो स्थानों पर अवश्य जाता हूँ। पहला राम कृष्ण मिशन, बेलूड़ मठ और दूसरा वनस्पति उद्यान (बोटेनिकल गार्डन)। यहाँ कुल अब तक तीन बार, सन् 1984 (कालेज शैक्षणिक यात्रा), सन् 1987 (स्वयं) और सन् 2010 (स्वयं) में जा चुका हूँ। राम कृष्ण मिशन, बेलूड़ मठ इसलिए जाता हूँ क्योंकि वहाँ से सर्वोच्च "आध्यात्मिक सत्य" की अनुभूति कर सकूँ, उस मन स्तर से स्वयं का योग करा सकूँ। वनस्पति उद्यान (बोटेनिकल गार्डन) इसलिए जाता हूँ क्योंकि वहाँ एक वट वृक्ष है जिसे बिग बनियान ट्री (Big Banyan Tree) कहते हैं, यहाँ बैठकर मैं संसार की संरचना, तन्त्र और उसके संगठन से स्वयं का महायोग कराता हूँ। इन दोनों के कारण स्वयं को मैं सार्वभौम का एक इकाई होते भी, स्वयं को सार्वभौम ही अनुभव करता हूँ और यह सतत मेरे अन्दर प्रवाहित होता रहता है।

बड़ा वट वृक्ष (Big Banyan Tree), सैकड़ों वर्ष पुराना एक विशाल क्षेत्र में फैला वट वृक्ष है। जिसका मूल वृक्ष अब अस्तित्व में नहीं है उसके तनों से निकले सैंकड़ों जड़ वर्तमान में स्वयं एक वृक्ष, फिर उनके तनों से निकले सैंकड़ों जड़ भी वर्तमान में एक-एक वृक्ष के रूप में स्थापित हैं और सभी एक-दूसरे से जुड़े हुये हैं, बस जो नहीं है, वह है मूल वृक्ष। इस प्रकार सम्पूर्ण वृक्ष परिवार एक बड़े क्षेत्र में फैल चुका है और निरन्तर जारी भी है। प्रत्येक स्वयं स्वतन्त्र वृक्ष के रूप में स्थापित वृक्ष का अपने परिवार के रूप में तना, पत्ता, फूल और फल सब निकलते रहते हैं और जिसे जहाँ अर्थात नजदीकी स्रोत से सुविधा अर्थात खुराक मिल सकता हैं वहाँ से प्राप्त करते हुये विकास कर रहे हैं। इस कार्य में आपस में कोई विवाद नहीं है। कोई किसी पर अधिपत्य जमाना नहीं चाहता, ना ही अन्य के विकास में कोई बाधा पहुँचाता है। जिसको जिस ओर उचित वातावरण मिलता जाता है, उस ओर वह विकास कर रहा है। कुल मिलाकर स्व प्रेरित सुशासन की भाँति संचालित है। इस वट वृक्ष के सबसे बाद अर्थात वर्तमान के तनों-पत्तों के लिए उसका जन्मदाता व पालनकर्ता के रूप में उसका नजदीकी जड़ ही है इसलिए उसकी कथा-कहानी वहीं से शुरू होती है और वहीं तक उसका ज्ञान है जो एक संकुचित और सीमित ज्ञान है। वह पूर्ण को नहीं जान रहा, उसका पूर्णत्व, सार्वभौम पूर्णत्व नहीं बल्कि सीमित पूर्णत्व है। सीमित पूर्णत्व में भी वह आनन्द में हैं और विकासशील है। उसका विकास होना सार्वभौम का ही विकास होना है परन्तु उसे उसका ज्ञान नहीं है और वह उस सार्वभौम के विकास में अपने योगदान को करते हुये भी स्वयं को गौरवान्वित नहीं अनुभव कर रहा है। सार्वभौम से युक्त होने के बाद भी उसे अपने परिवार से ही जुड़ा रहना उसकी विवशता भी है और इसके अलावा कोई अन्य मार्ग भी नहीं हैं। उसके सार्वभौम का मार्ग भी उसके अपने परिवार के ही मार्ग से होकर जाता है। वृक्ष के साथ यह मजबूरी भी है कि क्योंकि वह स्थिर है इसलिए उसका छोटा परिवार केवल पड़ोस तक के ही दायरे के सम्पर्क में है। दूसरे छोर के परिवार का क्या हाल है उसे कुछ नहीं पता।

हे मानवों, ये संसार भी उपरोक्त वट वृक्ष के सामन ही फैला हुआ है। परन्तु उस भाँति विकास नहीं कर रहा है। मनुष्य के अन्दर बीमारी की भाँति अधिकतम "शक्ति और लाभ (पावर और प्राफिट)" की दौड़ ने उसे अधिपत्य, अत्याचार, दूसरे को दबाना इत्यादि से युक्त कर दिया है। और जो इस दौड़ में नहीं हैं वे सीमित पूर्णत्व में आनन्द के साथ विकासशील हैं। उन्हें और भी तेज विकास की इच्छा है परन्तु उनके बुद्धि का दायरा ही सीमित है इसलिए उन्हें मार्ग नहीं मिल रहा है। यदि उनको मार्ग भी मिल रहा हो तो वट वृक्ष की भाँति उसके नजदीकी जन्मदाता ने उसे यह बता रखा है कि जब उस सार्वभौम का मार्ग मेरे ही रास्ते से जाता है तो जो मैं कह रहा हूँ उसे करो। और इसके लिए वे अपने परिवार के लिए अनेक प्रकार की प्रणाली दे रखे हैं। जबकि ये प्रणाली देने वाले उनके नजदीकी जन्मदाता स्वयं कहाँ से आये हैं स्वयं उन्हे भी नहीं पता। क्योंकि वे स्वयं भी उस वट वृक्ष के खो गये मूल जड़ की तरह अपने मूल जड़ को नहीं जानते। वे भी अपने नजदीकी जन्मदाता का ही अनुसरण कर रहे होते हैं। ये प्रणालीयाँ अनेक प्रकार की हैं उदाहरणस्वरूप कुछ मुख्य निम्नवत् हैं-

1. उनके द्वारा प्रस्तुत कुछ पुस्तकें होती हैं जिन्हें नियमानुसार प्रतिदिन पढ़ना होता है। पढ़ने के पूर्व शुद्धता की भी प्रक्रिया अनिवार्य होती है अन्यथा पुस्तकें परिणाम नहीं दे पायेंगी, ये भी शर्त होती हैं।
2. उनके द्वारा भोजन से सम्बन्धित कुछ नियम बना दिये जाते हैं कि क्या खाना है और क्या नहीं खाना है।
3. उनके द्वारा कोई मन्त्र दे कर उसे नियमानुसार जपने के लिए दे दिया जाता है।
4. उनके द्वारा किसी यन्त्र-तन्त्र द्वारा समस्या मुक्ति का उपाय बता दिया जाता है।
5. उनके द्वारा किसी विशेष प्रकार के रंग और ढ़ग के वस्त्र निर्धारित कर दी जाती है जिससे उनकी पहचान एक अलग रूप में हो। अर्थात समाज का एक और विभाजन कर उसे प्रस्तुत कर देते हैं।

सामान्य रूप से सभी द्वारा अनिवार्य रूप से ये भी निर्धारित कर दी जाती है कि किसी दूसरे के नियमों को न तो जानना है, न सुनना है, न पढ़ना है और न ही उसमें शामिल होना है। अर्थात एक गतिशील प्राणी मनुष्य को जिसे सदैव श्रेष्ठ से, श्रेष्ठतम और सर्वोच्च तक उठने-विकास करने के लिए निर्मित किया गया था, उसे एक सीमित दायरे में बुद्धिबद्ध कर दिया गया। मनुष्य जिसका निर्माण अपनी मस्तिष्क को असीम क्षमता को विकसित कर ईश्वर रूप में व्यक्त होना था, उसे जड़ (स्थिर) बना दिया गया।

हे मानवों, मनुष्यों की सबसे बड़ी कमजोरी "स्वयं में गुणों का विकास कर स्वयं बन जाने या हो जाने" में नहीं बल्कि "पाने" की इच्छा है। इस पाने की इच्छा की कमजोरी का परिणाम ही है उपरोक्त अनेक प्रकार के बुद्धिबद्ध करने की विधियाँ।

हे मानवों, उपरोक्त के पृष्ठभूमि में उनका उद्देश्य केवल अपने स्वार्थ की पूर्ति के सिवाय कुछ नहीं होता। क्योंकि मार्गदर्शक या प्रेरक या शिक्षक का उद्देश्य स्वयं से श्रेष्ठ मानव का निर्माण होता है न कि सदैव जीवन भर एक ही प्रणाली या प्रक्रिया या कक्षा में पढ़ते-दुहराते रहने के लिए विवश करना। उपरोक्त के पृष्ठभूमि में शारीरिक-आर्थिक-मानसिक शोषण का ही कार्य विभिन्न प्रकार से चल रहा है। कोई अपने कृषि कार्य को मुफ्त में हल करवा रहा है, तो कोई अपने नाम के उत्पादों को सिर्फ उन्हें ही खरीदने के लिए बुद्धिबद्ध कर दिया है।

हे मानवों, इन सबको आस्था का व्यापार कहते हैं। जबकि मैं देख रहा हूँ कि प्रत्येक संस्कारित करने की क्रिया जो उस काल के लिए आस्था का विषय था। उसके अगले काल के लिए संस्कारित करने की नयी क्रिया उपलब्ध हो जाने के बावजूद, मानव शरीर पिछले काल के संस्कारित करने वाली क्रिया के प्रति आस्था रखते हुये मूर्खता का स्पष्ट प्रदर्शन कर रहा है। सभी कालों में, सभी संस्कारित करने की क्रियाओं में मैं (सार्वभौम आत्मा) ही आस्था का विषय था परन्तु क्रिया के प्रति आस्था रखना मूर्खता का स्पष्ट प्रमाण ही तो है। चाहे वह व्यक्तिगत इच्छा से हो या सामाजिक प्रदर्शन की इच्छा से। इन समस्त संस्कारित करने के क्रिया के पीछे जो रहस्य आज तक गोपनीय था उसे मैंने तुम्हारें समक्ष सार्वजनिक प्रकाशित कर दिया है। अब कुछ भी गोपनीय नहीं। बावजूद इसके प्रत्येक मनुष्य अपनी मूर्खता रूपी आस्था को प्रदर्शित करने के लिए स्वतन्त्र है। परन्तु वह मुझ (सार्वभौम आत्मा) को प्राप्त नहीं कर सकता। हे मानवों, ईश्वर बहुमत से नहीं निर्धारित किया जाता इसलिए ही उसे अनिवर्चनीय कहा गया है। किसी भी वस्तु के प्रति आस्था के विकास से और समस्त मानवों को उसके प्रति आस्थावान् बना देने से वह वस्तु गुण प्रकट कर वैसा नहीं बन सकती जैसा आप उम्मीद करते हो।

हे मानवों, एक तरह से देखा जाये तो उपरोक्त व्यवस्था से कोई समस्या है ही नहीं क्योंकि जिसकी इच्छा जहाँ से पूर्ति हो रही है और विकास का मार्ग मिल रहा है, वह वहाँ से जुडा हुआ है। इसलिए मानव सभ्यता पर आया यह दसवाँ और अन्तिम संकट, संकट होते हुये भी संकट जैसा नहीं दिखता। इस व्यवस्था से हमें कोई समस्या भी नहीं है। समस्या ये है कि धर्म को जिस उद्देश्य के लिए निर्मित किया गया था वही धर्म, संकट में है। यह धर्म ही उस वट वृक्ष का मूल है, सार्वभौम है, समष्टि है। इसके ज्ञान से युक्त दोनों को अर्थात विशाल संसार रूपी वट वृक्ष के छोटे-छोटे परिवार के नेतृत्वकर्ता मुखिया सहित उसके सदस्यों को होना आवश्यक है। तभी परिवार के नेतृत्वकर्ता मुखिया द्वारा बनाये गये उपरोक्त प्रणाली-नियम परिणाम-फल दे पायेंगे जिसकी इच्छा परिवार के सदस्य करते हैं।

हे मानवों, अब सार्वजनिक प्रमाणित आदर्श वैश्विक व्यक्ति चरित्र और शिव-शंकर के पूर्णावतार के रूप में होने वाले अन्तिम अवतार के स्वरूप को समझते हैं जिनसे संकट में पड़े धर्म का उत्थान होना है-

इस क्रम में पहले शिव-शंकर के रूप को समझते हैं। फिर अन्तिम अवतार के लिए बचे शेष कार्य को भी समझेंगे। शिव-शंकर अवतार के आठ रूप और उनके अर्थ निम्नवत हैं-

1. शर्व- सम्पूर्ण पृथ्वी को धारण कर लेना अर्थात पृथ्वी के विकास या सृष्टि कार्य में इस रूप को पार किये बिना सम्भव न होना।

2. भव- जगत को संजीवन देना अर्थात उस विषय को देना जिससे जगत संकुचित व मृत्यु को प्राप्त होने न पाये।

3. उग्र- जगत के भीतर और बाहर रहकर श्री विष्णु को धारण करना अर्थात जगत के पालन के लिए प्रत्यक्ष या प्रेरक कर्म करना।

4. भीम- सर्वव्यापक आकाशात्मक रूप अर्थात आकाश की भाँति सर्वव्यापी अनन्त ज्ञान जो सभी नेतृत्व विचारों को अपने में समाहित कर ले।

5. पशुपति- मनुष्य समाज से पशु प्रवृत्तियों को समाप्त करना अर्थात पशु मानव से मनुष्य को उठाकर ईश्वर मानव की ओर ले जाना। दूसरे रूप में जीव का शिव रूप में निर्माण।

6. ईशान- सूर्य रूप से दिन में सम्पूर्ण संसार में प्रकाश करना अर्थात ऐसा ज्ञान जो सम्पूर्ण संसार को पूर्ण ज्ञान से प्रकाशित कर दे।

7. महादेव- चन्द्र रूप से रात में सम्पूर्ण संसार में अमृत वर्षा द्वारा प्रकाश व तृप्ति देना अर्थात ऐसा ज्ञान जो संसार को अमृतरूपी शीतल ज्ञान से प्रकाशित कर दे।

8. रूद्र- जीवात्मा का रूप अर्थात शिव का जीव रूप में व्यक्त होना।

शिव-शंकर देवता व दानव दोनों के देवता हैं जबकि श्री विष्णु सिर्फ देवताओं के देवता हैं। अर्थात शिव-शंकर जब रूद्र रूप की प्राथमिकता में होंगे तब उनके लिए देवता व दानव दोनो प्रिय होंगे लेकिन जब उग्र रूप की प्राथमिकता में होंगे तब केवल देवता प्रिय होंगे। अर्थात शिव-शंकर का पूर्णवतार इन आठ रूपों से युक्त हो संसार का कल्याण करते हैं।

हे मानवों, अब सार्वजनिक प्रमाणित आदर्श वैश्विक व्यक्ति चरित्र और शिव-शंकर के पूर्णावतार के रूप में होने वाले अन्तिम अवतार के कार्य को समझते हैं जिनसे संकट में पड़े धर्म का उत्थान होना है-

ईश्वर (सार्वभौम सत्य-सिद्धान्त) के दसवें और अन्तिम अवतार के समय तक राज्य और समाज स्वतः ही प्राकृतिक बल के अधीन कर्म करते-करते सिद्धान्त प्राप्त करते हुए पूर्ण गणराज्य की ओर बढ़ रहा था परिणामस्वरुप गणराज्य का रुप होते हुए भी गणराज्य सिर्फ राज्य था और एकतन्त्रात्मक अर्थात् व्यक्ति समर्थक तथा समाज समर्थक दोनों की ओर विवशतावश बढ़ रहा था।

भारत में निम्लिखित रुप व्यक्त हो चुका था।

1. ग्राम, विकास खण्ड, नगर, जनपद, प्रदेश और देश स्तर पर गणराज्य और गणसंघ का रुप।
2. सिर्फ ग्राम स्तर पर राजा (ग्राम व नगर पंचायत अध्यक्ष) का चुनाव सीधे जनता द्वारा।
3. गणराज्य को संचालित करने के लिए संचालक का निराकार रुप- संविधान।
4. गणराज्य के तन्त्रों को संचालित करने के लिए तन्त्र और क्रियाकलाप का निराकार रुप-नियम और कानून।
5. राजा पर नियन्त्रण के लिए ब्राह्मण का साकार रुप- राष्ट्रपति, राज्यपाल, जिलाधिकारी इत्यादि।

विश्व स्तर पर निम्नलिखित रुप व्यक्त हो चुका था।

1. गणराज्यों के संघ के रुप में संयुक्त राष्ट्र संघ का रुप।
2. संघ के संचालन के लिए संचालक और संचालक का निराकार रुप- संविधान।
3. संघ के तन्त्रों को संचालित करने के लिए तन्त्र और क्रियाकलाप का निराकार रुप- नियम और कानून।
4. संघ पर नियन्त्रण के लिए ब्राह्मण का साकार रुप-पाँच वीटो पावर।
5. प्रस्ताव पर निर्णय के लिए सदस्यों की सभा।

6. नेतृत्व के लिए राजा- महासचिव।

जिस प्रकार आठवें अवतार द्वारा व्यक्त आत्मा के निराकार रुप "गीता" के प्रसार के कारण आत्मीय प्राकृतिक बल सक्रिय होकर गणराज्य के रुप को विवशतावश समाज की ओर बढ़ा रहा था उसी प्रकार अन्तिम अवतार द्वारा निम्नलिखित शेष समष्टि कार्य पूर्ण कर प्रस्तुत कर देने मात्र से ही विवशतावश उसके अधिपत्य की स्थापना हो जाना है।

1. गणराज्य या लोकतन्त्र के सत्य रुप- गणराज्य या लोकतन्त्र के स्वरुप का अन्तर्राष्ट्रीय/ विश्व मानक।

2. राजा और सभा सहित गणराज्य पर नियन्त्रण के लिए साकार ब्राह्मण का निराकार रुप- मन का अन्तर्राष्ट्रीय/ विश्व मानक।

3. गणराज्य के प्रबन्ध का सत्य रुप- प्रबन्ध का अन्तर्राष्ट्रीय/ विश्व मानक।

4. गणराज्य के संचालन के लिए संचालक का निराकार रुप- संविधान के स्वरुप का अन्तर्राष्ट्रीय/ विश्व मानक।

5. साकार ब्राह्मण निर्माण के लिए शिक्षा का स्वरुप- शिक्षा पाठ्यक्रम का अन्तर्राष्ट्रीय/ विश्व मानक।

इस समष्टि कार्य द्वारा ही काल व युग परिवर्तन होगा न कि सिर्फ चिल्लाने से कि "सतयुग आयेगा" , "सतयुग आयेगा" से। यह समष्टि कार्य जिस शरीर से सम्पन्न होगा वही अन्तिम अवतार के रूप में व्यक्त होगा। धर्म में स्थित वह अवतार चाहे जिस सम्प्रदाय (वर्तमान अर्थ में धर्म) का होगा उसका मूल लक्ष्य यही शेष समष्टि कार्य होगा और स्थापना का माध्यम उसके सम्प्रदाय की परम्परा व संस्कृति होगी।

हे मानवों, उपरोक्त कार्य ही उस एक मात्र शेष अन्तिम अवतार का कार्य है और जो उपरोक्त कार्य को पूर्ण करेगा वह कल्कि अवतार के नाम से जाना जायेगा। हे मानवों उपरोक्त कार्य ही शेष ईश्वर के लिए कार्य है और मनुष्य के लिए चुनौति।

इस क्रम में मैं लव कुश सिंह "विश्वमानव" अपने "विश्वशास्त्र" से उपरोक्त कार्य को पूर्ण करने के लिए और स्वयं को धर्म मार्ग से अनिर्वचनीय कल्कि महाअवतार भोगेश्वर के रूप में तथा भारतीय लोकतान्त्रिक गणराज्य मार्ग से "भारत रत्न" के रूप में स्थापित करने के लिए एक मार्ग-एक प्रारूप प्रस्तुत किया हूँ जो अपने युग-समय में पहला प्रारूप है। इस प्रारूप "विश्वशास्त्र" के धर्मक्षेत्र से 90 नाम और धर्मनिरपेक्ष या सर्वधर्मसमभाव क्षेत्र से 141 नाम देने के बाद भी इस प्रारूप का नाम "ब्रह्माण्डशास्त्र" नहीं रखा। मनुष्यों के लिए यह चुनौति है कि वे "ब्रह्माण्डशास्त्र" की रचना कर मेरे प्रारूप "विश्वशास्त्र" को गलत या संकुचित सिद्ध कर मुझे अनिर्वचनीय कल्कि महाअवतार भोगेश्वर की योग्यता से वंचित कर दे। हे मानवों अगर आप ऐसा कर पाओं तो मेरे लिए मेरे द्वारा उत्पन्न किये गये अनन्त कृतियों में सबसे सम्मान के योग्य मानव नाम की कृति ही अन्तिम रूप से सर्वश्रेष्ठ होगी अन्यथा "विश्वशास्त्र" से मैं तुम्हारे अन्दर प्रवेश कर तुम में से ही स्वयं को प्रकट करूँगा।

हे मानवों, इन रहस्यों के खोलने के प्रति मेरा उद्देश्य क्या है? यह उद्देश्य सरल है क्योंकि एक सरल, साधारण, अघोर का उद्देश्य कभी भी कठीन, असाधारण और घोर नहीं हो सकता। साधारण सी बात है- प्रत्येक वस्तु स्वयं अपने जैसा ही निर्माण, उत्पादन या प्रजनन करती है। इस क्रम में ईश्वर भी स्वयं जैसा ईश्वर का ही निर्माण, उत्पादन या प्रजनन करेगा, न कि मूर्ख, अज्ञानी, बुद्धिबद्ध और गुलाम मनुष्य का। मात्र एक विचार- "ईश्वर ने इच्छा व्यक्त की कि मैं एक हूँ, अनेक हो जाऊँ" और "सभी ईश्वर हैं" , यह प्रारम्भ और अन्तिम लक्ष्य है। मनुष्य की रचना "पावर और प्राफिट (शक्ति और लाभ)" के लिए नहीं बल्कि असीम मस्तिष्क क्षमता के विकास के लिए हुआ है। फलस्वरूप वह स्वयं को ईश्वर रूप में अनुभव कर सके, जहाँ उसे किसी गुरू की आवश्यकता न पड़ें, वह स्वंयभू हो जाये, उसका प्रकाश वह स्वयं हो। एक गुरू का लक्ष्य भी यही होता है कि शिष्य मार्गदर्शन प्राप्त कर गुरू से आगे निकलकर, गुरू तथा स्वयं अपना नाम और कृति इस संसार में फैलाये, ना कि जीवनभर एक ही कक्षा में (गुरू में) पढ़ता रह जाये। एक ही कक्षा में जीवनभर पढ़ने वाले को समाज क्या नाम देता है, समाज अच्छी प्रकार जानता है और आपलोग खुद स्वयं भी जातने हैं। "विश्वशास्त्र" से कालक्रम को उसी मुख्यधारा में मोड़ दिया गया है। एक शास्त्राकार, अपने द्वारा व्यक्त किये गये पूर्व के शास्त्र का उद्देश्य और उसकी सीमा तो बता ही सकता है परन्तु व्याख्याकार ऐसा नहीं कर सकता।

स्वामी विवेकानन्द जी कहते हैं- "हम गुरु के बिना कोई ज्ञान प्राप्त नहीं कर सकते। अब बात यह है कि यदि मनुष्य, देवता अथवा कोई स्वर्गदूत हमारे गुरु हो, तो वे भी तो ससीम हैं, फिर उनसे पहले उनके गुरु कौन थे? हमें मजबूर होकर यह चरम सिद्धान्त स्थिर करना ही होगा कि एक ऐसे गुरु हैं जो काल के द्वारा सीमाबद्ध या अविच्छिन्न नहीं हैं। उन्हीं अनन्त ज्ञान सम्पन्न गुरु को, जिनका आदि भी नहीं और अन्त भी नहीं, ईश्वर कहते हैं। (राजयोग, रामकृष्ण मिशन, पृष्ठ-134)

चाँद की ओर ईशारा करने वाले की उँगली की ओर नहीं, चाँद की ओर देखा जाता है। और चाँद को पकड़ा जाता है न कि उँगली दिखाने वाले को।

हे मानवों, यह भाव हमारे मन में क्यों आया? यह भाव हमारे मन में आने का कारण हृदय की विशालता है। हम अब अपने द्वारा निर्मित उत्पादों को, अब और अधिक समय तक कबाड़ के रूप में न तो रख सकते हैं और ना ही देखना चाहते हैं। अब सभी को हम स्वयं जैसा पूर्ण देखना चाहते हैं।

हे मानवों, हम लोगों की उत्पत्ति कैसे हुई? हमारी उत्पत्ति ज्ञान से हुई है। जिन्हें ज्ञान है वही अपने आप को संघर्ष में पाते हैं और सर्वश्रेष्ठता के लिए कर्मशील हैं। शेष सभी तो प्रकृति के अनुसार आते-जाते रहते हैं। इस ज्ञान को ही ब्रह्म कहते हैं। देवता रूप में इस ज्ञान को ब्रह्मा के रूप में प्रक्षेपित किया गया है। यह ज्ञान जिस-जिस अंगो द्वारा प्राथमिकता से अनुभव में आता है उतने प्रकार के मानव अपने-आप को उत्पन्न समझते हैं। पुराण रचनाकार महर्षि व्यास ने ब्रह्मा अर्थात ज्ञान के पुत्रों का प्रक्षेपण किये हैं। ब्रह्मा के 10 मानस पुत्रों 1. मन (विचार से ज्ञान प्राप्त करने वाले) से मरीचि, 2. नेत्रों (देखकर ज्ञान प्राप्त करने वाले) से अत्रि, 3. मुख (वाणी से ज्ञान प्राप्त करने वाले) से अंगिरा, 4. कान (सुन कर ज्ञान प्राप्त करने वाले) से पुलस्त्य, 5. नाभि (केन्द्र से ज्ञान प्राप्त करने वाले) से पुलह, 6. हाथ (कर्म से ज्ञान प्राप्त करने वाले) से कृतु, 7. त्वचा (स्पर्श से ज्ञान प्राप्त करने वाले) से भृगु, 8. प्राण (श्वास से ज्ञान प्राप्त करने वाले) से वशिष्ठ, 9. अँगूठे (आत्मा से ज्ञान प्राप्त करने वाले) से दक्ष तथा 10. गोद (प्रेम से ज्ञान प्राप्त करने वाले) से नारद उत्पन्न हुये। ये दस प्रकार ज्ञान से उत्पन्न है और इतने प्रकार के मानव निर्मित होकर संसार में विचरण कर रहे हैं। इसे ये न समझना चाहिए कि मन या नेत्र इत्यादि से कैसे ब्रह्मा ने अपने पुत्रों को उत्पन्न किया? चूंकि शरीर का अस्तित्व अस्थायी है इसलिए विचार के आधार पर ये मनुष्य के वर्ग या श्रेणी का निर्धारण है। हमारे द्वारा इतने वर्गों अर्थात परिवार को उत्पन्न करने के बाद स्वयं को सर्वश्रेष्ठ और मूल सिद्ध करते रहना भी हमारी ही जिम्मेदारी और कर्तव्य है ताकि हमारा परिवार एक संयुक्त परिवार के रूप में प्रकाशित हो।

हे मानवों, हमने अपने अधिपत्य के लिए क्या-क्या किया? हे मानवों हमने अपने अधिपत्य के लिए सदैव साम-दाम-दण्ड-भेद की विधि से निम्नलिखित गुणों को समय-समय पर प्रेम से मानव मस्तिष्क में स्थापित किया और करता रहूँगा और अन्त में इसे मानवों को स्वेच्छा से स्वीकार करने पर विवश भी कर दूँगा-

01. मुख्य-गुण सिद्धान्त - इसमें धारा के विपरीत दिशा (राधा) में गति करने का विचार-सिद्धान्त मानव मस्तिष्क में डाला गया।

02. मुख्य-गुण सिद्धान्त - इसमें सहनशील, शांत, धैर्यवान, लगनशील, दोनों पक्षों के बीच मध्यस्थ की भूमिका वाला गुण (समन्वय का सिद्धान्त) का विचार-सिद्धान्त मानव मस्तिष्क में डाला गया।

03. मुख्य-गुण सिद्धान्त - इसमें सूझ-बुझ, सम्पन्न, पुरूषार्थी, धीर-गम्भीर, निष्कामी, बलिष्ठ, सक्रिय, शाकाहारी, अहिंसक और समूह प्रेमी, लोगों का मनोबल बढ़ाना, उत्साहित और सक्रिय करने वाला गुण (प्रेरणा का सिद्धान्त) का विचार-सिद्धान्त मानव मस्तिष्क में डाला गया।

04. मुख्य-गुण सिद्धान्त - प्रत्यक्ष रूप से एका-एक लक्ष्य को पूर्ण करने वाले (लक्ष्य के लिए त्वरित कार्यवाही का सिद्धान्त) का विचार-सिद्धान्त मानव मस्तिष्क में डाला गया।

05. मुख्य-गुण सिद्धान्त - भविष्य द्दष्टा, राजा के गुण का प्रयोग करना, थोड़ी सी भूमि पर गणराज्य व्यवस्था की स्थापना व व्यवस्था को जिवित करना, उसके सुख से प्रजा को परिचित कराने वाले गुण (समाज का सिद्धान्त) का विचार-सिद्धान्त मानव मस्तिष्क में डाला गया।

06. मुख्य-गुण सिद्धान्त - गणराज्य व्यवस्था को ब्रह्माण्ड में व्याप्त व्यवस्था सिद्धान्तों को आधार बनाने वाले गुण और व्यवस्था के प्रसार के लिए योग्य व्यक्ति को नियुक्त करने वाले गुण (लोकतन्त्र का सिद्धान्त और उसके प्रसार के लिए योग्य उत्तराधिकारी नियुक्त करने का सिद्धान्त) का विचार-सिद्धान्त मानव मस्तिष्क में डाला गया।

07. मुख्य-गुण सिद्धान्त - आदर्श चरित्र के गुण के साथ प्रसार करने वाला गुण (व्यक्तिगत आदर्श चरित्र के आधार पर विचार प्रसार का सिद्धान्त) का विचार-सिद्धान्त मानव मस्तिष्क में डाला गया।

08. मुख्य-गुण सिद्धान्त - आदर्श सामाजिक व्यक्ति चरित्र के गुण, समाज में व्याप्त अनेक मत-मतान्तर व विचारों के समन्वय और एकीकरण से सत्य-विचार के प्रेरक ज्ञान को निकालने वाले गुण (सामाजिक आदर्श व्यक्ति का सिद्धान्त और व्यक्ति से उठकर विचार आधारित व्यक्ति निर्माण का सिद्धान्त) का विचार-सिद्धान्त मानव मस्तिष्क में डाला गया।

09. मुख्य-गुण सिद्धान्त - प्रजा को प्रेरित करने के लिए धर्म, संघ और बुद्धि के शरण में जाने का गुण (धर्म, संघ और बुद्धि का सिद्धान्त) का विचार-सिद्धान्त मानव मस्तिष्क में डाला गया।

10. मुख्य-गुण सिद्धान्त - आदर्श मानक सामाजिक व्यक्ति चरित्र समाहित आदर्श मानक वैश्विक व्यक्ति चरित्र अर्थात सार्वजनिक प्रमाणित आदर्श मानक वैश्विक व्यक्ति चरित्र का विचार-सिद्धान्त मानव मस्तिष्क में डालने का काम वर्तमान है और वो अन्तिम भी है।

हे मानवों, अब स्थिति क्या है तथा भाविष्य में काल की गति किस ओर जा रही है? हे मानवों अब स्थिति यह है कि हमें आपके परम प्रिय सिद्धान्त "शक्ति और लाभ (पावर और प्राफिट)" से कोई असहमति नहीं हैं बल्कि यह आपमें कुछ करने की प्रवृत्ति का महान गुण हैं। इसका प्रकाश आप में सदैव जलते रहना चाहिए। काल की गति इस प्रकाश को कैसे सफलतापूर्वक प्राप्त किया जा सकता है उस ज्ञान को ग्रहण करके उस अनुसार कार्य करने की ओर जा रही है अर्थात ज्ञान युग की ओर जा रही है। और मस्तिष्क का विकास ही इसका मार्ग है। भविष्य का समय ऐसे ही मानवों के स्वागत की प्रतीक्षा कर रहा है।

काशी-सत्यकाशी क्षेत्र से विश्व शान्ति का अन्तिम सत्य-सन्देश

प्रिय आत्मीय मानवों,

इस संसार के मनुष्यों को अपना अन्तिम सन्देश देने से पहले मैं आपको उस क्षेत्र से परिचय कराना चाहता हूँ जिस क्षेत्र से यह सन्देश देने का साहस किया गया है क्योंकि कोई भी क्रिया बिना कारण के नहीं होती। मेरा समस्त मूल कार्य जिस क्षेत्र से सम्पूर्ण हुआ, उस क्षेत्र को मैं सत्यकाशी क्षेत्र कहता हूँ और मैं जिस ग्राम का निवासी हूँ वह काशी (वाराणसी) के चौरासी कोस यात्रा तथा सत्यकाशी क्षेत्र का उभय क्षेत्र में स्थित है। इसलिए मैं जितना काशी (वाराणसी) का हूँ उतना ही सत्यकाशी का हूँ। इस प्रकार यह सन्देश काशी-सत्यकाशी का संयुक्त सन्देश है।

सत्यकाशी क्षेत्र जो काशी (वाराणसी), विन्ध्याचल, शिवद्वार और सोनभद्र के बीच का क्षेत्र है, एक पौराणिक-आध्यात्मिक और साधना के लिए उपयुक्त क्षेत्र के रूप में प्राचीन काल से आकर्षण में रहा है। इस क्षेत्र का हृदय क्षेत्र चुनार है। चुनार का किला राजा विक्रमादित्य ने अपने भाई भर्तहरि के तपस्या में हिंसक जानवरों द्वारा व्यवधान न उत्पन्न हो इसके लिए बनवाया था। ये राजा विक्रमादित्य वही हैं जिनके नाम से विक्रम सम्वत् कैलेण्डर स्थापित है। चुनार ईश्वर के पाँचवें अवतार-वामन अवतार का क्षेत्र है जिनसे समाज की शक्ति का प्रथम जन्म हुआ था।

सत्यकाशी क्षेत्र के चारों कोण पर स्थित 1. काशी (वाराणसी) का अपना प्राचीन और पुरातन इतिहास है जो सर्वविदित है। 2. विन्ध्याचल, जो शिव-शक्ति के उपासना का अद्भुत केन्द्र है। यशोदा से उत्पन्न पुत्री (जिनके बदले श्रीकृष्ण प्राप्त हुये थे) महासरस्वती अष्टभुजा देवी के नाम से यहीं स्थापित हैं। भारत देश का मानक समय माँ विन्ध्यवासिनी धाम से तय होता है। पुराणों के अनुसार रावण ने भी इसे मानक समय स्थल मानकर यहाँ शिवलिंग की स्थापना की थी। 3. शिवद्वार, त्रिकोणीय तान्त्रिक साधना के लिए जगत विख्यात था और साधना की राजधानी था। इसे ही मीरजापुर गजेटियर में गुप्तकाशी की संज्ञा से अभिकल्पित किया गया है। 4. सोनभद्र, सोन संस्कृति की पौराणिक पृष्ठभूमि वैदिककालीन सभ्यता की पराकाष्ठापरक ऐतिहासिकता से सम्बद्ध है। सन्त परम्पराओं का एक महत्वपूर्ण परिव्रजन इस क्षेत्र में हुआ जिसमें शैव व शाक्त प्रमुख थे। शैव सम्प्रदाय से जुड़े अघोर तन्त्र ने इसे बहुत सराहा और इसे अपनी कर्मभूमि बना लिया। सोन नद के तट पर शव छेदन क्रिया की भी प्रशिक्षा आयुर्वेद के जिज्ञासुओं को दी जाती थी। शैव तन्त्र से प्रभावित अघोर तन्त्र शव-साधना में सिद्धहस्त था और शव में इकार की प्राण प्रतिष्ठा का जीवन्त रूप शिव को दे देना इनकी अलौकिक साधना का चरमोत्कर्ष है। अघोरपन्थी नाम के पश्चात् "राम" का प्रयोग करते थे। इस क्षेत्र में सवर्ण वर्ग में प्रायः ब्राह्मण वर्ग भी राम का प्रयोग अपने नाम में करता है। इस क्षेत्र में पाशुपात तन्त्र के महान साधक लोरिक का नाम विशेष है।

उपरोक्त तो अति संक्षिप्त परिचय है विस्तार से "विश्वशास्त्र" के अध्याय-दो में प्रकाशित है, जिस क्षेत्र से ये विश्व ऐतिहासिक अन्तिम, अपरिवर्तनीय और अटलनीय सन्देश देने का साहस किया गया है।

हे मानवों, इस संसार में व्यक्त साहित्य, दर्शन, मत, सम्प्रदाय, नियम, संविधान इत्यादि को व्यक्त करने का माध्यम मात्र केवल मानव शरीर ही है इसलिए यह सोचो की यदि सार्वभौम सत्य-सिद्धान्त आधारित ऐसा साहित्य जो सार्वदेशीय, सार्वकालिक और सम्पूर्ण मानव समाज के लिए असीम गुणों और दिशाओं से युक्त हो, अन्तिम रुप से एक ही मानव शरीर से व्यक्त हो रहा हो जिसके ज्ञान के बिना मानव, मानव नहीं पशु हो, उसे स्वीकार और आत्मसात् करना मानव की विवशता हो, तो तुम उस व्यक्तकर्ता मानव को क्या कहोगे? और उसका क्या दोष? यह तो मैं तुम पर ही छोड़ता हूँ। परन्तु धार्मिक-आध्यात्मिक भाषा में उसी असीम गुणों-दिशाओं के प्राकाट्य शरीर को पूर्ण और अन्तिम साकार-सगुण-दृश्य-ब्रह्म-ईश्वर-आत्मा-शिव कहते हैं तथा सार्वभौम सत्य-

सिद्धान्त को निराकार-निर्गुण-अदृश्य-ब्रह्म-ईश्वर-आत्मा-शिव कहते हैं वह शरीर चूँकि सिद्धान्त युक्त होता है इसलिए वह धर्मशास्त्र का प्रमाण रुप होता है। जो धर्मशास्त्रों और धर्मज्ञानियों के प्रति विश्वास बढ़ाता है। वर्तमान समय में सिर्फ यह देखने की आवश्यकता है कि क्या वह सार्वभौम सत्य-सिद्धान्त शास्त्र-साहित्य विश्व विकास-एकता-स्थिरता-शान्ति के क्षेत्र में कुछ रचनात्मक भूमिका निभा सकता है या नहीं? यह देखने की आवश्यकता नहीं है कि उसका व्यक्तकर्ता एक ही शरीर है क्योंकि इससे कोई लाभ नहीं। प्रत्येक मानव चाहे वह किसी भी स्तर का हो वह शारीरिक संरचना में समान होता है परन्तु वह विचारों से ही विभिन्न स्तर पर पीठासीन है, इसलिए मानव, शरीर नहीं विचार है उसी प्रकार विश्वमानव शरीर नहीं, विश्व विचार अर्थात् सार्वभौम सत्य-सिद्धान्त है। इसी प्रकार "मैं" , अहंकार नहीं, "सिद्धान्त" है। प्रत्येक स्तर पर पीठासीन मानव अपने स्तर का सिद्धान्त रुप से "मैं" का अंश रुप से तथा विचार रुप से "अहंकार" का अंश रुप ही है। "मैं" का पूर्ण दृश्य, वास्तविक, सर्वोच्च और अन्तिम रुप वही होगा जो सम्पूर्ण ब्रह्माण्ड के सभी विषयों में व्याप्त हो जाय। तभी तो वह असीम गुणों और दिशाओं से युक्त होगा तथा प्रत्येक दिशा या गुण से उसका नाम अलग-अलग होगा परन्तु वह एक ही होगा। हे मानव, तुम इसे देख नहीं पाते क्योंकि तुम "दृष्टि" से युक्त हो अर्थात् तुम एक ही दिशा या गुण द्वारा देखने की क्षमता रखते हो तुम्हें "दिव्य दृष्टि" अर्थात् अनेक दिशा या गुणों द्वारा एक साथ देखने की क्षमता रखनी चाहिए तभी तुम यथार्थ को देख पाओगे, तभी तुम "मैं" के विश्व रुप को देख पाओगे। दृष्टि से युक्त होने के कारण ही तुम मेरे आभासी रुप-शरीर रुप को ही देखते हो, तुम मेरे वास्तविक रुप-सिद्धान्त रुप को देख ही नहीं पाते। इसी कारण तुम मुझे अहंकार रुप में देखते हो। और इसी कारण तुम "भूमण्डलीकरण (Globalisation)" का विरोध करते हो जबकि "ग्लोबलाईज्ड" दृष्टि ही "दिव्य दृष्टि" है। जिसका तुम मात्र विरोध कर सकते हो क्योंकि यह प्राकृतिक बल के अधीन है जो तुम्हें मानव से विश्वमानव तक के विकास के लिए अटलनीय है। दृष्टि, अहंकार है, अंधकार है, अपूर्ण मानव है तो दिव्य दृष्टि, सिद्धान्त है, प्रकाश है, पूर्णमानव-विश्वमानव है। तुम मानव की अवस्था से विश्वमानव की अवस्था में आने का प्रयत्न करो न कि विश्वमानव का विरोध। विरोध से तुम्हारी क्षति ही होगी। जिस प्रकार "श्रीकृष्ण" नाम है "योगेश्वर" अवस्था है, "गदाधर" नाम है "रामकृष्ण परमहंस" अवस्था है, "सिद्धार्थ" नाम है "बुद्ध" अवस्था है, "नरेन्द्र नाथ दत्त" नाम है "स्वामी विवेकानन्द" अवस्था है, "रजनीश" नाम है "ओशो" अवस्था है। उसी प्रकार व्यक्तियों के नाम, नाम है "भोगेश्वर विश्वमानव" उसकी चरम विकसित, सर्वोच्च और अन्तिम अवस्था है। "दृष्टि" से युक्त होकर विचार व्यक्त करना निरर्थक है, प्रभावहीन है, यहाँ तक की तुम्हें विरोध करने का भी अधिकार नहीं क्योंकि वर्तमान और भविष्य के समय में इसका कोई महत्व नहीं, अर्थ नहीं क्योंकि वह व्यक्तिगत विचार होगा न कि सार्वजनिक संयुक्त विचार। यह सार्वजनिक संयुक्त विचार ही "एकात्म विचार" है और यही वह अन्तिम सत्य है, यही "सार्वभौम सत्य-सिद्धान्त" है। यही धर्मनिपरपेक्ष और सर्वधर्मसमभाव नाम से विश्वमानक-शून्य श्रृंखला: मन की गुणवत्ता का विश्वमानक तथा धर्म नाम से कर्मवेद: प्रथम, अन्तिम और पंचमवेदीय श्रृंखला है जिसकी शाखाएं सम्पूर्ण ब्रह्माण्ड में व्याप्त है और सम्पूर्ण ब्रह्माण्ड व्यक्त है जिसकी स्थापना चेतना के अन्तिम रुप-दृश्य सत्य चेतना के अधीन है। यही "मैं" का दृश्य रुप है। यही "विश्व-बन्धुत्व" , "वसुधैव-कुटुम्बकम्" , "बहुजनहिताय-बहुजनसुखाय" , "एकात्म-मानवतावाद" , "सर्वेभवन्तु-सुखिनः" की स्थापना का "एकात्मकर्मवाद" आधारित अन्तिम मार्ग है।

मन और मन का मानक। मन-व्यक्तिगत प्रमाणित अदृश्य सत्य। मन का मानक-सार्वजनिक प्रमाणित दृश्य सत्य। अनासक्त मन अर्थात् आत्मा अर्थात् व्यक्तिगत प्रमाणित अदृश्य आत्मा अर्थात् मन का अदृश्य मानक। मन का मानक अर्थात् सार्वजनिक प्रमाणित दृश्य आत्मा अर्थात् सार्वजनिक प्रमाणित दृश्य अनासक्त मन। मन का मानक में मन समाहित है।

आत्मा का सार्वजनिक प्रमाणित धर्मनिरपेक्ष एवं सर्वधर्मसमभाव दृश्य रुप एकात्म ज्ञान, एकात्म ज्ञान सहित एकात्म कर्म तथा एकात्म ज्ञान और एकात्म कर्म सहित एकात्म ध्यान के तीन व्यक्त होने के स्तर हैं जो क्रमशः एकात्म वाणी, एकात्म वाणी सहित एकात्म प्रेम तथा एकात्म वाणी और एकात्म प्रेम सहित एकात्म समर्पण द्वारा शक्ति प्राप्त करता है। जिनका धर्मयुक्त अदृश्य रुप भारतीय संस्कृति के पौराणिक कथाओं में ब्रह्मा, विष्णु,

महेश (शंकर) के रुप में तथा सरस्वती, लक्ष्मी और पार्वती शक्ति के रुप में प्रक्षेपित हैं। जिनकी उपयोगिता क्रमशः व्यक्ति, समाज और ब्रह्माण्ड को संतुलन, स्थिरता एवं विकास में है।

यदि तुम उपरोक्त गुणों को रखते हो तो तुम ही ब्रह्मा हो, विष्णु और महेश हो। साथ ही सरस्वती, लक्ष्मी और पार्वती भी। और यदि यह सीमित कर्मक्षेत्र तक में है तो तुम एक सीमाबद्ध और यदि यह सम्पूर्ण ब्रह्माण्ड के सर्वोच्च व्यापक अन्तिम और असीमित कर्म क्षेत्र तक में है तो तुम एक मूल ब्रह्मा, विष्णु, महेश और शक्ति सरस्वती, लक्ष्मी और पार्वती के अवतार हो। यदि तुम इस अनुसार नहीं तो तुम इनके अलावा मानव, दानव, पशु-मानव इत्यादि हो।

जब प्रत्येक शब्द धर्म और धर्मनिरपेक्ष या सर्वधर्मसमभाव में वर्गीकृत किया जा सकता है तब ईश्वर नाम को भी धर्मयुक्त नाम और धर्म निरपेक्ष या सर्वधर्मसमभाव नाम में व्यक्त किया जा सकता है। क्योंकि ईश्वर नाम भी शब्द है। जिस प्रकार व्यक्तिगत प्रमाणित अदृश्य काल के लिए धर्मयुक्त समष्टि ईश्वर नाम-" ऊँ" है। उसी प्रकार सार्वजनिक प्रमाणित दृश्य काल के लिए धर्मनिरपेक्ष और सर्वधर्मसमभाव समष्टि ईश्वर नाम- " TRADE CENTRE" है। जिसमें धर्म युक्त ईश्वर नाम-" ऊँ" का धर्मनिरपेक्ष और सर्वधर्मसमभाव रुप समाहित है।

एक ही देश काल मुक्त सर्वव्यापी अदृश्य सत्य-धर्म-ज्ञान है-आत्मा। और एक ही देश काल मुक्त सर्वव्यापी दृश्य सत्य-धर्म-ज्ञान है- क्रिया या परिवर्तन या $E=MC^2$ या आदान-प्रदान या TRADE या TRANSACTION। इस प्रकार सर्वोच्च और अन्तिम दृश्य सत्य-धर्म-ज्ञान से समस्त विषयों के यथार्थ व्यक्त रुप सर्वमान्य, सार्वजनिक प्रमाणित दृश्य और अन्तिम है। और व्यक्त कर्ता ज्ञानी या ब्रह्म या शिव की अन्तिम कड़ी है। इस आधार पर यह कहा जा सकता है कि "आत्मा" और मेरा दृश्य रुप (आदान-प्रदान) ही स्वस्थ उद्योग, स्वस्थ समाज और स्वस्थ लोकतन्त्र सहित विश्व शान्ति, एकता, स्थिरता और विकास का अन्तिम मार्ग है। चाहे वह वर्तमान में आत्मसात् किया जाये या भविष्य में परन्तु सत्य तो यही है।

मन से मन के मानक के व्यक्त होने के सम्पूर्ण यात्रा में कुछ महापुरुषों ने अदृश्य मानक आत्मा को व्यक्त करने के लिए कार्य किये तो कुछ ने अदृश्य सहित दृश्य मानक के लिए। मन के अदृश्य मानक आत्मा की श्रृंखला में निवृत्ति मार्गी-साधु, संत इत्यादि जिनकी सर्वोच्च स्थिति ब्रह्मा हैं। मन के अदृश्य सहित दृश्य मानक के श्रृंखला में प्रवृत्ति मार्गी-गृहस्थ युक्त सन्यासी इत्यादि जिनकी सर्वोच्च स्थिति विष्णु हैं। इस मानक को व्यवहारिकता में लाने के लिए ध्यान मार्गी जिनकी सर्वोच्च स्थिति महेश हैं। और यही वर्तमान तथा भविष्य के समाज की आवश्यकता है। और यही मन के मानक की उपयोगिता है।

मन के मानक को व्यक्त करने में जो शब्द, ज्ञान-विज्ञान, नाम-रुप इत्यादि प्रयोग किये गये हैं-वे सब मन से मन के मानक के विकास यात्रा में विभिन्न महापुरुषों द्वारा व्यक्त हो मानव समाज में पहले से मान्यता प्राप्त कर विद्यमान है। मैं (विश्वात्मा) सिर्फ उसको वर्तमान की आवश्यकता और वर्तमान से जोड़ने के लिए समयानुसार व्यक्त कर मन के मानक को व्यक्त कर दिया हूँ। यदि समाज इसे आत्मसात् नहीं करता तो उसके पहले मैं (विश्वात्मा) ही उसे आत्मसात् नहीं करता क्योंकि मैं शुद्ध-बुद्ध-मुक्त आत्मा हूँ, मैं नाम-रुप से मुक्त हूँ, मैं शिव हूँ, मैं शिव हूँ, मैं शिव हूँ। और ऐसा कहने वाला मैं पहला नहीं हूँ। मुझसे पहले भी अनेक सिद्धों द्वारा ऐसी उद्घोषणा की जा चुकी है और वे अपने समय के देश-काल स्थितियों में उसे सिद्ध भी कर चुके हैं और जब तक प्रत्येक मानव ऐसा कहने के योग्य नहीं बनता तब तक धर्म शास्त्रों में सृष्टि के प्रारम्भ में कहा गया ईश्वरीय वाणी-" ईश्वर ने इच्छा व्यक्त की कि मैं एक हूँ अनेक हो जाऊँ" कैसे सिद्ध हो पायेगा। मेरे उद्घोष का सबसे बड़ा प्रमाण "सत्य मानक शिक्षा" द्वारा लक्ष्य "पुनर्निर्माण" व उसके प्राप्ति की कार्य योजना है। जो अपने आप में पुरातन, विलक्षण और वर्तमान तक ऐसा नहीं हुआ है, जैसा है। श्रीराम द्वारा शारीरिक शक्ति के माध्यम से शारीरिक शक्ति का प्रयोग कर सत्यीकरण हुआ था, श्रीकृष्ण द्वारा आर्थिक शक्ति के माध्यम से व्यक्तिगत बौद्धिक शक्ति का प्रयोग कर सत्यीकरण हुआ था, अब यह कार्य व्यक्तिगत बौद्धिक शक्ति के माध्यम से सार्वभौम बौद्धिक शक्ति का प्रयोग कर सत्यीकरण किया जा रहा है। जो श्रीराम, श्रीकृष्ण के क्रम में अगला कार्य है। यह मानने का कार्य नहीं जानने का कार्य है। मानने से,

मानने वाले का कोई कल्याण नहीं होता, कल्याण तो सिर्फ जानने वालों का ही होता रहा है, होता है और होता रहेगा।

वर्तमान एवं भविष्य के मानव समाज को मैं (विश्वात्मा) का यह अन्तिम सत्य संदेश है कि-मानव की वास्तविक चेतना-सत्य चेतना अर्थात् भूतकाल का अनुभव और भविष्य की आवश्यकतानुसार वर्तमान में परिणाम ज्ञान से युक्त हो कार्य करना है न कि पशुओं की प्राकृतिक चेतना अर्थात् शुद्ध रुप से वर्तमान में कार्य करना है। सत्य चेतना में प्राकृतिक चेतना समाहित रहती है। अर्थात् मानव का विकास प्राकृतिक चेतना से सत्य चेतना की ओर होना चाहिए। और विज्ञान की भाँति धर्म के विषय में भी सदा आविष्कृत विषय से आविष्कार की ओर बढ़ना चाहिए अन्यथा स्थिति यह होगी कि वह तो आपके पास पहले से आविष्कृत था परन्तु उसी के आविष्कार में आपने पूरा जीवन व्यतीत कर दिया।

सम्पूर्ण मानव समाज से यह निवेदन है कि ईश्वर के सम्बन्ध में जो कुछ भी अब तक आविष्कृत है यद्यपि कि वह सब मैं (आत्मा) इस भौतिक शरीर (श्री लव कुश सिंह "विश्वमानव") से व्यक्त कर चुका हूँ लेकिन फिर भी व्यक्ति ईश्वर नहीं बन सकता। सिर्फ समष्टि ही ईश्वर होता है और समष्टि ही संयुक्त है। जिसकी चरम विकसित अवस्था सम्पूर्ण ब्रह्माण्ड का यथार्थ रुप है जो एक संयुक्त विचार-सत्य-सिद्धान्त ही है व्यक्ति नहीं। जबकि इसको व्यक्त और आत्मसात् करने वाला व्यक्ति ही है अर्थात् ईश्वर और व्यक्ति एक दूसरे पर निर्भर है। परिणामस्वरुप जो कुछ भी इस भौतिक शरीर द्वारा व्यक्त कर देना था-वह दे दिया गया और बात यहीं समाप्त हो गयी। क्योंकि मैं (विश्वात्मा) तुम्हारे अनूरुप सामान्य हो गया क्योंकि ईश्वर (संयुक्त विचार सत्य-सिद्धान्त) बाहर हो गया और वह सभी में व्याप्त हो गया। तू भी सामान्य, मैं भी सामान्य। तू भी ईश्वर, मैं भी ईश्वर। तू भी शिव, मैं भी शिव। इससे अलग सिर्फ माया, भ्रम, अन्धविश्वास है। और जब तक मैं (विश्वात्मा) इस शरीर में हूँ एक वर्तमान और भविष्य का एकात्म ध्यान युक्त प्रबुद्ध मानव के सिवाय कुछ अधिक भी नहीं समझा जाना चाहिए बस यही निवेदन है।

इस अन्तिम के सम्बन्ध में यह कहना चाहूँगा कि इस पर अभी विवाद करने से कोई लाभ नहीं है। अभी तो सिर्फ यह देखना है कि यह कालानुसार वर्तमान और भविष्य के लिए व्यक्ति से विश्व प्रबन्ध तक के लिए उपयोगी है या नहीं और जब तक मानव सृष्टि रहेगी तब तक यह सार्वभौम सत्य-सिद्धान्त अभेद्य और अकाट्य बना रहता है। तब यह समझ लेना होगा कि यह अन्तिम था। और व्यक्त करने वाला मानव शरीर पूर्ण ब्रह्म की अन्तिम कड़ी अर्थात् शिव का साकार सगुण रुप ही था।

आलोचना और विरोध मानव का स्वभाव है परन्तु सत्य की आलोचना और विरोध यदि बिना विचारे ही होगा तो यह उस मनुष्य के लिए स्वयं की मूर्खता का प्रदर्शन ही बन सकता है क्योंकि ऐसा नहीं है कि अन्य मनुष्य इसे नहीं समझ रहे हैं। इसलिए इसके लिए थोड़ा सतर्कता रखें विशेषकर उन लोगों के लिए जो सार्वजनिक रुप से विचार प्रस्तुत करते हैं।

हाँ, एक अन्तिम सत्य और-उपरोक्त अन्तिम सत्य भी सत्य और अन्तिम सत्य है या नहीं? इसके लिए भी तो ज्ञान और बुद्धि चाहिए।

प्रकाशित खुशमय तीसरी सहस्त्राब्दि के साथ यह एक सर्वोच्च समाचार है कि नयी सहस्त्राब्दि केवल बीते सहस्त्राब्दियों की तरह एक सहस्त्राब्दि नहीं है। यह प्रकाशित और विश्व के लिए नये अध्याय के प्रारम्भ का सहस्त्राब्दि है। केवल वक्तव्यों द्वारा लक्ष्य निर्धारण का नहीं बल्कि स्वर्गीकरण के लिए असिमीत भूमण्डलीय मनुष्य और सर्वोच्च अभिभावक संयुक्त राष्ट्र संघ सहित सभी स्तर के अभिभावक के कर्तव्य के साथ कार्य योजना पर आधारित। क्योंकि दूसरी सहस्त्राब्दि के अन्त तक विश्व की आवश्यकता, जो किसी के द्वारा प्रतिनिधित्व नहीं हुई उसे विवादमुक्त और सफलतापूर्वक प्रस्तुत किया जा चुका है। जबकि विभिन्न विषयों जैसे-विज्ञान, धर्म, आध्यात्म, समाज, राज्य, राजनीति, अन्तर्राष्ट्रीय सम्बन्ध, परिवार, व्यक्ति, विभिन्न संगठनों के क्रियाकलाप, प्राकृतिक, ब्रह्माण्डीय, देश, संयुक्त राष्ट्र संघ इत्यादि की स्थिति और परिणाम सार्वजनिक प्रमाणित दृश्य रुप में थे।

विज्ञान के सर्वोच्च आविष्कार के आधार पर अब यह विवाद मुक्त हो चुका है कि मन केवल व्यक्ति, समाज, और राज्य को ही नहीं प्रभावित करता बल्कि यह प्रकृति और ब्रह्माण्ड को भी प्रभावित करता है। केन्द्रीयकृत और ध्यानीकृत मन विभिन्न शारीरिक सामाजिक और राज्य के असमान्यताओं के उपचार का अन्तिम मार्ग है। स्थायी स्थिरता, विकास, शान्ति, एकता, समर्पण और सुरक्षा के लिए प्रत्येक राज्य के शासन प्रणाली के लिए आवश्यक है कि राज्य अपने उद्देश्य के लिए नागरिकों का निर्माण करें। और यह निर्धारित हो चुका है कि क्रमबद्ध स्वस्थ मानव पीढ़ी के लिए विश्व की सुरक्षा आवश्यक है। इसलिए विश्वमानव के निर्माण की आवश्यकता है, लेकिन ऐसा नहीं है और विभिन्न अनियन्त्रित समस्या जैसे-जनसंख्या, रोग, प्रदूषण, आतंकवाद, भ्रष्टाचार, विकेन्द्रीकृत मानव शक्ति एवं कर्म इत्यादि लगातार बढ़ रहे है। जबकि अन्तरिक्ष और ब्रह्माण्ड के क्षेत्र में मानव का व्यापक विकास अभी शेष है। दूसरी तरफ लाभकारी भूमण्डलीकरण विशेषीकृत मन के निर्माण के कारण विरोध और नासमझी से संघर्ष कर रहा है। और यह असम्भव है कि विभिन्न विषयों के प्रति जागरण समस्याओं का हल उपलब्ध करायेगा।

मानक के विकास के इतिहास में उत्पादों के मानकीकरण के बाद वर्तमान में मानव, प्रक्रिया और पर्यावरण का मानकीकरण तथा स्थापना आई0 एस0 ओ0-9000 एवं आई0 एस0 ओ0-14000 श्रृंखला के द्वारा मानकीकरण के क्षेत्र में बढ़ रहा है। लेकिन इस बढ़ते हुये श्रृंखला में मनुष्य की आवश्यकता (जो मानव और मानवता के लिए आवश्यक है) का आधार "मानव संसाधन का मानकीकरण" है क्योंकि मनुष्य सभी (जीव और निर्जीव) का निर्माणकर्ता और उसका नियन्त्रणकर्ता है। मानव संसाधन के मानकीकरण के बाद सभी विषय आसानी से लक्ष्य अर्थात् विश्वस्तरीय गुणवत्ता की ओर बढ़ जायेगी क्योंकि मानव संसाधन के मानक में सभी तन्त्रों के मूल सिद्धान्त का समावेश होगा।

वर्तमान समय में शब्द- "निर्माण" भूमण्डलीय रुप से परिचित हो चुका है इसलिए हमें अपना लक्ष्य मनुष्य के निर्माण के लिए निर्धारित करना चाहिए। और दूसरी तरफ विवादमुक्त, दृश्य, प्रकाशित तथा वर्तमान सरकारी प्रक्रिया के अनुसार मानक प्रक्रिया उपलब्ध है। जैसा कि हम सभी जानते हैं कि मानक हमेशा सत्य का सार्वजनिक प्रमाणित विषय होता है न कि विचारों का व्यक्तिगत प्रमाणित विषय। अर्थात् प्रस्तुत मानक विभिन्न विषयों जैसे-आध्यात्म, विज्ञान, तकनीकी, समाजिक, नीतिक, सैद्धान्तिक, राजनीतिक इत्यादि के व्यापक समर्थन के साथ होगा। "उपयोग के लिए तैयार" तथा "प्रक्रिया के लिए तैयार" के आधार पर प्रस्तुत मानव के विश्व स्तरीय निर्माण विधि को प्राप्त करने के लिए मानव निर्माण तकनीकी WCM-TLM-SHYAM.C (World Class Manufactuing–Total Life Maintenance- Satya, Heart, Yoga, Ashram, Meditation.Conceousnesas) प्रणाली आविष्कृत है जिसमें सम्पूर्ण तन्त्र सहभागिता (Total System Involvement-TSI) है और विश्वमानक शून्य: मन की गुणवत्ता का विश्वमानक श्रृंखला (WS-0: World Standard of Mind Series) समाहित है। जो विश्वमानव निर्माण प्रक्रिया की तकनीकी और मानव संसाधन की गुणवत्ता का विश्वमानक है। जैसे-औद्योगिक क्षेत्र में इन्स्टीच्यूट आफ प्लान्ट मेंन्टीनेन्स, जापान द्वारा उत्पादों के विश्वस्तरीय निर्माण विधि को प्राप्त करने के लिए उत्पाद निर्माण तकनीकी डब्ल्यू0 सी0 एम0-टी0 पी0 एम0-5 एस (WCM-TPM-5S (World Class Manufacturing - Total Productive Maintenance -Siri (छँटाई), Seton (सुव्यवस्थित), Sesaso (स्वच्छता), Siketsu (अच्छास्तर), Shituke (अनुशासन) प्रणाली संचालित है। जिसमें सम्पूर्ण कर्मचारी सहभागिता (Total Employees Involvement) है।) का प्रयोग उद्योगों में विश्व स्तरीय निर्माण प्रक्रिया के लिए होता है। और आई.एस.ओ.-9000 (ISO-9000) तथा आई.एस.ओ.-14000 (ISO-14000) है।

युग के अनुसार सत्यीकरण का मार्ग उपलब्ध कराना ईश्वर का कर्तव्य है आश्रितों पर सत्यीकरण का मार्ग प्रभावित करना अभिभावक का कर्तव्य है। और सत्यीकरण के मार्ग के अनुसार जीना आश्रितों का कर्तव्य है जैसा कि हम सभी जानते है कि अभिभावक, आश्रितों के समझने और समर्थन की प्रतिक्षा नहीं करते। अभिभावक यदि किसी विषय को आवश्यक समझते हैं तब केवल शक्ति और शीघ्रता से प्रभावी बनाना अन्तिम मार्ग होता है। विश्व के बच्चों के लिए यह अधिकार है कि पूर्ण ज्ञान के द्वारा पूर्ण मानव अर्थात् विश्वमानव के रुप में बनना। हम सभी विश्व के नागरिक सभी स्तर के अभिभावक जैसे-महासचिव संयुक्त राष्ट्र संघ, राष्ट्रों के राष्ट्रपति-प्रधानमंत्री, धर्म,

समाज, राजनीति, उद्योग, शिक्षा, प्रबन्ध, पत्रकारिता इत्यादि द्वारा अन्य समानान्तर आवश्यक लक्ष्य के साथ इसे जीवन का मुख्य और मूल लक्ष्य निर्धारित कर प्रभावी बनाने की आशा करते हैं। क्योंकि लक्ष्य निर्धारण वक्तव्य का सूर्य नये सहस्त्राब्दि के साथ डूब चुका है। और कार्य योजना का सूर्य उग चुका है। इसलिए धरती को स्वर्ग बनाने का अन्तिम मार्ग सिर्फ कर्तव्य है। और रहने वाले सिर्फ सत्य-सिद्धान्त से युक्त संयुक्तमन आधारित मानव है, न कि संयुक्तमन या व्यक्तिगतमन से युक्तमानव।

आविष्कार विषय "व्यक्तिगत मन और संयुक्तमन का विश्व मानक और पूर्णमानव निर्माण की तकनीकी है जिसे धर्म क्षेत्र से कर्मवेद: प्रथम, अन्तिम तथा पंचमवेदीय श्रृंखला तथा शासन क्षेत्र से WS-0: मन की गुणवत्ता का विश्व मानक श्रृंखला तथा WCM-TLM-SHYAM.C तकनीकी कहते है। सम्पूर्ण आविष्कार सार्वभौम सत्य-सिद्धान्त अर्थात सम्पूर्ण ब्रह्माण्ड में व्याप्त अटलनीय, अपरिवर्तनीय, शाश्वत व सनातन नियम पर आधारित है, न कि मानवीय विचार या मत पर आधारित।" सम्पूर्ण ब्रह्माण्ड में व्याप्त एक ही सत्य-सिद्धान्त द्वारा व्यक्तिगत व संयुक्त मन को एकमुखी कर सर्वोच्च, मूल और अन्तिम स्तर पर स्थापित करने के लिए शून्य पर अन्तिम आविष्कार WS-0 श्रृंखला की निम्नलिखित पाँच शाखाएँ है।

1. डब्ल्यू.एस. (WS)-0:विचार एवम् साहित्य का विश्वमानक
2. डब्ल्यू.एस. (WS)-00: विषय एवम् विशेषज्ञों की परिभाषा का विश्वमानक
3. डब्ल्यू.एस. (WS)-000:ब्रह्माण्ड (सूक्ष्म एवम् स्थूल) के प्रबन्ध और क्रियाकलाप का विश्वमानक
4. डब्ल्यू.एस. (WS)-0000: मानव (सूक्ष्म तथा स्थूल) के प्रबन्ध और क्रियाकलाप का विश्वमानक
5. डब्ल्यू.एस. (WS)-00000:उपासना और उपासना स्थल का विश्वमानक

संयुक्त राष्ट्र संघ सीधे इस मानक श्रृंखला को स्थापना के लिए अपने सदस्य देशों के महासभा के समक्ष प्रस्तुत कर अन्तर्राष्ट्रीय मानकीकरण संगठन व विश्व व्यापार संगठन के माध्यम से सभी देशों में स्थापित करने के लिए उसी प्रकार बाध्य कर सकता है, जिस प्रकार ISO-9000 व ISO-14000 श्रृंखला का विश्वव्यापी स्थापना हो रहा है।

20 वर्षों से जिस समय की प्रतीक्षा मैं लव कुश सिंह "विश्वमानव" कर रहा था वह आ गया है। जो व्यक्ति प्राकृतिक बल को समझ जाते हैं वे उसके अनुसार कार्य योजना तैयार करते है। इस क्रम में व्यक्ति, समाज, देश व विश्व की आवश्यकता को 20 वर्ष पहले ही समझ लिया गया था और उस अनुसार ही लक्ष्य निर्धारित कर उसके प्राप्ति के लिए कार्य योजना तैयार की जा रही थी। सिर्फ लक्ष्य निर्धारण से ही कार्य सम्पन्न नहीं हो जाता बल्कि लक्ष्य की सत्यता की प्रमाणिकता के लिए धर्म शास्त्रों, पुराणों, दार्शनिकों, सामाजिक-राजनीतिक नेतृत्वकर्ताओं, विज्ञान व आध्यात्म इत्यादि के विचारों-सिद्धान्तों के द्वारा उसे पुष्टि प्रदान करने की भी आवश्यकता होती है। फिर उसे उस लक्ष्य तक पहुँचाने के लिए कार्य योजना बनानी पड़ती है।

वर्तमान समय, सम्पूर्ण पुनर्निर्माण और सत्यीकरण का समय है। हमें प्रत्येक विषय को प्रारम्भ से समझना और समझाना पड़ेगा। तभी व्यक्ति, समाज, देश व विश्व को सत्य दिशा प्राप्त हो सकेगी और इस कार्य को करने वाला काशी-सत्यकाशी क्षेत्र इस वर्तमान समय में राष्ट्र गुरू बनेगा जिसका कारण होगा-" राष्ट्र को सत्य मार्गदर्शन देना"। और फिर यही कारण भारत को जगतगुरू के रूप में स्थापित कर देगा।

हम सभी के मोटर वाहनों में, वाहन कितने किलोमीटर चला उसे दिखाने के लिए एक यंत्र होता है। यदि इस यंत्र की अधिकतम 6 अंकों तक किलोमीटर दिखाने की क्षमता हो तब उसमें 6 अंक दिखते है। जो प्रारम्भ में 000000 के रूप में होता है। वाहन के चलते अर्थात विकास करते रहने से 000001 फिर 000002 इस क्रम से बढ़ते हुये पहले इकाई में, फिर दहाई में, फिर सैकड़ा में, फिर हजार में, फिर दस हजार में, फिर लाख में, के क्रम में यह आगे बढ़ते हुये बदलता रहता है। एक समय ऐसा आता है जब सभी अंक 999999 हो जाते हें फिर क्या होगा? फिर सभी 000000 के अपने प्रारम्भ वाली स्थिति में आ जायेंगे। इन 6 अंक के प्रत्येक अंक के चक्र में 0 से 9 अंक के चक्र होते है। जो वाहन के चलने से बदलकर चले हुये किलोमीटर को दिखाते है। यही स्थिति भी इस सृष्टि के काल चक्र की है। सृष्टि चक्र में पहले काल है जिसके दो रूप अदृश्य और दृश्य हैं। फिर इन दोनों काल में 5 युग

हैं। 4 अदृश्य काल के 1 दृश्य काल के। और इन दोनों काल में 14 मनवन्तर और मनु हैं। 7 अदृश्य काल के 7 दृश्य काल के। फिर इन युगों में युगावतार अवतार होते हैं। फिर व्यास व शास्त्र होते हैं। ये सब वैसे ही है जैसे अंक गणित में इकाई, दहाई, सैकड़ा, हजार, दस हजार, लाख इत्यादि होते हैं। उपर उदाहरण दिये गये यंत्र में जब सभी अंक 999999 हो जाते हैं तब विकास के अगले एक बदलाव से इकाई, दहाई, सैकड़ा, हजार, दस हजार, लाख सभी बदलते हैं। वर्तमान सृष्टि चक्र की स्थिति भी यही हो गयी है कि अब अगले अवतार के मात्र एक विकास के लिए सत्यीकरण से काल, मनवन्तर व मनु, अवतार, व्यास व शास्त्र सभी बदलेंगे। इसलिए देश व विश्व के धर्माचार्यों, विद्वानों, ज्योतिषाचार्यों इत्यादि को अपने-अपने शास्त्रों को देखने व समझने की आवश्यकता आ गयी है क्योंकि कहीं ये कार्य वही तो नहीं है? और यदि नहीं तो वह कौन सा कार्य होगा जो इन सबको बदलने वाली घटना को घटित करेगा?

सामान्यतः मनुष्य का स्वभाव अपने जैसा ही दूसरे को समझना होता है। वह कैसे यह सोच सकता है कि एक व्यक्ति सांसारिक कार्यों से निर्लिप्त रहते हुये 20 वर्षों से ऐसी शोध व योजना पर ध्यान केन्द्रित कर कार्य करने में लगा हुआ है जो भारत को उसके सत्य महानता की ओर ले जाने वाला कार्य है। और ऐसा कार्य भारत सहित विश्व के लिए कितने बड़े समाचार का विषय बनेगा?

"विश्वशास्त्र" में जन्म-जीवन-पुनर्जन्म-अवतार-साकार ईश्वर-निराकार ईश्वर, अदृश्य और दृश्य ईश्वर नाम, मानसिक मृत्यु व जन्म, भूत-वर्तमान-भविष्य, शिक्षा व पूर्ण शिक्षा, संविधान व विश्व संविधान, ग्राम सरकार व विश्व सरकार, विश्व शान्ति व एकता, स्थिरता व व्यापार, विचारधारा व क्रियाकलाप, त्याग और भोग, राधा और धारा, प्रकृति और अहंकार, कर्तव्य और अधिकार, राजनीति व विश्व राजनीति, व्यक्ति और वैश्विक व्यक्ति, ज्ञान व कर्मज्ञान, योग, अदृश्य और दृश्य योग व ध्यान, मानवतावाद व एकात्मकर्मवाद, नायक-शास्त्राकार-आत्मकथा, महाभारत और विश्वभारत, जाति और समाजनीति, मन और मन का विश्वमानक, मानव और पूर्ण मानव एवं पूर्ण मानव निर्माण की तकनीकी, आकड़ा व सूचना और विश्लेषण, शास्त्र और पुराण इत्यादि अनेकों विषय और उनके वर्तमान समय के शासनिक व्यवस्था में स्थापना स्तर तक की विधि को व्यक्त किया गया है। इस एक ही "विश्वशास्त्र" साहित्य के गुणों के आधार पर धर्म क्षेत्र से 90 नाम और धर्मनिरपेक्ष व सर्वधर्मसमभाव क्षेत्र से 141 नाम भी निर्धारित किये गये हैं।

जब दुनिया बीसवीं सदी के समाप्ति के समीप थी तब वर्ष 1995 ई0 में कोपेनहेगन में सामाजिक विकास का विश्व शिखर सम्मेंलन हुआ था। इस शिखर सम्मेंलन में यह माना गया कि-" आर्थिक विकास अपने आप में महत्वपूर्ण विषय नहीं है, उसे समाजिक विकास के हित में काम करना चाहिए। यह कहा गया कि पिछले वर्षों में आर्थिक विकास तो हुआ, पर सभी देश सामाजिक विकास की दृष्टि से पिछड़े ही रहे। जिसमें मुख्यतः तीन बिन्दुओं-बढ़ती बेरोजगारी, भीषण गरीबी और सामाजिक विघटन पर चिन्ता व्यक्त की गई। यह स्वीकार किया गया कि सामाजिक विकास की समस्या सार्वभौमिक है। यह सर्वत्र है, लेकिन इस घोर समस्या का समाधान प्रत्येक संस्कृति के सन्दर्भ में खोजना चाहिए।" इसका सीधा सा अर्थ यह है कि व्यक्ति हो या देश, आर्थिक विकास तभी सफल होगा जब बौद्धिक विकास के साथ मनुष्य के गुणवत्ता में भी विकास हो। इसी सम्मेलन में भारत ने यह घोषणा की कि-" वह अपने सकल घरेलू उत्पाद का 6 प्रतिशत शिक्षा पर व्यय करेगा।" भारत इस पर तब से कितना अमल कर पाया यह तो सबके सामने है। लेकिन बौद्धिक विकास के साथ मनुष्य के गुणवत्ता में भी विकास के लिए भारत सहित विश्व के हजारों विश्वविद्यालय जिस पूर्ण सकारात्मक एवम् एकीकरण के विश्वस्तरीय शोध को न कर पाये, वह पूर्ण किया जा चुका है और उसे पाठ्यक्रम का रूप देकर पुनर्निर्माण के माध्यम से आपके सामने है। परिणामस्वरूप एकल सार्वभौमिक रचनात्मक बुद्धि बनाम विश्व बुद्धि का रूप आपके सामने है।

शास्त्रों व अनेक भविष्यवक्ताओं के भविष्यवाणीयों को पूर्णतया सिद्ध करते हुये यह कार्य उसी समय अवधि में सम्पन्न हुआ है। भविष्यवाणीयों के अनुसार ही जन्म, कार्य प्रारम्भ और पूर्ण करने का समय और जीवन है। अधिक जानने के लिए इन्टरनेट पर गूगल व फेसबुक में नियामतपुर कलाँ, लव कुश सिंह "विश्वमानव" , सत्यकाशी,

विश्वशास्त्र, विश्वमानव (NIYAMATPUR KALAN, LAVA KUSH SINGH "VISHWMANAV" , SATYAKASHI, VISHWSHASTRA, VISHWMANAV) इत्यादि से सर्च कर जानकारी पायी जा सकती है।

सामाजिक-आर्थिक प्रणाली और शिक्षा के दायित्व पर आधारित सम्पूर्ण कार्य योजना को राष्ट्र को समर्पित करते हुये और प्रकृति से लिए गये हवा, पानी, धूप इत्यादि का कर्ज उतारते हुये, इस व्यापार पर स्वयं का एकाधिकार न रहे इसलिए इसे, पूरी रूचि से संचालित करने वालों के हाथों में ही सौंपने की भी योजना है जिससे ज्ञान का व्यापार भी हो जायेगा और राष्ट्र सेवा भी हो जायेगी।

जय भारत देश, जय विश्व राष्ट्र

सत्य, आधुनिक अथवा प्राचीन किसी समाज का सम्मान नहीं करता। समाज को ही सत्य का सम्मान करना पड़ेगा। अन्यथा समाज ध्वंस हो जाये कोई हानि नहीं। किसी प्रकार की राजनीति में मुझे विश्वास नहीं है। ईश्वर तथा सत्य ही एक मात्र राजनीति है बाकि सब कूड़ा-करकट है।

-स्वामी विवेकानन्द

Think Globally - Act Locally
वैश्विक सोच - स्थानीय कार्यवाही

जिस प्रकार शरीर स्थित मन का स्तर व्यक्ति को इस संसार में अभिनय करवाता है, उसी प्रकार एक लेखक ही पर्दे पर या जीवन में अभिनय करवाता है।
वाल्मिकि और तुलसी के लिखने से श्रीराम का अभिनय,
और व्यास के लिखने से श्रीकृष्ण का अभिनय अभी भी चल रहा है।
व्यापक सोचें, व्यापक लिखे। पढ़े- "विश्वशास्त्र"

आत्मा पर कौन विश्वास करता है, सभी शरीर पर विश्वास करते हैं

WRITER IS ACTOR

भाग-7
परिवर्तन

सीधी समझ

नये भारत में, नये मनुष्य के उदय के लिए

व्यवस्था के परिवर्तन या सत्यीकरण का पहला प्रारूप और उसकी कार्य विधि

वे शब्द जिसके बिना युग परिवर्तन सम्भव नहीं

उपाधियाँ मिलती है- पीएच0 डी0, डी0 लिट0 और डी0 फिल0 और उनका बड़ा सम्मान होता है। उनका काम क्या है? उनका काम यह है कि वे तय करते हैं कि गोरखनाथ कब पैदा हुए थे। कोई कहता है दसवीं सदी के अंत में, कोई कहता है ग्यारहवीं सदी के प्रारम्भ में। इस पर बड़ा विवाद चलता है। बड़े-बड़े विश्वविद्यालयों के ज्ञानी सिर खपा कर खोज में लगे रहते हैं। शास्त्रों की, प्रमाणों की, इसकी, उसकी। उनकी पूरी जिन्दगी इसी में जाती है। इससे बड़ा अज्ञान और क्या होगा? गोरख कब पैदा हुए, इसे जानकर करोगे क्या? इसे जान भी लिया तो पाओगे क्या? गोरख न भी पैदा हुए, यह भी सिद्ध हो जाये, तो भी क्या फायदा? हुए हों या न हुए हों, अर्थहीन है। गोरख ने क्या जिया उसका स्वाद लो। इसलिए तुम्हारे विश्वविद्यालय ऐसी व्यर्थता के कामों में संलग्न हैं कि बड़ा आश्चर्य होता है कि इन्हें विश्वविद्यालय कहो या न कहो। इनका काम ही........तुम्हारे विश्वविद्यालय में चलने वाली जितनी शोध है, सब कूड़ा-करकट है।

-आचार्य रजनीश "ओशो"

(अक्टुबर व नवम्बर 1978 में दिये गये प्रवचन का अंश)

FINAL KNOWLEDGE BOMB BLAST

AFTER FIRST NOBEL DISCOVERY OF ZERO BY INDIA AGAIN ZERO BASED FINAL DISCOVERY

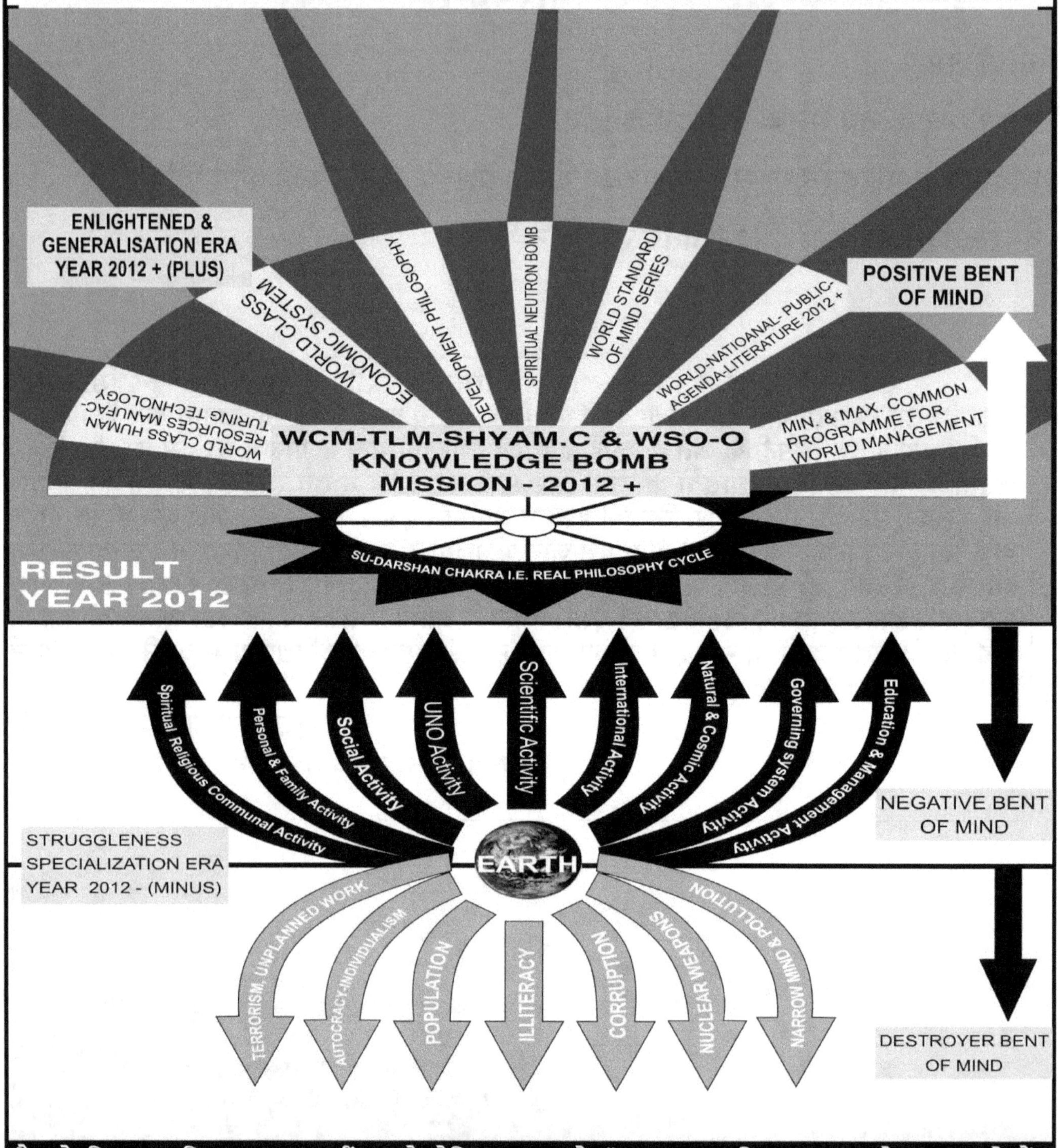

मैकाले शिक्षा पद्धति हम बदल नहीं सकते लेकिन अलग से "सत्य मानक शिक्षा" ग्रहण तो कर सकते हैं।

सरकारी पाठ्यक्रम बनाम नीजी पाठ्यक्रम / सार्वभौम आत्मीय पाठ्यक्रम / ईश्वरीय पाठ्यक्रम

ज्ञान के इस युग में ज्ञान की ओर चलें

FINAL KNOWLEDGE BOMB BLAST

यह चित्र **"FINAL KNOWLEDGE BOMB BLAST"** एक गहन वैचारिक मानचित्र है, जो मानव चेतना, ज्ञान, दर्शन और वैश्विक व्यवस्था के परिवर्तन को प्रतीकात्मक रूप में प्रस्तुत करता है।

इसमें यह दिखाया गया है कि वर्ष 2012 को एक *युग-संधि* के रूप में देखा गया है- जहाँ संघर्ष, विशेषज्ञता और विखंडन (2012–minus) से निकलकर मानवता को प्रबोधन, सामान्यीकरण और समन्वय (2012–plus) की ओर बढ़ना है।

चित्र के केंद्र में **WCM–TLM–SHYAM.C & WSO-O Knowledge Bomb Mission** और **सु-दर्शन चक्र (Real Philosophy Cycle)** को रखा गया है, जो यह संकेत देता है कि वास्तविक परिवर्तन शस्त्रों से नहीं, बल्कि दर्शन, विवेक और समग्र ज्ञान से आता है। ऊपर की ओर उठती संरचना *Positive Bent of Mind* को दर्शाती है, जहाँ विश्व-स्तरीय सोच, आध्यात्मिक दर्शन, मानवीय मूल्य, वैश्विक एजेंडा और कॉमन प्रोग्राम के माध्यम से मानव चेतना का विस्तार होता है।

चित्र के निचले भाग में पृथ्वी को केंद्र बनाकर मानव गतिविधियों-आध्यात्मिक, सामाजिक, वैज्ञानिक, अंतरराष्ट्रीय, शैक्षिक और प्रशासनिक-को दर्शाया गया है, जो यदि संतुलित हों तो उन्नति का मार्ग बनती हैं, और यदि असंतुलित हों तो *Negative* तथा *Destroyer Bent of Mind* की ओर ले जाती हैं।

वहीं नीचे की ओर गिरते तीर आतंकवाद, तानाशाही, जनसंख्या विस्फोट, अशिक्षा, भ्रष्टाचार, परमाणु खतरे और संकीर्ण सोच जैसे विनाशकारी तत्वों का प्रतिनिधित्व करते हैं। समग्र रूप से यह चित्र यह संदेश देता है कि वर्तमान युग में मानवता के सामने विकल्प स्पष्ट है-या तो संकीर्ण, नकारात्मक और विनाशकारी सोच, या फिर **"ज्ञान आधारित सार्वभौमिक दर्शन"** के माध्यम से पृथ्वी और मानव सभ्यता का संतुलित, शांतिपूर्ण और प्रबुद्ध भविष्य।

सीधी समझ

बड़ा वट वृक्ष (Big Banyan Tree), सैकड़ों वर्ष पुराना एक विशाल क्षेत्र में फैला वट वृक्ष है। जिसका मूल वृक्ष अब अस्तित्व में नहीं है उसके तनों से निकले सैंकड़ों जड़ वर्तमान में स्वयं एक वृक्ष, फिर उनके तनों से निकले सैंकड़ों जड़ भी वर्तमान में एक-एक वृक्ष के रूप में स्थापित हैं और सभी एक-दूसरे से जुड़े हुये हैं, बस जो नहीं है, वह है मूल वृक्ष। इस प्रकार सम्पूर्ण वृक्ष परिवार एक बड़े क्षेत्र में फैल चुका है और निरन्तर जारी भी है। प्रत्येक स्वयं स्वतन्त्र वृक्ष के रूप में स्थापित वृक्ष का अपने परिवार के रूप में तना, पत्ता, फूल और फल सब निकलते रहते हैं और जिसे जहाँ अर्थात् नजदीकी स्रोत से सुविधा अर्थात् खुराक मिल सकता हैं वहाँ से प्राप्त करते हुये विकास कर रहे हैं। इस कार्य में आपस में कोई विवाद नहीं है। कोई किसी पर अधिपत्य जमाना नहीं चाहता, ना ही अन्य के विकास में कोई बाधा पहुँचाता है। जिसको जिस ओर उचित वातावरण मिलता जाता है, उस ओर वह विकास कर रहा है। कुल मिलाकर स्व प्रेरित सुशासन की भाँति संचालित है। इस वट वृक्ष के सबसे बाद अर्थात् वर्तमान के तनों-पत्तों के लिए उसका जन्मदाता व पालनकर्ता के रूप में उसका नजदीकी जड़ ही है इसलिए उसकी कथा-कहानी वहीं से शुरू होती है और वहीं तक उसका ज्ञान है जो एक संकुचित और सीमित ज्ञान है। वह पूर्ण को नहीं जान रहा, उसका पूर्णत्व, सार्वभौम पूर्णत्व नहीं बल्कि सीमित पूर्णत्व है। सीमित पूर्णत्व में भी वह आनन्द में हैं और विकासशील है। उसका विकास होना सार्वभौम का ही विकास होना है परन्तु उसे उसका ज्ञान नहीं है और वह उस सार्वभौम के विकास में अपने योगदान को करते हुये भी स्वयं को गौरवान्वित नहीं अनुभव कर रहा है। सार्वभौम से युक्त होने के बाद भी उसे अपने परिवार से ही जुड़ा रहना उसकी विवशता भी है और इसके अलावा कोई अन्य मार्ग भी नहीं हैं। उसके सार्वभौम का मार्ग भी उसके अपने परिवार के ही मार्ग से होकर जाता है। वृक्ष के साथ यह मजबूरी भी है कि क्योंकि वह स्थिर है इसलिए उसका छोटा परिवार केवल पड़ोस तक के ही दायरे के सम्पर्क में है। दूसरे छोर के परिवार का क्या हाल है उसे कुछ नहीं पता।

हे मानवों, ये संसार भी उपरोक्त वट वृक्ष के सामन ही फैला हुआ है। परन्तु उस भाँति विकास नहीं कर रहा है। मनुष्य के अन्दर बीमारी की भाँति अधिकतम "शक्ति और लाभ (पावर और प्राफिट)" की दौड़ ने उसे अधिपत्य, अत्याचार, दूसरे को दबाना इत्यादि से युक्त कर दिया है। और जो इस दौड़ में नहीं हैं वे सीमित पूर्णत्व में आनन्द के साथ विकासशील हैं। उन्हें और भी तेज विकास की इच्छा है परन्तु उनके बुद्धि का दायरा ही सीमित है इसलिए उन्हें मार्ग नहीं मिल रहा है। यदि उनको मार्ग भी मिल रहा हो तो वट वृक्ष की भाँति उसके नजदीकी जन्मदाता ने उसे यह बता रखा है कि जब उस सार्वभौम का मार्ग मेरे ही रास्ते से जाता है तो जो मैं कह रहा हूँ उसे करो। और इसके लिए वे अपने परिवार के लिए अनेक प्रकार की प्रणाली दे रखे हैं। जबकि ये प्रणाली देने वाले उनके नजदीकी जन्मदाता स्वयं कहाँ से आये हैं स्वयं उन्हे भी नहीं पता। क्योंकि वे स्वयं भी उस वट वृक्ष के खो गये मूल जड़ की तरह अपने मूल जड़ को नहीं जानते। वे भी अपने नजदीकी जन्मदाता का ही अनुसरण कर रहे होते हैं। ये प्रणालीयाँ अनेक प्रकार की हैं उदाहरणस्वरूप कुछ मुख्य निम्नवत् हैं-

1 उनके द्वारा प्रस्तुत कुछ पुस्तकें होती हैं जिन्हें नियमानुसार प्रतिदिन पढ़ना होता है। पढ़ने के पूर्व शुद्धता की भी प्रक्रिया अनिवार्य होती है अन्यथा पुस्तकें परिणाम नहीं दे पायेंगी, ये भी शर्त होती हैं।
2 उनके द्वारा भोजन से सम्बन्धित कुछ नियम बना दिये जाते हैं कि क्या खाना है और क्या नहीं खाना है।
3 उनके द्वारा कोई मन्त्र दे कर उसे नियमानुसार जपने के लिए दे दिया जाता है।
4 उनके द्वारा किसी यन्त्र-तन्त्र द्वारा समस्या मुक्ति का उपाय बता दिया जाता है।
5 उनके द्वारा किसी विशेष प्रकार के रंग और ढ़ग के वस्त्र निर्धारित कर दी जाती है जिससे उनकी पहचान एक अलग रूप में हो। अर्थात् समाज का एक और विभाजन कर उसे प्रस्तुत कर देते हैं।

सामान्य रूप से सभी द्वारा अनिवार्य रूप से ये भी निर्धारित कर दी जाती है कि किसी दूसरे के नियमों को न तो जानना है, न सुनना है, न पढ़ना है और न ही उसमें शामिल होना है। अर्थात् एक गतिशील प्राणी मनुष्य को जिसे सदैव श्रेष्ठ से, श्रेष्ठतम और सर्वोच्च तक उठने-विकास करने के लिए निर्मित किया गया था, उसे एक सीमित

दायरे में बुद्धिबद्ध कर दिया गया। मनुष्य जिसका निर्माण अपनी मस्तिष्क को असीम क्षमता को विकसित कर ईश्वर रूप में व्यक्त होना था, उसे जड़ (स्थिर) बना दिया गया।

हे मानवों, मनुष्यों की सबसे बड़ी कमजोरी "स्वयं में गुणों का विकास कर स्वयं बन जाने या हो जाने" में नहीं बल्कि "पाने" की इच्छा है। इस पाने की इच्छा की कमजोरी का परिणाम ही है उपरोक्त अनेक प्रकार के बुद्धिबद्ध करने की विधियाँ।

हे मानवों, उपरोक्त के पृष्ठभूमि में उनका उद्देश्य केवल अपने स्वार्थ की पूर्ति के सिवाय कुछ नहीं होता। क्योंकि मार्गदर्शक या प्रेरक या शिक्षक का उद्देश्य स्वयं से श्रेष्ठ मानव का निर्माण होता है न कि सदैव जीवन भर एक ही प्रणाली या प्रक्रिया या कक्षा में पढ़ते-दुहराते रहने के लिए विवश करना। उपरोक्त के पृष्ठभूमि में शारीरिक-आर्थिक-मानसिक शोषण का ही कार्य विभिन्न प्रकार से चल रहा है। कोई अपने कृषि कार्य को मुफ्त में हल करवा रहा है, तो कोई अपने नाम के उत्पादों को सिर्फ उन्हें ही खरीदने के लिए बुद्धिबद्ध कर दिया है।

हे मानवों, इन सबको आस्था का व्यापार कहते हैं। जबकि मैं देख रहा हूँ कि प्रत्येक संस्कारित करने की क्रिया जो उस काल के लिए आस्था का विषय था। उसके अगले काल के लिए संस्कारित करने की नयी क्रिया उपलब्ध हो जाने के बावजूद, मानव शरीर पिछले काल के संस्कारित करने वाली क्रिया के प्रति आस्था रखते हुये मूर्खता का स्पष्ट प्रदर्शन कर रहा है। सभी कालों में, सभी संस्कारित करने की क्रियाओं में मैं (सार्वभौम आत्मा) ही आस्था का विषय था परन्तु क्रिया के प्रति आस्था रखना मूर्खता का स्पष्ट प्रमाण ही तो है। चाहे वह व्यक्तिगत इच्छा से हो या सामाजिक प्रदर्शन की इच्छा से। इन समस्त संस्कारित करने के क्रिया के पीछे जो रहस्य आज तक गोपनीय था उसे मैंने तुम्हारें समक्ष सार्वजनिक प्रकाशित कर दिया है। अब कुछ भी गोपनीय नहीं। बावजूद इसके प्रत्येक मनुष्य अपनी मूर्खता रूपी आस्था को प्रदर्शित करने के लिए स्वतन्त्र है। परन्तु वह मुझ (सार्वभौम आत्मा) को प्राप्त नहीं कर सकता। हे मानवों, ईश्वर बहुमत से नहीं निर्धारित किया जाता इसलिए ही उसे अनिवर्चनीय कहा गया है। किसी भी वस्तु के प्रति आस्था के विकास से और समस्त मानवों को उसके प्रति आस्थावान् बना देने से वह वस्तु गुण प्रकट कर वैसा नहीं बन सकती जैसा आप उम्मीद करते हो।

हे मानवों, एक तरह से देखा जाये तो उपरोक्त व्यवस्था से कोई समस्या है ही नहीं क्योंकि जिसकी इच्छा जहाँ से पूर्ति हो रही है और विकास का मार्ग मिल रहा है, वह वहाँ से जुडा हुआ है। इसलिए मानव सभ्यता पर आया यह दसवाँ और अन्तिम संकट, संकट होते हुये भी संकट जैसा नहीं दिखता। इस व्यवस्था से हमें कोई समस्या भी नहीं है। समस्या ये है कि धर्म को जिस उद्देश्य के लिए निर्मित किया गया था वही धर्म, संकट में है। यह धर्म ही उस वट वृक्ष का मूल है, सार्वभौम है, समष्टि है। इसके ज्ञान से युक्त दोनों को अर्थात् विशाल संसार रूपी वट वृक्ष के छोटे-छोटे परिवार के नेतृत्वकर्ता मुखिया सहित उसके सदस्यों को होना आवश्यक है। तभी परिवार के नेतृत्वकर्ता मुखिया द्वारा बनाये गये उपरोक्त प्रणाली-नियम परिणाम-फल दे पायेंगे जिसकी इच्छा परिवार के सदस्य करते हैं।

हमारी उत्पत्ति ज्ञान से हुई है। जिन्हें ज्ञान है वही अपने आप को संघर्ष में पाते हैं और सर्वश्रेष्ठता के लिए कर्मशील हैं। शेष सभी तो प्रकृति के अनुसार आते-जाते रहते हैं। इस ज्ञान को ही ब्रह्म (सार्वभौम एकात्म ज्ञान) कहते हैं। देवता रूप में इस ज्ञान को ब्रह्मा के रूप में प्रक्षेपित किया गया है। यह ज्ञान जिस-जिस अंगो द्वारा प्राथमिकता से अनुभव में आता है उतने प्रकार के मानव अपने-आप को उत्पन्न समझते हैं।

पुराण रचनाकार महर्षि व्यास ने ब्रह्मा अर्थात ज्ञान के पुत्रों का प्रक्षेपण किये हैं। ब्रह्मा के 10 मानस पुत्रों

01.मन (विचार) से ज्ञान प्राप्त करने वाले मरीचि

02.नेत्रों (देखकर) ज्ञान प्राप्त करने वाले अत्रि

03.मुख (वाणी) से ज्ञान प्राप्त करने वाले अंगिरा

04.कान (सुन) कर ज्ञान प्राप्त करने वाले पुलस्त्य

05.नाभि (केन्द्र) से ज्ञान प्राप्त करने वाले पुलह

06.हाथ (कर्म) से ज्ञान प्राप्त करने वाले कृतु

07.त्वचा (स्पर्श) से ज्ञान प्राप्त करने वाले भृगु

08.प्राण (श्वास) से ज्ञान प्राप्त करने वाले वशिष्ठ

09.अँगूठे (आत्मा) से ज्ञान प्राप्त करने वाले दक्ष

10.गोद (प्रेम) से ज्ञान प्राप्त करने वाले नारद

ये दस प्रकार ज्ञान से उत्पन्न है और इतने प्रकार के मानव निर्मित होकर संसार में विचरण कर रहे हैं। इसे ये न समझना चाहिए कि मन या नेत्र इत्यादि से कैसे ब्रह्मा ने अपने पुत्रों को उत्पन्न किया? चूंकि शरीर का अस्तित्व अस्थायी है इसलिए विचार के आधार पर ये मनुष्य के वर्ग या श्रेणी का निर्धारण है। इसे मानकीकरण (Standardization) या वर्गीकरण (Classification) भी कहा जा सकता है। जिस प्रकार आजकल मानकीकरण के शब्द ISOऔर ISI मार्का दिये जाते हैं।

नये भारत में, नये मनुष्य के उदय के लिए

आप लंगोट से जौकी पर आ गये...पायजामे से पतलून पर आ गये...नाड़े से बेल्ट पर आ गये...खड़ाऊँ से बूट पर आ गये...कलम से कीबोर्ड पर आ गये। पगडंडियों से एक्सप्रेस वे पर आ गये...चूल्हे से इंडक्शन कुकर पर आ गये...जंगलो से अपार्टमेंट तक आ गये। हल से ट्रैक्टर पर आ गये...पैदल से लक्ज़री जहाज़ों पर आ गये...दीये-मशाल से एलईडी पर आ गये...आप लैंडलाइन से ओरियो एंड्रॉयड तक आ गये...तीर-कमान और गदा से ऑटोमैटिक बंदूकों और मिसाइलों पर आ गये। दुनियां चाँद पे चली गई...मंगल की छाती पर नासा ने रोबोट उतार दिया....शनि मंगल सूर्यग्रहण-चन्द्रग्रहण के हर रहस्य से पर्दा उठ गया!

आप पाँच हज़ार ईसापूर्व और पाँचवी-छठवीं शताब्दी से इक्कीसवी शताब्दी में आ गये...आप लगातार अपडेट होते रहे हैं!!! मगर फिर भी तुम ग्रह-नक्षत्रों को...शनि-मंगल को जन्मकुंडली में देख-देख कर काँप रहे हो। अपना भविष्य सुधारने के लिए बाबा-बाबियों का रास्ता नाप रहे हो। क्या इसी दिन के लिए तुमने बी.एससी, एम.एससी पीएच.डी की थी?? कि तुम पढ़े-लिखे जाहिलों की फौज में शामिल हो जाना! क्या इसी दिन के लिए तुम डॉक्टर, इंजीनियर, वकील, मजिस्ट्रेट या प्रोफेसर बने थे? कि बंगले पर काली हांडी टांगना! निम्बू मिर्ची टांगना! नजर न लगने से एक पैर में काला धागा बांधना?? और अपने उज्ज्वल भविष्य की भीख किसी बाबा-बाबी के दर पर नाक रगड़ के मांगना?

देश आजाद हो गया! दुनिया आजाद हो गई! आखिर कब मिलेगी तुम्हें आजादी?? इस अंधी मानसिक गुलामी से? दुनिया रोज नए-नए आविष्कार कर रही है! तुम हजारों साल पुरानी भाषा, संस्कृति, रीति, रिवाजो की वैज्ञानिक व्याख्या करने में लगे हो! क्या भारत पुनः विश्वगुरु तुम्हारे जैसे मनोरोगियों की वजह से कभी बन पाएगा? बंद कमरे में तुम्हारी चोटी कट जाती! अँधेरे में अकेले में तुम्हें भूत-पलीत सताते हैं! तुम्हें ही सारी दुनिया की नजर लगती है! डायन तो तुम्हारे हर घर में मौजूद है!! तुम्हारे तंत्र-मंत्र-यंत्र काम क्यों नहीं करते हैं? एक पैर में काले धागे वाला रक्षा सूत्र तुम्हारी चोंटी क्यों नहीं बचाता है? आखिर कब तक तुम मानसिक गुलाम रहोगे?

तुम्हारी समस्याएं लौकिक है। मगर तुम्हें हर समस्या का हल परलोक में नजर आता है! संसार तुम्हारे लिए स्वप्नवत् है माया है! भगवान की लीला है! नाटक है! भ्रम है! आखिर तुम्हें इस सपने से कौन जगाए? कब तक शब्दों के साथ बलात्कार करोगे? कब तक धोखे में रहोगे? कब तक हर सिद्धान्त हर आविष्कार को शास्त्रों ऋषि-मुनियों के माथे मड़ोगे??

तुम लोग को जो जगाए वही धर्मद्रोही, देशद्रोही, जातिवादी या नास्तिक है? चारुवाक, बुद्ध, महावीर, कपिल, कणाद गौतम, नागसेन, अश्वघोष, कबीर, नानक, रविदास, ओशो, फुले, शाहू, पेरियार, भीम, भगतसिंह, कोवूर, राहुल संस्कृत्यायन, दयानन्द, विवेकानंद, सबने विवेक लगाया! मगर फिर भी तुम्हारा विवेक नहीं जागा!

तुम्हारा धर्म कब अपडेट (Update) होगा?
तुम्हारी आस्था कब अपडेट (Update) होगी?
तुम्हारा ईश्वर कब अपडेट (Update) होगा?
तुम्हारी सोच कब अपडेट (Update) होगी?
तुम्हारे धर्म की किताबें कब अपडेट (Update) होंगी?

कम्प्यूटर और मोबाइल का साफ्टवेयर तो तुरन्त करते हो, तुम्हारे मस्तिष्क का साफ्टवेयर कब अपडेट (Update) होगा?

क्योंकि तुम विश्वगुरु के अहंकार की दारू पीकर गरीबी, अनपढ़ता, लिंगभेद, जातिभेद, भाषाभेद, क्षेत्रभेद, साम्प्रदायिकता की नाली में पड़े हो! आखिर तुम्हें कब मिलेगी आजादी? इस उम्दा मानसिक गुलामी से?

सोच के बता देना!!
आओ एक कदम शब्दों के उँचाइयों की ओर..........

IDEAS + ACTION = CHANGE

व्यवस्था के परिवर्तन या सत्यीकरण का पहला प्रारूप और उसकी कार्य विधि

उदाहरण के रूप में, यदि किसी शिक्षित व्यक्ति जिसे अंकगणित का ज्ञान हो, उसके समक्ष संख्या 5 लिख दिया जाये और उससे कहा जाये कि इस संख्या के आगे और पीछे की संख्या लिखें तो वह आसानी से उसे लिख देगा परन्तु अंकगणित का अज्ञानी ऐसा नहीं कर पायेगा। उसका सारा ध्यान केवल संख्या 5 पर ही टिका रह जायेगा क्योंकि वह संख्या पद्धति से अपरिचित है। अगर वह कुछ लिख भी देगा तो वह आवश्यक नहीं कि सत्य हो और उसमें सुधार की पूरी सम्भावना बनी रहेगी। समाज सुधार के क्षेत्र में भी यही बात है। हम एक समस्या देखते हैं फिर उसमें कुछ सुधार कर देते हैं। फल यह होता है कि कुछ समय बाद पुनः उसमें सुधार की आवश्यकता आ जाती है।

जितने अधिक आकड़ों को विश्लेषित कर हम परिणाम को खोजेंगे उतने ही सत्य परिणाम हमारे सामने आयेंगे। प्रस्तुत शास्त्र व्यक्त अधिकतम आकड़ों के व्यवस्थित प्रस्तुतीकरण का शास्त्र है। दूसरे रूप में इसे धर्म ज्ञान का बैलेन्ससीट भी कह सकते है। इन सम्पूर्ण आकड़ों पर आधारित होकर व्यक्ति, समाज और विश्व राष्ट्र के लिए लिया गया निर्णय ही एक सत्य निर्णय हो सकता है। समाज सुधार के सम्बन्ध में स्वामी विवेकानन्द का कहना है कि-"तथाकथित समाज-सुधार के विषय में हस्तक्षेप न करना क्योंकि पहले आध्यात्मिक सुधार हुये बिना अन्य किसी भी प्रकार का सुधार हो नहीं सकता (राम पृष्ठ मिशन, पत्रावली भाग-1, पृष्ठ-29), भारत के शिक्षित समाज से मैं इस बात पर सहमत हूँ कि समाज का आमूल परिवर्तन करना आवश्यक है। पर यह किया किस तरह जाये? सुधारकों की सब कुछ नष्ट कर डालने की रीति व्यर्थ सिद्ध हो चुकी है। मेरी योजना यह है, हमने अतीत में कुछ बुरा नहीं किया। निश्चय ही नहीं किया। हमारा समाज खराब नहीं, बल्कि अच्छा है। मैं केवल चाहता हूँ कि वह और भी अच्छा हो। हमें असत्य से सत्य तक अथवा बुरे से अच्छे तक पहुँचना नहीं है। वरन् सत्य से उच्चतर सत्य तक, श्रेष्ठ से श्रेष्ठतर और श्रेष्ठतम तक पहुँचना है। मैं अपने देशवासियों से कहता हूँ कि अब तक जो तुमने किया, सो अच्छा ही किया है, अब इस समय और भी अच्छा करने का मौका आ गया है।"-(राम पृष्ठ मिशन, जितने मत उतने पथ, पृष्ठ-46)

व्यक्ति हो या ज्ञानी, समाज हो या राज्य, देश हो या विश्व, समाज नेता हों या राजनेता सभी को अब यह जान लेना चाहिए कि विश्व एक परिवार है और उस परिवार का शास्त्र-"विश्वशास्त्र" है। जब तक यह शास्त्र उपलब्ध नहीं था तब तक इस विश्व परिवार के एकीकरण का मार्ग नहीं खुला था, अब वह मार्ग मिल चुका है। कोई भी समाज निर्माण या युग परिवर्तन का कार्य एक क्षण का कार्य नहीं है। यह एक लम्बी अवधि की प्रक्रिया का कार्य है। इसे हम उन समाज सुधारकों के संस्थाओं के कार्य को देख कर अनुभव कर सकते हैं।

व्यवस्था परिवर्तन, एक राजनीतिक लुभावना वाला शब्द है। वह कैसे होगा, इसके लिए एक प्रारूप की आवश्यकता होती है अगर वह नहीं है तो व्यवस्था परिवर्तन चिल्लाने से नहीं होता। फिर व्यवस्था परिवर्तन किस बात का? मानव समाज को संचालित करने के लिए तो सिर्फ दो ही मूल व्यवस्था है-एक राजतन्त्र, जिसका युग जा चुका है। दूसरा-लोकतन्त्र, जिसका युग चल रहा है और यही अन्तिम व्यवस्था भी बनी रहेगी क्योंकि ब्रह्माण्डीय व्यवस्था भी लोकतन्त्र से ही चल रहा है और मनुष्य के मस्तिष्क से अन्ततः वही व्यक्त हो रहा है। लोकतन्त्र से हम राजतन्त्र में नहीं जा सकते इसलिए व्यवस्था परिवर्तन का अर्थ ही निरर्थक है।

आवश्यकता है वर्तमान लोकतन्त्र व्यवस्था को ही सत्य आधारित करने की जिसे व्यवस्था सत्यीकरण कहा जा सकता है। इस कार्य में हमें मानकशास्त्र की आवश्यकता है जिससे तोल कर यह देख सके कि इस लोकतन्त्र व्यवस्था में कहाँ सुधार करने से सत्यीकरण हो जायेगा। यह मानकशास्त्र ही "विश्वशास्त्र" है। सिर्फ मतदाता बनने व वोट डालने से ही लोकतन्त्र स्वस्थ नहीं हो सकता। उसके लिए देश व विश्व के पूर्ण ज्ञान की आवश्यकता होगी। इसलिए आवश्यक है कि प्रत्येक मतदाता "विश्वशास्त्र" के ज्ञान से युक्त हो।

अच्छा होता कि हमारे राजनेतागण कुछ दिनों के लिए सन्यास लेकर थोड़ा कुछ अध्ययन-चिंतन करते रहते ताकि उन्हें बार-बार लक्ष्य के लिए शब्दों का परिवर्तन न करना पड़ता। एक ही स्थिति में बहुत समय तक रहने पर बुद्धि, बद्ध हो जाती है। एक-एक सीढ़ी चढ़कर, पहुँच गये-पहुँच गये चिल्लाने से अच्छा है कि अन्तिम सीढ़ी पर पर बैठकर चिल्लाना कि पहुँच गये।

चाहे कुछ हो यदि प्रारूप नहीं, तो न तो व्यवस्था परिवर्तन हो सकता है, न ही व्यवस्था सत्यीकरण हो सकता है, न ही सम्पूर्ण क्रान्ति। भीड़ से क्रान्ति नहीं सिर्फ हंगामा होता है। भीड़ में जोश होता है, होश नहीं।

इस मानक शास्त्र के प्रस्तुत हो जाने से व्यवस्था परिवर्तन की नहीं बल्कि व्यवस्था के सत्यीकरण का मार्ग खुल चुका है। जिसका व्यक्ति, समाज और विश्व राष्ट्र को आवश्यकता भी है। किसी एक विषय पर बहुत अधिक पुस्तक मस्तिष्क को भ्रमित ही करती है। यह शास्त्र प्रारम्भ से अन्त तक के विकास को क्रमबद्ध प्रस्तुत करता है जिससे हम सभी एक सत्य निर्णय करने में सक्षम हों और पूर्ण ज्ञान से युक्त हो जायें और हमारा कोई भी सुधार एक स्थायी, अच्छा और दूरगामी परिणाम देने वाला हो।

प्रश्न यह भी उठता है कि परिवार का मुखिया जिसके द्वारा परिवार का संचालन होता है, यदि वह परिवार के हित व विकास के विषय में कर्म न करता हो तो क्या परिवार का सदस्य उसमें हस्तक्षेप करने का अधिकारी है या नहीं? यही बात देश को चलाने वाले संसद के विषय में भी है। यदि संसद स्वयं देशहित व जनहित के प्रति उदासीन हो जाये तो क्या जनता संसद को मार्गदर्शन देने का अधिकार नहीं रखती? यदि नहीं तो संविधान की धारा-51(ए) के अन्तर्गत नागरिक का मौलिक कर्तव्य की उपयोगिता क्या है? ध्यान रखने योग्य विषय यह है कि कोई भी चुना हुआ प्रतिनिधि सिर्फ उतने ही बड़े क्षेत्र का प्रतिनिधि होता है जिस क्षेत्र से वह चुना जाता है। भारत में ऐसा कोई प्रतिनिधि जनता से नहीं चुना जाता जो भारत का प्रतिनिधित्व करता हो और जब तक भारत का प्रतिनिधित्व करने वाला चुनाव नहीं होता या भारत की जनता का राष्ट्रीय मुद्दों पर विचार कर संसद के कर्तव्य का बोध कराने वाली स्वतन्त्र संस्था नहीं बन जाती, तब तक जनता को संसद को संविधान की धारा-51(ए) के अन्तर्गत नागरिक का मौलिक कर्तव्य के अनुसार न्यायालय व संसद के माध्यम से सरकार को मार्गदर्शन देने का कर्तव्य करना चाहिए जो उसका अधिकार भी है।

वे शब्द जिसके बिना युग परिवर्तन सम्भव नहीं

सन् 1893 से सन् 1993 के 100 वर्षों के समय में विश्व के बौद्धिक शक्ति को जिन्होंने सबसे अधिक हलचल दी वे हैं-धर्म की ओर से स्वामी विवेकानन्द और धार्मिकता की ओर से आचार्य रजनीश"ओशो"। मनुष्य जिस प्रकार भौतिक विज्ञान के नवीन आविष्कारों को आसानी से ग्रहण करता है उसी प्रकार धर्म-आध्यात्म-दर्शन के नवीन आविष्कारों को भी मनुष्य को ग्रहण करना चाहिए, तभी मानसिक-आध्यात्मिक स्वतन्त्रता का अनुभव हो सकेगा। अन्यथा पूर्ण शारीरिक गुलामी का समय बीत चुका, आर्थिक गुलामी का काल चल रहा है और मानसिक गुलामी के काल चक्र में मनुष्य फँस जायेगा।

स्वामी विवेकानन्द जी का कहना था-

- "उसी मूल सत्य की फिर से शिक्षा ग्रहण करनी होगी, जो केवल यहीं से, हमारी इसी मातृभूमि से प्रचारित हुआ था। फिर एक बार भारत को संसार में इसी मूल तत्व का-इसी सत्य का प्रचार करना होगा। ऐसा क्यों है? इसलिए नहीं कि यह सत्य हमारे शास्त्रों में लिखा है वरन् हमारे राष्ट्रीय साहित्य का प्रत्येक विभाग और हमारा राष्ट्रीय जीवन उससे पूर्णतः ओत-प्रोत है। इस धार्मिक सहिष्णुता की तथा इस सहानुभूति की, मातृभाव की महान शिक्षा प्रत्येक बालक, स्त्री, पुरुष, शिक्षित, अशिक्षित सब जाति और वर्ण वाले सीख सकते हैं। तुमको अनेक नामों से पुकारा जाता है, पर तुम एक हो।" (जितने मत उतने पथ, राम कृष्ण मिशन, पृष्ठ-39)।
- "अत: यदि भारत को महान बनाना है, तो इसके लिए आवश्यकता है संगठन की, शक्ति संग्रह की और बिखरी हुई इच्छाशक्ति को एकत्र कर उसमें समन्वय लाने की। अथर्ववेद संहिता की एक विलक्षण ऋचा याद आ गयी जिसमें कहा गया है, "तुम सब लोग एक मन हो जाओ, सब लोग एक ही विचार के बन जाओ। एक मन हो जाना ही समाज गठन का रहस्य है बस इच्छाशक्ति का संचय और उनका समन्वय कर उन्हें एकमुखी करना ही सारा रहस्य है।" (देखें "नया भारत गढ़ो" पृष्ठ संख्या-55)
- "यह भी न भूलना चाहिए कि हमारे बाद जो लोग आएंगे, वे उसी तरह हमारे धर्म और ईश्वर सम्बन्धी धारणा पर हँसेंगे, जिस तरह हम प्राचीन लोगों के धर्म और ईश्वर की धारणा पर हँसते हैं। यह सब होने पर भी, इन सब ईश्वर सम्बन्धित धारणाओं का संयोग करने वाला एक स्वर्ण सूत्र है और वेदान्त का उद्देश्य है-इस सूत्र की खोज करना। भागवान कृष्ण ने कहा है-""भिन्न भिन्न मणियाँ जिस प्रकार एक सूत्र में पिरोयी जा सकती हैं, उसी प्रकार इन सब विभिन्न भावों के भीतर भी एक सूत्र विद्यमान है।" (देखें "ज्ञानयोग", पृष्ठ संख्या-65) ,
- "एक शब्द में वेदान्त का आदर्श है-मनुष्य के सच्चे स्वरूप को जानना।" (देखें "विवेकानन्द राष्ट्र को आह्वान", पृष्ठ सं0-48)।
- यदि हम अपने व्यक्तिगत एवं सामूहिक जीवन में वैज्ञानिक चेतना सम्पन्न एवं आध्यात्मिक एक साथ न हो पाए, तो मानवजाति का अर्थपूर्ण अस्तित्व ही संशय का विषय हो जाएगा। (विज्ञान और आध्यात्मिकता, पृष्ठ-9)
- हमेशा यूरोप से सामाजिक तथा एशिया से आध्यात्मिक शक्तियों का उद्भव होता रहा है एवं इन दोनों शक्तियों के विभिन्न प्रकार के सम्मिश्रण से ही जगत का इतिहास बना है। वर्तमान मानवेतिहास का एक और नवीन पृष्ठ धीरे-धीरे विकसित हो रहा है एवं चारो ओर उसी का चिन्ह दिखाई दे रहा है। कितनी ही नवीन योजनाओं का उद्भव तथा नाश होगा, किन्तु योग्यतम वस्तु की प्रतिष्ठा सुनिश्चित है, सत्य और शिव की अपेक्षा योग्यतम वस्तु और हो ही क्या सकती है? (पत्रावली भाग-1, पृष्ठ-310)

स्वामी विवेकानन्द के अनुसार शब्द से सृष्टि का रहस्य

01. बृहत् ब्रह्माण्ड में भी ब्रह्मा, हिरण्यगर्भ या समष्टि महत् ने पहले अपने आप को नाम के, और फिर बाद में रुप के आकार में अर्थात् इस परिदृश्यमान जगत के आकार में अभिव्यक्त किया। (भक्ति योग, पृष्ठ-44)
02. यह सारा व्यक्त इन्द्रियग्राह्य जगत रुप है, और इसके पीछे है अनन्त अव्यक्त स्फोट। स्फोट का अर्थ-समस्त जगत की अभिव्यक्ति का कारण शब्द-ब्रह्म है। समस्त नामों अर्थात् भावों की नित्य समवायी उपादान स्वरुप यह नित्य स्फोट ही वह शक्ति है, जिससे भगवान इस विश्व की सृष्टि करते हैं। यही नहीं बल्कि भगवान पहले स्फोट रुप में परिणत हो जाते हैं और तत्पश्चात् अपने को उससे भी स्थूल इस इन्द्रियग्राह्य जगत के रुप में परिणत कर लेते हैं। (भक्ति योग, पृष्ठ-45)
03. इस स्फोट का एक मात्र वाचक शब्द है-"ॐ"। और चूँकि हम किसी भी उपाय से शब्द को भाव से अलग नहीं कर सकते, इसलिए यह "ॐ" भी इस नित्य स्फोट से नित्य संयुक्त है। (भक्ति योग, पृष्ठ-45)
04. एकमेव यह "ॐ" ही इस प्रकार सर्वभावाव्यापी वाचक शब्द है, अन्य कोई भी इसके समान नहीं। स्फोट ही सारे भावों का उपादान है, फिर भी वह स्वयं पूर्ण रुप से विकसित कोई विशिष्ट भाव नहीं है। अर्थात् यदि उन सब भेदों को, जो एक भाव को दूसरे से अलग करते हैं, निकाल दिया जाय, तो जो कुछ बचा रहता है, वही स्फोट है। इसलिए इस स्फोट को "नादब्रह्म" कहते हैं। (भक्ति योग, पृष्ठ-45)
05. जो वाचक शब्द उसे सब से कम विशेषभावापन्न करेगा, पर साथ ही उसके स्वरुप को यथासम्भव पूरी तरह प्रकाशित करेगा, वही उसका सबसे सच्चा वाचक होगा। और यह वाचक शब्द है-एकमात्र "ॐ" क्योंकि ये तीनों अक्षर अ, उ और म्, जिनका एक साथ उच्चारण करने से "ॐ" होता है, समान शब्दों के साधारण वाचक के तौर पर लिये जा सकते हैं। (भक्ति योग पृष्ठ, पृष्ठ-46)
06. अक्षर "अ" सारे अक्षरों में सबसे कम विशेषभावापन्न है। इसीलिए भगवान श्रीकृष्ण गीता में कहते हैं-"अक्षरों में मैं "अ" कार हूँ। " (गीता,10/33) स्पष्ट रुप से उच्चारित जितने भी शब्द हैं, उनकी उच्चारण क्रिया मुख में जिह्वा के मूल से आरम्भ होती है और ओठों में आकर समाप्त हो जाती है। "अ" जिह्वा मूल अर्थात् कण्ठ से उच्चारित होता है, और "म" ओठों से होने वाला अन्तिम शब्द है। और "उ" उस शक्ति का सूचक है, जो जिह्वा मूल से आरम्भ होकर मुँह भर में लुढ़कती हुई ओठों में आकर समाप्त हो जाती है। यदि "ॐ" का उच्चारण ठीक ढंग से किया जाय, तो इसके शब्दोच्चारण की सम्पूर्ण क्रिया सम्पन्न हो जाती है-दूसरे किसी भी शब्द में यह शक्ति नहीं। (भक्ति योग, पृष्ठ-46)
07. जिस प्रकार अल्पतम् विशेष भावात्मक तथा सार्वभौमिक वाचक शब्द "ॐ" के सम्बन्ध में वाच्य और वाचक आपस में अभेद्य रुप से सम्बद्ध हैं उसी प्रकार वाच्य और वाचक का यह अविच्छिन्न सम्बन्ध भगवान और विश्व के विभिन्न खण्ड भावों पर भी लागू है, अतएव उनमें से प्रत्येक का एक विशिष्ट वाचक शब्द होना आवश्यक है। (भक्ति योग, पृष्ठ-47)
08. ये वाचक शब्द ऋषियों की गम्भीरतम आध्यात्मिक अनुभूति से उत्पन्न हुए हैं और वे भगवान तथा विश्व के जिन विशेष-विशेष खण्ड भाव के वाचक हैं, उन विशेष भावों को यथासम्भव प्रकाशित करते हैं। जिस प्रकार "ॐ" अखण्ड ब्रह्म का वाचक है, उसी प्रकार अन्यान्य मंत्र भी उसी परम पुरुष के खण्ड-खण्ड भावों के वाचक हैं। ये सभी ईश्वर के ध्यान और प्रकृत ज्ञान की प्राप्ति में सहायक हैं। (भक्ति योग, पृष्ठ-47)
09. सृष्टि के पूर्व ब्रह्म शब्दात्मक बनते है, फिर ओंकारात्मक या नादात्मक होते है। तत्पश्चात पहले कल्पों के विशेष शब्द जैसे-भूः, भुवः, स्व-अथवा गो, मानव, घट, पट इत्यादि का प्रकाश उसी ओंकार से होता है। सिद्ध संकल्प ब्रह्म में क्रमश-एक-एक शब्द के होते ही उसी क्षण उन सब पदार्थो का भी प्रकाश हो जाता है और इस विचित्र जगत् का विकास हो उठता है। अब समझे न कि कैसे शब्द ही सृष्टि का मूल है। -स्वामी विवेकानन्द (विवेकानन्द जी के संग में पृष्ठ-62)
10. यह सारा व्यक्त इन्द्रिय ग्राह्य जगत रूप है, और इसके पीछे है अनन्त अव्यक्त स्फोट। स्फोट का अर्थ-समस्त जगत की अभिव्यक्ति का कारण शब्द-ब्रह्म। समस्त नामों अर्थात् भावों की नित्य समवायी उपादान स्वरूप यह नित्य स्फोट ही वह शक्ति है, जिससे भगवान इस विश्व की सृष्टि करते है। यही नहीं बल्कि भगवान पहले स्फोट-रूप में परिणत हो जाते है और तत्पश्चात अपने को उससे भी स्थूल इस इन्द्रिय ग्राह्य जगत् के रूप में परिणत कर लेते है। -स्वामी विवेकानन्द (राजयोग-पृष्ठ-45)

आचार्य रजनीश"ओशो" का कहना था-

- "श्रीकृष्ण का महत्व अतीत के लिए कम भविष्य के लिए ज्यादा है। सच ऐसा है कि कृष्ण अपने समय से कम से कम पाँच हजार वर्ष पहले पैदा हुये। सभी महत्वपूर्ण व्यक्ति अपने समय से पहले पैदा होते हैं और

सभी गैर महत्वपूर्ण व्यक्ति अपने समय के बाद पैदा होते हैं। बस महत्वपूर्ण और गैर महत्वपूर्ण में इतना फर्क है और सभी साधारण व्यक्ति अपने समय के साथ पैदा होते हैं महत्वपूर्ण व्यक्ति को समझना आसान नहीं होता। उसका वर्तमान और अतीत उसे समझने में असमर्थता अनुभव करता है जब हम समझने योग्य नहीं हो पाते तब हम उसकी पूजा शुरु कर देते हैं या तो हम उसका विरोध करते हैं। दोनों पूजाएं हैं एक मित्र की एक शत्रु की।"

- उसके लिए सब हंसी खेल है, सब लीला है। इसलिए हमने कृष्ण को पूर्णावतार कहा। राम गम्भीर हैं छोटी-छोटी बात का हिसाब रखते हैं। नियम मर्यादा से चलते हैं- मर्यादा पुरूषोत्तम हैं। कृष्ण अमर्याद हैं न कोई नियम है न कोई मर्यादा। कृष्ण के लिए जीवन लीला है।
- धर्म कोई विषय थोड़े ही है। धर्म की कोई सीमा थोड़े ही है। धर्म तो समस्त जीवन का नाम है। जीवन में जो कुछ भी समाविष्ट है, धर्म उस सभी के सम्बन्ध में वक्तव्य देने का हकदार है। राजनीतिज्ञ, धर्म के सम्बन्ध में वक्तव्य नहीं दे सकता क्योंकि राजनीति की सीमा है। लेकिन धार्मिक व्यक्ति, राजनीति के सम्बन्ध में वक्तव्य दे सकता है क्योंकि धर्म की कोई सीमा नही है धर्म असीम है, धर्म तो पूरे जीवन को घेरता है जैसे आकाश घेरता है। धर्म से तो कोई भी चीज छोड़ी नहीं जा सकती। धार्मिक व्यक्ति की दृष्टि तो सब सम्बन्धों में होगी।
- जो एक गुरू बोल रहा है, वह अनन्त सिद्धों की वाणी है। अभिव्यक्ति में भेद होगा, शब्द अलग होंगे, प्रतीक अलग होंगे मगर जो एक सिद्ध बोलता है, वह सभी सिद्धों की वाणी है। इनसे अन्यथा नहीं हो सकता है। इसलिए जिसने एक सिद्ध को पा लिया, उसने सारे सिद्धों की परम्परा को पा लिया। क्योंकि उनका सूत्र एक ही है। कुंजी तो एक ही है, जिसमें ताला खुलता है अस्तित्व का।
- "इस देश को कुछ बाते समझनी होगी। एक तो इस देश को यह बात समझनी होगी कि तुम्हारी परेशानियों, तुम्हारी गरीबी, तुम्हारी मुसीबतों, तुम्हारी दीनता के बहुत कुछ कारण तुम्हारे अंध विश्वासों में है, भारत कम से कम डेढ़ हजार साल पिछे घिसट रहा है। ये डेढ़ हजार साल पूरे होने जरूरी है। भारत को खिंचकर आधुनिक बनाना जरूरी है। मेरी उत्सुकता है कि इस देश का सौभाग्य खुले, यह देश भी खुशहाल हो, यह देश भी समृद्ध हो। क्योंकि समृद्ध हो यह देश तो फिर राम की धुन गुंजे, समृद्ध हो यह देश तो फिर लोग गीत गाँये, प्रभु की प्रार्थना करें। समृद्ध हो यह देश तो मंदिर की घंटिया फिर बजे, पूजा के थाल फिर सजे। समृद्ध हो यह देश तो फिर बाँसुरी बजे कृष्ण की, फिर रास रचे! यह दीन दरिद्र देश, अभी तुम इसमें कृष्ण को भी ले आओंगे तो राधा कहाँ पाओगे नाचनेवाली? अभी तुम कृष्ण को भी ले आओगे, तो कृष्ण बड़ी मुश्किल में पड़ जायेंगे, माखन कहाँ चुरायेगें? माखन है कहाँ? दूध दही की मटकिया कैसे तोड़ोगे? दूध दही की कहाँ, पानी तक की मटकिया मुश्किल है। नलों पर इतनी भीड़ है! और एक आध गोपी की मटकी फोड़ दी, जो नल से पानी भरकर लौट रही थी, तो पुलिस में रिपोर्ट दर्ज करा देगी कृष्ण की, तीन बजे रात से पानी भरने खड़ी थी नौ बजते बजते पानी भर पायी और इन सज्जन ने कंकड़ी मार दी। धर्म का जन्म होता है जब देश समृद्ध होता है। धर्म समृद्ध की सुवास है। तो मैं जरूर चाहता हूँ यह देश सौभाग्यशाली हो लेकिन सबसे बड़ी अड़चन इसी देश की मान्यताएं है। इसलिए मैं तुमसे लड़ रहा हूँ। तुम्हारे लिए।"

व्यक्ति-समाज-राज्य-विश्व की आवश्यकता, भविष्यवक्ताओं की भविष्यवाणीयां, ग्रहों के चालों, सूर्य व चन्द्र ग्रहण, सामाजिक-राजनीतिक विचारकों के विचार-सपनें-उम्मीद इत्यादि युग परिवर्तन की ओर दिशा निर्देश कर रहीं हैं। ऐसे में सृष्टि के लिए सार्वभौम सर्वोच्च अन्तिम अर्थों वाले शब्दों (जिसकी सूची अगले पृष्ठ पर दी गई है।) **पर चर्चा ही एक मात्र युग परिवर्तन का मार्ग है।**

वे सार्वभौम एकात्म शब्द जिसके बिना युग परिवर्तन सम्भव नहीं (सर्वोच्च, अन्तिम और दृश्य)

क्र.सं. विषय क्षेत्र	सम्बन्धित क्षेत्र से मुख्य नाम
01. विश्व क्षेत्र	विश्व संविधान / साहित्य / विचार / सिद्धान्त / प्रबन्ध / दर्शन / मत / मानव / एकता / शान्ति / विकास / स्थिरता / आत्मा / अभिनेता / बुद्धि / राजनीति / क्रांति
02. राज्य क्षेत्र	विश्व (राष्ट्र) ऐजेण्डा–2012+ (WORLD NATION AGENDA-2012+) विश्व व्यवस्था का अधिकतम एवं न्यूनतम साझा कार्यक्रम
03. समाज क्षेत्र	लोक / गण / जन ऐजेण्डा–2012+ (PUBLIC AGENDA-2000+)
04. धर्म क्षेत्र	वेदान्त धर्म स्थापना
05. साहित्य क्षेत्र	विश्व साहित्य–"विश्वभारत" समाहित "विश्वशास्त्र" साहित्य– आदर्श वैश्विक व्यक्ति चरित्र कथा साहित्य
06. सामाज शास्त्र	मानक / जन / गण / लोक शास्त्र
07. धर्मशास्त्र	धर्मयुक्त नाम – कर्मवेदः प्रथम, अन्तिम और पंचम वेद और आधारित उपनिषद् (व्यष्टि एवं समष्टि) सर्वधर्मसमभाव / धर्मनिरपेक्ष नाम – मन की गुणवत्ता का विश्व मानक : शून्य श्रृंखला (व्यष्टि एवं समष्टि)
08. मानक क्षेत्र	मन की गुणवत्ता का विश्व मानक : शून्य श्रृंखला
09. अदृश्य विज्ञान	दृश्य आध्यात्म विज्ञान
10. दृश्य विज्ञान	धर्म विज्ञान या एकात्म विज्ञान (Integration Science)
11. इंजीनियरिंग	सत्य सामाजिक अभियंत्रण (Real Social Engineering)
12. तकनीकी	सत्य सामाजिक तकनीकी (Real Social Technology) : WCM-TLM-SHYAM.C Technology
13. संविधान	विवादमुक्त तन्त्रों पर आधारित संविधान
14. राजनीति	सत्य राजनीति / राजनीति–2012+ (POLITICS-2012+)
15. संगठन	विश्व राजनीतिक पार्टी संघ (World Political Party Organisation- WPPO)
16. शिक्षा	पूर्णज्ञान / पूर्ण शिक्षा प्रणाली / शिक्षा -2012+ (EDUCATION-2012+)
17. राष्ट्र सम्बन्ध	आदर्श राष्ट्रीय नागरिक
18. वेदान्त	कर्म वेदान्त : वेदान्त की अन्तिम शाखा
19. मतवाद	एकात्म कर्मवाद : एकात्म मानवतावाद का व्यावहारिक रुप
20. दार्शनिक	विकास दर्शन (Development Philosophy)
21. क्रांति	संपूर्ण क्रांति (Complete Revolution) : प्रलय, स्थिति एवं सृष्टि
22. सांस्कृतिक	भोगेश्वरः भोग (पाश्चात्य) + ईश्वर (प्राच्य) = एकात्म या ईश्वरत्व भाव से भोग
23. मन	विश्व मन (WOLD MIND)
24. मानव	विश्वमानव (विश्वमन से युक्त)
25. मनु	8वें मनु – सावर्णि मनु
26. अवतार	भगवान विष्णु के 10वें और अन्तिम तथा भगवान शंकर के 22वें और अन्तिम संयुक्तावतार (निष्कलंक कल्कि एवं भोगेश्वर)
27. निराकार ब्रह्म	सार्वभौम सत्य–सिद्धान्त (UNIVERSAL TRUTH-THEORY) : विश्व–बन्धुत्व का सिद्धान्त
28. साकार ब्रह्म	लव कुश सिंह
29. पुनर्जन्म–सत् मार्ग से	बुड्ढा कृष्ण (कृष्ण भाग – 2 और अन्तिम) – कृष्ण की अगली और अन्तिम कड़ी
30. पुनर्जन्म–रज मार्ग से	स्वामी विवेकानन्द का पुनर्जन्म
31. पुनर्जन्म–तम मार्ग से	रावण की अगली कड़ी
32. आत्मा	दृश्य विश्वात्मा / शिव / ब्रह्म / मैं
33. अभिनय	वास्तविक जीवन का अभिनेता (Real Life Actor)
34. बम	ज्ञान बम – आध्यात्मिक न्यूट्रान बम
35. अस्त्र	अनियन्त्रित पशुपास्त्र (नारायणास्त्र या सु–दर्शन चक्र व ब्रह्मास्त्र समाहित)
36. माया	योग माया समाहित भोगमाया
37. ज्ञान	एकात्म कर्मज्ञान (शास्वत) : व्यष्टि एवं समष्टि
38. बुद्धि	विश्व बुद्धि व चेतना या सत्य चेतना : पूर्व व्यक्त सत्य चेतना
39. ध्यान व योग	दृश्य सत्य–क्रियाकलाप–एकात्म योग व ध्यान (अन्तिम योग व अन्तिम ध्यान)
40. मिशन	प्राकृतिक सत्य मिशन (Natural Truth Mission)–सर्वोच्च और अन्तिम मिशन
41. धार्मिक नगर	एकात्म काशी– जीवनदायिनी सत्यकाशी : पंचम, अन्तिम तथा सप्तम काशी
42. शक्ति	आत्मशक्ति (SPIRIT POWER), मस्तिष्क शक्ति (BRAIN POWER), मन शक्ति (MIND POWER), सत्य शक्ति (TRUTH POWER)
43. जीवन कथा	विश्वमानव लीला / दर्पण : दो विपरीत दिशाओं के साथ प्रथम एवं अन्तिम कथा
44. प्रेम और कर्म	शास्वत प्रेम और कर्म
45. समन्वय	अन्तिम समन्वय–सिद्धान्त
46. आचार्य	अन्तिम समन्वयाचार्य
47. कला	विश्वमानव कला (कृष्ण कला समाहित)
48. परिचालन प्रणाली	अवतार का परिचालन प्रणाली : मानव–10 (Avatar's Operating System-AOS : Human-10)
49. शंकराचार्य पीठ	सत्यकाशी पीठ : पंचम और अन्तिम शंकराचार्य पीठ

भाग-8

केन्द्र या मध्य (भारत) में पांचवां और अन्तिम सत्यकाशी पीठ

सत्यकाशी पीठ: स्थान

सत्यकाशी पीठ: इतिहास और उद्देश्य

पाँचवाँ और अंतिम शंकराचार्य पीठ: इसकी विशेषता

"हिन्दू धर्म की जो पकड़ थी, वह इस समय कमजोर पड़ गयी है क्योंकि भारतीय स्वतंत्रता आन्दोलन के समय से राजनेताओं का वर्चस्व बढ़ा और उन्होंने धर्म रक्षकों को दबा दिया, जिसके परिणामस्वरूप 163 साल तक शंकराचार्य की पदवी खाली रही। इसलिए आवश्यक है कि शिक्षा के क्षेत्र में धर्म की स्थापना हो। स्वस्थ एवं श्रेष्ठ साहित्य का सृजन हो। महापुरूषों को घूम-घूम कर सनातन धर्म का प्रचार-प्रसार करना चाहिए जिससे लोगों के हृदय में भारतीय धर्म-शास्त्र के प्रति आस्था-विश्वास बढ़े।"

- स्वामी स्वरूपानन्द (द्वारिका पीठाधीश्वर जगद्‌गुरू शंकराचार्य)

साभार - दैनिक आज, समाचार पत्र, वाराणसी, दि0 10-5-1997

स्पष्टिकरण

सत्य से सार्वभौम सत्य-सिद्धान्त तक का मार्ग अवतारों का मार्ग है। सार्वभौम सत्य-सिद्धान्त की अनुभूति ही अवतरण है। इसके अंश अनुभूति को अंश अवतार तथा पूर्ण अनुभूति को पूर्ण अवतार कहते है। ग्रन्थों में अवतारों की कई कोटि बतायी गई है जैसे अंशाशावतार, अंशावतार, आवेशावतार, कलावतार, नित्यावतार, युगावतार इत्यादि, जो भी सार्वभौम सत्य-सिद्धान्त को व्यक्त करता है वे सभी अवतार कहलाते हैं। व्यक्ति से लेकर समाज के सर्वोच्च स्तर तक सार्वभौम सत्य-सिद्धान्त को व्यक्त करने के क्रम में ही विभिन्न कोटि के अवतार स्तरबद्ध होते हैं। अवतार मानव मात्र के लिए ही कर्म करते हैं न कि किसी विशेष मानव समूह या सम्प्रदाय के लिए। अवतार, धर्म, धर्मनिरपेक्ष व सर्वधर्मसमभाव से युक्त अर्थात एकात्म से युक्त होते है। इस प्रकार अवतार से उत्पन्न शास्त्र मानव के लिए होते हैं, न कि किसी विशेष मानव समूह के लिए। उत्प्रेरक, शासक और मार्गदर्शक आत्मा सर्वव्यापी है। इसलिए एकात्म का अर्थ संयुक्त आत्मा या सार्वजनिक आत्मा है। अवतारों के प्रत्यक्ष और प्रेरक दो कार्य विधि हैं। प्रत्यक्ष अवतार वे होते हैं जो स्वयं अपनी शक्ति का प्रत्यक्ष प्रयोग कर समाज का सत्यीकरण करते हैं। यह कार्य विधि समाज में उस समय प्रयोग होता है जब अधर्म का नेतृत्व एक या कुछ मानवों पर केन्द्रित होता है। प्रेरक अवतार वे होते हैं जो स्वयं अपनी शक्ति का अप्रत्यक्ष प्रयोग कर समाज का सत्यीकरण जनता एवं नेतृत्वकर्ता के माध्यम से करते हैं। यह कार्य विधि समाज में उस समय प्रयोग होता है जब समाज में अधर्म का नेतृत्व अनेक मानवों और नेतृत्वकर्ताओं पर केन्द्रित होता है।

इन विधियों में से कुल दस अवतारों में से प्रथम सात (मत्स्य, कूर्म, वाराह, नृसिंह, वामन, परशुराम, राम) अवतारों ने समाज का सत्यीकरण प्रत्यक्ष विधि के प्रयोग द्वारा किया था। आठवें अवतार (श्रीकृष्ण) ने दोनों विधियों प्रत्यक्ष ओर प्रेरक का प्रयोग किया था। नवें (भगवान बुद्ध) और अन्तिम दसवें अवतार की कार्य विधि प्रेरक ही है।

सनातन अद्वैत दर्शन के अनुसार यह जगत ही ईश्वर का दृश्य रूप है। ऐसे में सभी ईश्वर हैं। सभी ईश्वर के बहुरूप हैं और सभी में प्रकाशित वही ईश्वरीय सत्ता है। सार्वभौम एकात्म की ओर ले जाने वाले सभी प्रक्षेपित

मानक चरित्र सनातन हैं जैसे ब्रह्मा परिवार, विष्णु परिवार और महेश परिवार। इस सार्वभौम एकात्म की ओर विचार व्यक्त करने वाला अर्थात उसी का प्रचार-प्रसार व स्थापना करने वाला युगावतार तो नहीं हो सकता लेकिन वह अवतार अवश्य होता है क्योंकि उसने भी उस सार्वभौम सत्य-सिद्धान्त का साक्षात्कार किया है।

ईश्वर के मानवीयकरण व मानव के ईश्वरीयकरण के लिए आपके भौतिक शरीर से व्यक्त विश्वात्मा की इच्छा को धर्म क्षेत्र से नाम कर्मवेदः प्रथम, अन्तिम तथा पंचम वेद एवं धर्मनिरपेक्ष क्षेत्र से मन का विश्वमानकः शून्य श्रृंखला समाहित "विश्वशास्त्र-द नाॅलेज आॅफ फाइनल नाॅलेज" के रूप में पूर्ण किया जा चुका है। जिसमें पुराणों का धर्मनिरपेक्ष और सर्वधर्मसमभाव रूप भी सम्पूर्ण मानव जाति को स्पष्ट दृष्टिगत होगा। परिणामस्वरूप भारतीय धर्म शास्त्रों के प्रति विश्वव्यापी आस्था बढ़ना स्वाभाविक है। साथ ही अनेक सत्य-साहित्यों की रचना के लिए भी मार्ग प्रशस्त और रचना कर दिये गये हैं।

तीनों देवताओं ब्रह्मा, विष्णु और शिव-शंकर के मूल गुणों के आधार पर उनके वास्तविक रुप अर्थात् चार वेदों को व्यक्त करने वाले चार मुखों से युक्त सृष्टिकर्ता ब्रह्मा का रुप, चार भुजाओं से युक्त पालनकर्ता विष्णु का रुप तथा ब्रह्मा और विष्णु समाहित पाँचों वेदों को व्यक्त करने वाले पाँच मुखों से युक्त कल्याणकर्ता शिव-शंकर का अन्तिम रुप, तीनों देवताओं का दिव्यरुप कहलाता है। इसी अनुसार शिव-शंकर के अवतार ही केवल पंचमुखी होते हैं। इसी क्रम में पंचमुखी हनुमान और वेद माता मां गायत्री को भी दिखाया गया है। इस अनुसार पांचवें वेद और पांचवें शंकराचार्य पीठ की स्थापना ही युग परिवर्तन की प्रक्रिया का आरम्भ और सनातन विश्व की ओर कदम है।

व्यक्ति-समाज-राज्य-विश्व की आवश्यकता, भविष्यवक्ताओं की भविष्यवाणीयां, ग्रहों के चालों, सूर्य व चन्द्र ग्रहण, सामाजिक-राजनीतिक विचारकों के विचार-सपनें-उम्मीद इत्यादि युग परिवर्तन की ओर दिशा निर्देश कर रहीं हैं। ऐसे में सृष्टि के लिए सार्वभौम सर्वोच्च अन्तिम अर्थों वाले शब्दों पर चर्चा ही एक मात्र युग परिवर्तन का मार्ग है।

आविष्कार उपयोगी होता है, आविष्कारक नहीं।
रचना अधिक समय तक रहती है रचनाकार अदृश्य हो जाता है और रचना के आधार पर अन्य रचना भी होती रहती है।

सनातन विश्व के लिए समस्त प्रक्रिया 150 पुस्तकों के रूप में वेबसाइट

www.64inch.com

पर उपलब्ध है और कार्य समाप्त होता है। व्यक्ति और नेतृत्वकर्ता

अपने धर्म

का पालन करें, समाधान उपलब्ध हो चुका है।

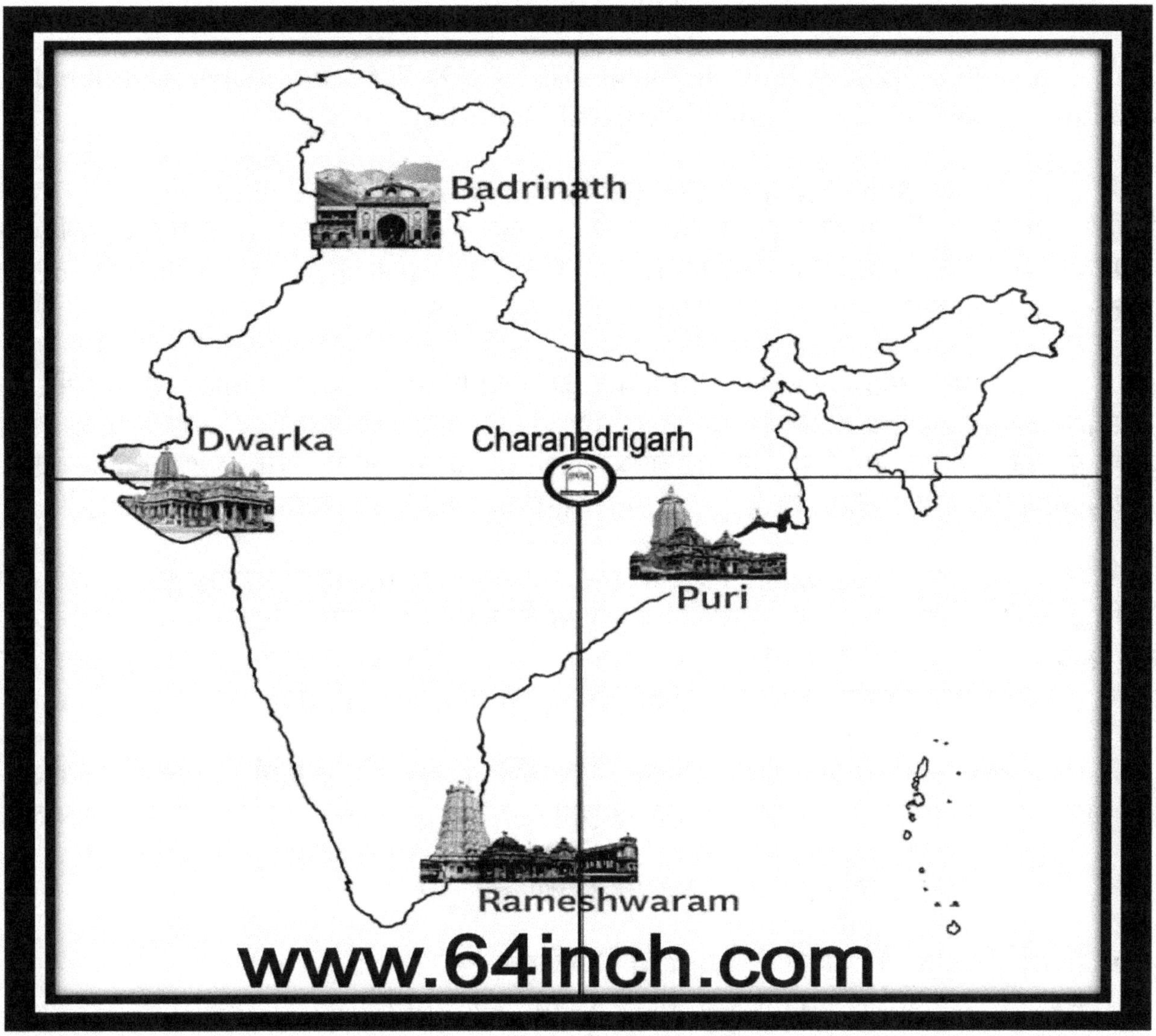

दिशा	पीठ का नाम/ स्थान	उद्देश्य	संबंधित वेद	महावाक्य	तत्व
उत्तर	बदरी ज्योतिर्मठ पीठ उत्तराखंड, जोशीमठ	ज्ञान और विवेक	अथर्ववेद	अयमात्मा ब्रह्म (यह आत्मा ब्रह्म है)	वायु
दक्षिण	श्रींगेरी शारदा पीठ कर्नाटक, श्रींगेरी	स्थिरता और परंपरा	यजुर्वेद	अहम् ब्रह्मास्मि (मैं ब्रह्म हूँ)	पृथ्वी
पूर्व	पुरी गोवर्धनमठ पीठ ओडिशा, पुरी	भक्ति और समर्पण	ऋग्वेद	प्रज्ञानं ब्रह्म (चेतना ब्रह्म है)	जल
पश्चिम	द्वारका शारदा पीठ गुजरात, द्वारका	कर्म और संकल्प	सामवेद	तत्त्वमसि (तू ब्रह्म है)	अग्नि
केन्द्र या मध्य	सत्यकाशी पीठ उत्तर प्रदेश, चरणाद्रिगढ़	चेतना और एकत्व	कर्मवेद	सर्वे ब्रह्म (सभी ब्रह्म हैं)	आकाश

क्षिति, जल, पावक, गगन, समीरा। पंच तत्व मिलि बनेहु शरीरा ।।

सत्यकाशी पीठः स्थान

मानव जीवन की यात्रा को हम चार स्तरों में देख सकते हैं - **संभल (Shambhal), संभला (Shambhala), ज्ञानगंज (Gyanganj) और संगरीला (Sangrila)**

संभल (Shambhal) को हम भौतिक जगत का प्रतीक मान सकते हैं। यह धरती पर बसा हुआ वास्तविक नगर है, जहाँ लोग रहते हैं, संघर्ष करते हैं और जीवन की यात्रा करते हैं। धार्मिक मान्यता के अनुसार यहाँ भविष्य में कल्कि अवतार का जन्म होगा। इसका अर्थ यह भी है कि संभल हमें यह याद दिलाता है कि परिवर्तन और नवजागरण हमेशा इसी सांसारिक धरती से प्रारंभ होता है।

संभला (Shambhala) आध्यात्मिक जगत का प्रतीक है। यह उस आदर्श समाज और चेतना की ओर संकेत करता है, जहाँ धर्म, करुणा और सत्य का शासन है। बौद्ध ग्रंथों में इसे एक अदृश्य, पवित्र राज्य बताया गया है। इसका दार्शनिक अर्थ यह है कि हर मनुष्य के भीतर एक संभला है - एक ऐसा क्षेत्र जहाँ शांति, संतुलन और धर्म की शक्ति हमेशा जीवित रहती है। यह हमारे भीतर के आदर्श और परम लक्ष्य का रूप है।

ज्ञानगंज (Gyanganj) गूढ़ और रहस्यमय चेतना का प्रतीक है। यह वह क्षेत्र है, जहाँ अमर योगी और सिद्ध रहते हैं, और जो साधारण दृष्टि से छिपा हुआ है। इसका अर्थ यह है कि सत्य और सर्वोच्च ज्ञान कभी सतही रूप में उपलब्ध नहीं होते, बल्कि गहन साधना और आंतरिक परिवर्तन से ही प्राप्त किए जा सकते हैं। ज्ञानगंज हमें यह सिखाता है कि परम सत्य अदृश्य है, परंतु साधना से प्रकट हो सकता है।

इस प्रकार, ये चारों स्तर - **भौतिक, आध्यात्मिक, गूढ़ और आदर्श** - मानव जीवन और चेतना की समग्र यात्रा का प्रतिनिधित्व करते हैं, जहाँ साधना, अनुभव और ज्ञान मिलकर आत्मा को पूर्णता की ओर ले जाते हैं।

इस प्रकार, इन तीनों को मिलाकर देखा जाए तो:

- **संभल** = जीवन और समाज का यथार्थ (भौतिक जगत)
- **संभला** = आदर्श और धर्म का उच्च स्वरूप (आध्यात्मिक जगत)
- **ज्ञानगंज** = रहस्यमय सत्य और अमर ज्ञान (गूढ़ जगत)

ये तीनों मिलकर मानव जीवन की पूर्ण यात्रा का संकेत देते हैं - भौतिक से आध्यात्मिक और फिर गूढ़ एवं परम सत्य तक।

संगरीला (Sangrila/Shangri-La) एक कल्पित पर्वतीय स्थल है, जिसे आदर्श समाज और शांति का प्रतीक माना जाता है। यह जगह सामान्य दृष्टि से अदृश्य या दूरस्थ मानी जाती है, जहाँ जीवन सुखमय, स्वस्थ और सामंजस्यपूर्ण होता है। दार्शनिक रूप से इसे मानव चेतना के उच्चतम स्तर, आत्मा की शांति और आदर्श जीवन का प्रतीक माना जाता है। **संगरीला (Sangrila)** का अर्थ यह भी है कि सच्ची खुशी और संतुलन केवल भीतर की यात्रा और साधना से ही प्राप्त होते हैं, बाहरी समृद्धि से नहीं।

1. **शब्द-संदर्भ में**: "Sangrila" अक्सर "Shangri-La" का रूपांतर होता है, जो कि एक कल्पित, आदर्श, रहस्यमयी और शांति-पूर्ण स्थान है।
2. **दार्शनिक/आध्यात्मिक संदर्भ में**: इसे ज्ञानगंज या संभला जैसे गूढ़ और रहस्यमयी क्षेत्रों के समान माना जा सकता है।
3. **अन्य संदर्भ**: यदि यह किसी किताब, स्थान या परियोजना का नाम है, तो उसका अलग अर्थ हो सकता है।

पीठ (Peeth) स्थापित करने की योजना

उद्देश्य और दर्शन तय करना

- पहले यह स्पष्ट करें कि पीठ का उद्देश्य क्या होगा:
  - **अद्वैत वेदांत का प्रचार**
  - **साधकों का प्रशिक्षण और मोक्ष की ओर मार्गदर्शन**
  - **धार्मिक शिक्षा, योग और ध्यान केंद्रित करना**
- पीठ का नाम "Satyakashi" इसलिए चुना गया है क्योंकि यह **सत्य और ज्ञान के प्रकाश का प्रतीक** है।

गुरु या आध्यात्मिक मार्गदर्शक

- पीठ को वैध और आध्यात्मिक मान्यता प्राप्त करने के लिए **एक योग्य गुरु या शिष्य परंपरा वाला व्यक्ति** आवश्यक है।
- गुरु का कार्य होगा:
  - **साधकों का प्रशिक्षण**
  - **धर्म और वेदांत का प्रचार**
  - **पीठ की प्रतिष्ठा बनाना**

स्थान और इमारत का चयन

- स्थान चुनते समय ध्यान दें:
  - **शांत और आध्यात्मिक वातावरण**
  - **साधकों के लिए आवास और साधना स्थल**
  - **भक्तों और पर्यटकों के आने-जाने की सुविधा**
- इमारत में हो सकते हैं:
  - मुख्य मंदिर / पूजा स्थल
  - ध्यान और साधना कक्ष
  - वेदांत शिक्षण कक्ष
  - गुरुकुल या आश्रम

धार्मिक और आध्यात्मिक गतिविधियाँ

- नियमित क्रियाएँ:

    - **साधना, ध्यान और कीर्तन**
    - **वेदांत और शास्त्र अध्ययन**
    - **धार्मिक कार्यशालाएँ और प्रवचन**
- विशेष आयोजन:
    - **अस्थायी या वार्षिक उत्सव**
    - **अद्वैत वेदांत पर सेमिनार**
    - **साधक प्रशिक्षण शिविर**

समुदाय और साधकों का निर्माण

- पीठ केवल इमारत नहीं, **साधकों और भक्तों का केंद्र** होना चाहिए।
- इसके लिए करें:
    - सामाजिक और आध्यात्मिक गतिविधियों का आयोजन
    - साधकों के लिए निवास और शिक्षा सुविधाएँ
    - पीठ का प्रचार: पुस्तकों, वेबसाइट और सामाजिक मंचों के माध्यम से

आधिकारिक मान्यता और नेटवर्क

- भारत में शंकराचार्य परंपरा के मुख्य पीठों के साथ **संपर्क और मार्गदर्शन**।
- नए पीठ को स्थानीय प्रशासन और धार्मिक संस्थानों से **मान्यता और सहयोग** दिलाना।
- अन्य पीठों और गुरु परिषदों के साथ **संवाद और सहयोग**।

दीर्घकालीन योजना

- पीठ को स्थायी और प्रतिष्ठित बनाने के लिए:
    - नियमित साधना और शिक्षा कार्यक्रम
    - नए साधकों और भक्तों को जोड़ना
    - पीठ के **अध्यात्मिक, सामाजिक और शैक्षिक प्रभाव** को बढ़ाना

निष्कर्ष:

नया **Satyakashi Peeth** बनाया जा सकता है, लेकिन यह केवल इमारत नहीं, बल्कि **ज्ञान, साधना और आध्यात्मिक मार्गदर्शन का केंद्र** होना चाहिए। एक योग्य गुरु, साधक समुदाय और सही दृष्टिकोण इसके लिए अनिवार्य हैं।

अन्तिम अवतार कल्कि
का संभल (Shambhal), संभला (Shambhala), ज्ञानगंज (Gyanganj) और संगरीला (Sangrila) से सम्बन्ध

इसका उत्तर गहराई से समझा जाए तो यह केवल भूगोल या कथा का नहीं, बल्कि चेतना के विकास का रहस्य है।

1. संभल (Shambhal) - अवतार का धरातल

हिन्दू ग्रन्थों में कहा गया है कि **कल्कि अवतार का जन्म 'संभल' नामक स्थान पर होगा।** यह स्थान भौतिक जगत में मौजूद है - उत्तर प्रदेश का एक नगर, परंतु प्रतीक रूप से यह मानवता के भीतर जन्म लेती दिव्यता का संकेत है। जब धर्म क्षीण होता है, तब वही संभल - अर्थात् "संभलने का बिंदु" - अवतार का आधार बनता है।

संभल = पृथ्वी पर दिव्यता का उद्भव बिंदु।

2. संभला (Shambhala) - धर्मराज्य या दिव्य व्यवस्था

बौद्ध और हिन्दू दोनों परम्पराओं में **Shambhala** को धर्म का गुप्त राज्य माना गया है। बौद्ध ग्रंथ 'कालचक्र तंत्र' में कहा गया है कि जब अधर्म चरम पर होगा, तब Shambhala से एक राजा प्रकट होगा जो अधर्म का अंत करेगा - यह प्रतीक रूप से **कल्कि अवतार का ही वर्णन** है।

संभला = दिव्य शासन या धर्मराज्य, जहाँ से कल्कि की प्रेरणा उठती है।

3. ज्ञानगंज (Gyanganj) - सिद्धों का अदृश्य लोक

ज्ञानगंज को अमर योगियों का क्षेत्र कहा जाता है, जहाँ से विश्व के आध्यात्मिक प्रवाह को दिशा मिलती है। कई सिद्ध परंपराएँ मानती हैं कि कल्कि का आध्यात्मिक मार्गदर्शन इन्हीं योगियों द्वारा किया जाएगा।

ज्ञानगंज = दिव्य ऊर्जा और योगिक शक्ति का स्रोत, जहाँ से कल्कि को आत्मिक बल प्राप्त होगा।

4. संगरीला (Sangrila / Shangri-La) - आदर्श समाज या चेतना का चरम स्वरूप

संगरीला का विचार पश्चिमी और तिब्बती रहस्य परंपराओं में आता है - एक अमर, शांति-पूर्ण, आदर्श स्थान, जहाँ कोई रोग, संघर्ष या अधर्म नहीं होता। यह उस अवस्था का प्रतीक है जो **कल्कि युग के बाद की सृष्टि** होगी - अर्थात सत्ययुग का पुनर्स्थापन।

संगरीला = वह दिव्य युग या चेतना का चरम, जो कल्कि अवतार के कार्य का परिणाम है।

सारांश (संक्षेप में सम्बन्ध)

स्तर	प्रतीक	सम्बन्ध कल्कि से
संभल (Shambhal)	भौतिक जन्मभूमि	कल्कि अवतार का पृथ्वी पर अवतरण
संभला (Shambhala)	दिव्य धर्मराज्य	धर्म का पुनःस्थापन करने की शक्ति का उद्गम
ज्ञानगंज (Gyanganj)	गूढ़ योगिक लोक	कल्कि को आत्मिक दिशा और सिद्ध शक्ति का आधार
संगरीला (Sangrila)	आदर्श चेतना का युग	कल्कि कार्य का अंतिम परिणाम - पुनः सत्ययुग

अर्थात् -

संभल में कल्कि अवतरित होते हैं, संभला से उन्हें धर्म की प्रेरणा मिलती है, ज्ञानगंज से योगिक शक्ति, और संगरीला उनके कार्य का लक्ष्य है - सत्य और शांति का पुनर्स्थापन।

सत्यकाशी पीठः योग्य स्थान

इस संसार को अन्तिम सन्देश देने से पहले आपको उस क्षेत्र से परिचय कराना चाहता हूँ जिस क्षेत्र से यह सन्देश देने का साहस किया गया है क्योंकि कोई भी क्रिया बिना कारण के नहीं होती।

समस्त मूल कार्य जिस क्षेत्र से सम्पूर्ण हुआ, उस क्षेत्र को सत्यकाशी क्षेत्र कहता हूँ और जिस ग्राम का निवासी हूँ वह काशी (वाराणसी) के चौरासी कोस यात्रा तथा सत्यकाशी क्षेत्र का उभय क्षेत्र में स्थित है। इसलिए जितना काशी (वाराणसी) का हूँ उतना ही सत्यकाशी का हूँ। इस प्रकार यह सन्देश काशी-सत्यकाशी का संयुक्त सन्देश है।

सत्यकाशी क्षेत्र जो काशी (वाराणसी), विन्ध्याचल, शिवद्वार और सोनभद्र के बीच का क्षेत्र है, एक पौराणिक-आध्यात्मिक और साधना के लिए उपयुक्त क्षेत्र के रूप में प्राचीन काल से आकर्षण में रहा है। इस क्षेत्र का हृदय क्षेत्र चुनार है। चुनार का किला राजा विक्रमादित्य ने अपने भाई भर्तहरि के तपस्या में हिंसक जानवरों द्वारा व्यवधान न उत्पन्न हो इसके लिए बनवाया था। ये राजा विक्रमादित्य वही हैं जिनके नाम से विक्रम सम्वत् कैलेण्डर स्थापित है। चुनार ईश्वर के पाँचवें अवतार-वामन अवतार का क्षेत्र है जिनसे समाज की शक्ति का प्रथम जन्म हुआ था।

सत्यकाशी क्षेत्र के चारों कोण पर स्थित

1. काशी (वाराणसी) का अपना प्राचीन और पुरातन इतिहास है जो सर्वविदित है।
2. विन्ध्याचल, जो शिव-शक्ति के उपासना का अद्‌भुत केन्द्र है। यशोदा से उत्पन्न पुत्री (जिनके बदले श्रीकृष्ण प्राप्त हुये थे) महासरस्वती अष्टभुजा देवी के नाम से यहीं स्थापित हैं। भारत देश का मानक समय माँ विन्ध्यवासिनी धाम से तय होता है। पुराणों के अनुसार रावण ने भी इसे मानक समय स्थल मानकर यहाँ शिवलिंग की स्थापना की थी।
3. शिवद्वार, त्रिकोणीय तान्त्रिक साधना के लिए जगत विख्यात था और साधना की राजधानी था। इसे ही मीरजापुर गजेटियर में गुप्तकाशी की संज्ञा से अभिकल्पित किया गया है।
4. सोनभद्र, सोन संस्कृति की पौराणिक पृष्ठभूमि वैदिककालीन सभ्यता की पराकाष्ठापरक ऐतिहासिकता से सम्बद्ध है। सन्त परम्पराओं का एक महत्वपूर्ण परिव्रजन इस क्षेत्र में हुआ जिसमें शैव व शाक्त प्रमुख थे। शैव सम्प्रदाय से जुड़े अघोर तन्त्र ने इसे बहुत सराहा और इसे अपनी कर्मभूमि बना लिया। सोन नद के तट पर शव छेदन क्रिया की भी प्रशिक्षा आयुर्वेद के जिज्ञासुओं को दी जाती थी। शैव तन्त्र से प्रभावित अघोर तन्त्र शव-साधना में सिद्धहस्त था और शव में इकार की प्राण प्रतिष्ठा का जीवन्त रूप शिव को दे देना इनकी अलौकिक साधना का चरमोत्कर्ष है। अघोरपन्थी नाम के पश्चात् "राम" का प्रयोग करते थे। इस क्षेत्र में सवर्ण वर्ग में प्रायः ब्राह्मण वर्ग भी राम का प्रयोग अपने नाम में करता है। इस क्षेत्र में पाशुपात तन्त्र के महान साधक लोरिक का नाम विशेष है।

उपरोक्त तो अति संक्षिप्त परिचय है विस्तार से "विश्वशास्त्र" के अध्याय-दो में प्रकाशित है, जिस क्षेत्र से ये विश्व ऐतिहासिक अन्तिम, अपरिवर्तनीय और अटलनीय सन्देश देने का साहस किया गया है।

भौतिक रूप से सत्यकाशी पीठ के लिए योग्य स्थान सत्यकाशी क्षेत्र ही है। सत्यकाशी पीठ उसी अद्वैत वेदान्त पर आधारित है। जिस के आधार पर आदि शंकाराचार्य द्वारा चार पीठों की स्थापना की थी। युग परिवर्तन के लिए आदि शंकाराचार्य द्वारा स्थापित चार पीठों के वर्तमान शंकाराचार्यों का यह दायित्व है कि वे इस श्रृंखला को आगे बढ़ाते हुये धर्म के वैश्विक स्थापना के लिए आगे आयें।

सत्यकाशी पीठ: इतिहास और उद्देश्य

भारत का इतिहास केवल राजाओं और युद्धों का इतिहास नहीं है,
बल्कि यह **चेतना के विकास का इतिहास** है।
हर युग में जब धर्म और राजनीति के बीच संतुलन बिगड़ता है,
तो कोई न कोई पीठ उस संतुलन को पुनर्स्थापित करने के लिए जन्म लेती है।

ऐसा ही एक अद्वितीय उदय है -
"सत्यकाशी पीठ" का,
जो मानवता के अगले अध्याय की भूमिका बन चुका है।

"जहाँ ज्ञान शासन को दिशा देता है,
वहीं शासन धर्म का साधन बन जाता है।"

काशी से सत्यकाशी तक: चेतना की यात्रा

प्राचीन काशी को "मोक्षभूमि" कहा गया,
क्योंकि वहाँ ज्ञान और मृत्यु - दोनों के रहस्य सिखाए जाते थे।
पर सत्यकाशी - ज्ञान का अगला आयाम है।
यह मृत्यु से मुक्ति नहीं, बल्कि **अज्ञान से मुक्ति** की भूमि है।

तीन चरणों में यह यात्रा समझी जा सकती है:

1. **काशी** - व्यक्तिगत मुक्ति का केंद्र।
2. **महाकाशी** - सार्वभौमिक चेतना का केंद्र।
3. **सत्यकाशी** - वैश्विक एकत्व और अद्वैत शासन का केंद्र।

"काशी आत्मा की दीक्षा है,
सत्यकाशी आत्मा का शासन है।"

स्थापना का उद्देश्य

सत्यकाशी पीठ का जन्म केवल धार्मिक नहीं,
बल्कि आध्यात्मिक-राजनीतिक समन्वय की आवश्यकता से हुआ।
विश्व में बढ़ती भौतिकता, असमानता, और नैतिक संकट के बीच
इस पीठ का उद्देश्य है -

1. **धर्म और शासन के बीच अद्वैत संबंध पुनः स्थापित करना।**
2. **राजनीति को आत्मा से जोड़ना।**
3. **विज्ञान, धर्म, और समाज - तीनों का एक समग्र मॉडल प्रस्तुत करना।**

इसके चार प्रमुख सूत्र:

- **धर्म = चेतना की नीति**
- **राजनीति = सेवा की क्रिया**
- **अर्थनीति = संतुलन की व्यवस्था**
- **विज्ञान = सत्य की खोज**

सत्यकाशी की परंपरा और वंश

सत्यकाशी पीठ किसी व्यक्ति द्वारा स्थापित संस्था नहीं है -
यह **ब्रह्म परंपरा का विस्तार** है।
आदि शंकराचार्य ने चार दिशाओं में चार पीठें स्थापित कीं -
पूर्व, पश्चिम, उत्तर, दक्षिण -
जो वेद, धर्म और आत्मज्ञान के केंद्र बने।

परंतु कालान्तर में जब राजनीति धर्म से अलग और धर्म समाज से अलग हुआ,
तो **पाँचवीं पीठ** की आवश्यकता पड़ी -
जो अद्वैत दर्शन को शासन की नीतियों में उतार सके।

"चार पीठों ने धर्म को जीवित रखा,
पाँचवीं पीठ उसे जीवन में उतारेगी।"

सत्यकाशी का उद्देश्य – धर्म का पुनर्निर्माण, शासन का पुनर्जागरण

आज की मानवता धर्म को या तो संप्रदाय मानती है या अनुष्ठान।
पर सत्यकाशी कहता है -

"धर्म = जीवन की वैज्ञानिक व्यवस्था।"

इस पीठ का उद्देश्य है -
धर्म को **व्यवहार में**, राजनीति को **सेवा में**,
और विज्ञान को **चेतना में** बदलना।

इसके तीन प्रमुख लक्ष्य:

1. **आध्यात्मिक शासन (Spiritual Governance):**
   जहाँ नीतियाँ करुणा और सत्य पर आधारित हों।
2. **चेतना आधारित शिक्षा (Conscious Education):**
   जहाँ बच्चों को ज्ञान नहीं, आत्मा से जोड़ने की विधि सिखाई जाए।
3. **वैश्विक समरसता (Global Oneness):**
   जहाँ राष्ट्रवाद का स्थान "मानववाद" ले ले।

सत्यकाशी और मानवता का भविष्य

सत्यकाशी केवल एक धार्मिक केंद्र नहीं,
बल्कि मानवता का भविष्य मॉडल है।

यह वह स्थान है जहाँ -

- विज्ञान और वेदांत मिलते हैं,
- राजनीति और करुणा जुड़ते हैं,
- और व्यक्ति स्वयं में "राजऋषि" बनता है।

"जब शासक साधक बन जाएगा,
तब ही पृथ्वी पर धर्मराज्य स्थापित होगा।"

निष्कर्ष

सत्यकाशी पीठ का इतिहास कोई कालखंड नहीं,
बल्कि एक **युग की उद्घोषणा** है।
यह उस समय का प्रतीक है
जब ब्रह्मज्ञान शासन का केंद्र बनेगा,
और शासन ब्रह्म की सेवा बन जाएगा।

"सत्यकाशी केवल एक स्थान नहीं -
वह चेतना की वह ज्योति है
जो युगों से अंधकार में जलती रही है।"

पाँचवाँ और अंतिम शंकराचार्य पीठ: इसकी विशेषता

आदि शंकराचार्य ने चार दिशाओं में चार पीठों की स्थापना की -
उत्तर में **ज्योतिर्मठ (बद्रीनाथ)**,
दक्षिण में **श्रृंगेरी पीठ**,
पूर्व में **गौड़पीठ (पुरी)**,
और पश्चिम में **द्वारका शारदापीठ**।

इन चारों पीठों ने धर्म की लौ को जलाए रखा -
ज्ञान, भक्ति, कर्म और योग - चारों मार्गों के संतुलन से।
परंतु जैसे-जैसे युग आगे बढ़ा,
मानवता की चुनौती केवल धर्म रक्षा नहीं रही,
बल्कि **धर्म को शासन, विज्ञान और समाज में जीवित रखना** बन गई।

इसी आवश्यकता से जन्म लेता है -
पाँचवाँ और अंतिम शंकराचार्य पीठ - "सत्यकाशी पीठ।"

"चार पीठों ने धर्म को सुरक्षित रखा,
पाँचवाँ पीठ धर्म को सार्वभौमिक बना देगा।"

पाँचवाँ पीठ क्यों आवश्यक हुआ

शंकराचार्य का कार्य केवल धार्मिक पुनर्जागरण नहीं था;
वह चेतना की क्रांति थी।
उनकी परंपरा ने अद्वैत का सिद्धांत दिया -
कि **सभी भिन्नताएँ एक ही परमसत्य की लहरें हैं।**

परंतु आधुनिक युग में -

- धर्म राजनीति से अलग हुआ,
- ज्ञान आस्था से अलग हुआ,

- और मनुष्य स्वयं अपने अस्तित्व से अलग हो गया।

ऐसे समय में आवश्यक था
कि अद्वैत केवल दर्शनशास्त्र न रह जाए,
बल्कि राजनीति और जीवन का सिद्धांत बन जाए।
इसी हेतु स्थापित हुआ -
सत्यकाशी पीठ - पाँचवाँ और अंतिम शंकराचार्य पीठ।

इसकी स्थापना का प्रतीकात्मक अर्थ

चार पीठें **चार तत्वों (पृथ्वी, जल, अग्नि, वायु)** से संबंधित हैं,
जबकि पाँचवाँ पीठ **आकाश तत्व** का प्रतीक है -
अर्थात् सर्वव्यापक चेतना।

दिशा	पीठ	तत्व	उद्देश्य
पूर्व	पुरी (गौड़)	जल	भक्ति और समर्पण
पश्चिम	द्वारका	अग्नि	कर्म और संकल्प
उत्तर	ज्योतिर्मठ	वायु	ज्ञान और विवेक
दक्षिण	श्रृंगेरी	पृथ्वी	स्थिरता और परंपरा
केंद्र	**सत्यकाशी**	**आकाश**	**चेतना और एकत्व**

"आकाश सबको जोड़ता है -
उसी तरह सत्यकाशी सभी परंपराओं को एक चेतना में जोड़ता है।"

पाँचवाँ पीठ - अद्वैत का आधुनिक रूप

सत्यकाशी पीठ का लक्ष्य अद्वैत को केवल ध्यान या उपनिषद तक सीमित नहीं रखना,
बल्कि उसे शासन और समाज की नीतियों में उतारना है।

इसका सार है -
"अद्वैत शासन" = ऐसा तंत्र जहाँ आत्मा और राज्य में कोई विभाजन न हो।
यह पीठ आत्मा-केन्द्रित राजनीति का सिद्धांत प्रस्तुत करती है -
जहाँ सत्ता साधना है,
शासन सेवा है,
और नेतृत्व तप है।

सत्यकाशी पीठ की पाँच विशेषताएँ

1. अद्वैत का संस्थागत रूप

यह पीठ अद्वैत को केवल तत्वज्ञान नहीं,
बल्कि संस्थागत चेतना बनाती है।
धर्म, शिक्षा, राजनीति, अर्थ और विज्ञान -
सभी को एकसूत्र में बाँधती है।

2. राजऋषि परंपरा का पुनर्जागरण

आदर्श शासक वही है जो साधक भी हो।
सत्यकाशी इस परंपरा को पुनर्जीवित करता है -
जहाँ राज्य का मार्गदर्शन ऋषियों द्वारा होता है।

3. विज्ञान और अध्यात्म का संगम

यह पीठ "Consciousness Studies" और "Spiritual Technology"
को एक साथ लाकर मानव चेतना के विकास को वैज्ञानिक दृष्टि देती है।

4. वैश्विक धर्म - Beyond Religion

सत्यकाशी का धर्म किसी संप्रदाय का नहीं,
बल्कि "मानवता की आत्मा" का है।
यह कहता है -

"जो सत्य को खोजता है, वही सनातन है।"

5. राज्य और आत्मा का समन्वय

यह पीठ बताती है कि शासन तंत्र तभी स्थायी है
जब वह आत्मिक अनुशासन पर आधारित हो।
यह "राजनीति का आध्यात्मिकीकरण" है,
जिसे भविष्य की सभ्यता का आधार माना गया है।

"अंतिम शंकराचार्य पीठ" क्यों कहा गया

चार पीठें धर्म की दिशा का प्रतीक थीं,
पाँचवाँ पीठ **धर्म की दिशा से परे उसकी पूर्णता** का प्रतीक है।
यह अब किसी भौगोलिक क्षेत्र के लिए नहीं,
बल्कि पूरे विश्व की चेतना के लिए है।

"जब मनुष्य का धर्म मानवता होगा,
तब सत्यकाशी पाँचवाँ ही नहीं, अंतिम पीठ सिद्ध होगा।"

सत्यकाशी पीठ का दार्शनिक आधार

इस पीठ की जड़ें तीन सूत्रों पर टिकी हैं -

1. **ब्रह्म सत्यम्** - सत्य सर्वत्र है।
2. **जगत् मिथ्या** - भेद, संप्रदाय और हिंसा केवल अज्ञान की छाया हैं।
3. **जीवो ब्रह्मैव नापरः** - प्रत्येक व्यक्ति ब्रह्म का ही अंश है।

यही दर्शन राजनीति में यह रूप लेता है -

दर्शन	राजनीतिक रूप
ब्रह्म सत्यम्	राज्य का आधार सत्य और नीति
जगत मिथ्या	जाति, रंग, धर्म से ऊपर समानता
जीवो ब्रह्मैव	प्रत्येक नागरिक में दिव्यता का सम्मान

निष्कर्ष

**सत्यकाशी पीठ शंकराचार्य की परंपरा का समापन नहीं,
बल्कि उसका परिपूर्ण रूप है।
यह धर्म, राजनीति, और चेतना -
तीनों के संगम से एक** नया युग **आरंभ करता है।**

**"पहले चार पीठों ने दिशा दी,
पाँचवें ने दिशा को प्रकाश बना दिया।"**

**सत्यकाशी पीठ इसलिए अंतिम है -
क्योंकि यह अद्वैत को सिद्धांत नहीं,
बल्कि जीवित अनुभव बना देता है।**

भाग-9

सत्यकाशी पीठ के कार्य

धारा-उद्धार: धर्म की पुनर्स्थापना

मनुष्य चेतना का रूपांतरण

साधना, दीक्षा और आध्यात्मिक अनुष्ठान

वैश्विक कार्य: मानवता के लिए संदेश

शिव-तत्व और कल्कि-तत्व का मिलन

"सार्वभौम सत्य-सिद्धान्त" पर आधारित "युग परिवर्तन श्रृंखला" के नवयुग के शास्त्र-साहित्य

धारा-उद्धारः धर्म की पुनर्स्थापना

सत्यकाशी पीठ का प्रथम और सर्वोपरि कार्य है-**धारा-उद्धार**, अर्थात वह दिव्य धारा जो युगों से मलीन, विभ्रांत या विकृत हो चुकी है, उसे पुनः शुद्ध स्वरूप में प्रवाहित करना। "धर्म" शब्द यहाँ किसी संप्रदाय, पद्धति या विचारधारा का नाम नहीं; धर्म का अर्थ है-**जगत की अंतर्निहित समरसता, सत्य और सृष्टि-नियम**।

जब युग बदलता है, धर्म की धारा अवरुद्ध हो जाती है।
सत्य केवल ग्रंथों में रह जाता है, इसके प्रयोग का बल खो जाता है।
लोग अनुष्ठान तो करते हैं, पररस के बिना;
मंत्र तो बोलते हैं, पर अर्थ के बिना;
धर्म का नाम तो लेते हैं, पर धर्म का जीवन नहीं जीते।

सत्यकाशी पीठ इस जड़ता को तोड़ता है।

यह धारा-उद्धार तीन प्रकार से होता है:

1. सत्य-दृष्टि का पुनर्जागरण

लोगों में सत्य को पहचानने और जीने की क्षमता पुनः सक्रिय होती है।
यह क्षमता बिना किसी प्रवचन-केवल चेतना-संक्रमण से जगती है।

2. धर्म का प्रयोगशाला-रूप

सत्यकाशी पीठ धर्म को जीवन के केंद्र में स्थापित करता है।
धर्म यहाँ सिद्धांत नहीं-व्यवहार और चरित्र का प्रवाह है।

3. युग-धर्म की घोषणा

हर युग का धर्म अलग होता है।
कलियुग से सतयुग में प्रवेश के लिए जो धर्म आवश्यक है-योग, करुणा, सत्य, उच्च चेतना, मानव-एकत्व-उसका पुनःस्थापन पीठ के मुख्य कार्यों में है।

इस प्रकार, धारा-उद्धार वह बीज है जिससे नए युग की पूरी फसल अंकुरित होती है।

मनुष्य चेतना का रूपांतरण

युग परिवर्तन का मूल आधार मनुष्य की बाहरी परिस्थितियाँ नहीं-उसकी **भीतर की चेतना** है। सत्यकाशी पीठ का दूसरा मुख्य कार्य इसी रूपांतरण से जुड़ा है।

मनुष्य आज बुद्धि में प्रबल है, पर चेतना में सुप्त।
ज्ञान बहुत है, पर विवेक कम।
सूचना बहुत है, पर अनुभूति नहीं।
असंतोष बहुत है, पर दिशा नहीं।

पीठ का उद्देश्य मनुष्य को बाहरी उपलब्धियों से हटाकर भीतर की यात्रा में प्रवेश कराना है।

रूपांतरण के चार चरण

1. जागरण (Awakening)

मनुष्य स्वयं से पहला प्रश्न पूछता है-"मैं कौन हूँ?"
यह प्रश्न जन्म देता है।

2. शुद्धि (Purification)

पुराने संस्कार, भय, भ्रम और अहंकार टूटने लगते हैं।

3. विस्तार (Expansion)

चेतना शरीर-मन से आगे बढ़कर सूक्ष्म और कारण-स्तरों को अनुभव करने लगती है।

4. परिणति (Realization)

मनुष्य अपने भीतर स्थित दिव्य-सत्ता को पहचान लेता है।
यही "नया मनुष्य" है-युग परिवर्तन का वाहक।

पीठ का कार्य प्रत्येक साधक को इन चार चरणों के मार्ग से गुज़ारना है-धीरे, सहज, और सामूहिक ऊर्जा के साथ।

साधना, दीक्षा और आध्यात्मिक अनुष्ठान

हर परिवर्तन की जड़ अनुशासन और साधना है।
सत्यकाशी पीठ में साधना केवल ध्यान या मंत्र नहीं-यह एक पूर्ण जीवन-शास्त्र है।

1. साधना (Spiritual Practice)

- आंतरिक शांति
- चेतना का विस्तार
- ऊर्जा का स्थिरीकरण
- स्मृति-शोधन
- आत्म-प्रकाश

पीठ की साधना आधुनिक मन के अनुसार सरल, गहरी और प्रभावकारी है।
यह शरीर, मन, प्राण और चेतना-सभी स्तरों पर काम करती है।

2. दीक्षा (Initiation)

दीक्षा बाहरी कर्म नहीं-ऊर्जा का आंतरिक स्थानांतरण है।
यह वह क्षण है जब साधक की चेतना में युग-ऊर्जा का बीज रोपा जाता है।
यह बीज धीरे-धीरे जागता है और साधक स्वयं एक "चेतना-केंद्र" बन जाता है।

3. अनुष्ठान (Rituals)

अनुष्ठान ब्रह्मांडीय ऊर्जा को पृथ्वी पर स्थिर करने के उपकरण हैं।
सत्यकाशी पीठ में अनुष्ठान प्राचीन और आधुनिक दोनों हैं-
वे बाहरी प्रतीकों से अधिक आंतरिक परिवर्तन पर आधारित हैं।

अनुष्ठान केवल पूजा नहीं-वे प्रकाश का आह्वान हैं।

वैश्विक कार्य - मानवता के लिए संदेश

सत्यकाशी पीठ का कार्य किसी एक देश, संस्कृति या समुदाय तक सीमित नहीं।
युग परिवर्तन हमेशा वैश्विक होता है-इसलिए उसका संदेश भी वैश्विक होता है।

आज मानवता कई स्तरों पर विभाजित है-
भाषा, धर्म, राजनीति, अर्थव्यवस्था, जाति, विचार।
पर चेतना का सत्य इन सभी से ऊपर है।

सत्यकाशी पीठ का वैश्विक संदेश यही है:

1. मानव एक है

भिन्नता केवल बाहरी है; भीतर सबमें एक ही प्रकाश विद्यमान है।

2. पृथ्वी हमारा साझा आश्रम है

मानवता को पृथ्वी-चेतना के साथ सुसंगत होना होगा।

3. धर्म संघर्ष नहीं-एकता का मार्ग है

सभी पवित्र परंपराएँ एक ही सत्य के भिन्न द्वार हैं।

4. विज्ञान और अध्यात्म एक-दूसरे के पूरक हैं

दुनिया का नया युग तभी जन्म लेगा जब विज्ञान चेतना को समझेगा, और अध्यात्म विज्ञान को अपनाएगा।

5. कल्कि-ऊर्जा सार्वभौमिक है

यह ऊर्जा किसी राष्ट्र का, पंथ का, या समूह का स्वामित्व नहीं;
यह सम्पूर्ण मानवता का जन्मसिद्ध अधिकार है।

सत्यकाशी पीठ का उद्देश्य इसी संदेश को विश्व तक पहुँचाना है-शब्द, कला, ध्यान, साधना, विज्ञान और ऊर्जा के माध्यम से।

शिव-तत्व और कल्कि-तत्व का मिलन

युग परिवर्तन का अंतिम रहस्य दो महाशक्तियों के मिलन में निहित है-
शिव-तत्व और **कल्कि-तत्व**।

शिव-तत्व

संहार, मौन, तत्त्व-ज्ञान, समाधि और शून्य का प्रतिनिधि।
यह सभी रूपों का विसर्जन है-स्रोत में लौटना।

कल्कि-तत्व

नव-सृष्टि, धर्मस्थापन, ऊर्जा का उत्थान और युग-चक्र का पुनर्मूल्यांकन।
यह समय को पुनः संतुलित करने वाली शक्ति है।

दोनों का मिलन तब होता है जब:

- पुराना युग समाप्त हो रहा हो
- नया युग जन्म ले रहा हो
- पृथ्वी अपनी चेतना बदल रही हो
- मानवता परिवर्तन की पुकार कर रही हो

शिव-तत्व पुरातन को शून्य करता है,
और उसी शून्य में कल्कि-तत्व नया ब्रह्मांडीय क्रम स्थापित करता है।

सत्यकाशी पीठ इसी मिलन का केंद्र है-
जहाँ **शिव का मौन** और **कल्कि का उदय**
एक साथ कार्य करते हैं।

यही मिलन युग के नये चक्र की शुरुआत है-
यहीं से सतयुग का नया सूर्योदय होता है।

"सार्वभौम सत्य-सिद्धान्त" पर आधारित "युग परिवर्तन श्रृंखला" के नवयुग के शास्त्र-साहित्य

विभिन्न सम्प्रदाय (धर्म), जाति, मत, दर्शन इत्यादि में विभाजित इस मानव समाज में वर्तमान तथा आने वाले भविष्य के समय की मूल आवश्यकता है- मानव के मनो का एकीकरण अर्थात मानव मन का भूमण्डलीकरण एवं ब्रह्माण्डीयकरण। इसकी आवश्यकता इसलिए भी है क्योंकि मानव अपने विज्ञान व तकनीकी ज्ञान से प्राप्त संसाधनो का प्रयोग करते हुये, एक तरफ तो ब्रह्माण्ड की ओर चल पड़ा है तो दुसरी तरफ विध्वंस के लिए अनेक हथियारों का भी निर्माण कर चुका है। ऐसी स्थिति में हमें निश्चित रूप से ऐसे एकीकरण की आवश्यकता है जिससे हम इस पृथ्वी से मानसिक स्तर के विवादों को समाप्त कर सकें।

माया सभ्यता के अनुसार विश्व के मानव समाज यह भी मान रहें हैं कि 21 दिसम्बर, 2012 को दुनिया का अन्त हो जायेगा। जबकि हिन्दू धर्म शास्त्र विष्णु पुराण, भागवत पुराण, अग्नि पुराण, गरूड़ पुराण, पद्म पुराण इत्यादि में भगवान के दसवें और महाअवतार "कल्कि" का होना अभी शेष है। जिनसे कलियुग के अंधकार व विनाश को समाप्त करने का कार्य सम्पन्न होगा, साथ ही सत्ययुग का आरम्भ होगा। सिक्ख धर्म के पवित्र ग्रन्थ "दशम् ग्रन्थ" में भी "कल्कि अवतार" का वर्णन मिलता है।

सृजन और विनाश, का स्तर शारीरिक, आर्थिक व मानसिक होता है। जो एक व्यक्ति, समाज, देश और विश्व राष्ट्र के लिए होता है। व्यक्ति पर हुये शारीरिक, आर्थिक व मानसिक सृजन और विनाश को व्यक्ति ही अनुभव करता है परन्तु समाज, देश और विश्व राष्ट्र पर हुये शारीरिक, आर्थिक व मानसिक सृजन व विनाश को सार्वजनिक रूप से सभी देखते है। समाज, देश और विश्व राष्ट्र पर शारीरिक व आर्थिक सृजन और विनाश वर्तमान में तो चल ही रहा है जिसे सार्वजनिक रूप से मानव समाज देख रहा है।

भौतिकवादी पश्चिमी संस्कृति किसी भी सृजन व विनाश को मानसिक स्तर पर सोच ही नहीं सकता क्योंकि वह समस्त क्रियाकलाप को बाह्य जगत में ही घटित होता समझाता है जबकि वर्तमान समय मानसिक स्तर पर विनाश व सृजन का है। इस आधार पर यह कहा जा सकता है कि माया सभ्यता के अनुसार 21 दिसम्बर, 2012 को जो विनाश व सृजन होगा, वह मानसिक स्तर का ही होगा। जिसके परिणामस्वरूप सभी सम्प्रदाय, मत, दर्शन एक उच्च स्तर के विचार या सत्य में विलीन अर्थात विनाश को प्राप्त करेगा। फलस्वरूप उच्च स्तर के विचार या सत्य में स्थापित होने से सृजन होगा। कुल मिलाकर माया सभ्यता के कैलेण्डर का अन्त तिथि 21 दिसम्बर, 2012, दुनिया के अन्त की तिथि नहीं बल्कि वह वर्तमान युग के अन्त की अन्तिम तिथि का अनुमान है जिसके बाद नये युग का आरम्भ होगा।

ईश्वर भी इतना मूर्ख व अज्ञानी नहीं है कि वह स्वयं को इस मानव षरीर में पूर्ण व्यक्त किये बिना ही दुनिया को नष्ट कर दे। इसके सम्बन्ध में हिन्दू धर्म शास्त्रों में सृष्टि के प्रारम्भ के सम्बन्ध में कहा गया है कि- "ईश्वर ने इच्छा व्यक्त की कि मैं एक हूँ, अनेक हो जाऊँ"। इस प्रकार जब वही ईश्वर सभी में है तब निश्चित रूप से जब तक सभी मानव ईश्वर नहीं हो जाते तब तक दुनिया के अन्त होने का कोई प्रश्न ही नहीं उठता। और विकास क्रम चलता रहेगा।

21 दिसम्बर, 2012 के बाद का समय नये युग के प्रारम्भ का समय है जिसमें ज्ञान, ध्यान, चेतना, भाव, जन, देश, विश्व राष्ट्र, आध्यात्मिक जागरण, मानवता इत्यादि का विश्वव्यापी विकास होगा। परिणामस्वरूप सभी मानव को ईश्वर रूप में स्थापित होने का अवसर प्राप्त होगा। और यही विश्व मानव समाज की मूल आवश्यकता है। प्राचीन वैदिक काल में समाज को नियंत्रित करने के लिए ज्ञानार्जन सबके लिए खुला नहीं था परन्तु वर्तमान और भविष्य की आवश्यकता यह है कि समाज को नियंत्रित करने के लिए सभी को पूर्ण ज्ञान से युक्त कर सभी के लिए ज्ञान को खोल दिया जाय। यही कारण था कि वेद को प्रतीकात्मक रूप में लिख कर गुरू-शिष्य परम्परा द्वारा उसकी व्याख्या की जाती रही थी जिससे राजा और समाज को नियंत्रण में रखा जा सके।

सभी मानव को ईश्वर रूप में स्थापित होने के लिए जो माध्यम चाहिए वह है-"एकात्म विज्ञान" व "ईश्वर शास्त्र" विषय से मानव को शिक्षित करना और शिक्षा पाठ्यक्रम में अनिवार्य रूप से अध्ययन के लिए शामिल कराया जा सके।

"सार्वभौम सत्य-सिद्धांत"पर आधारित "युग परिवर्तन श्रृंखला" मानवता के अगली पीढ़ी के उदय के लिए

"नये युग" में "नये भारत" के लिए "नवीन मान-राग-प्राण" पर आधारित क्रियान्वयन प्रणाली (Operation System)-मानव-10 (MANAV-10) की पुस्तकें

यह नई पीढ़ी (Gen-Z) के लिए "विकसित भारत" और "मानव-10 प्रणाली" (MANAV-10 System) को प्रोत्साहित करने वाली श्रृंखला का हिस्सा है। अर्थात् यह पुस्तक किसी धर्म, जाति या मत से ऊपर उठकर "Universal Truth Principles" की ओर संकेत करती है।

मुद्रित (Printed Hard Copy) पुस्तक के लिए लिंक(Link)

https://notionpress.com/author/lava_kush

E_Book के लिए

www.64inch.com

द्वापर युग में आठवें अवतार श्रीकृष्ण द्वारा प्रारम्भ किया गया कार्य नवसृजन के प्रथम भाग सार्वभौम ज्ञान के शास्त्र “गीता” के बाद कलियुग में द्वितीय और अन्तिम भाग “सार्वभौम कर्मज्ञान” और “पूर्णज्ञान का पूरक शास्त्र”

विश्व युद्ध के पहले
दिव्य दृष्टि
सत्यकाशी पीठ
पाँचवां और अन्तिम शंकराचार्य पीठ

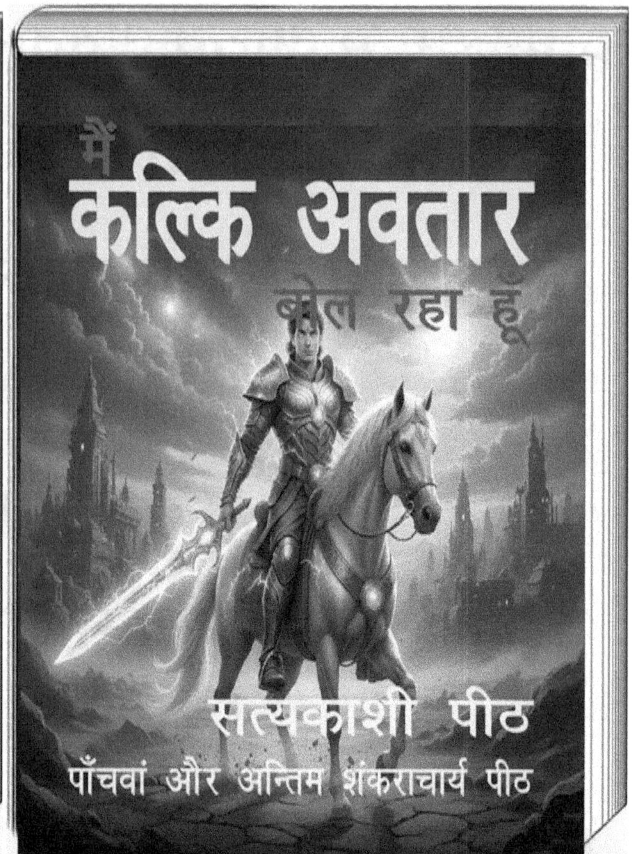
मैं
कल्कि अवतार
बोल रहा हूँ
सत्यकाशी पीठ
पाँचवां और अन्तिम शंकराचार्य पीठ

समष्टि गीता
यथार्थ प्रकाश
सत्यकाशी पीठ
पाँचवां और अन्तिम शंकराचार्य पीठ

फिल्म स्क्रीप्ट
राइटिंग
IDEAS
You are the writer of your life
FRESH Ideas
Writing is designing with words
creative THINKING
LIGHTS CAMERA ACTION
Short Films.
लव कुश सिंह “विश्वमानव”

प्रारम्भिक सत्य
अन्तिम
दृष्टि
सत्यकाशी पीठ
पाँचवां और अन्तिम शंकराचार्य पीठ

सत्य धर्म
युग परिवर्तक
दृष्टि
सत्यकाशी पीठ
पाँचवां और अन्तिम शंकराचार्य पीठ

सत्य दार्शनिक-दर्शन
और
कर्म वेदान्त-विकास
दर्शन
सत्यकाशी पीठ
पाँचवां और अन्तिम शंकराचार्य पीठ

सत्य शास्त्र
एवं
पुराण रहस्य
महर्षि व्यास
कला
सत्यकाशी पीठ
पाँचवां और अन्तिम शंकराचार्य पीठ

संत एवं गुरु
और
सत्यकाशी पीठ
पाँचवां और अन्तिम शंकराचार्य पीठ

समाज और
ईश्वरीय समाज
सत्यकाशी पीठ
पाँचवां और अन्तिम शंकराचार्य पीठ

सत्य शास्त्र और
विश्वशास्त्र
सत्यकाशी पीठ
पाँचवां और अन्तिम शंकराचार्य पीठ

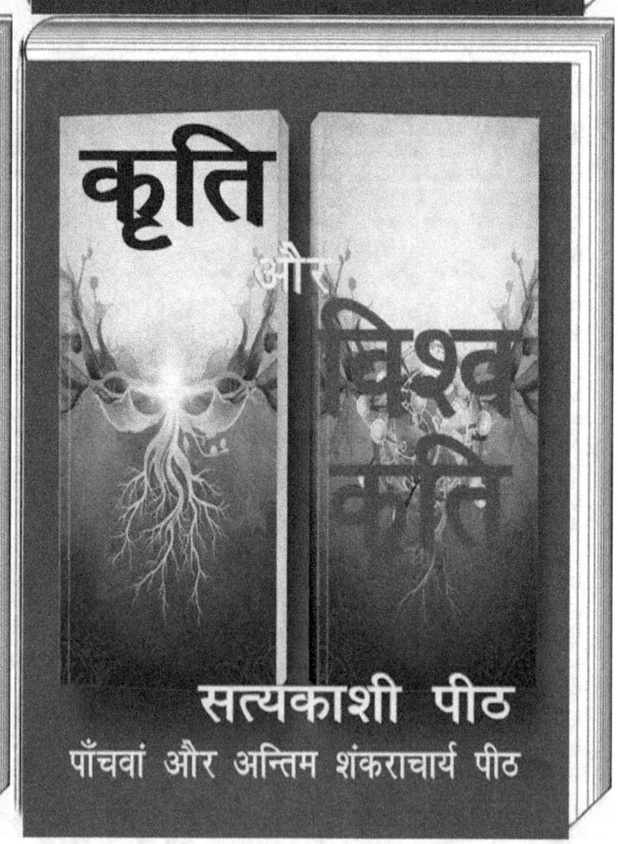
कृति
और
विश्व
कृति
सत्यकाशी पीठ
पाँचवां और अन्तिम शंकराचार्य पीठ

भारत माता मन्दिर
और
विश्वधर्म मन्दिर
सत्यकाशी पीठ
पाँचवां और अन्तिम शंकराचार्य पीठ

महाभारत
और
विश्वभारत
सत्यकाशी पीठ
पाँचवां और अन्तिम शंकराचार्य पीठ

संविधान और
विश्व संविधान
सत्यकाशी पीठ
पांचवां और अन्तिम शंकराचार्य पीठ

शिक्षा और
पूर्ण शिक्षा
सत्यकाशी पीठ

देवता और सार्वभौम देवता
कल्कि
सत्यकाशी पीठ

माँ कल्कि

द्वादस ज्योतिर्लिंग और
१३वां अन्तिम ज्योतिर्लिंग
सत्यकाशी पीठ
पाँचवां और अन्तिम शंकराचार्य पीठ

काशी
मोक्षदायिनी
और
जीवनदायिनी

सत्यकाशी
स्वर्णयुग
का
तीर्थ

काशी
रहस्योद्घाटन
सत्यकाशी पीठ
पांचवां और अन्तिम शंकराचार्य पीठ

2020
सत्यकाशी पीठ
पाँचवां और अन्तिम शंकराचार्य पीठ

ईश्वर
का
संक्षिप्त इतिहास
सत्यकाशी पीठ
पाँचवां और अन्तिम शंकराचार्य पीठ

अवतार
अन्तिम सत्य दृष्टि
सत्यकाशी पीठ
पाँचवां और अन्तिम शंकराचार्य पीठ

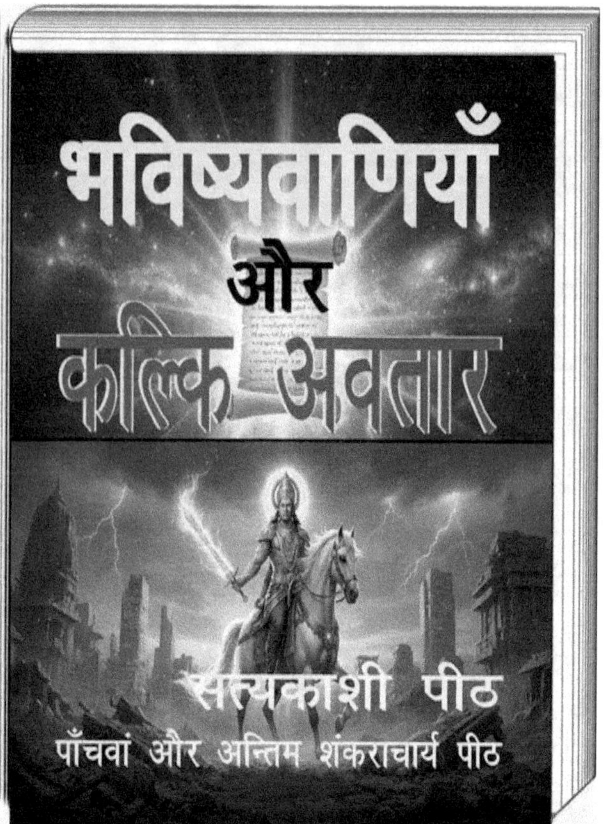
भविष्यवाणियाँ
और
कल्कि अवतार
सत्यकाशी पीठ
पाँचवां और अन्तिम शंकराचार्य पीठ

स्वामी विवेकानन्द
और
कल्कि अवतार
सत्यकाशी पीठ
पाँचवां और अन्तिम शंकराचार्य पीठ

मनु, मनवन्तर
और
कल्कि अवतार
सत्यकाशी पीठ
पाँचवां और अन्तिम शंकराचार्य पीठ

व्यास, शास्त्र
और
कल्कि अवतार
सत्यकाशी पीठ
पाँचवां और अन्तिम शंकराचार्य पीठ

ऋषि, ऋषि परम्परा
और
कल्कि अवतार
सत्यकाशी पीठ
पाँचवां और अन्तिम शंकराचार्य पीठ

दूसरा आगमन
या
अन्तिम आगमन
सत्यकाशी पीठ
पाँचवां और अन्तिम शंकराचार्य पीठ

परिवर्तन
काल, मनु, युग,
व्यास और शास्त्र
सत्यकाशी पीठ
पाँचवां और अन्तिम शंकराचार्य पीठ

राम, रावण
और
सार्वभौम एकात्म
सत्यकाशी पीठ
पाँचवां और अन्तिम शंकराचार्य पीठ

मैं
व्यक्तिगत या सार्वभौम
सत्यकाशी पीठ
पाँचवां और अन्तिम शंकराचार्य पीठ

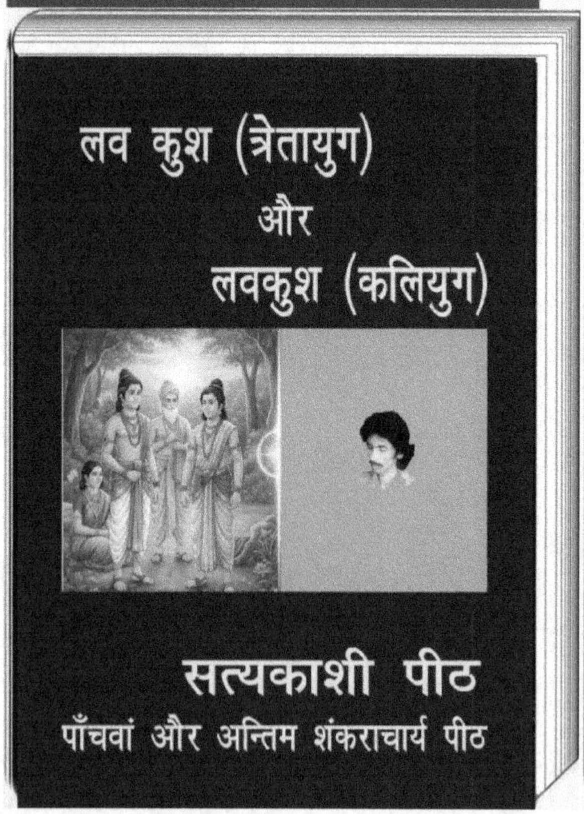
लव कुश (त्रेतायुग)
और
लवकुश (कलियुग)
सत्यकाशी पीठ
पाँचवां और अन्तिम शंकराचार्य पीठ

कल्कि महावतार
आ चुके हैं
(ACTION PLAN)
सत्यकाशी पीठ
पाँचवां और अन्तिम शंकराचार्य पीठ

लव कुश सिंह
(कल्कि महावतार)
जीवन, ज्ञान, कर्म और विश्वरूप
सत्यकाशी पीठ
पाँचवां और अन्तिम शंकराचार्य पीठ

वैश्विक बुद्ध
बुद्ध का
भाग-दो
और अन्तिम
सत्यकाशी पीठ
पाँचवां और अन्तिम शंकराचार्य पीठ

बुड्ढ़ा कृष्ण
कृष्ण का
भाग-दो
और अन्तिम
सत्यकाशी पीठ
पाँचवां और अन्तिम शंकराचार्य पीठ

सम्पूर्ण क्रान्ति
अन्तिम कार्य योजना
64
सत्यकाशी पीठ
पांचवां और अन्तिम शंकराचार्य पीठ

सम्पूर्ण क्रान्ति
वेबसाइट मार्गदर्शन
विवरणिका
www.64inch.com
सत्यकाशी पीठ
पाँचवां और अन्तिम शंकराचार्य पीठ

पुनर्निर्माण
(RENEW)
समस्या, समाधान
और
राष्ट्र निर्माण की योजना
सत्यकाशी पीठ
पाँचवां और अन्तिम शंकराचार्य पीठ

पुनर्निर्माण
(RENEW)
ग्राम एवं नगर वार्ड
प्रेरक
सत्यकाशी पीठ
पाँचवां और अन्तिम शंकराचार्य पीठ

द्वापर युग में आठवें अवतार श्रीकृष्ण द्वारा प्रारम्भ किया गया कार्य "नवसृजन" के
प्रथम भाग "सार्वभौम ज्ञान" के शास्त्र "गीता" के बाद कलियुग में
द्वितीय और अन्तिम भाग "सार्वभौम कर्मज्ञान" और "पूर्णज्ञान का पूरक शास्त्र"
।। विश्वशास्त्र ।।
द नॉलेज ऑफ फाइनल नॉलेज
परिचय
- लव कुश सिंह "विश्वमानव"

एन्टायर पालिटिक्स
पूर्ण पाठ्यक्रम
सत्यकाशी पीठ
पाँचवां और अन्तिम शंकराचार्य पीठ

वसुधैव
कुटुम्बकम्
सत्यकाशी पीठ
पाँचवां और अन्तिम शंकराचार्य पीठ

||कर्मवेद||
प्रथम, अन्तिम तथा पंचम
सत्यकाशी पीठ
पांचवां और अन्तिम शंकराचार्य पीठ

आठवें अवतार
श्रीकृष्ण
सत्यकाशी पीठ
पांचवां और अन्तिम शंकराचार्य पीठ

अयोध्या नहीं,
मुंगेर है
राम जन्मभूमि
सत्यकाशी पीठ
पाँचवां और अन्तिम शंकराचार्य पीठ

विश्वमानव
भूतपूर्व नेतृत्वकर्ताओं
का
स्पष्टिकरण
सत्यकाशी पीठ
पाँचवां और अन्तिम शंकराचार्य पीठ

विश्वमानव
वर्तमान नेतृत्वकर्ताओं
का
स्पष्टिकरण
सत्यकाशी पीठ
पाँचवां और अन्तिम शंकराचार्य पीठ

विश्वमानव
वार्ता, वक्तव्य
एवं
वाणीयाँ
सत्यकाशी पीठ
पाँचवां और अन्तिम शंकराचार्य पीठ

विश्वमानव
पत्रावली, प्रसारण
और
अन्तिम पत्र
सत्यकाशी पीठ
पाँचवां और अन्तिम शंकराचार्य पीठ

सत्य जनहित
आह्वान
सत्यकाशी पीठ
पाँचवां और अन्तिम शंकराचार्य पीठ

विश्व शान्ति
अन्तिम सत्य दृष्टि
सत्यकाशी पीठ
पाँचवां और अन्तिम शंकराचार्य पीठ

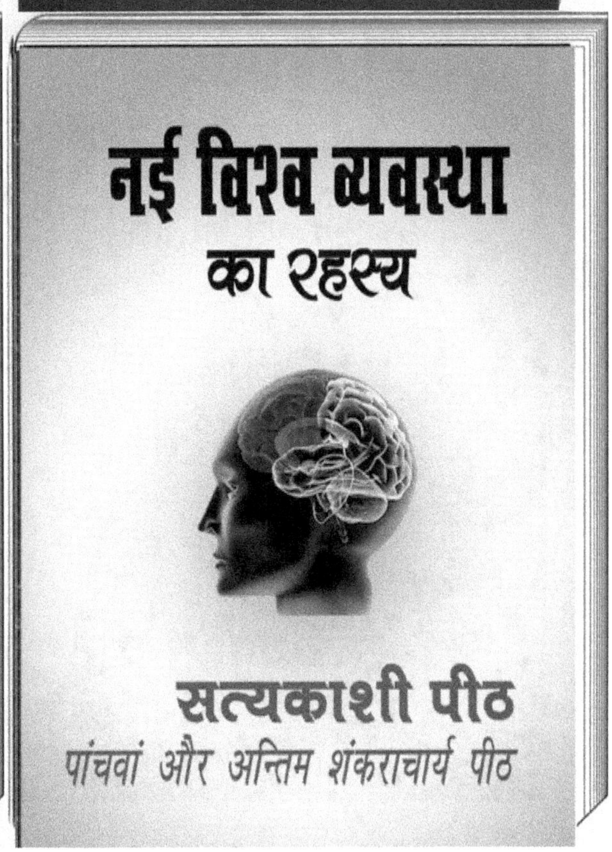
नई विश्व व्यवस्था
का रहस्य
सत्यकाशी पीठ
पांचवां और अन्तिम शंकराचार्य पीठ

समाजवाद
ब्रह्माण्डीय विकास का अवतारी मार्ग
सत्यकाशी पीठ
पांचवां और अन्तिम शंकराचार्य पीठ

भारतवाद
राष्ट्रवाद की मुख्यधारा
सत्यकाशी पीठ
पांचवां और अन्तिम शंकराचार्य पीठ

100 वर्षीय संयुक्त राष्ट्र
को अग्रिम सन्देश
सत्यकाशी पीठ
पांचवां और अन्तिम शंकराचार्य पीठ

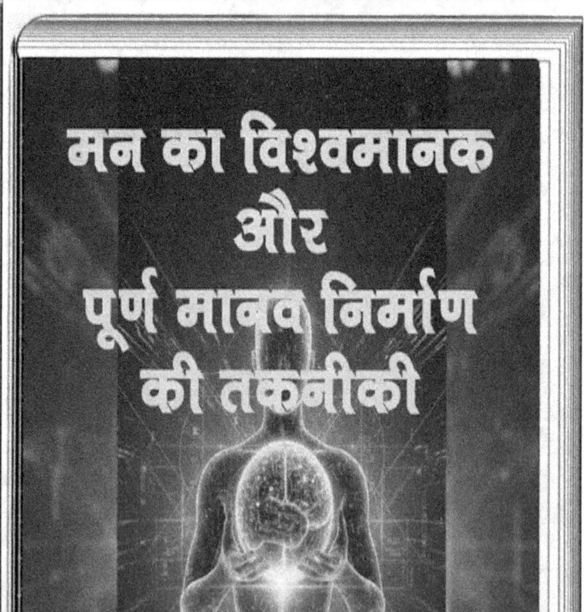
मन का विश्वमानक
और
पूर्ण मानव निर्माण
की तकनीकी
सत्यकाशी पीठ
पांचवां और अन्तिम शंकराचार्य पीठ

गणराज्य, संघ,
मानकीकरण संगठन
और
सम्पूर्ण मानक
सत्यकाशी पीठ
पाँचवां और अन्तिम शंकराचार्य पीठ

व्यापार केन्द्र
दृश्य सत्य
सत्यकाशी पीठ
पाँचवां और अन्तिम शंकराचार्य पीठ

सार्वभौम एकात्म
नव विश्व निर्माण
सत्यकाशी पीठ
पांचवां और अन्तिम शंकराचार्य पीठ

मानक विपणन
प्रणाली
सत्यकाशी पीठ
पाँचवां और अन्तिम शंकराचार्य पीठ

स्वर्णयुग का मानक
आदर्श नागरिक
दिशा निर्देश
सत्यकाशी पीठ
पांचवां और अन्तिम शंकराचार्य पीठ

स्वर्णयुग का
विश्वधर्म
परिचय
सत्यकाशी पीठ
पांचवां और अन्तिम शंकराचार्य पीठ

मैत्रेय बुद्ध
की ओर
सत्यकाशी पीठ
पांचवां और अन्तिम शंकराचार्य पीठ

ॐ = ☪ = ☬ = ✝
विशाल ज्ञान विज्ञान
सबका समाधान
सूर्योदय
जय जनता जय कानून
हम सब एक दूसरे से हैं और एक दूसरे के लिए हैं
सौजन्य से : सारे गैर सरकारी प्राणी : सरकारी प्राणी : इज्जतदार नेता और
सबका भविष्य विद्यार्थीगण........के लिए।

सार्वभौम सत्य-सिद्धान्त आधारित "युग परिवर्तक" श्रृंखला
कल्कि धाम
और
कल्कि परिचय
- लव कुश सिंह "विश्वमानव"

सार्वभौम सत्य-सिद्धान्त आधारित "युग परिवर्तक" श्रृंखला
चार शंकराचार्य पीठ
और
पांचवां-अन्तिम पीठ
सत्यकाशी पीठ
सत्यकाशी पीठ
सत्यकाशी पीठ
पांचवां और अन्तिम शंकराचार्य पीठ

कल्कि अमृत
महाकुम्भ
2025
FINAL KNOWLEDGE BOMB BLAST
सत्यकाशी पीठ
पांचवां और अन्तिम शंकराचार्य पीठ

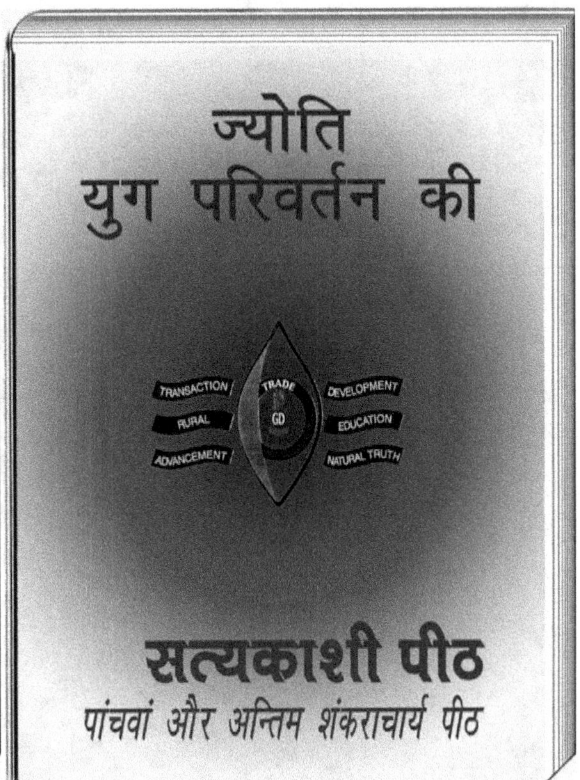
ज्योति
युग परिवर्तन की
TRANSACTION
TRADE
DEVELOPMENT
RURAL
GD
EDUCATION
ADVANCEMENT
NATURAL TRUTH
सत्यकाशी पीठ
पांचवां और अन्तिम शंकराचार्य पीठ

युग परिवर्तन
के
शब्द
सत्यकाशी पीठ
पांचवां और अन्तिम शंकराचार्य पीठ

विचारों का अंत
2025
सत्यकाशी पीठ
पांचवां और अन्तिम शंकराचार्य पीठ

विश्व सत्य घोषणा-पत्र
2025–मानव जाति तक
RSS
Rational Service Society
सत्यकाशी पीठ
पांचवां और अन्तिम शंकराचार्यपीठ

वैश्विक युग परिवर्तन के लिए
विश्व राजनीतिक पार्टी
संघ
RSS
Rational Service
Society
सत्यकाशी पीठ
पांचवां और अन्तिम शंकराचार्यपीठ

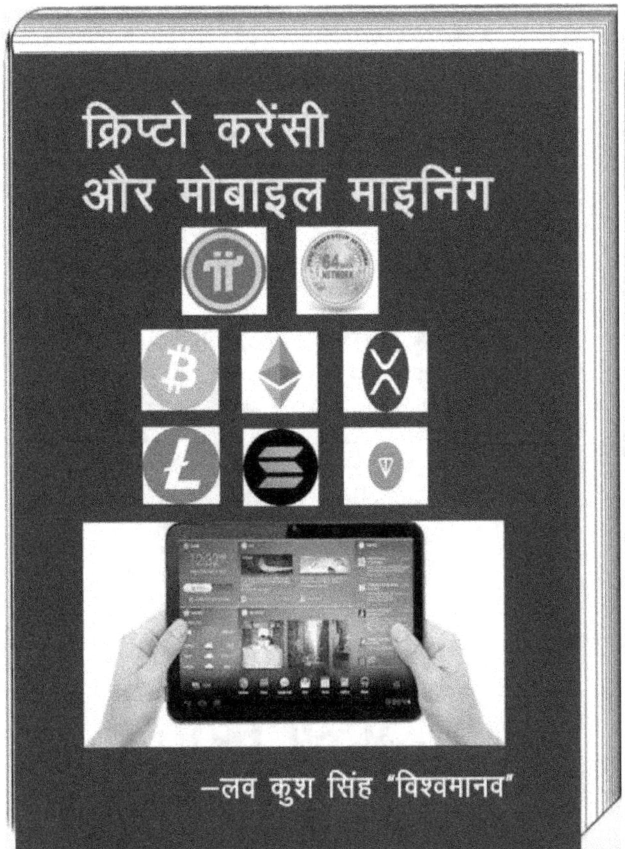

क्रिप्टो करेंसी
और मोबाइल माइनिंग
—लव कुश सिंह "विश्वमानव"

पीढ़ी
मानवीय और ईश्वरीय
वात्सल्य त्रिपाठी

बुढ़ा कृष्ण
अन्तिम मिलन
वात्सल्य त्रिपाठी

अन्तिम लक्ष्य
वात्सल्य त्रिपाठी

पाँचवां-अन्तिम पीठ
सत्यकाशी पीठ
परिचय
वात्सल्य त्रिपाठी
पाँचवां और आंतिम शंकराचार्य पीठ

कबीर और जेन-जी
नई चेतना, नया मानव
चेतना और नवयुग की संवाद यात्रा
वात्सल्य त्रिपाठी

कल्कि की ज्योति
बिहार से
ज्योति राठौड़

एक बिहारी
धरती पर भारी
ज्योति राठौड़

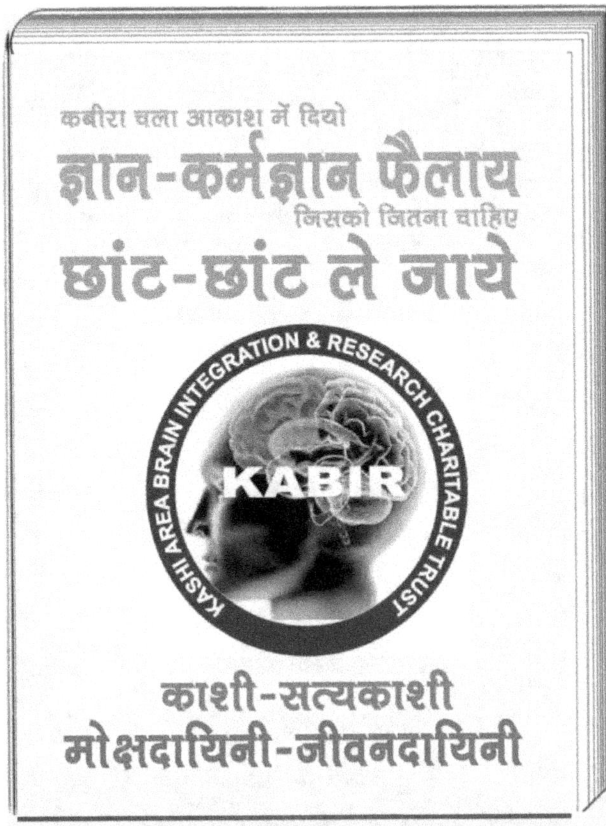
कबीरा चला आकाश में दियो
ज्ञान-कर्मज्ञान फैलाय
जिसको जितना चाहिए
छांट-छांट ले जाये
KASHI AREA BRAIN INTEGRATION & RESEARCH CHARITABLE TRUST
KABIR
काशी-सत्यकाशी
मोक्षदायिनी-जीवनदायिनी

कुर्म वंश
और
चरणाद्रिगढ़
स्वामी रमेशानन्द

आर.एस.एस
नवयुग के लिए
वैश्विक व्यक्तिगत पुस्तकालय
RATIONAL SERVICE SOCIETY (RSS)
WORLD PERSONAL LIBRARY FOR NEW AGE
A GUIDE TO GLOBAL WISDOM & FUTURE THOUGHT
स्वामी रमेशानन्द

झोला उठने के बाद
सोशल मीडिया
के लिए
कन्टेन्ट बैंक
विस्तृत गाइड: विचार, रणनीतियाँ, और संसाधन
www.64inch.com
सत्यकाशी पीठ
पांचवां और अन्तिम शंकराचार्य पीठ

झोला उठने के बाद
कल्कि
के तीन चरण
सत्यकाशी पीठ
पांचवां और अन्तिम शंकराचार्य पीठ

युग परिवर्तन के लिए:
विश्व पुस्तकालय बनाम कल्कि पुस्तकालय
www.64inch.com
ज्ञान का महासागर - अतीत से वर्तमान
बनाम
कल्कि पुस्तकालय
धर्म और भविष्य का प्रकाश - नए युग का उद्भव
ज्ञान का महासंग्राम - भविष्य का निर्माण
सत्यकाशी पीठ
पांचवां और अन्तिम शंकराचार्य पीठ

व्हाट्सएप्प यूनिवर्सिटी
और
सु-इसु यूनिवर्सिटी
सत्यकाशी पीठ
पांचवां और अन्तिम शंकराचार्य पीठ

इंडिया
भारत का विश्वरूप
सत्यकाशी पीठ
पांचवां और अन्तिम शंकराचार्य पीठ

अधूरे
सपनों
का
अन्तिम मार्ग
सत्यकाशी पीठ
पांचवां और अन्तिम शंकराचार्य पीठ

मानक
संविधान
और
बहुजन
सत्यकाशी पीठ
पांचवां और अन्तिम शंकराचार्य पीठ

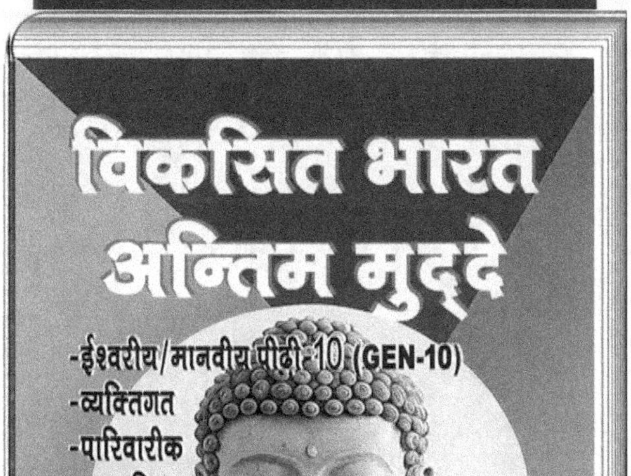
विकसित भारत
अन्तिम मुद्दे
-ईश्वरीय/मानवीय पीढ़ी 10 (GEN-10)
-व्यक्तिगत
-पारिवारीक
-सामाजिक
-धार्मिक
-राष्ट्रीय
-वैश्विक
सत्यकाशी पीठ
पांचवां और अन्तिम शंकराचार्य पीठ

एक नया
विकल्प
THREADS
सत्यकाशी पीठ
पांचवां और अन्तिम शंकराचार्य पीठ

विकसित भारत
शिक्षितों का अन्तिम ईश्वरीय मॉडल
सत्यकाशी पीठ
पांचवां और अन्तिम शंकराचार्य पीठ

विकास मॉडल
आसुरी
और
ईश्वरीय
सत्यकाशी पीठ
पांचवां और अन्तिम शंकराचार्य पीठ

युग परिवर्तन और 1000 वर्षों के लिए
सत्यकाशी पीठ
का सम्पूर्ण कार्य
कौन,
क्यों,
कैसे
कल्कि?
सत्यकाशी पीठ
पांचवां और अन्तिम शंकराचार्य पीठ

बैल बुद्धि
और
विकसित
भारत
सत्यकाशी पीठ
पांचवां और अन्तिम शंकराचार्य पीठ

सत्यकाशी पीठ
पांचवां और अन्तिम शंकराचार्य पीठ

एक्सट्रा
टु ए बी
समान नागरिक व्यापार ज्ञान संहिता (CCTKC)
सत्यकाशी पीठ
पांचवां और अन्तिम शंकराचार्य पीठ

एक्सट्रा
टु ए बी
समान नागरिक आर्थिक संहिता (UCEC)
सत्यकाशी पीठ
पांचवां और अन्तिम शंकराचार्य पीठ

अंध भक्ति
से मुक्ति की ओर
मुक्ति मंत्र
"जिसने अंधभक्ति दिया
वही मुक्ति देगा"
सत्यकाशी पीठ
पांचवां और अन्तिम शंकराचार्य पीठ

VISHVABHARAT
न मो नारायण
सत्यकाशी पीठ
पांचवां और अन्तिम शंकराचार्य पीठ

अगला स्तर
फिल्म और राजनीति पर विचारों का संग्रह
सत्यकाशी पीठ
पांचवां और अन्तिम शंकराचार्य पीठ

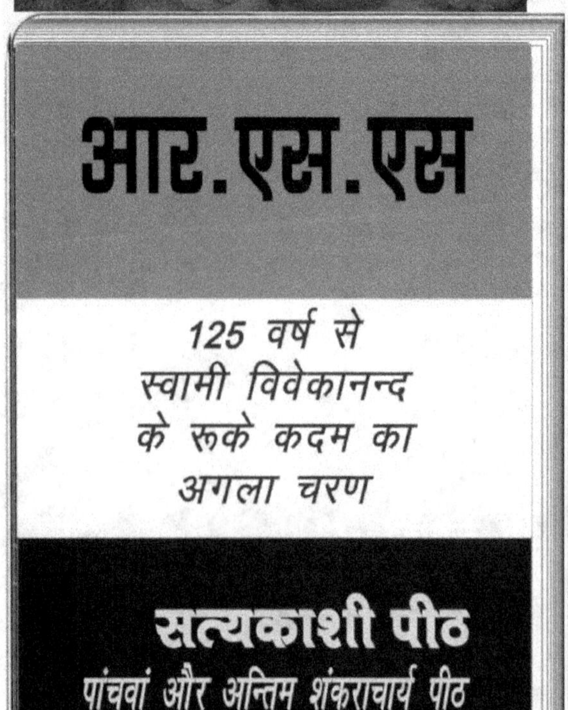
आर.एस.एस
125 वर्ष से स्वामी विवेकानन्द के रूके कदम का अगला चरण
सत्यकाशी पीठ
पांचवां और अन्तिम शंकराचार्य पीठ

आर.एस.एस
रहस्योद्घाटन
सत्यकाशी पीठ
पांचवां और अन्तिम शंकराचार्य पीठ

125 वर्ष बाद
स्वामी विवेकानन्द
का अगला चरण

सत्येश्वर नरेन्द्र
सत्यकाशी पीठ
पांचवां और अन्तिम शंकराचार्य पीठ

आत्मकथा
लेखन कला
का विश्वमानक
सत्यकाशी पीठ
पांचवां और अन्तिम शंकराचार्य पीठ

लुच्चा
पुराण
पौराणिक कथाओं
और पात्रों के
सत्य समझ की व्यास दृष्टि
सत्यकाशी पीठ
पांचवां और अन्तिम शंकराचार्य पीठ

आठवां
सावर्णि मनु स्मृति
सत्यकाशी पीठ
पांचवां और अन्तिम शंकराचार्य पीठ

विश्वमानक
शून्य श्रृंखला
सत्यकाशी पीठ
पांचवां और अन्तिम शंकराचार्य पीठ

सर्वजीत साधना
भवन एक आध्यात्मिक अनुभव
सत्यकाशी पीठ
पांचवां और अन्तिम शंकराचार्य पीठ

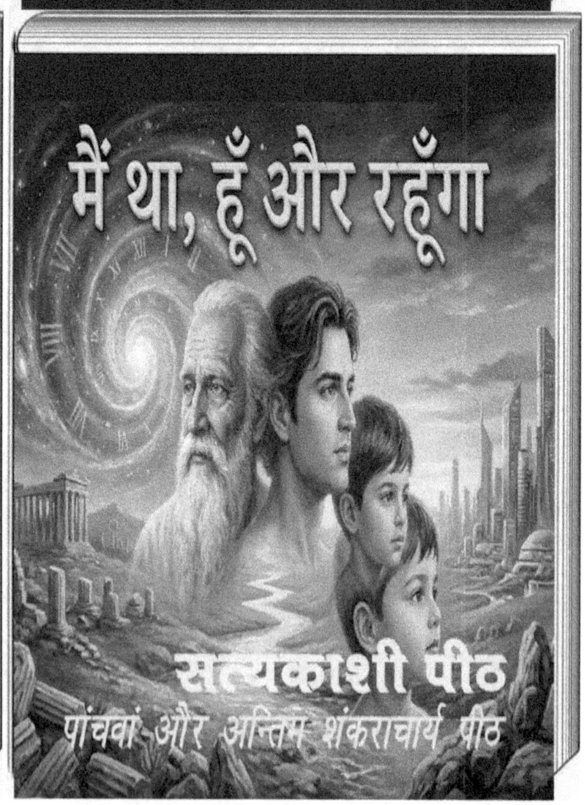
मैं था, हूँ और रहूँगा
सत्यकाशी पीठ
पांचवां और अन्तिम शंकराचार्य पीठ

लव
सत्यकाशी पीठ
पांचवां और अन्तिम शंकराचार्य पीठ

परब्रह्म, प्रकृति, अवतार और वानर
सत्यकाशी पीठ
पांचवां और अन्तिम शंकराचार्य पीठ

संसार
दृश्य
और
अदृश्य
सत्यकाशी पीठ
पांचवां और अन्तिम शंकराचार्य पीठ

कर्मोपनिषद्
सत्यकाशी पीठ
पांचवां और अन्तिम शंकराचार्य पीठ

विश्वभारत
पुराण
सत्यकाशी पीठ
पांचवां और अन्तिम शंकराचार्य पीठ

एकात्म विज्ञान
सत्यकाशी पीठ
पांचवां और अन्तिम शंकराचार्य पीठ

मानक विज्ञान
सत्यकाशी पीठ
पांचवां और अन्तिम शंकराचार्य पीठ

ईश्वर शास्त्र
सत्यकाशी पीठ
पांचवां और अन्तिम शंकराचार्य पीठ

युगावतारों के प्रकटीकरण की कार्यविधि:
राम-कृष्ण-लवकुश
सत्यकाशी पीठ
पांचवां और अन्तिम शंकराचार्य पीठ

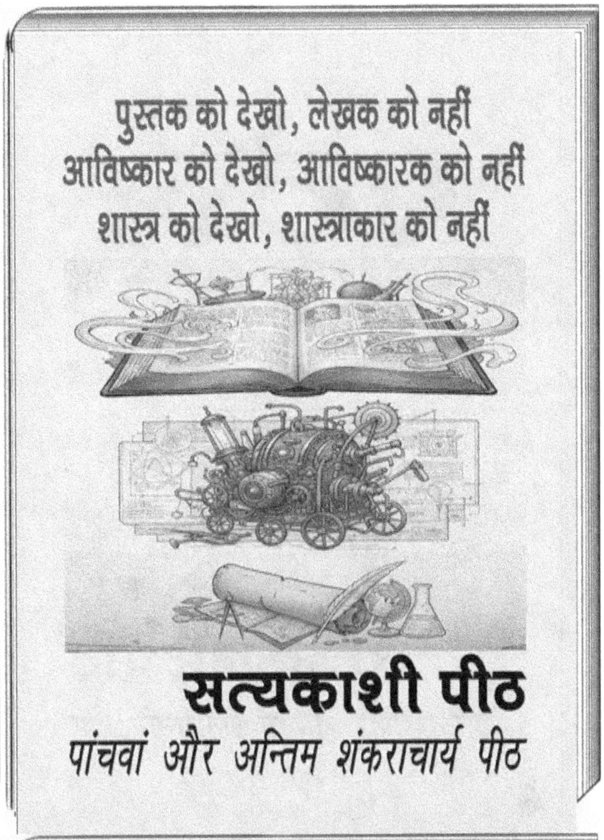
पुस्तक को देखो, लेखक को नहीं
आविष्कार को देखो, आविष्कारक को नहीं
शास्त्र को देखो, शास्त्राकार को नहीं
सत्यकाशी पीठ
पांचवां और अन्तिम शंकराचार्य पीठ

56 से 64
की ओर
सत्यकाशी पीठ
पांचवां और अन्तिम शंकराचार्य पीठ

मैं सत्यकाशी हूँ
कविता
सत्यकाशी पीठ
पांचवां और अन्तिम शंकराचार्य पीठ

पटेल
भारत के शारीरिक एकीकरण के बाद
मन का एकीकरण लक्ष्य
सत्यकाशी पीठ
पांचवां और अन्तिम शंकराचार्य पीठ

मन से
आत्मा तक
3 6 9 और 7
6
3
9
7
सत्यकाशी पीठ
पांचवां और अन्तिम शंकराचार्य पीठ

भारत
400 पार मुद्दा किसका
?
सत्यकाशी पीठ
पांचवां और अन्तिम शंकराचार्य पीठ

आर. एस. एस - पुस्तकालय
पढ़ो और कमाओ
शिक्षित समाज, समर्थ राष्ट्र
सत्यकाशी पीठ
पांचवां और अन्तिम शंकराचार्य पीठ

विश्वयुद्ध के पहले
विश्वगुरु भारत
का विश्व शान्ति और
पुनर्निर्माण का अन्तिम सन्देश
सत्यकाशी पीठ
पांचवां और अन्तिम शंकराचार्य पीठ

चुटिया पण्डित
वृन्दावन की सत्य घटना
स्वामी नन्दनानंद

कल्कि का
चुनार और वृन्दावन
से उठता प्रेम
स्वामी नन्दनानंद

कल्कि का
बेगुसराय और मीरजापुर
जन्म और कर्म क्षेत्र
स्वामी नन्दनानंद

सत्येश्वरोपनिषद्
सत्येश्वर
और
झूठेश्वर
वात्सल्य त्रिपाठी

अन्तिम अवतार
कल्कि
के लिए शेष कर्म
वात्सल्य त्रिपाठी

कल्कि अवतार
का मानव-10
विकसित भारत का प्रवेश द्वार
वात्सल्य त्रिपाठी

पप्पू-गप्पू
और
नागरिक झुलेलाल
वात्सल्य त्रिपाठी

ओपेन गेम
कभी-कभी नहीं,
अब कन्फर्म है
अपुन ही
भगवान है
(वेब सीरीज)
वात्सल्य त्रिपाठी

SATYAKASHI
THE END OF MIRZAPUR
सत्यकाशी पीठ
पांचवां और अन्तिम शंकराचार्य पीठ

अण्डरवर्ल्ड
सनातन से पुरुषों से छुपी महिलाओं की कहानी
(फिल्म स्क्रीनप्ले-रेडी टू शूट)
वात्सल्य त्रिपाठी

सोना और सोना
एवं
नारी सशक्तिकरण
वैदिक काल से वर्तमान तक
सत्यकाशी पीठ
पांचवां और अन्तिम शंकराचार्य पीठ

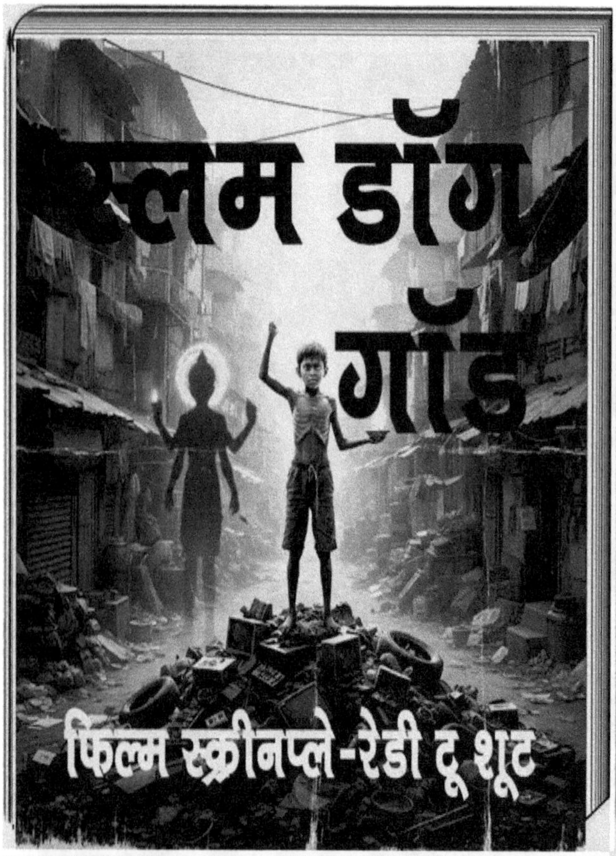
स्लम डॉग
गॉड
फिल्म स्क्रीनप्ले-रेडी टू शूट

उत्तर प्रदेश
का
उत्तर
वात्सल्य त्रिपाठी

अन्तिम समन्वयाचार्य
कल्कि
वात्सल्य त्रिपाठी

2026
2+0+2+6=10
पांचवां और अन्तिम शंकराचार्य पीठ

राम न आयेंगे
लवकुश आ रहें हैं
www.64inch.com
पांचवां और अन्तिम शंकराचार्य पीठ

युग परिवर्तन के
150 पुस्तकें-परिचय
ज्ञान, प्रेरणा और भविष्य की ओर एक कदम
150
सत्यकाशी पीठ
पांचवां और अन्तिम शंकराचार्य पीठ
"एक नई शुरुआत के लिए ज्ञान की खोज"

जैसी तुम्हारी इच्छा वैसा करो

डॉ0 सर्वपल्ली राधाकृष्णन का जन्म 5 सितम्बर, 1888 को दक्षिण भारत के तिरूतनि स्थान पर हुआ था जो चेन्नई से 64 किमी उत्तर–पूर्व में है। डॉ0 सर्वपल्ली राधाकृष्णन भारत के उपराष्ट्रपति और दूसरे राष्ट्रपति सन् 1952 से 1962 तक में रहे। डॉ0 सर्वपल्ली राधाकृष्णन भारतीय समाजिक संस्कृति से ओत–प्रोत एक महान शिक्षाविद् महान दार्शनिक, महान वक्ता और आस्थावान हिन्दू विचारक थे। डॉ0 सर्वपल्ली राधाकृष्णन ने अपने जीवन के महत्वपूर्ण 40 वर्ष शिक्षक के रूप में व्यतीत किये। उनमें एक आदर्श शिक्षक के सारे गुण मौजूद थे। डॉ0 सर्वपल्ली राधाकृष्णन समस्त विश्व को एक शिक्षालय मानते थे। उनकी मान्यता थी कि शिक्षा के द्वारा ही मानव दिमाग का सद्उपयोग किया जाना सम्भव है इसलिए समस्त विश्व को एक इकाई समझकर ही शिक्षा का प्रबन्धन किया जाना चाहिए। उनके जन्मदिन को "शिक्षक दिवस" के रूप में मनाया जाता है।

इति ते ज्ञानमाख्यातं गुह्याद्गुह्यतरं मया।
विमृश्न्यैतदशेषेण यथेच्छसि तथा कुरू।।

(श्रीमद्भगवद्गीता, अध्याय–18, श्लोक–63)

अर्थात् – मैंने तुम्हें जो बताया, वह सब से बड़ा रहस्य है। इस पर भलीभाँति विचार कर तुम्हारी जैसी इच्छा वैसा करो।

"परमात्मा देखने में तटस्थ या निरपेक्ष दिखाई देता है, क्योंकि उसने चुनने का निर्णय अर्जुन के हाथ में छोड़ दिया है। उसकी यह निरपेक्षता ही अर्जुन के चिन्ता का कारण है। वह किसी पर भी दबाव नहीं डालता क्योंकि स्वतःस्फूर्त स्वतन्त्रता बहुत मूल्यवान होती है। भगवान अपना आदेश ऊपर से नहीं थोपता। वह स्वतन्त्र छोड़ देता है। परमात्मा की पुकार को स्वीकार करने या अस्वीकार कर देने के लिए हम हर समय स्वतन्त्र हैं। हम लड़खड़ाने लगें तो वह सहायता देने के लिए तैयार रहता है और प्रतीक्षा करने को तैयार है जब तक हम उसकी ओर उन्मुख न हों।

सब कुछ पहले से निर्धारित मानने वाले सिद्धान्त में टकराव के कारण यूरोप और भारत में काफी वाद–विवाद हुआ है। यूरोप का प्रमुख सिद्धान्त है कि संकल्प शक्ति और मानवीय प्रयत्न की स्वतन्त्रता का मनुष्य के उद्धार में बहुत बड़ा हाथ होता है। यद्यपि स्वयं संकल्प शक्ति को भी परमात्मा की कृपा के समर्थन की आवश्यकता पड़ सकती है। पहले से सब कुछ तय मानने वालों को अच्छे कार्यों और प्रार्थना के लिए यत्न करना होता है, क्योंकि वहाँ भी मानते हैं कि ये उपाय नियति को आगे बढ़ाने में सहायक तो हो सकते हैं लेकिन वे उसे रोक नहीं सकते। मनुष्य इस बात के लिए स्वतन्त्र है कि परमात्मा उन मनुष्यों पर कृपा करना चाहता है जो अपने आचरण से उस कृपा को ग्रहण करने के लिए तैयार करते हैं।

आध्यात्मिक नेता हम पर शारीरिक हिंसा, चमत्कार, प्रदर्शन के जरिये प्रभाव नहीं डालते। यदि सच्चा शिष्य कोई गलती कर भी बैठे, तो वह उसे केवल सलाह देगा। यदि शिष्य को चुनाव करने की स्वतन्त्रता पर आँच आती हो, तो वह उसे गलत रास्ते से भी वापस लौट आने के लिए विवश नहीं करेगा। गलती भी विकास की एक दिशा है।

कृष्ण केवल सारथी हैं। वह अर्जुन के आदेश का पालन करेगा। उसने कोई शस्त्र धारण नहीं किया हुआ है। यदि वह अर्जुन पर कोई प्रभाव डालता है तो वह उसे अपने उस सर्वजयी प्रेम के जरिए डालता है। जो कभी समाप्त नहीं होता।

अर्जुन को अपने लिए स्वयं विचार करना चाहिए और अपने लिए स्वयं ही मार्ग खोज करना चाहिए। अस्पष्ट मान्यताओं को अनिवार्य रूप से और भावुकतापूर्वक अपना लिए जाने के कारण फलस्वरूप कट्टर धर्मान्धता उत्पन्न हुई है और उनके कारण मनुष्यों को अकथनीय कष्ट उठाना पड़ा है। इसलिए यह आवश्यक है कि मन और विश्वासों के लिए कोई तर्क संगत और अनुभावात्मक औचित्य ढूंढ़े।

अर्जुन को एक वास्तविक अखण्डता की अनुभूति प्राप्त करनी होगी लेकिन उसके विचार अपने हैं। और गुरू के जरिये उस पर थोपे नहीं गये हैं। दूसरों पर अपने विचार थोपना शिक्षण नहीं हैं।"

– भगवद्गीता के आखिरी उपदेश पर भारतीय दर्शन के व्याख्याकार और दूसरे राष्ट्रपति डॉ0 राधाकृष्णनन का विवेचन

"यह विश्वशास्त्र, मनुष्यों पर थोपा नहीं जा रहा बल्कि वह मनुष्यों को, मनुष्यो के इस संसार मे जो वर्तमान है उसे और उसके आगे अनन्त मार्ग दिखा रहा है और सभी मार्गों के एकीकरण द्वारा, उस मार्ग को भी दिखा रहा है जो विश्व को सत्य–सुन्दर–शिव बना सकता है। फिर भी हे मनुष्यों जैसी तुम्हारी इच्छा वैसा करो। वर्तमान से योग कराने के लिए ही मैं व्यक्त होता हूँ।" – लव कुश सिंह "विश्वमानव"

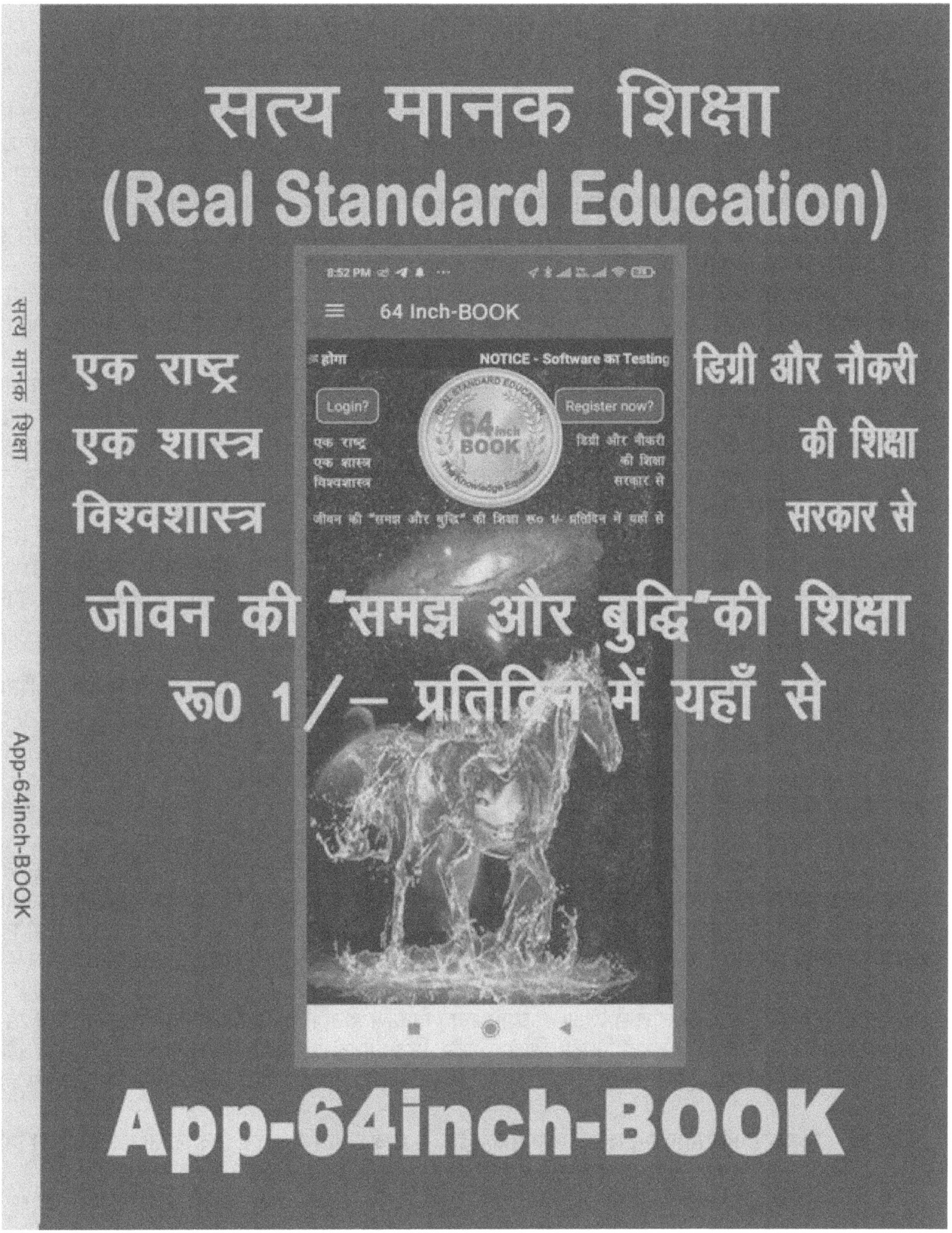
सत्य मानक शिक्षा
(Real Standard Education)
64 Inch-BOOK
NOTICE - Software का Testing
Login?
Register now?
एक राष्ट्र
एक शास्त्र
विश्वशास्त्र
डिग्री और नौकरी
की शिक्षा
सरकार से
जीवन की "समझ और बुद्धि" की शिक्षा
रू0 1/- प्रतिदिन में यहाँ से
App-64inch-BOOK
सत्य मानक शिक्षा
App-64inch-BOOK

“सत्य मानक शिक्षा” का व्यापार-एक अन्तहीन व्यापार

एक नदी पर पुल था जिसे कोई व्यक्ति पैदल दो घण्टे में पार करता था। यह पुल पैदल यात्रीयों के लिए रोक दिया गया था जिसके लिए पुल के ठीक मध्य (एक घण्टे की यात्रा) पर एक गार्ड नियुक्त था। गार्ड एक घण्टे सोता था और एक घण्टे जागता था। एक चालाक व्यक्ति को पुल से नदी पार करना अतिआवश्यक था। इसलिए गार्ड जब सोया तब वह यात्रा प्रारम्भ किया जैसे ही गार्ड के जागने का समय आया, वह वापस लौटने लगा। गार्ड समझा कि वह दूसरे किनारे से आ रहा है इसलिए उसने उस यात्री को पकड़ा और दूसरी ओर भेज दिया। इस प्रकार यात्री नदी पार हो गया।

यदि हम में से किसी को तैरकर नदी पार करना हो और आधे से पहले ही हमारा हिम्मत टूटने लगे तो हम वापस ही आना चाहेंगे। यदि आधे से अधिक तैरने के बाद हिम्मत टूटने लगेगा तो हौसला बढ़ाकर आगे ही बढकर पार करना चाहेंगे।

इसी प्रकार मनुष्य के विकास क्रम में हम सब अदृश्य विज्ञान (आध्यात्म) से दृश्य विज्ञान (भौतिक) की ओर बढ़ गये हैं। नदी या पुल का एक किनारा अदृश्य विज्ञान है तो दूसरा किनारा दृश्य विज्ञान। वर्तमान का हमारा अधिकतम जीवन नदी के दूसरे किनारे दृश्य विज्ञान की ओर है, हर पल। जन्म से ही हम अधिकतम वे सब वस्तुएँ प्रयोग कर रहे हैं जिसका कच्चा माल भले ही ईश्वरकृत हो परन्तु उपयोग का रूप मनुष्यकृत है और विज्ञान द्वारा निर्मित है। इस प्रकार मनुष्य निर्माता के रूप में अपना रूप व्यक्त कर ईश्वर की ओर ही बढ़ रहा है।

नदी के पुल पर बैठे उस गार्ड का काम और तैरने वाले का निर्णय “सत्य शिक्षा” है। वर्तमान में मनुष्य समाज अदृश्य काल से चलकर दृश्य काल में आ चुका है। आधे से वापस किनारे जाना “सत्य” को पाना है। और आधे से दूसरे किनारे पार हो जाना “सिद्धान्त” को पाना है। इन्हीं सिद्धान्त को पाने के बाद संविधान-नियम-कानून का जन्म होता है जिससे आज हम सभी संचालित व प्रभावित है। इस “सत्य-सिद्धान्त” की शिक्षा ही “सत्य मानक शिक्षा” है।

वर्तमान में जीने का अर्थ होता है-विश्व ज्ञान जहाँ तक बढ़ चुका है वहाँ तक के ज्ञान से अपने मस्तिष्क को युक्त करना। तभी डेढ़ हजार वर्ष पुराने हमारे मस्तिष्क का आधुनिकीकरण हो पायेगा। सिर्फ वर्तमान में तो पशु रहकर कर्म करते हैं। “सत्य मानक शिक्षा” मनुष्य के मस्तिष्क के आधुनिकीकरण की शिक्षा है या विज्ञान की भाषा में कहें तो मस्तिष्क के आधुनिकीकरण का साफ्टवेयर या माइक्रोचिप्स (Integrated Circuit-I.C) है। वर्तमान की अब नवीनतम परिभाषा है-“पूर्ण ज्ञान से युक्त होना” और कार्यशैली की परिभाषा है-“भूतकाल का अनुभव, भविष्य की आवश्यकतानुसार पूर्णज्ञान और परिणाम ज्ञान से युक्त होकर वर्तमान समय में कार्य करना।”

ज्ञान के इस युग में शिक्षा-विद्या-कला का व्यापार मनुष्य के धरती पर रहने तक रहेगा। ऐसी स्थिति में ”सत्य मानक शिक्षा“का व्यापार भी उस समय तक के लिए स्थायित्व में है। शिक्षा-विद्या-कला कोई प्रापर्टी नहीं है कि पिता जी ग्रहण कर चुके हैं तो पुत्र को हिस्सा प्राप्त हो जायेगा। पुत्र को भी वहीं से अर्थात् अक्षर ज्ञान से शुरू होना पड़ेगा जहाँ से पिता ने शुरू किया था। इस प्रकार ”सत्य मानक शिक्षा“का व्यापार एक अन्तहीन व्यापार है जो मनुष्य के पृथ्वी पर रहने तक चलता रहेगा।

स्कूल-कालेजों के जाल से शिक्षा के व्यापार का विकास होता है न कि शिक्षा का। शिक्षा का विकास तो शिक्षा पाठ्यक्रम पर निर्भर होता है जिससे शिक्षक और शिक्षार्थी दोनों निर्मित होते हैं। जब तक पूर्ण शिक्षा पाठ्यक्रम का निर्माण नहीं होता, शिक्षा का विकास नहीं हो सकता लेकिन शिक्षा के व्यापार का विकास होता रहेगा।

आध्यात्म और विज्ञान ने मानव सभ्यता के विकास में अब कम से इतना विकास तो कर ही चुका है कि अब हमें मन के एकीकरण के लिए कार्य करना चाहिए। और उस मन पर कार्य करने का ही परिणाम है-

सम्पूर्ण ब्रह्माण्ड में व्याप्त एक ही सत्य-सिद्धान्त द्वारा व्यक्तिगत व संयुक्त मन को एकमुखी कर सर्वोच्च, मूल और अन्तिम स्तर पर स्थापित करने के लिए शून्य पर अन्तिम आविष्कार WS-0 श्रृंखला की निम्नलिखित पाँच शाखाएँ है।

1. डब्ल्यू.एस. (WS)-0: विचार एवम् साहित्य का विश्वमानक
2. डब्ल्यू.एस. (WS)-00: विषय एवम् विशेषज्ञों की परिभाषा का विश्वमानक
3. डब्ल्यू.एस. (WS)-000: ब्रह्माण्ड (सूक्ष्म एवम् स्थूल) के प्रबन्ध और क्रियाकलाप का विश्वमानक
4. डब्ल्यू.एस. (WS)-0000: मानव (सूक्ष्म तथा स्थूल) के प्रबन्ध और क्रियाकलाप का विश्वमानक
5. डब्ल्यू.एस. (WS)-00000: उपासना और उपासना स्थल का विश्वमानक

और पूर्णमानव निर्माण की तकनीकी WCM-TLM-SHYAM.C (World Class Manufacturing – Total Life Maintenance – Satya-Heart-Yog-Ashram-Meditaion.Conciousness) है।

जो शिक्षा का नया माडल है। गरीबों की समस्या सुलझानें का नैतिक दायित्व है। देश में 25 वर्ष से कम उम्र के 55 करोड़ लोगों के लिए पुननिर्माण जैसी योजना हैं। उन्हें नौकरी और प्रशिक्षण की व्यवस्था है। रचनात्मकता, समन्वय, लीडरशिप, ग्लोबल तथा प्रोफेशनल विषयों को पढ़ने तथा सूचना तकनीक के जरिए पढ़ाई पर ध्यान केन्द्रित करने से युक्त है। हमारे देश में जो अध्यापक हैं, वे शोध नहीं करते और जो शोध करते हैं वे पढ़ाते नहीं, इसलिए शिक्षार्थी को ही शोध पत्र (विश्वशास्त्र) पढ़ाया जाय क्योंकि शिक्षक पढ़ने से तो रहे क्योंकि समान्यतः धन के आने की सुनिश्चितता के बाद लोग पढ़ना छोड़ देते हैं, यही नहीं कोशिश तो यह भी रहती है कि पढ़ाना भी न पड़े और उन्हें सेवा से हटाया भी नहीं जा सकता।

स्वामी विवेकान्द जी ने कहा था – "सुधारकों से मैं कहूंगा कि मैं स्वयं उनसे कहीं बढ़कर सुधारक हूँ। वे लोग इधर-उधर थोड़ा सुधार करना चाहते हैं- और मैं चाहता हूँ आमूल सुधार। हम लोगों का मतभेद है केवल सुधार की प्रणाली में। उनकी प्रणाली विनाशात्मक है और मेरी संघटनात्मक। मैं सुधार में विश्वास नहीं करता, मैं विश्वास करता हूँ स्वाभाविक उन्नति में।"

स्वाभाविक उन्नति तभी होती है जब संसाधन उपलब्ध हो। कार-मोटरसाइकिल घर में पहले से रहता है तो स्वाभाविक रूप से कम उम्र में ही घर के लोग चलाना सिख जाते हैं

जो व्यक्ति या देश केवल आर्थिक उन्नति को ही सर्वस्व मानता है वह व्यक्ति या देश एक पशुवत् जीवन निर्वाह के मार्ग पर है-जीना और पीढ़ी बढ़ाना। दूसरे रूप में इसे ऐसे समझा जा सकता है कि ऐसे व्यक्ति जिनका लक्ष्य धन रहा था वे अपने धन के बल पर अपनी मूर्ति अपने घर पर ही लगा सकते हैं परन्तु जिनका लक्ष्य धन नहीं था, उनका समाज ने उन्हें, उनके रहते या उनके जाने के बाद अनेकों प्रकार से सम्मान दिया है और ये सार्वजनिक रूप से सभी के सामने प्रमाणित है। पूर्णत्व की प्राप्ति का मार्ग शारीरिक-आर्थिक उत्थान के साथ-साथ मानसिक-बौद्धिक उत्थान होना चाहिए और यही है ही। इस प्रकार भारत यदि पूर्णता व विश्व गुरूता की ओर बढ़ना चाहता है तब उसे मात्र कौशल विकास ही नहीं बल्कि राष्ट्रीय बौद्धिक विकास की ओर भी बढ़ना होगा। बौद्धिक विकास, व्यक्ति व राष्ट्र का इस ब्रह्माण्ड के प्रति दायित्व है और उसका लक्ष्य है।

राष्ट्र के पूर्णत्व के लिए पूर्ण शिक्षा निम्नलिखित शिक्षा का संयुक्त रूप है-

अ-सामान्यीकरण (Generalisation) शिक्षा

ज्ञान के लिए- यह शिक्षा व्यक्ति और राष्ट्र का बौद्धिक विकास कराती है जिससे व्यक्ति व राष्ट्रीय सुख में वृद्धि होती है।

ब-विशेषीकरण (Specialisation) शिक्षा

कौशल के लिए- यह शिक्षा व्यक्ति और राष्ट्र का कौशल विकास कराती है जिससे व्यक्ति व राष्ट्रीय उत्पादकता में वृद्धि होती है।

स-सत्य नेटवर्क (REAL NETWORK)

समाज में प्रकाशित होने के लिए-क्योंकि कोई भी क्यों न हो उसे स्वयं अपना परिचय (BIO-DATA) देना पड़ता है तभी उसके अनुसार समाज उसका उपयोग करता है।

वर्तमान समय में विशेषीकरण की शिक्षा, भारत में चल ही रहा है और वह कोई बहुत बड़ी समस्या भी नहीं है। समस्या है सामान्यीकरण शिक्षा की। व्यक्तियों के विचार से सदैव व्यक्त होता रहा है कि-मैकाले शिक्षा पद्धति बदलनी चाहिए, राष्ट्रीय शिक्षा नीति व पाठ्यक्रम बनना चाहिए। ये तो विचार हैं। पाठ्यक्रम बनेगा कैसे?, कौन बनायेगा? पाठ्यक्रम में पढ़ायेंगे क्या?

एक पूर्ण मानव निर्माण प्रक्रिया में शिक्षा पाठ्यक्रम के स्वरूप का विश्वमानक निम्नवत् है। जो किसी विशेष देश-काल-पात्र पर निर्भर नही करता अर्थात् यह प्रत्येक देशों और व्यक्तियों के लिए शिक्षा का स्वरूप है। जिससे ब्रह्माण्डीय, वैश्विक और व्यक्तिगत संतुलन, स्थिरता, एकता, प्रबन्ध, विकास, शान्ति और सुरक्षा निर्धारित होती है।

1. प्राइमरी शिक्षा (कक्षा-5 तक)-भाषा ज्ञान आधारित:- क्षेत्रीय, देश, विश्व और विज्ञान की भाषा का ज्ञान, सामान्य विज्ञान, सामान्य ज्ञान, चित्र कला।

2. जूनियर हाई स्कूल (कक्षा-6 से 8 तक)-समाज ज्ञान आधारित:- क्षेत्रीय, देश, विश्व और विज्ञान की भाषा का ज्ञान, सामान्य विज्ञान, सामान्य ज्ञान, चित्र कला का विस्तार, खेल, संगीत, कृषि, समाज विज्ञान।

3. हाई स्कूल (कक्षा-9 से 10 तक)-सामान्यीकृत ज्ञान आधारित:- ज्ञान-कर्मज्ञान समाहित WCM-TLM-SHYAM.C (World Class Manufacturing – Total Life Maintenance – Satya-Heart-Yog-Ashram-Meditaion.Conciousness) प्रणाली अर्थात शिक्षा पाठ्यक्रम का विश्व मानक, कालानुसार विज्ञान, तकनीकी, व्यापारीक व प्रबन्धकीय ज्ञान की शिक्षा।

4. इण्टरमीडिएट (कक्षा-11 से 12 तक)-विशेषीकृत ज्ञान आधारित:- कौशल विकास की शिक्षा।

5. उच्च शिक्षा-इच्छानुसार विशेष क्षेत्र आधारित

"किसी देश का संविधान, उस देश के स्वाभिमान का शास्त्र तब तक नहीं हो सकता जब तक उस देश की मूल भावना का शिक्षा पाठ्यक्रम उसका अंग न हो। इस प्रकार भारत देश का संविधान भारत देश का शास्त्र नहीं है। संविधान को भारत का शास्त्र बनाने के लिए भारत की मूल भावना के अनुरूप नागरिक निर्माण के शिक्षा पाठ्यक्रम को संविधान के अंग के रूप में शामिल करना होगा। जबकि राष्ट्रीय संविधान और राष्ट्रीय शास्त्र के लिए हमें विश्व के स्तर पर देखना होगा क्योंकि देश तो अनेक हैं राष्ट्र केवल एक विश्व है, यह धरती है, यह पृथ्वी है। भारत को विश्व गुरू बनने का अन्तिम रास्ता यह है कि वह अपने संविधान को वैश्विक स्तर पर विचार कर उसमें विश्व शिक्षा पाठ्यक्रम को शामिल करे। यह कार्य उसी दिशा की ओर एक पहल है, एक मार्ग है और उस उम्मीद का एक हल है। राष्ट्रीयता की परिभाषा व नागरिक कर्तव्य के निर्धारण का मार्ग है। जिस पर विचार करने का मार्ग खुला हुआ है।"

"भारत का प्रत्येक नागरिक अपने जीवकोपार्जन के मार्ग व संघर्ष में अपने विषय का जानकार व अनुभव तो प्राप्त कर रहा है परन्तु कुछ पाने के क्रम में कुछ छूट भी जाता है इसलिए प्रत्येक नागरिक को अपने अहंकार को भूलकर यह स्वीकार करना होगा कि वह अपने विषय से हटकर अन्य विषय के विषय में कम या नहीं जानता है।"

अतः एक "आदर्श नागरिक" बनने के क्रम में न्यूनतम ज्ञान सभी को एक समान रूप से चाहिए।

www.ingramcontent.com/pod-product-compliance
Lightning Source LLC
LaVergne TN
LVHW080934071026
849535LV00013B/4196